全国高职高专公共基础课规划教材

大学生社交礼仪
(第2版)

张 铭 主 编

清华大学出版社
北 京

内 容 简 介

本书以现代大学生社交中常见的活动为载体，介绍了不同交际场景和交际活动中的礼仪规范和操作程序。本书介绍了社会礼仪的内涵、原则与作用，重点介绍了个人形象礼仪、日常交往礼仪、社交活动礼仪和涉外民俗礼仪等。为了帮助读者掌握并在实践中更好地应用社交礼仪知识，提高交际能力，每章后还给出了思考与练习题。

本书可作为高职高专院校各专业学生的礼仪课程教材，也可作为相关企业和机构进行社交礼仪培训的参考书，还可作为各级各类组织进行礼仪学习与训练的手册。

图书在版编目(CIP)数据

大学生社交礼仪/张铭主编. —2 版. —北京：清华大学出版社，2018(2023.8重印)
(全国高职高专公共基础课规划教材)
ISBN 978-7-302-50265-4

Ⅰ. ①大… Ⅱ. ①张… Ⅲ. ①大学生—心理交往—礼仪—高等职业教育—教材 Ⅳ. ①G645.5

中国版本图书馆 CIP 数据核字(2018)第 114713 号

责任编辑：汤涌涛
装帧设计：刘孝琼
责任校对：周剑云
责任印制：刘海龙
出版发行：清华大学出版社
网　　址：http://www.tup.com.cn, http://www.wqbook.com
地　　址：北京清华大学学研大厦 A 座　　邮　　编：100084
社 总 机：010-83470000　　邮　　购：010-62786544
投稿与读者服务：010-62776969, c-service@tup.tsinghua.edu.cn
质量反馈：010-62772015, zhiliang@tup.tsinghua.edu.cn
课件下载：http://www.tup.com.cn, 010-62791865
印 装 者：三河市君旺印务有限公司
经　　销：全国新华书店
开　　本：185mm×260mm　　印　张：22　　字　　数：530 千字
版　　次：2011 年 8 月第 1 版　2018 年 8 月第 2 版　　印　　次：2023 年 8 月第 5 次印刷
定　　价：58.00 元

产品编号：077407-01

Preface 前言

礼仪是通向现代市场经济的“通行证”。我国日益走向开放，与国际社会的联系越来越密切。在开放的社会中，每一个社会组织和个人都需要在广泛的、频繁的社会交往中谋求自身的发展，争取事业的成功，因此，社交活动已成为现代人必备的素质之一。而社交成功的关键在于礼仪，礼仪是生活小节，但却代表着个人、组织乃至民族、国家的形象，可以反映出一个社会中人们的行为规范和文明程度。大学生置身职场，进入社交场合，懂礼仪与不懂礼仪会产生截然不同的效果。正是基于以上考虑，我们编写了《大学生社交礼仪(第 2 版)》一书。

本书以现代大学生社交中常见的活动为载体，介绍了不同交际场景和交际仪式中的礼仪规范和操作程序。本书内容全面、案例丰富，具有较强的实用性和可读性，在介绍社交礼仪的基本内涵、原则、作用等的基础上，重点阐述了个人形象礼仪、日常交往礼仪、社交活动礼仪以及涉外民俗礼仪。为了帮助读者掌握并在实践中更好地应用社交礼仪知识，提高交际能力，每章后还给出了思考与练习题。

作为全国高职高专公共基础课规划教材，本书借鉴了大连职业技术学院张岩松教授的“现代交际礼仪”国家精品课程建设成果。本书可作为高职高专院校各专业学生的礼仪课程教材，也可作为相关企业和机构进行社交礼仪培训的参考书，还可作为各级各类组织进行礼仪学习与训练的手册。

《大学生社交礼仪》自 2011 年出版以来受到数十所高职院校师生的热烈欢迎，先后 6 次印刷，被选作公共基础课程教材。此次是在第 1 版的基础上，融合各院校同人的意见、建议，进行全面修订，更新、补充了“礼仪小故事”“礼仪小博士”以及“思考与练习”专题，对礼仪的基本内容也进行了进一步优化和梳理，使其更好地满足各高职院校师生以及广大读者的需求。

本书由张铭主编，王琳、刘嫣茹、谭晓虹副主编。具体分工如下：张铭编写第 1 章、第 5 章以及第 2 章第 6、第 7 节；王琳编写第 2 章第 1 节、第 3 章第 1 至第 5 节；刘嫣茹编写第 2 章第 2 节、第 4 章第 3 节和第 4 节；谭晓虹编写第 4 章第 1、第 2 节；张岩松编写第 3 章第 8 节；车秀英、马蕾、王芳、李健、穆秀英、房红怡、陈百君、张朝晖、付强、郭沁荣、唐成人编写第 2 章第 3 节；本书提供的课件、教案、思考与练习答案等教学资源由张铭编写。全书由张铭统稿。

本书在编写过程中，参考了大量报刊文献，吸收了国内学者最新的研究成果，限于篇幅仅列出了主要参考书目，在此，谨向各位专家、学者表示衷心的感谢。有些资料是参考互联网上发布或转发的信息，在此也向各位原作者所付出的辛勤劳动表示衷心的感谢。本书的出版也得到了清华大学出版社的大力支持与帮助，在此一并致谢。

因编者水平有限，书中难免存在疏漏之处，敬请读者批评指正。

最后，让我们以先哲的话共勉：

“人无礼则不生，事无礼则不成，国无礼则不宁。”

编　者

目 录

目录

Contents

第 1 章　社交礼仪概述

不学礼，无以立。

——孔子

人有礼则安，无礼则危。故曰：礼者不可不学也。

——《礼记·曲礼》

本章提要

- 现代社交的含义、类型与原则。
- 礼仪的起源、含义、内容和特性。
- 社交礼仪的作用、修养和一般规则。

1.1　现代社交概述

“人无礼则不生，事无礼则不成，国无礼则不宁。”(荀子语)礼仪是人类文明和社会进步的重要标志，这既是社会交往活动的重要内容，又是社会道德文化的外在表现形式，而且它更直接地反映着一个国家国民普遍的素质。我国以“礼仪大国”“礼仪之邦”的美誉著称于世，礼仪在我国传统文化中占有突出的地位。因此，学好礼仪、用好礼仪是人生的一门必修课，也是提升整个民族素质的重要途径。

1.1.1　现代社交的含义

古希腊哲学家亚里士多德曾说：一个生活在社会之外的人，同人不发生联系的人，不是动物就是神。如果人完全脱离了交际，脱离了社会，人就不再是人，而成为动物。美国成人教育家卡耐基(Caraegie)认为，一个人事业上的成功，只有 15%是来自他的专业技术，另外的 85%要靠人际关系和处世技巧。卡耐基对社交的重视程度基于他对人生的深刻理解和领悟。今天尽管我们无法测定卡耐基的量化数值的精确程度，但是，几乎没有人否定社交在人生、家庭、事业中的重要性。

那么，究竟什么是社交呢？

1. 社交释义

社交是标志人类活动的特殊领域的概念。社交在英语中使用 communication 一词来表达，其含义有通信、传达、交流、意见的交换等。社交在汉语中又称为交际或交往。“交”有接合、通气、赋予的意思；“际”有接受、接纳、交合、会合、彼此之间等意思。朱熹对“交际”的注释是：“交际谓人以礼仪币帛相交接也。”这里“礼仪”的“相交接”即日常所说的“礼尚往来”，主要指人与人之间的精神性的交换；而“币帛”的“相交接”，是指人与人之间的物质性的交换。朱熹把人与人之间精神和物质的交换称为交际，这种诠注是很有见地的。

社交是人在共同社会活动中，通过人与人之间相互接触、互通信息、交流情感，或达到相互了解，彼此吸取对方的长处和积极因素，从而增进友情，和谐合作，促进事业成功；或彼此满足相互间的精神慰藉，实现自我价值，增加社会群体的聚合力。

社交是人得以生存、人类社会得以存在和发展的基础和保证。纷繁复杂的人类社会是人际关系耦合的网络系统，而社交是将个人与个人、个人与群体、群体与群体联结成社会网络必不可少的手段，是促进人际关系和谐、保持社会有机体稳定发展的强有力的纽带。社交根植于人类的合群性，发展升华于人的劳动过程。人要生存，就要生产，而生产必然有人与人之间的各种联系和交往，从而使社交成为社会生产的必要条件。人的本质是一切社会关系的总和。人的一切社会关系正是在社交中得以暴露和展示的。每个人在社交中实现其自身，实现其人的社会属性，肯定其价值。总而言之，没有了社交，便没有了社会的人和人的社会。

在现代社会中，人们所从事的劳动和工作越来越复杂，社会化程度越来越高，既有严密科学的分工，又有严格的整体配合，需要越来越多的人合作才能成功。同样，随着物质生活水平的提高，各种信息纷至沓来，人们比以往更渴望理解，更渴望沟通，更多地渴望文化生活和精神交往，而社交恰似劳动、语言和闲暇一样，是人类生活不可或缺的重要组成部分。

礼仪小博士 1-1：

心 理 实 验

美国心理学家沙赫特曾做过这样的实验：他以每小时 15 美元的酬金先后聘请了 5 位志愿者进入一个与外界完全隔绝的小屋，屋里除提供必要的物质生活条件外，没有任何社会信息侵入，以观察人在与世隔绝时的反应。结果，其中 1 个人在小屋里只待了 2 小时就出来了，3 个人待了 2 天，一个人待了 8 天。这位待了 8 天的人出来后说：“如果让我再在里面待 1 分钟，我就要疯了。”实验证明，没有一个人愿意与其他人隔绝，人们都害怕孤独。国外有的学者估计，人们在日常生活中，除 8 小时的睡眠时间以外，其余 16 小时中约 70%(10 小时左右)都在进行着交际。

(资料来源：http://www.mofangge.com/html/qDetail/08/c2/201207/rs9tc20866095.html)

2. 社交的要素

社交活动是非常复杂的，有着各种各样的形式和内容，但在人际关系的一般结构中，包括以下六种要素。

1) 具有两个或两个以上的人

两个人构成社交的最基本单位。单个人所进行的活动尽管可能涉及另外的人，但也不能称为社交。同时，社交中的个人都具有自己的个性心理特征，每个人的个性心理特征都

会影响交际过程。

2)　具有特定的交际动机

人的任何社交活动都是由特定的动机推动的，是为了满足某种需要。动机所指向的目标可能是物质的，也可能是精神的。

3)　具有相互认知

社交中的人与人之间存在相互的觉察、了解以及在此基础上的相互理解。同时，伴随相互认识，每个人都会有情感的移入，产生或喜欢或厌恶的情感倾向。

4)　具有相互沟通

社交中的双方存在着信息的交换。沟通既包括认识上的沟通，也包括情感上的沟通。沟通可能以语言为媒介，也可能以非语言的体态表情为媒介。信息沟通是产生相互认知、达到交际目的、建立人际关系的基础。

5)　具有心理和行为上的互动

在社交中，一方发出的信息刺激会引起另一方心理和行为上的反应，这种反应又会作为新的信息刺激作用于前者，由此产生双方的相互作用与相互影响。

6)　具有一定的交往情景

人和人之间的任何交往都是在一定的社会背景和现实的社会环境中进行的，特别是交往时所处的现实微观环境会给交往带来直接的影响。

礼仪小故事 1-1：

酒店老板与无赖

一个人走进饭店要了酒菜，吃罢摸摸口袋发现忘了带钱，便对店老板说："店家，今日忘了带钱，改日送来。"店老板连声说："不碍事，不碍事。"并恭敬地把他送出了门。

这个过程被一个无赖看到了，他也进饭店要了酒菜，吃完后摸了一下口袋，对店老板说："店家，今日忘了带钱，改日送来。"

谁知店老板脸色一变，揪住他，非剥他衣服不可。

无赖不服，说："为什么刚才那人可以赊账，我就不行？"

店家说："人家吃菜，筷子在桌子上找齐，喝酒一盅盅地筛，斯斯文文，吃罢掏出手绢揩嘴，是个有德行的人，岂能赖我几个钱？你呢？筷子往胸前找齐，狼吞虎咽，吃上瘾来，脚踏上条凳，端起酒壶直往嘴里灌，吃罢用袖子揩嘴，分明是个居无定室、食无定餐的无赖之徒，我岂能饶你！"

一席话说得无赖哑口无言，只得留下外衣，狼狈而去。

(资料来源：http://www.gkstk.com/article/wk-41645129431469.html)

1.1.2　现代社交的类型

现实生活中，社交的方式种类多样，同时各种方式和种类又各具有不同的功能。可以按照不同的标准，把社交分为各种不同的类型。

1．根据交往的规模分类

根据交往规模的大小，社交可分为个人与个人的交往、个人与群体的交往、群体与群体的交往、群体与组织的交往、组织之间的交往、组织与个人的交往等。

2．根据交往使用的符号分类

言语交往是通过有声的口头语言进行的交往。言语作为一种符号，是人类最基本的交际沟通工具。人运用言语进行交往的基础，是交往双方对同一言语所代表的意义必须有共同理解。使用不同方言或使用不同民族言语的人相互交往就会出现困难，必须借助翻译作为沟通中介。言语的作用是传递信息。说话、演说、讲课、做报告、打电话都是主要运用言语传递信息。

非言语交往是指人与人之间用一定的身体动作传递信息、相互作用的方式。在交际中，目光、手势、体态、面部表情都能传递大量信息，其中以目光和面部表情传递的信息最为丰富。眉飞色舞表示喜悦，瞠目结舌表示惊讶，横眉冷对表示愤怒，嗤之以鼻表示轻蔑。人的眉、眼、鼻、口、舌和面部肌肉的综合运用，可以向对方传递自己多姿多彩的心理活动。在人与人的交往中，每个人的一言一行、一举一动都能表达出对对方是否尊重、信任、热情、友好，这看起来是细枝末节，但往往会给交往带来很大影响。

3．根据信息的传递方式分类

根据信息的传递方式分类，可以把社交分为口头交往、书面交往和网络交往。

口头交往即言语交往。

书面交往是运用书面文字进行的文字活动。写信、发通知、发布告、发传真都是书面交往。自从人类发明了文字，人类的交往方式就向前跨越了一大步。书面交往不像言语交往那样稍纵即逝，它传递的信息能够再现，还可以保存、查对。

网络交往(Internet Communication)即网络人际交往，它本质上是一种社会实践活动，是人们以网络技术、信息技术为基础，以符号为中介进行相互作用、相互交流和相互理解的过程。网络交往是社会发展到网络时代而催生出的一种新型交往形式，它基于网络技术而存在，也是一种人与人之间的社会联系，它以语言为媒介，通过对话达成人与人之间的理解。网络交往常见的表现形式有E-mail、电子公告板(BBS)、网上聊天、网上会议等。

此外，还可以根据交往的其他特性划分出若干交往类型。例如：根据人们交往的信息流向将其分为单向交往和双向交往；根据交往时间分为长期交往、间断交往和偶然交往；根据交往的途径可分为直接交往(双方利用口头、形体语言)和间接交往(双方利用媒介或手段)；根据交往者不同的人际关系特征，一般可分为血缘关系的交往、地缘关系的交往、业缘关系的交往。

从以上诸种分类中，我们对交往的形式及其特征可谓初见端倪了。值得注意的是，在实际交往中，往往是各种类型交往的交叉、融合、共同发生作用，而不是简单割裂的。

1.1.3 现代社交的原则

1. 信用原则

信用原则也称信誉原则。中华民族历来都是强调信用的。在人与人的交往中，从古到今人们都把信用看得非常重。儒家直接把信用作为重要美德(“仁”“义”“礼”“智”“信”)之一。孔子说“民无信不立”“与朋友交，言而有信”，强调的是要守信用。这是一个非常重要的社交原则。

没有人际交往就无所谓信用，只有在人与人的交往中才会出现信用问题。人离不开交往，交往离不开信用。现代人在开展交际活动的全过程中，坚持信用原则，不但可以显示自身良好的形象和声誉，而且也能使交际对象根据言论去判断其行动，进行正常的、长期的、稳定的交往。随着我国社会主义市场经济体制的逐步完善，在社会生活的各个方面，信用越来越重要。

现代人要坚持这一社交原则，应注意如下几个方面。

(1) 要守时守约，包括会晤、安排会议、贯彻协议、履行合同等都要守信，接受任务后必须按期完成，说到做到，言必信，行必果。

(2) 要诚实自信。诚实是一种美德，以诚待人，是获取信任、取信于公众的最好办法；自信也是获取信任的好方法，自信的人可直接给交际对象以感染，使其消除疑虑。

(3) 不轻易许诺。不轻易许诺是守信用的重要保证，也是取信于人的方法。否则，诺言不能实现，会失信于人。

礼仪小故事 1-2：

迟　到

某年，国内的一家企业前往日本寻找合作伙伴。到了日本之后，通过多方的努力，这家企业终于寻觅到自己的“意中人”——一家具有国际声望的日本大公司。经过长时间的讨价还价，双方商定，首先草签一个有关双边实行合作的协议。当时，在中方人士看来，基本上可以算是大功告成了。到了草签中日双方合作协议的那一天，由于种种原因，中方人员阴错阳差，抵达签字地点的时间比双方预先约定的时间晚了一刻钟。当他们气喘吁吁地跑进签字厅时，只见日方人员早已衣冠楚楚地排列成一行，正在恭候他们的到来。不过在中方人员跑进来之后，还没容他们做出任何有关自己迟到的解释，日方人员便整整齐齐、规规矩矩地向他们鞠了一个大躬，随后便集体退出了签字厅。也就是说，因为中方人员在签字仪式举行时所迟到的一刻钟，双方的合作搁浅了。事过之后，日方为此所做的解释是：“我们绝不会为自己寻找一个没有时间观念的合作伙伴。不遵守约会的人，永远都是不值得信赖的。”假如对这一个案进行认真的剖析，就一定会得出公正的结论：在这一事件之中，错在中方，日方是没有任何过错的。中方的最大错误，就在于在涉外交往中没有认真地做到“信守约定”，违背了这一国际惯例。

(资料来源：金正昆. 涉外礼仪教程[M]. 北京：中国人民大学出版社，2014.)

2. 平等原则

礼仪小故事1-3：

萧伯纳与俄罗斯小姑娘

英国著名戏剧家、诺贝尔文学奖获得者萧伯纳(George Bernard Shaw)对“平等”二字有很深的体验。一次他访问苏联，漫步在莫斯科街头，遇到一位聪明伶俐的小姑娘，便与她玩了很长时间。分手时，萧伯纳对小姑娘说：“回去告诉你妈妈，今天同你玩的是世界有名的萧伯纳。”小姑娘望了萧伯纳一眼，学着大人的口气说：“回去告诉你妈妈，今天同你玩的是苏联小姑娘安妮娜。”这使萧伯纳大吃一惊，立刻意识到自己太傲慢了。后来，他常回忆起这件事，并感慨万分地说：“一个人不论有多大成就，对任何人都应该平等相待。要永远谦虚，这就是苏联小姑娘给我的教训，我一辈子也忘不了她！”

(资料来源：http://www.qidian.com/BookReader/1359038,24905571.aspx)

在交际中坚持平等原则是非常重要的！平等是人与人之间建立情感的基础，是达到最佳交际效果的诀窍，是建立和保持良好的人际关系的基础之一。心理学研究表明：人都有友爱和受人尊敬的需要，交友和受尊敬的希望都非常强烈。人们渴望自立，成为家庭和社会中真正的一员，平等地同他人进行沟通。可以说，凡是正常人，都希望得到别人的平等对待。与人交往只有以平等的姿态出现，不盛气凌人、不高人一等，给别人以充分的尊重，才能形成人与人之间的心理相容，产生愉悦、满足的心境，建立和谐的人际关系。毛泽东在这方面做得尤其出色。他作为领导者，在处理与下级的关系时，十分注意坚持平等原则，不摆架子，这种平等是赢得下级理解和支持的重要条件。一位老教授回忆在延安见毛泽东时的情景说：“我去见主席，主席拿出纸烟来招待我，可是不巧纸烟只剩一支了。你想主席怎么办？他自己吸，不请客人吸，当然不好；请客人吸自己不吸，客人肯定不同意。于是，主席将这支烟分成两半，给我半支，他自己半支。从这件事可以看出主席的随和、诚恳、平等、亲切，这使我很受感动，终生难忘。”

那么，如何做到平等交往呢？

(1) 要明确平等的含义，平等是相对的，不是绝对的。平等受自然条件和社会条件的制约，必须注意根据交际对象的不同条件(政治、经济、文体和社会等方面的条件)分别对待。

(2) 要尊重交际对象的人格，这是平等的前提。任何人都有自尊心，要维护独立的人格不受侵犯。在现代社交中，只有尊重对方的人格才能得到对方的理解和尊重，营造出良好的人际关系氛围。那种以势压人、老大自居、盛气凌人、“看人下菜碟”，甚至污辱人的做法都是与平等原则严重相悖，为公众所不齿。

(3) 要掌握平等交往的方法和技巧。例如：谈心法，向对方实实在在地说出心里话，用朋友般的商量口气交换意见、传递信息、讨论问题；求同法，通过各类活动，特别是富有兴趣的活动，寻求与对方的相互认识、相互理解，“投公众所好”，增强其认同感；交友法，像对待朋友那样平等地对待公众，关心、帮助、体谅、尊重对方，以诚相待，从而赢得交际对象的认同。

礼仪小故事 1-4：

“芬克斯”酒吧谢绝基辛格

在宗教圣地耶路撒冷，有一个名叫“芬克斯”的西餐酒吧，它曾连续 3 年被美国《每周新闻》杂志选入世界最佳酒吧的前 15 名。“芬克斯”酒吧是由一个英国人创办的，至今，它的内部摆设，包括桌子和椅子都保持着原样。它的面积虽然只有 30 平方米左右，里面只有 1 个柜台和 5 张桌子，但由于经营有方，它成了在耶路撒冷的记者们喜欢停留的地方。1948 年，一个名叫罗斯恰尔斯的德国犹太人买下了“芬克斯”酒吧。

20 世纪 70 年代，为中东和平而四处穿梭的基辛格来到了耶路撒冷，听说这里的“芬克斯”酒吧名声不错，也想去造访造访。他亲自打电话到“芬克斯”预约，接电话的正好是店主罗斯恰尔斯先生。

基辛格做了自我介绍。那时，在约旦和巴勒斯坦地区，无人不知基辛格的大名，因为从某种意义上说，他掌握着约旦和巴勒斯坦的命运。然而，罗斯恰尔斯没有接受基辛格的预约，因为基辛格提出的额外要求深深刺痛了他那根具有职业道德的敏感神经。

基辛格这样说：“我有 10 个随从，他们将和我一起前往贵店，到时希望贵店谢绝其他顾客。”基辛格认为这个要求肯定能被接受，因为自己是有名的政治家，光顾那家酒店，会提升它的形象。不料，罗斯恰尔斯给了基辛格一个意想不到的回答。罗斯恰尔斯非常客气地说：“您能光顾本店，我感到莫大荣幸。但因此而谢绝其他客人，我实在做不到，他们都是我的老顾客，也是支撑我这个店的人，我无论如何也不会将他们拒之门外。”

听到这一回答，基辛格很不高兴地挂断了电话。

第二天傍晚，基辛格又一次打来电话。基辛格真不愧是外交家，他首先对自己头天的失礼表示道歉。接着，他告诉店主人，这一次他只带 3 个随从，只订一张桌子，店方也不必谢绝其他客人。这对基辛格来说算是最大的让步了，但结果还是让他失望。

“非常感谢您的诚意，基辛格先生，但我还是不能接受您明天的预约。”罗斯恰尔斯回答。

“为什么？”基辛格大惑不解。

“因为明天是星期六，本店的例休日。”

“但我后天就要离开此地，你不能为我破一次例吗？”

“那不行，作为犹太后裔的您也应该知道，对我们犹太人来说，星期六是一个神圣的日子，在星期六营业，是对神的亵渎。”

基辛格听后什么也没说，就挂断了电话。

这则轶闻被美国记者知道后，写成了《基辛格和芬克斯》的新闻，在美国报纸上大加炒作，这无意中提高了“芬克斯”的知名度。然而仔细想来，“芬克斯”酒吧的可贵之处，是真正把客人当“上帝”，讲究人人平等，一视同仁，宁可得罪一个要求过分的名人，也不得罪一群普通的人。这是“芬克斯”酒吧留给我们的启示之一。

(资料来源：http://www.cyone.com.cn/Article/Article_20187.html)

3．互利原则

互利原则是指人们在人际交往中考虑双方的共同价值和共同利益，满足共同的心理需要，使彼此都能从交往中得到实惠。大多数人的交往是互惠互利的。相互报偿、相互满足是人际交往活动的基本动机。没有需求上的相互满足和相互补取，就不可能有成功的交际。一般来说，预期中的报偿支配着公众人际交往的积极性，因而我们在现代社交中要创造互惠互利型的格局，积极寻找双方的利益共同点，平等相待，真诚合作，而不能一味地追求自身的利益，更不能以邻为壑，坑害对方。

从社会学的角度来说，互惠互利的原则是一种“非零和博弈”原则，它是相对于“我赢你输”的“零和博弈”而言的，也就是说它希望出现的结局是“你赢我也赢”。现代人必须明白“投桃报李”的意义，今天的付出意味着明天的收获，此处的投入意味着彼处的产出。

人际交往中遵循互惠互利原则应注意以下几点。

(1) 要明确互惠互利是有前提的。互惠互利是以不损害第三方的利益为前提的，任何以损害第三方的利益来达到互惠互利目的的行为都是不允许的。

(2) 要注意精神上的互惠互利。社会心理学家的研究表明，每个人都渴望得到别人的注意和关心。因此，人际交往中必须考虑他人在精神上的、心理上的需要，关心他人，爱护他人，从而使交往双方得到心理上的满足，这是最不可缺少的互惠互利。

(3) 要注意经济上的互惠互利。人们的活动一般都受到某种利益的驱动。驱使人们去交往的动力既有情感因素，也有明显的利益要求。交际活动应使双方受益，如果只想从别人那里捞好处，只考虑自己的需要和利益，就很可能使彼此的关系陷入游离状态，甚至完全终结。

4．尊重原则

礼仪小故事 1-5：

斯坦福大学的由来

多年前，美国哈佛大学的校长因为一次错误判断，失去了一次难得的发展机遇，但却造就了斯坦福大学。

一天，一对老夫妇来到哈佛大学校长办公室，女的穿着一套褪色的条纹棉布衣服，而她的丈夫则穿着布制的便宜西装。

校长的秘书在顷刻间就断定这两个乡下老土根本不可能与哈佛有业务往来。老先生轻声地说：“我们要见校长。”

秘书很礼貌地回答：“他整天都很忙。”

女士回答说：“没关系，我们可以等。”

过了几个小时，秘书一直忙自己的事，把他们冷落在一边，希望他们知难而退，知趣地离开。他们却固执地等在那里。

秘书终于决定通知校长：“也许他们跟您讲几句话就会走开。”校长不耐烦地同意了。

校长接待了这对夫妇。

女士告诉校长："我们有一个儿子曾经在哈佛读过一年书，他喜欢哈佛，他在哈佛生活得很愉快。但是去年，他因车祸而身亡。我丈夫和我想在校园里为他留一纪念物。"

校长并没有被感动，反而觉得可笑，粗声地说："夫人，我们不能为每一位曾读过哈佛而后死亡的人建立遗像的。如果我们这样做，我们的校园看起来不是和墓园一样了吗？"

女士说："不是，我们不是要树立一座遗像，我们是想捐一栋大楼给哈佛。"

校长再次审视了一下乡巴佬身上的条纹棉布衣服及粗布便宜西装，然后吐了口气说："你们知不知道建一栋大楼要花多少钱？我们学校的建筑物价值超过 750 万美元。"

这时，那位女士沉默了。校长终于如愿以偿，总算可以把他们打发走了。

这位女士转向她的丈夫说："只要 750 万美元就可以建座大楼，那我们为什么不建一座大学来纪念我们的儿子？"

就这样，斯坦福夫妇(Mr. and Mrs. Standford)离开了哈佛，来到加州，成立了斯坦福大学(Standford University)来纪念他们的儿子。

再后来，在斯坦福的旁边，又有了硅谷。

(资料来源：http://www.zhihu.com/question/21353992)

案例中的这位哈佛大学校长不懂得尊重人，傲慢自大。孔子说："礼者，敬人也"，尊重他人是社交的一个基本原则，它要求人们在社交活动中互尊互敬，友好相待，对交往对象要重视、恭敬。

人都有满足物质生活的需要，但更有得到尊重的期望。人都有自尊心，都希望受到尊重，而且对尊重自己的人有一种天然的亲和力、认同感。尊重成为现代社交的重要原则。因此，在交际中，不管对方地位如何、才能怎样，只要与之打交道，就应给之以尊重，做到礼遇适当、寒暄热烈、赞美得体、话题投机，让人感到他在你心目中是受欢迎的、有地位的，从而得到一种满足，感到和你交往的心情很愉快，这样就为和谐的人际关系的建立铺平了道路。

在对待他人的诸多做法中最重要的一条就是尊重，敬人之心要长存，处处不可失敬于人，不可伤害他人的尊严，更不能侮辱对方的人格。可以说，掌握了尊重的原则就等于掌握了礼仪的灵魂。尊重的作用是十分巨大的。

礼仪小故事 1-6：

士光敏夫的诀窍

日本东芝电器公司曾一度陷入困境，员工士气低落。当士光敏夫出任董事长时，他经常不带秘书，一个人深入各工厂与工人聊天，听工人的意见，更有意思的是，士光敏夫还经常提着一瓶酒去慰劳员工，和他们共饮。他终于赢得了公司上下的支持，员工的士气也高涨了起来。在三年内，士光敏夫终于重振了日暮穷途的东芝公司。士光敏夫的诀窍就是关心、重视、尊重每一个员工。"敬人者，人恒敬之"，他同时也赢得了员工的信服与支持。

(资料来源：http://www.baike.com/wiki/《新农村文明礼仪读本》&prd=so_1_doc)

那么，如何才能更好地体现尊重原则呢？

(1) 让对方保住面子。应注意千万不要伤害别人的自尊心，让人保住面子，这样才能赢得别人的尊敬，树立自身的良好形象。

礼仪小故事 1-7：

一双景泰蓝食筷

在某大酒店，一位外宾吃完最后一道菜，顺手把精美的景泰蓝食筷悄悄地“插入”自己的内衣口袋里。服务员小姐不露声色地走上前去，双手擎着一只装有一双景泰蓝食筷的绸面小匣说：“我发现先生在用餐时，对我们的景泰蓝食筷颇有爱不释手之意，非常感谢您对这种精美工艺品的赏识。为表达我们的感激之情，经餐厅主管批准，我代表大酒店将这双图案最为精美的并且经严格消毒处理的景泰蓝食筷送给您，请您笑纳。”曲径通幽，那位外宾很快明白了这弦外之音，表示谢意后，说自己多喝了两杯，头发晕，顺手将食筷插入内衣袋里，并聪明地下台阶，说：“既然它不消毒不能使用，我就以旧换新吧！”说着取出袋里的食筷恭恭敬敬地放回桌上，接过了服务员小姐给他的小匣。

(资料来源：http://www.canyon168.com/Print.aspx？id=7350&page=7)

(2) 要给他人表现的机会。尊重他人，更重要的是让他人感觉到自己很重要，给人充分表现自己的机会。苏联刚成立时受到经济封锁，那时与苏联做生意的第一个美国人——哈默(Harmer Armand)曾回忆道：“与他(列宁)交谈时，会使你感到你是他生活中最重要的人物。”哈默为什么这样说呢？因为列宁给了他表现的机会，让企业家施展才能在苏联开办了工厂，举办了艺术展览。这打动了企业家，在无形中肯定了其价值。

(3) 对他人表现出最大的热情。给予别人热情，其实就是给予别人支持和鼓励，能大大增强对方的自我肯定。如果你能给予别人最大的热情，将心比心，别人也会倍感尊重，绝不会麻木不仁。

礼仪小故事 1-8：

让员工感到受尊重

在某海运公司，有一群粗犷的船员，身高马大，脾气暴躁，公司对他们很伤脑筋。但奇怪的是，这些人都服从劳资处长的管理。原来，每次船归来之时，这位处长都立即放下手头的工作去码头，和船员们又是拥抱，又是握手，并把家在外地的船员的家信捎去。他的盛情，他的周到，感动了这些长年颠簸在海上的游子，让他们感到自己受到尊重，这位管理者的形象在他们心中也就自然高大起来。

(资料来源：http://blog.people.com.cn/article/10/1499166392306.html)

5. 宽容原则

礼仪小故事 1-9：

六尺巷

“我家两堵墙，前后百米长。德义中间走，礼让站两旁。”除夕夜，由安徽宿松籍著

名诗人贺东久作词，桐城籍青年歌手张正扬作曲，安徽芜湖籍演员赵薇演唱的歌曲《六尺巷》亮相 2016 央视猴年春晚。歌曲《六尺巷》取材于桐城六尺巷的典故，融合了黄梅小调、京剧及现代流行音乐等元素，受到人们的普遍欢迎，六尺巷也受到人们的普遍关注，从 2016 年正月初一开始，六尺巷从原先的冷冷清清变得人潮涌动。

位于安徽桐城的六尺巷，其得名源于清康熙朝张英对邻居“让出三尺”的故事。

据史料记载，清康熙年间，文华殿大学士、礼部尚书张英(1637—1708)的桐城老家人，与邻居吴家在宅基问题上发生争执，两家各不相让，将官司打到县衙。因双方都是官位显赫的名门望族，县官不敢轻易了断。

于是，张家人千里传书给在京城的张英求援。收书后，张英批诗一首寄回老家，便是这首流传至今的打油诗：“一纸书来只为墙，让他三尺又何妨。长城万里今犹在，不见当年秦始皇。”

一见回信，张家人豁然开朗，将围墙退让了三尺。吴家见状深受感动，也让出三尺，形成了一个六尺宽的巷子，如图 1-1 所示。

图 1-1　六尺巷

从此以后，这条六尺宽的巷子就以“六尺巷”之名闻名乡里，成为民间佳话。

时至今日，虽然张吴两家的老宅都已在 300 多年的时光里走进了历史，但这条巷子却依然安静地伫立在那里，并引得人们慕名而来，领悟体会其宽容他人、互敬礼让、和谐包容、进退有度的文化内涵。

(资料来源：http://bbs.xuanen.gov.cn/forum.php? mod=viewthread&tid=12366005)

一般来说，交往双方的心理总存在一定的距离，存在不相容的心理状态，这种差异会在交往者之间产生思想隔阂，甚至会使关系僵化。要想缩小这种心理上的差异，求得人与人之间能多一分和谐、多一份信赖，就必须抱着宽容之心。宽容就是要求人们既要严于律己，又要宽以待人，要多容忍他人，多体谅他人，多理解他人，而不能求全责备，斤斤计较，过分苛求，咄咄逼人。唯有宽容才能排除交际中的各种障碍，不能宽容他人的人，往往会得理不饶人，使人际关系恶化。共性是寓于个性之中的，人们应该维护和发展共性，以理解和宽容来增强人们之间的凝聚力。所以，宽容忍让是为人处世的较高境界，易于博得他人的爱戴和敬重。正如孔子所说：“宽则得众。”

坚持宽容原则要做到如下几点。

(1) 要做到宽容待人，就要将心比心，理解他人，体谅他人，不求全责备，不要求对方十全十美，与对方和睦相处。社交中，考虑交往对象的个性，理解其思想，不强求其与自己高度一致，多站在对方的角度考虑问题，这是宽容原则的极好体现。正如美国汽车大王亨利·福特(Henry Ford)所说："如果成功有什么秘诀的话，那就是站在对方的立场上考虑问题。"

礼仪小故事 1-10：

小刘悟出的道理

有家企业的公关人员小刘，说话办事都有板有眼，但就是有一个缺点，凡属他看不惯的人，他就不想与之多说，结果得罪了不少客户。公关部经理对他说："我们两人岁数相差二十好几，性格差异更大，你好动，我好静，但并不影响我们的合作，你想想这是为什么？"脑子灵活的小刘一听，便知道经理是在批评自己。他悟出一个道理：脾气性情不同的人同样可以做朋友。从那以后，他开始接纳个性特别的客户，并与他们友好往来，很快赢得了客户的好感。

(资料来源：http://www.xici.net/d59392766.htm)

(2) 严于律己。人缘好的人，几乎都具有对己严、对人宽的品质。现代人更应注意加强这方面的修养，与他人打交道时不苛求别人，而是以礼待人，遵守诺言。若与别人产生摩擦，首先从自己身上查找原因。

礼仪小博士 1-2：

现代社交"十不要"

① 不要过分打扮。衣着要与身份相符，整洁大方，当然，也要考虑对方的生活习惯。

② 言谈举止不要浮泛。语言要文明，举止要礼貌；说话有条理，言简意赅；别人谈话时，要虚心倾听，不打断对方的谈话，不做心烦意乱的动作，更不要随便翻阅别人的东西。

③ 不要显示自己有恩于人。不要多谈自己的好处，应该常提受人恩德的事，使对方心中感到舒服。

④ 不要论人之非，发泄牢骚。交谈时不要议论第三者，不要攻击他人短处，不要对自己不满的人和事发泄不满情绪。

⑤ 不要花言巧语，虚伪客套。态度要诚恳，实事求是，讲心里话，不用虚伪的客套话骗人。

⑥ 不要分等级待人。对来客一视同仁，不卑不亢，既不巴结讨好，也不傲慢自居。

⑦ 不要"万事通"，不懂装懂。对不知道的事不说，也不牵强附会。

⑧ 不要不讲信用，不守时间。在交往中，答应办的事情一定要办到，约定见面，一定要准时赴约。同时，初访时交谈不可过久。办完事情，尽快告辞，不要耽误别人的

时间。

⑨　不要打听自己不应知道的事情。不要冒然打听别人的秘密或难以启齿的事情，也忌有意无意揭穿他人的秘密。

⑩　不要随便误解对方。对别人谈论的事，要正确理解。

(资料来源：张卫东，武冬莲. 现代商务礼仪[M]. 北京：电子工业出版社，2010.)

1.2　礼仪与社交礼仪

礼仪是人们步入文明社会的“通行证”。人类自诞生那天起，便开始了对文明与美的追求。礼仪体现了人类社会不断摆脱愚昧、野蛮、落后的状态，体现了整个社会进化的程度，它也是一个国家、一个民族进步、开化与兴旺的标志。我国作为东方文明古国和东方文化的发源地，素有“礼仪之邦”的美誉，数千年来对文明的不懈追求，形成了丰富多彩的东方文化和礼仪。

要更好地理解现代社交礼仪，首先就要弄清楚什么是礼仪。

1.2.1　什么是礼仪

今天，随着社会生产力的不断发展、物质生活条件的逐步改善和社会文明程度的日益提高，人们对礼仪倍加推崇。讲文明、懂礼貌，尊重他人，服务社会已成为人们的共识。无论是人际的、社会的乃至国与国之间的交往，抑或是旅游、商业、服务业等行业的接待服务工作，都离不开对礼仪规范的遵守。现代人都开始注重文明修养，讲究礼仪，几乎每个人都成为礼仪的载体、文明的化身。

这里我们首先探讨礼仪的历史沿革、内容和特性。

1. 礼仪的历史沿革

礼仪是人们在社会交往过程中形成的并得到共同认可的各种行为规范，它是人们以一定的程序、方式来表现的律己、敬人的完整行为。它体现了一个国家、一个民族、一个地区的道德风尚和人们的精神面貌，所以，礼仪是人类精神文明的产物。

礼仪的历史是漫长而久远的。它随着人类社会的产生而产生，随着经济的发展、社会的进步而不断前进。

1)　古代的礼仪

在原始社会，人类还处在蒙昧时代，生产力水平极端低下，靠“天”吃饭，人们对许多自然现象无法解释，就把“天”“神”作为宇宙间最高的主宰，对之顶礼膜拜，进行祭祀，这时就产生了最早的也是最简单的以祭天、敬神(即“图腾”)为主要内容的“礼”。当时只有简单的交际，只要不违背“图腾”，就可以继续交往下去。

随着原始社会的解体，人类进入奴隶社会，“礼”开始打上阶级的烙印，礼的含义也有所变化。在周代，礼除了用于祭祀之外，还作为治国之本。孔子认为：“为国以礼。”

《礼记·经解》上说："朝觐之礼，所以明君臣之义也；聘问之礼，所以使诸侯相尊敬也；丧祭之礼，所以明臣子之恩也；乡饮酒之礼，所以明长幼之序也；昏姻之礼，所以明男女之别也。"由此可见，周礼不仅内容已大为增加，而且还包含着社会政治制度的结构形式和社会生活行为规范。礼已成为阶级统治的工具，成为社会等级制度的表征，成为区分贵贱、尊卑、顺逆、贤愚的准则。

春秋时期，"礼崩乐坏"，于是有人提出了"仪"这一概念。据《左传·昭公五年》记载，鲁昭公到晋国去访问，晋平公对女叔齐说，鲁昭公很懂得礼，女叔齐却不以为然，答曰："鲁昭公哪里知礼？"晋平公觉得很奇怪，就反问道："鲁昭公从效劳一直到赠贿，从没有失礼之处，为何说他不知礼？"女叔齐说："鲁昭公在外交上善于应酬，那只不过是仪，根本算不上礼。"在女叔齐看来，礼乃立国治政的大法，仪是指一种礼节、仪式、仪文。这在当时是较流行的观点。如齐国的晏子认为："在礼，家施不及国、民不迁、农不移、工贾不变、士不滥、官不滔、大夫不收公利。"礼可以治国，礼能改变政局发展的趋势。在先秦时代人们的心目中，礼和仪的含义是不同的。不过，在当时礼和仪也很难明确区分，其实他们所谓的"礼"中也包含着一定成分的"仪"。

到了封建社会，礼仪逐渐成为统治阶级进行封建统治的工具，有些还以法律的形式固定下来，形成"礼制"，成为束缚人们行为的工具。

礼仪小博士 1-3：

"礼"字的由来

从"礼"字的发展演化看，"礼"的最初含义与礼仪的起源——原始宗教祭祀活动有密切关系。"礼"字在甲骨文里写为"豊"，其下半部分的"豆"字是指古代的一种器具，上半部分的"丰丰"表示一块块整齐摆放的玉，然后将"玉"放在盒子里。这反映了古人祭祀活动的一个侧面。后来在其基础上又繁化为"禮"左边加的这个"示"字旁，为古代的神祇，整个字为敬神之意。随着人类对自然与社会各种关系的认识逐渐加深，礼的范围和内容就从各种神事扩大到人事。

(资料来源：白银亮．http://www.njliaohua.com/lhd_8z9pc0eeya28mww144r8_1.html)

2) 近现代的礼仪

辛亥革命在推翻了封建帝制的同时，也结束了封建礼制，"五四"新文化运动使中华民族开始了新文化建设的征程。

随着无产阶级的觉醒，社会主义礼仪具备了雏形。无产阶级是历史上最先进、最革命的阶级，以解放全人类为己任，他们具有高尚的情操。为了处理其内部以及与其他劳动阶级的关系，完成共同的历史使命，无产阶级更需要讲究文明礼貌，更需有自己的礼仪规范。

早在民主革命时期，中国共产党领导的人民军队区别于国民党部队的显著标志之一就是讲"三大纪律，八项注意"。其中的"说话要和气""买卖要公平""不许打人骂人""不许调戏妇女""不虐待俘虏"等，都是适应当时斗争需要的纪律，也可视为公德、礼

仪的组成部分。斯诺(Edgar Snow)在其《西行漫记》中曾经记述了以下这样一个耐人寻味的生动故事。

礼仪小故事 1-11：

斯诺与陕北抗日根据地的少先队员

我坐下来和驻扎这里的交通处的一部分人员一起吃饭……，像平常一样，除了热开水以外，没有别的喝的，而开水又烫得不能入口，因此我口渴得要命。

饭是由两个态度冷淡的孩子侍候的，确切地说是由他们端来的……他们最初不高兴地看着我，可是在几分钟后，我就设法得到了其中一个孩子的友善微笑。这使我胆子大了一些，他从我身边走过时，我就招呼他："喂，给我们拿点冷水来。"

那个孩子压根儿不理我，几分钟后，我又招呼另外一个孩子，结果也是一样。

这时我发现戴着厚厚玻璃眼镜的交通处长李克农在笑我。他扯扯我的袖子，对我说："你可以叫他'小鬼'，或者可以叫他'同志'，可是，你不能叫他'喂'。这里所有的人都是同志。这些孩子是少年先锋队员，他们是革命者，所以志愿到这里来帮忙。他们不是佣工。他们是未来的红军战士。"

正好这个时候，冷水来了。

"谢谢你——同志！"我道歉说。

那个少先队员大胆地看着我。"不要紧，"他说，"你不用为了这样一件事情感谢一个同志！"

我想，这些孩子真了不起。我从来没有在中国儿童中间看到这样高度的个人自尊。

(资料来源：斯诺. 西行漫记[M]. 北京：解放军文艺出版社，2002.)

这个故事是斯诺 1936 年 6 月刚刚进入陕北抗日根据地采访时碰到的一件小事。由此不难看出，在革命队伍内部人与人之间建立起了真正的、平等的、亲密的同志关系，以及在此基础上形成的道德观念和礼仪规范，为以后建立崭新的社会主义的人际关系、礼仪规范等奠定了坚实的基础。

新中国成立以后，随着社会制度的彻底变革，人与人之间的关系也出现了前所未有的变化。在人民内部合作代替了对抗，互助、互利代替了尔虞我诈，从而建立起真正平等的、亲密的同志关系，由此而建立的礼宾规范为世人所称赞。至今，人们仍对 50 年代好的社会风尚留有深刻的印象。在人际和社会交往的过程中，真正做到了只有分工不同，没有高低贵贱之分，人们诚挚相处，互谅互让；舍己救人，助人为乐蔚然成风，不少地方真正形成道不拾遗，夜不闭户；敬老、爱幼、尊贤的优良传统得到充分的弘扬。不少外国友人对此惊叹不已。

改革开放以来，人们对礼仪重新进行了文化审视和理性思考，不仅汲取了西方文明的优秀成果，而且还使东西方文化和东西方礼仪有机地交融，并逐步地加以完善和发展。

2. 礼仪的内容

随着时代的变迁、社会的进步，人们的文明程度也在不断地提高。现代礼仪在扬弃我国古代礼仪的基础上，不断推陈出新，内容更加完善、合理、丰富多彩。

1) 礼节

礼节是人们在交际过程中逐渐形成的、约定俗成的和惯用的各种行为规范之总和。礼节是社会外在文明的组成部分，具有严格的礼仪性质，它反映着一定的道德原则的内容，反映着对人对己的尊重，是人们心灵美的外化。在阶级社会，由于不同阶级的人在利益上的根本冲突，礼节多流于形式。在现代社会中，由于人与人之间地位平等，其礼节从形式到内容都体现出人与人之间相互平等、相互尊重和相互关心。现代礼节主要包括介绍的礼节、握手的礼节、打招呼的礼节、鞠躬的礼节、拥抱的礼节、亲吻的礼节、举手的礼节、脱帽的礼节、致意的礼节、作揖的礼节、使用名片的礼节、使用电话的礼节、约会的礼节、聚会的礼节、舞会的礼节、宴会的礼节，等等。

当今世界是个多元化世界。不同国家、不同民族、不同地区的人们在各自生存环境中形成了各自不同的价值观、世界观和风俗习惯，其礼节从形式到内容都不尽相同。

2) 礼貌

礼貌是指人们在社会交往过程中良好的言谈和行为。它主要包括口头语言的礼貌、书面语言的礼貌、态度和行为举止的礼貌。礼貌是人的道德品质修养的最简单、最直接的体现，也是人类文明行为的最基本的要求。在现代社会，使用礼貌用语、对他人态度和蔼、举止适度、彬彬有礼、尊重他人已成为日常的行为规范。

3) 仪表

仪表是指人的外表，包括仪容、服饰、体态等。仪表属于美的外在因素，反映人的精神状态。仪表美是一个人心灵美与外在美的和谐统一，美好纯正的仪表来自于高尚的道德品质，它和人的精神境界融为一体。端庄的仪表既是对他人的一种尊重，也是自尊、自重、自爱的一种表现。

4) 仪式

仪式是指行礼的具体过程或程序，它是礼仪的具体表现形式。仪式是一种比较正规、隆重的礼仪形式。人们在社会交往过程中或是在组织开展各项专题活动过程中，常常要举办各种仪式，以体现对某人或某事的重视，或是为了纪念等。常见的仪式包括成人仪式、结婚仪式、安葬仪式、凭吊仪式、告别仪式、开业或开幕仪式、闭幕仪式、欢迎仪式、升旗仪式、入场仪式、签字仪式、剪彩仪式、揭匾挂牌仪式、颁奖授勋仪式、宣誓就职仪式、交接仪式、奠基仪式、洗礼仪式、捐赠仪式，等等。仪式往往具有程序化的特点，这种程序有些是人为地约定俗成的。在现代礼仪中，仪式中有些程序是必要的，有些则可以简化。

礼仪小博士 1-4：

参加升国旗仪式时的礼仪

严格地遵守升国旗的礼仪是维护国旗尊严、增强公民国家观念的体现，所有人都要按《国旗法》的要求以规范、统一的礼仪参加升国旗仪式。应做到：

(1) 举行升旗仪式时，起身站立，目视前方，双手下垂，神态庄严，聚精会神，面

向国旗，肃立致敬。

(2) 每个人要仪表规范，仪态庄重，穿着整齐，脱帽肃立。

(3) 在升国旗的过程中要保持安静，不许喧哗、走动、打闹、东张西望、心不在焉。

(4) 当参加升旗仪式迟到时，恰逢升国旗奏国歌要立即停止走路，严肃立正，等待升旗仪式完毕后，方可继续行走。

(5) 需要唱国歌的时候要有激情，曲调准确，声音洪亮。

(6) 升旗仪式结束，主持人宣布解散时方可走动。

(资料来源：http://www.xz26z.com/Article/ShowArticle.asp？ArticleID=108)

5) 礼俗

礼俗即民俗礼仪，是指各种风俗习惯，它是礼仪的一种特殊形式。礼俗是由历史形成的，普及于社会和群体之中并根植于人们心中，在一定的环境经常重复出现的行为方式。不同国家、不同民族、不同地区在长期的社会实践中形成了各具特色的风俗习惯。“十里不同风，百里不同俗”，甚至一个小小的村落都可能形成自己的风俗习惯。

礼仪小博士 1-5：

男左女右的由来

“男左女右”的习俗和古代人的哲学观关系非常密切。我国古代哲学家认为，宇宙中贯通事物和人事的两个对立面就是阴阳。自然界的事物有大小、长短、上下、左右等，古人将其归类分为大、长、上、左为阳，小、短、下、右为阴。阳者刚强，阴者柔弱。人的性格，男子性暴刚强属于阳于左，女子性温柔和属于阴于右。“男左女右”在中医应用上也有实际的科学意义，表示的是男女生理上的差异。“男左女右”在社会风俗上是划分区别的一种秩序安排，这种习俗早在两千多年前的战国时期就被广为流传。

(资料来源：http://news.k618.cn/history/uno/201705/t20170531_11541965_1.html)

3．礼仪的特性

礼仪是人们在漫长的社会实践中逐步形成、演变和发展的。现代礼仪是在一番脱胎换骨之后形成的，它具有文明性、共通性、多样性、变化性和规范性等特性。

1) 文明性

礼仪是人类文明的结晶，是现代文明的重要组成部分。人类从茹毛饮血到共享狩猎成果，从盲目迷信、敬畏鬼神到崇尚科学、论证无神，从战争到和平无不体现出对文明的追求，尤其是文字的发明，人类更是学会了运用语言文字来表达文明、宣传文明、建设文明。文明的体现宗旨是尊重，既是对人也是对己的尊重，这种尊重总是同人们的生活方式有机地、自然地、和谐地和毫不勉强地融合在一起，成为人们日常生活、工作中的行为规范。这种行为规范包含着个人的文明素养，比如待人接物热情周到、彬彬有礼；人们彼此间互帮互助、彼此尊重、和睦相处，体现出人们日常生活中的文明、友好；注重个人卫生，穿着适时得体，见人总是微笑着问候致意，礼貌交谈，文明用语，这也体现出人们的品行修养。总之，礼仪是人们内心文明与外在文明的综合体现。

2) 共通性

无论是交际礼仪、商务礼仪还是公关礼仪，都是人们在社会交往过程中形成并得到共同认可的行为规范。我们今天生活的世界可谓千姿百态，人们尽管分散居住于五大洲、四大洋的不同角落，但是，许多礼仪都是世界通用的。例如：问候、打招呼、礼貌用语，各种庆典仪式、签字仪式等，大体上是世界通用的。虽然由于各国家、各地区、各民族形成了许多特有的风俗习惯，但就礼仪本身的内涵和作用来说，仍具有共通性。正是由于礼仪拥有共通性，才形成了国际交往礼仪。

3) 多样性

世界是丰富多彩的，其中礼仪也是五花八门、绚烂多姿的。世界各地民俗礼仪千姿百态，几乎没有人能说清楚世界上到底有多少种礼仪形式。从语言的表达礼仪到文字的使用礼仪，从举止礼仪到规范化礼仪，从服饰礼仪到仪表礼仪，从风俗礼仪到宗教礼仪等，在不同的国家、不同的场合，礼仪的表达方式各有不同。比如在人们常见的国际交往礼仪中，仅见面礼节就有握手礼、点头礼、亲吻礼、鞠躬礼、合十礼、拱手礼、脱帽礼、问候礼，等等。

不仅如此，有些礼仪形式所表达的内容，在不同国家或地区有可能截然相反，甚至一个国家不同地区也可能有不同的含义(见表1-1)。

表1-1 手势在不同国家所表达的含义

手势	中国	美国	英国	法国	日本	印度	其他国家
	棒、厉害	顺利	搭车	搭车	男人、父亲	搭车	在孟加拉国意味着侮辱和挑衅
	最小的或倒数第一	打赌			女人、女孩、恋人	想去厕所	在缅甸表示想去厕所；在尼日利亚等国家表示打赌
	数字0或3	征求对方意见或表示同意、赞扬、了不起		零、一钱不值	金钱	正确、不错	在韩国、缅甸表示金钱；在菲律宾表示想得到钱或没有钱；在印度尼西亚表示一无所有或一事无成；在突尼斯表示无用、傻瓜

(资料来源：王玉苓，徐春晖．商务礼仪[M]．北京：人民邮电出版社，2014.)

4) 变化性

礼仪并不存在僵死不变的永恒模式，随着时间的推移，礼仪会发生巨大的变化。可以说，每一种礼仪都有其产生、形成、演变、发展的过程。礼仪在运用时也具有灵活性。一般说来，在非正式场合，有些礼仪可不必拘于约定俗成的规范，可增可减，随意性较大。在正式场合，讲究礼仪规范是十分必要的。但如果双方已非常熟悉，即使是较正式的场合，有时也不必过于讲究礼仪规范。

5) 规范性

礼仪，指的就是人们在交际场合待人接物时必须遵守的行为规范。这种规范性，不仅约束着人们在一切交际场合的言谈话语、行为举止，使之合乎礼仪，而且也是人们在一切交际场合必须采用的一种“通用语言”，是衡量他人和判断自己是否自律、敬人的一种尺

度。中国 WTO 首席谈判代表龙永图曾经历过这样一件事情。

礼仪小故事 1-12：

修理抽水马桶的外国小男孩

一次在瑞士，龙永图与几个朋友去公园散步，上厕所时，听到隔壁的卫生间里“砰砰”地响，他有点纳闷。出来之后，一位女士很着急地问他有没有看到她的孩子，她的小孩进厕所十多分钟了，还没有出来，她又不能进去找。龙永图想起了隔壁厕所间里的响声，便进去打开厕所门，看到一个七八岁的小孩正在修抽水马桶，怎么弄都抽不出水来，急得满头大汗，这个小孩觉得他上厕所不冲水是违背规范的。

(资料来源：张岩松. 现代交际礼仪.[M] 北京：经济管理出版社，2002.)

这位儿童自觉遵守礼仪规范的精神是很值得我们学习的。礼仪是约定俗成的一种自尊、敬人的惯用形式，任何人要想在交际场合表现得合乎礼仪、彬彬有礼，都必须对礼仪无条件地加以遵守。另起炉灶，自搞一套，或是只遵守个人适应的部分，而不遵守不适应自己的部分，都难以被交往对象所接受、所理解。

1.2.2　社交礼仪的作用

社交礼仪是人类社会文明发展的产物，是人们社会交际活动的共同准则。加强礼仪教育，对于提高自身的修养和素质、促进社会主义精神文明建设、塑造良好形象、扩大社会交往、促进事业成功都具有十分重要的作用。礼仪具有多方面的功能，主要表现在如下几个方面。

1. 弘扬礼仪传统

文明古老的中华民族，以其才智和勤奋，创造了人类历史上最灿烂的文化。中华民族，素以礼仪之邦著称于世。几千年来，各族人民都创造了一整套独具特色的礼节、仪式、风尚、习俗、节令、规章和典制等，并为广大人民所喜爱、所沿袭。这些礼仪习俗，反映了我国民族的传统美德与优良品质，勾画了我国民族的历史风貌。

我国古代思想家、教育家们都十分重视“礼”的教育。“礼”的内容比较全面地规定了处理调整当时社会各种关系的准则和规范。春秋末期的孔子就曾指出：“不学礼，无以立。”孔子小时常做练习礼的游戏。“入太庙，每事问”，后来还专程赴周向老子请教礼。他对于“礼”的研究下过不少工夫，认为周礼吸收了夏、商两代的经验并有所发展，是比较完备的，所以他说“吾从周”。孔子选取了士必须学习的礼制 17 篇，编辑成《礼》，也就是流传至今的《仪礼》。孔子非常重视对学生在日常行为方面的教育，他要求学生衣冠整齐，走有走的样子，坐有坐的姿势，为人处世要彬彬有礼，温文尔雅。《史记·孔子世家》中就说：“孔子以诗、书、礼、乐教弟子，盖三千焉，身通六艺者，七十有二人。”其中“六艺”指的是以“礼”为首的礼、乐、射、御、书、数。

《仪礼》《周礼》《礼记》合称为“三礼”。“三礼”是我国最早最重要的礼仪论

著。《礼记·曲礼》的第一句便是“毋不敬”，意思是君子没有不恭敬、不严肃的。文中还记载着对父母要“出必告，返必面”，意思是出门告诉父母一声，回家要和父母打个照面问候一下；对老师应该是“遭先生于道，趋而进”“从于先生不越路”。书中有关礼仪的内容是十分广泛具体的。

《三字经》是我国流传时间最长、范围最广、影响最大的一本启蒙教材，相传为南宋学者王应麟所著，它被人们誉为“古今奇书”和“袖里通鉴纲目”。《三字经》已经被翻译成英、法、俄等多种文字在国外流传，还被联合国教科文组织选作儿童道德教育丛书。书中写道：“为人子，方少时，亲师友，习礼仪。”意思是，做儿女的，正当年少时，就要拜师访友，学习礼仪。清代李毓秀撰辑了一本《弟子规》，书中详细规定了学生在言谈举止方面的礼仪规范，其中有尊敬长者方面的要求“或饮食，或走坐，长者先，幼者后”，有仪表方面的要求“冠必正，纽必结，袜与履，俱紧切”，有仪态方面的要求“步从容，立端正，揖深圆，拜恭敬”，有禁酒的要求“年方少，勿饮酒，饮酒醉，最为丑”，有语言方面的要求“刻薄语，秽污词，市井气，切戒之”。此书在礼仪教育方面的内容是十分丰富具体的。

在我国的历史上还流传着许多讲究礼仪的佳话，比如“廉蔺交欢”(讲究礼让)、“张良纳履”(尊老敬贤)、“程门立雪”(尊敬老师)、“管鲍之交”(交友之道)、“三顾茅庐”(待人以诚)，这些故事脍炙人口，妇孺皆知，对今人仍有很大的教育意义。

我国近现代历史上有许多伟大人物，在礼仪修养上堪称楷模，修养十分深厚，他们的作风、态度、处事，举手投足都成为我们的典范。如周恩来总理是世界公认的最有风度的领导人和外交家，他的一举一动都给人留下了深刻难忘的印象，人们用“富有魅力”“无与伦比”等优美的词语来赞美他的翩翩风度。在外事活动中，周总理十分注重礼节。他病重时，脚因为过度肿胀而穿不上原来的鞋了，只能穿拖鞋走路，工作人员心疼周总理，让他穿着拖鞋参加外事活动，认为外宾是能够理解的，但总理不同意。他说：“这不行，要讲个礼貌嘛！”于是，他请工作人员为他特制了一双鞋，留着接见外宾时穿。周总理在外事活动中注重礼节，得到外宾的盛赞。

可见，讲究礼仪，按照礼仪要求规范我们的行为，对继承我国礼仪传统、弘扬我国优良的礼仪风范，具有十分重要的作用。

礼仪小博士 1-6：

古代生活礼仪

(1) 诞生礼。从妇女未孕时的求子到婴儿周岁，一切礼仪都围绕着长命的主题。高禖之祭即是乞子礼仪，设坛于南郊，后妃九嫔都参加。诞生礼还包括“三朝”(婴儿降生三日时接受各方面的贺礼)、“满月”(婴儿满一个月时剃胎发)、“百日”(行认舅礼，命名礼)和“周岁”(行抓周礼，以预测小儿一生命运、事业吉凶等)。

(2) 成年礼。成年礼也叫冠礼，是跨入成年人行列的男子加冠礼仪。冠礼由氏族社会盛行的男女青年发育成熟时参加的成丁礼演变而来。汉代沿袭周代的冠礼制度，魏晋时开始用音乐伴奏，清代废止。

(3) 飨燕饮食礼仪。飨在太庙举行，烹太牢以饮宾客，重点在礼仪往来而不在饮食；燕即宴，燕礼在寝宫举行，主宾可以开怀畅饮。燕礼对中国饮食文化的形成具有深远的影响。节日设宴逐渐形成节日饮食礼仪：正月十五吃元宵，清明节吃冷饭寒食，五月端阳的粽子和雄黄酒，中秋月饼，腊八粥，辞岁饺子等都是节日礼仪的饮食。宴席上的座次，上菜的顺序，劝酒、敬酒的礼节，也都有男女、尊卑、长幼关系和祈福避讳上的要求。

(4) 宾礼。主要是对客人的接待之礼。与客人往来的馈赠礼仪有等级差别：士相见，宾见主人要以雉为贽；下大夫相见，以雁为贽；上大夫相见，以羔为贽。

(5) 五祀。指祭门、户、井、灶、中(中室)。周代是春祀户，夏祀灶，六月祀中，秋祀门，冬祭井。汉魏时按季节行五祀，孟冬三月“腊五祀”，总祭一次。清康熙之后，只在十二月二十三日祭灶，这与民间传说的灶王爷腊月二十四朝天言事的故事相合，国家祀典采用了民间形式。

(资料来源：http://www.xixi.net/#d117490431.htm)

2．塑造良好形象

1)　有利于塑造个人形象

先让我们讲一个礼仪小故事，这个刊登在《故事会》杂志上的“三分钟典藏故事”颇值得回味。

礼仪小故事 1-13：

小节的象征

一位先生要雇一个没带任何介绍信的小伙子到他的办公室做事，先生的朋友挺奇怪。先生说：“其实，他带来了不止一封介绍信。你看，他在进门前先蹭掉脚上的泥土，进门后又先脱帽，随手关上了门，这说明他很懂礼貌，做事很仔细；当看到那位残疾老人时，他立即起身让座，这表明他心地善良，知道体贴别人；那本书是我故意放在地上的，所有的应试者都不屑一顾，只有他俯身捡起，放在桌上；当我和他交谈时，我发现他衣着整洁，头发梳得整整齐齐，指甲修得干干净净，谈吐温文尔雅，思维十分敏捷。怎么，难道你不认为这些小节是极好的介绍信吗？”

(资料来源：杨友苏，石达平. 品礼：中外礼仪故事选评[M]. 上海：学林出版社，2008.)

可见，讲究礼仪能够塑造个人的良好形象，并对个人的成功是至关重要的。个人形象是指一个人的相貌、身高、体形、服饰、语言、行为举止、气质风度以及文化素质等方面的综合表现。这其中有先天构成要素，但更多的要素是需要我们通过后天不断努力来加以改善和提高的。礼仪在上述诸方面都有详尽的规范，因此学习礼仪、运用礼仪，无疑将有益于人们更好地、更规范地设计个人形象，维护个人形象，有益于更好地、更充分地展示个人的良好教养与优雅的风度。

首先，遵守交际礼仪可以给人留下良好的第一印象。众所周知，人际交往中存在着“首因效应”，即人们在日常生活中初次接触某人、某物、某事时所产生的第一印象，这种印象通常会在对该人、该物、该事的认知方面发挥明显的甚至是举足轻重的作用。对于

人际交往而言，这种认知往往直接制约着交往双方的关系。美国推销学会有这样一个统计，在第一次接触时推销成功与否的决定因素中形象占 55%、声音占 38%、内容占 7%。可见，在现代社交中，可能前 30 秒、10 秒，甚至 3 秒都能决定你工作、交际的成败。充分认识到这一点，我们就不难理解交际礼仪对树立良好的第一印象所起的重要作用，从而在学习和工作当中更好地运用交际礼仪。

其次，遵守交际礼仪可以充分展示个人良好的教养与优雅的风度。可以说礼仪即教养，而有道德才能高尚，有教养才能文明。这也就是说，通过一个人对礼仪运用的程度，可以察知其教养的高低、文明的程度和道德的水准。曾登载在《深圳青年》杂志上的一个故事就颇能说明问题。

礼仪小故事 1-14：

修养的作用

有一批应届毕业生 22 人，实习时被导师带到北京的国家某部委实验室里参观。全体学生坐在会议室里等待部长的到来，这时有秘书给大家倒水，同学们表情木然地看着她忙活，其中一个还问了句：“有绿茶吗？天太热了。”秘书回答说：“抱歉，刚刚用完了。”林晖看着有点别扭，心里嘀咕：“人家给你倒水，你还挑三拣四。”轮到他时，他轻声说：“谢谢，大热天的，辛苦了。”秘书抬头看了他一眼，满含着惊奇。虽然这是很普通的客气话，却是她今天唯一听到的一句。

门开了，部长走进来和大家打招呼，不知怎么回事，静悄悄的，没有一个人回应。林晖左右看了看，带头鼓了几下掌，同学们这才稀稀落落地跟着拍手，由于不齐，掌声显得越发凌乱。部长挥了挥手：“欢迎同学们到这里来参观。平时这些事一般都是由办公室负责接待，因为我和你们的导师是老同学，非常要好，所以这次我亲自来给大家讲一些相关情况。我看同学们好像都没有带笔记本，这样吧，王秘书，请你去拿一些我们部里印的纪念手册，送给同学们作纪念。”接下来，更尴尬的事情发生了，大家都坐在那里，很随意地用一只手接过部长双手递过来的手册。部长脸色越来越难看，来到林晖面前时，已经快要没有耐心了。就在这时，林晖礼貌地站起来，身体微倾，双手握住手册，恭敬地说了一声：“谢谢您！”部长闻听此言，不觉眼前一亮，伸手拍了拍林晖的肩膀：“你叫什么名字？”林晖照实作答，部长微笑点头，回到自己的座位上。早已汗颜的导师看到此景，才微微松了一口气。

两个月后，毕业分配表上，林晖的去向栏里赫然写着国家某部委实验室。有几位颇感不满的同学找到导师：“林晖的学习成绩最多算是中等，凭什么选他而没选我们？”导师看了看这几张尚属稚嫩的脸，笑道：“是人家点名来要的。其实你们的机会是完全一样的，你们的成绩甚至比林晖还要好，但是除了学习之外，你们需要学的东西太多了，修养是第一课。”

(资料来源：杨友苏，石达平. 品礼：中外礼仪故事选评[M]. 上海：学林出版社，2008.)

可见，“用高尚的精神塑造人”，学习礼仪，运用礼仪，能够展示出现代人良好的形

象。个人形象说到底是由人的身材、长相、服饰打扮以及姿态、风度构成的，是一个人精神面貌和内在素质的外在表现。身材、长相是天生的，而服饰打扮以及姿态、风度却是可以通过后天培养的。一个人的外在美固然能引人注目，但只有将外在的美丽与内在美结合起来，个人的魅力才能长久不衰。交际礼仪不仅要求现代人注重仪容仪表，更强调现代人要培养良好的语言行为习惯，遵守社会公德以及法纪法规，符合社会规范。

最后，遵守交际礼仪可以更好地向交往对象表示尊敬、友好之意，赢得对方的好感。“礼仪”中的“礼”字就是表示敬意、尊敬、崇敬之意，多用于对他人的尊重，体现着一个人对他人和社会的认知水平、尊重程度，是一个人的学识、修养和价值的外在表现。一个人只有在尊重他人的前提下，才会被他人尊重。人与人之间的和谐关系，也只有在这种互相尊重的过程中，才能逐步建立起来。这是礼仪的重点和核心，是对待他人的诸多做法中最重要的一条。要做到敬人之心常存，处处不可失敬于人，不可伤害他人的尊严，更不能侮辱对方的人格。掌握了这一点，就等于掌握了礼仪的灵魂。

2)　有利于塑造组织形象

良好的组织形象是所有组织一致追求的目标，组织形象的塑造处处都需要礼仪。比如：你想和某一单位联系业务，当你拨打对方办公室电话竟无人接听或铃响五六声之后才有人接听时，你会对该单位产生一种印象——工作效率不高、制度不健全或员工素质差等。反之，当你一拨通电话，听到对方和蔼可亲的问候、得体的称谓、礼貌的语言、简捷干练的回答、热情的接待，你立即会有一种亲切之感。

组织形象常常是在不经意间体现并塑造出来的。整洁优雅的环境，宽敞明亮、井然有序的办公室，独具个性、富有哲理的价值观，色彩柔和的服饰，彬彬有礼的员工，富于特色的广告等，都会给公众留下深刻的印象。礼仪则是通过组织员工的仪容仪表、言谈举止、礼貌礼节、仪式及活动过程表现出来的，它是塑造组织形象的基础工程。任何不讲究礼仪的组织，都不可能获得良好的社会形象。

组织通过各种规范化的礼仪，还可以激发员工对组织的自豪感，增强组织的凝聚力和向心力。如日本松下公司创作了自己的“松下之歌”“松下社训”，每天早晨八点钟，遍布各地的松下组织员工一起高唱松下歌曲，使每一名员工都以自己是松下的员工而感到自豪。目前，我国的许多组织通过统一组织标识、统一组织服装、统一色彩等，塑造组织统一的社会形象，使组织的员工自觉地维护组织的形象；还有许多组织通过开业庆典、周年纪念、表彰大会等仪式，激发员工对本组织的了解、爱戴，加深感情，增强组织的凝聚力和向心力。可见，社交礼仪在塑造组织形象中的作用是十分巨大的。

3)　有利于塑造职业形象

职业形象是行业或组织的精神及文化理念与从业人员个体形象的有机融合，是个性化和规范化的统一。不同的行业和组织都有各自不同的文化和理念，这就要求其从业人员的个人形象必须服从于组织形象，其个性的凸显必须符合组织要求。另外，职业形象必须是个体形象与组织形象的完美结合，不同行业的从业人员，其个体形象必须符合某类特定职业角色的要求。每一个现代人，都应该树立起与之相适应的职业理想、职业道德、职业信念，都应该具备与行业要求相吻合的职业素质、职业气质和职业仪表。

著名的形象顾问弗兰克(Frank)曾经说过："你在职场中的威信，有五成来自于别人如何看待你。"面对竞争激烈的现代商业社会，现代人想要在职场中脱颖而出，必须与各种各样的人打交道，这就必须学会与人相处。交际礼仪的本质就是按照规范与人交往。你的服饰打扮不符合要求，别人会拒绝与你为伍；你的举止谈吐粗俗，别人将对你敬而远之；你不尊重他人的宗教习俗，将会令你功败垂成。而良好的礼仪可以更好地向对方展示自己的长处和优势，它往往决定了机会能否降临。为他人服务不是件简单而容易的事情。要赢得社会的认同和尊重，就必须不断地学习，提高自己的素质，树立良好的职业形象，这些非常重要。

4) 有利于塑造国家形象

一个国家的实力由软实力和硬实力构成。硬实力是指国家的 GDP、科技实力、军事实力等，软实力就是指文化、文明礼仪以及修养水平等精神要素。哈佛大学肯尼迪政府学院前院长约瑟夫·奈(Joseph Nye)教授认为，可以将软实力表述为一国的文化、价值观念、社会制度、发展模式的国际影响力与感召力。如果软实力做得好，国家的文化就容易被别人吸收，文化辐射力就强，国家的政策也就容易被别人理解，对外交往遇到的障碍就相对少得多。随着改革开放的深入，以及中国国力的增强，世界对中国的关注也加大了，可以说整个世界都在分析和关注中国。所以，当我们的公民走出国门的时候，我们的公司走出国门的时候，就要严格遵循道德和文明礼仪规范，因为这涉及整个中国的形象问题。

一个国家的公民道德素质和文明礼仪涉及国家对外的信用，影响整个民族、整个国家的对外形象。随着我国融入世界经济大循环，对外开放进一步扩大，这就意味着我国与世界各国的交往日益增多，各类人员涉外服务也随之增加。我们的一言一行、一举一动，无不代表着国家的形象。"中国""玉"在其中，我们要对得起这个名字。

3. 提高道德水平

道德是一定社会调整人们之间，以及个人和社会之间关系的行为规范的总和。道德可分为社会公德、职业道德、伦理道德三个方面。道德以善和恶、正义与非正义、公正与偏私、诚实与伪善等概念来规范着人们的各种行为，调整人们之间的关系。道德通过各种形式的教育、说服、诱导，以及社会舆论的力量，使人们逐渐形成一定的信念、习惯、传统而发生作用。礼仪与道德有着密切的联系，礼仪是人类为了维系社会的正常生活而共同遵守的最起码的道德行为规范。讲究交际礼仪对提高道德水平具有重要的作用。

1) 遵守社会公德

社会公德，是指一个社会中全体成员都必须遵守的借以维护社会正常生活秩序的各种行为规范的总和。它是人们最起码的公共生活准则，是人类生活、人际关系中的一个基本问题。

社会公德也是社会文明程度的重要标志。它是人类世世代代调整公共生活中人与社会关系的经验的结晶，是人们通过长期社会实践形成的，为了共同利益而代代相传和不断完善的优良传统。它最突出的特点是，在许多不同的国家、地区里，社会公德是相同的。它反映了人类追求文明与进步的共同需求。

社会公德的内容十分丰富，它涉及人类社会生活的各个方面。总结起来，主要包括以下三个方面：①反映人们共同利益的道德规范，如我国的“五爱”公德，即爱祖国、爱人民、爱劳动、爱科学、爱社会主义；②人道主义精神，诸如尊重国家主权、领土完整，尊重人权，保护妇女、儿童、老人、伤残人的合法权益，维护世界和平，支持人类进步事业，实行人道主义救援等；③人类共同行为准则，如相互尊重、礼貌待人，诚实守信、言行一致，遵守公共秩序和公共安全规则，举止文明，爱护公物，保护环境，维护公共卫生，遵纪守法，见义勇为，等等。

社会公德就像一个道德天平，时时刻刻都在衡量着社会中的真、善、美，假、恶、丑。美国著名社会学家 A. 英格尔斯(Ingaus)认为：一个国家，只有当它的人民是现代人，它的国民心理和行为上都转变为现代的人格，它的现代政治、经济和文化管理中的工作人员都获得了某种与现代化发展相适应的现代性，这样的国家方可真正称为现代化的国家。然而，种种违背社会公德的不文明行为还大量存在，如在公共场所，吸烟现象屡禁不止，挤公共汽车、出口伤人、随地吐痰、乱扔杂物、见死不救等现象也时有发生。礼仪不仅是社会生活的要求，也是每个人甚至一个民族文明程度的体现。总之，人们的这些非礼仪之举所反映出来的是人们公民意识和公德水平的缺失。

可见，公民意识和公德水平是人的现代化素质的核心内容。目前，我国正处于由传统向现代转变的社会时期，社会过程的顺利实现，最终依赖于人的素养的现代化，依赖最具有现代化素养的人，所以，每个人都应把自己的道德水平与民族的利益联系起来，这样就会产生一种使命感，就会充分认识到提高自身公民意识的意义，主动追求道德水平的提升。在此有两个“方子”作为参考：一是治本之方，提高和强化自己的公民意识；二是治标之术，从身边的小事做起，时时处处讲究礼仪。

礼仪小博士 1-7：

国外“一米线”面面观

美国人讲究个人隐私，所以，他们也尊重“一米线”。无论那“一米线”画着还是没画着，后一个人永远离前一个人一米开外，仿佛那条线早就刻在了他们的脑子里。买东西交款，你尽可以放心拿出你的钱包，不会有人在离你 20 厘米的地方虎视眈眈地看着你。就连上洗手间，人们排队也是在大门口，而不是在“小单间”门口。

保持适当距离是澳大利亚人社交场合、日常交谈和茶余饭后闲聊时非常注意的细节。在银行、飞机售票处和海关出入口等处排队时一定要站在“一米线”以外，否则会被他人认为缺乏文明修养。一般来说，两个人站着谈话，相互之间要保持适当距离，否则双方都会感到不舒服。

丹麦的人口很少，除非在闹市区、大街上和公园里，否则几乎没有机会看到成群的人。在银行、邮局、面包店等地方，如果人多，丹麦人都会自觉地排队，没有插队的人，排在第二位的站在一米线外等候，充分尊重别人的隐私权。

在英国，买票排队、参观排队、上公共汽车排队，即使排队的人比较多，英国人的脾气也很温和，耐性非常好。尤其是在旅游观光的时候，不管游人多少，大家都主动排队。

看室内展览比较花时间，前面参观的人步履缓慢，后面的人也会耐心地等前面的人让出位置后，再跟进去参观。

(资料来源：http://club.learning.sohu.com/r-rzaz00-54619-0-2-900.html)

2) 遵守职业道德

每一种职业都有其特殊性，都有该职业从业者所必须了解、掌握并身体力行的各种行为规范。所谓职业道德就是指各类职员在从事职业活动中所必须遵守的各种行为规范的总和。

职业道德与社会公德息息相关，从某种意义上说，职业道德属于社会公德的有机组成部分，二者在内容上有着许多相同之处。在各种职业道德中都包含着社会公德的因素，如热情周到、以礼相待、诚实待人等，既是职业道德的要求，也是社会公德的内容。

职业道德是人们在长期的职业活动中逐渐地总结积累起来的，它对于协调社会组织与职员之间的关系，约束和规范职业工作者的思想观念和行为，乃至调整职业之间的关系，都起着重要作用。它也是提高社会文明程度的一个重要因素。然而，当今社会各行各业的职业工作者或多或少都存在着背离职业标准的不文明行为。在发展社会主义市场经济的今天，市场竞争日趋激烈，人们的价值观念发生了很大变化，在名誉、金钱和物欲的面前，许多人的道德天平出现了倾斜。这样，有的人亵渎了职业的尊严和荣誉；有的人又丧失了自身的人格，而且还污染了社会风气。比如，医务工作者收受患者的红包，国家公务人员收受贿赂、以权谋私，教师体罚学生，运动员服用兴奋剂，商人弄虚作假、以次充好等，都是违反职业道德的行为。

良好的礼仪能体现人的高尚的道德修养，从而获得人们的尊敬和好感。实际上，只有具有良好道德修养的人，才会具备得体的礼仪形式和可人的仪表风度。《北京青年报》曾报道北京百货大楼已故全国劳动模范张秉贵的感人事迹，其中充分说明了这一点。

礼仪小故事1-15：

职业道德的典范——张秉贵

张秉贵1955年11月到百货大楼站柜台，三十多年的时间里接待顾客约400万人，没有跟顾客红过一次脸、吵过一次嘴，没有怠慢过任何一个人。他把为人民服务的信念与本职工作密切联系起来，他认为：“站柜台不单是经济工作，也是政治工作；不但是买与卖的关系，还是相互服务的关系。”“一个营业员服务态度不好，外地人会说你那个城市服务态度不好，港澳同胞会感到祖国不温暖，外国人会说中华人民共和国不文明。我们真是工作平凡，岗位光荣，责任重大！”

从为国家争光、为人民服务的政治信念出发，他练就了“一抓准”和“一口清”的过硬本领，几乎成了那个时代商业领域的服务规范，商业服务业的简单操作，被他升华为艺术境界。

在北京，传统的“燕京八景”名扬天下，而张秉贵售货艺术被人们誉为“第九景”。张秉贵不仅技术过硬，而且注重仪表，天天服装整洁，容光焕发。他认为：“站柜台就得

有个干净利落的精神劲，顾客见了才会高兴地买我们的东西。特别是我们卖食品的，如果不干不净，顾客就先倒了胃口，谁还会再买我们的东西啊！”他坚持每周理发，每天刮胡子、换衬衣、擦皮鞋。

张秉贵一进柜台，就像战士进入阵地。普通售货员一般早晨精神饱满，服务态度较好；下午人疲倦了，不太爱说话了，也懒得动弹，对顾客就容易冷漠。张秉贵却不然，从清晨开门接待第一个顾客，到晚上送走最后一个顾客，自始至终都能春风满面、笑容可掬。他到了退休年龄，体力明显不济，一上柜台还是表现得生龙活虎，到了下班后，他却往往步履蹒跚。同志们说他是“上班三步并作一步走，下班一步变为三步迈”。

看张秉贵工作，也成了许多人的享受。有一位拄着拐杖的老人，经常来欣赏他卖货。这位老人对他说：“我是因病休息的人，每天来看看您站柜台的精神劲儿，我的病也仿佛好了许多。”一位音乐家看他售货后说：“你的动作优美，富有节奏感，如果配上音乐，是非常动人的旋律。”

(资料来源：曹彦志，张秉贵. 京八景添一景[J]. 北京青年报，2001-06-21.)

道德与礼仪是相辅相成的，讲究礼仪是高尚道德的体现，礼仪不是做作的、僵硬的模式，它的原动力来自高尚的道德。

职业道德的内容因职业不同而略有差异，但无论从事何种职业，都必须忠于职守，爱岗敬业，热情服务，诚实待人，讲求信誉，尊重人权，无私奉献，不谋私利，作风端正，态度和蔼，廉洁奉公，遵纪守法，文明礼貌，互敬互助，谦虚谨慎，仪容整洁等。目前，我国各行各业都规定了相应的职业道德规范，比如，教师职业道德规范、全国职工守则、医生职业道德规范、公务员职业道德规范、科技工作者职业道德规范、商业工作者职业道德规范、新闻工作者职业道德规范、服务行业职业道德规范、外事工作者职业道德规范、学生守则、城市市民守则，等等。从中我们不难看出，讲究礼仪是职业道德的基本要求。只有掌握一定的礼仪规范，才能提高职业道德修养。

3)　遵守伦理道德

人们在长期的社会交往中，约定俗成地遵守一套大家所公认的行为准则与规范，这些行为准则和规范就是我国的礼仪制度和礼仪内容。在漫长的社会发展进程中，它们有的是统治者以礼制的形式固定下来，有的则是人民群众从自身的生存和发展需求出发而逐步形成的道德观念、道德规范。尽管如此，传统礼制与农业民族的文化心理、文化性格、政治信仰、宗教信仰等，仍存在着千丝万缕的联系，人们的伦理道德规范和道德标准无不打上阶级和时代的烙印。

中国传统礼制中的伦理道德主要体现在三个方面：一是提倡尊长爱幼，二是忠君孝亲、尊卑贵贱的等级制度，三是维护人伦关系。中国传统的伦理道德有其消极的因素，同时也有其积极进步的因素。至今，这些伦理道德观念仍然对中国产生了深远的影响。例如，战国时期，孟子提出这样一种道德：“老吾老，以及人之老；幼吾幼，以及人之幼。”他要求人们既要尊敬自己的长辈和爱抚自己的后人，同时，还要像尊敬自己的长辈和爱抚自己的后人那样去尊敬别人的长辈、爱抚别人的后人。人们之间应相互尊重、相敬如宾、和睦相处。人们仍然以各种礼仪方式祭奠亡灵，人们对婚外恋情和乱伦深恶痛绝，等级观念仍然不绝于世。

在日常生活中，我们应汲取传统伦理道德中的合理成分，提倡人人平等、尊老爱幼，弘扬家庭美德等。家庭美德的核心就是尊老爱幼，礼仪就是表达一个人家庭美德的窗口。下面这个真实的故事就是一个有力的佐证。

礼仪小故事 1-16：

“你在家里对你的父母说过谢吗？”

李娟大学毕业后到一个日本独资企业应聘。面试经理问：“你在家里对你的父母说过谢吗？”

李娟回答：“没有。”

面试经理说：“你今天回去跟你的父母说声‘谢谢’，明天你就可以来上班了。否则，你就别再来了。”

李娟回到了家，父亲正在厨房做饭。她悄悄走进自己的房间，面对着镜子反复练习：“爸爸，您辛苦了，谢谢您！”

其实，李娟早就想对父亲说这句话了，因为她看到了父亲是多么的不容易：李娟两岁母亲去世，父亲为了不使她受委屈，没有再娶妻子，小心翼翼地呵护李娟长大成人。李娟心里一直想说“谢谢”，但就是张不开嘴。李娟暗下决心：今天是个机会，必须说出来！就在此时，父亲喊道：“娟子，吃饭啦！”

李娟坐在饭桌前低着头，脸憋得通红，半天才轻声地说出：“爸爸，您辛苦了，谢谢您。”

李娟说完之后，爸爸没有反应，屋内一片寂静。李娟纳闷，偷偷抬眼一看，她的父亲泪流满面！这是欣喜之泪，这是慰藉之泪，这是企盼了 20 年的话所带给他的感动之泪。此时，李娟才意识到：自己这句话说得太迟了。

第二天，李娟高高兴兴地上班去了。经理看到李娟轻松的神情，知道她已经得到该体会的东西，没有问就把李娟带到了工作岗位上。

(资料来源：鲍日新. 社交礼仪，让你的形象更美好：献给大学生朋友[M]. 上海：上海教育出版社，2005.)

行为心表，言为心声。讲究礼仪是人们在社会交往中互相尊重、联络感情、增进友谊的行为，也是加强道德修养的需要，它是人们道德修养的外在表现。只有加强道德修养，才能使“礼仪”这种“行为”更加持久、更加规范、更加深入人心。俗话说，治标先治本，知书才能达礼。一方面，我们要通过不断学习，提高自身的文化知识素养，做有道德、有修养、有文化、有知识的现代人；另一方面，我们还要通过各种形式，营造一个文明的生活环境、社会环境，使人们生活在整洁幽雅、文明健康的社会中，培养并提高人们的文明意识。

1.2.3 社交礼仪的修养

“礼敬得人，轻慢失人”，对个人而言，礼仪决定着成功。美国一些公司的行政人员

和专业人士认为，职员只具备专业本领还是不够的，还需在交际场合应付自如，懂得适当的礼仪。比如，果断的握手，悦人的微笑，能记下初识者的姓名等，都可以帮你比寻常之辈胜出一筹。美国的许多大企业已经认识到，员工的礼仪会影响公司业务的拓展。

完美周到的礼仪似熏风醇酒，怡人心脾，不仅能使已有的关系得以维系和发展，还会结交更多的合作伙伴。诸种礼节礼仪，似乎全是些烦琐且微不足道的小节，不足挂齿。但若违失，却也并非“无伤大雅”。事实上，由于不遵守礼仪，在不知不觉中影响人际情绪，导致交往出现不愉快、不和谐甚至中断合作的事并不少见，真可谓因小失大。在一些特定的交际场合，是否行礼如仪还会反映出人格和国格的文明水准。可见，小节也不可不拘。

习礼而后谙熟此道，注意一些微小之处，会有意想不到的成效。它能唤起交际对象心理上的愉悦，赢得友谊和尊重，有助于我们更好地驾驭事理和情理，取得交际上的成功。礼仪就像是交往的通行证，懂得不同民族、不同场合、不同对象交际应酬的各种礼仪，无异于得到了这张通行证。

礼仪修养是指一个人在交际实践活动中，根据一定的交际礼仪原则和规范自觉地进行学习和训练，以使自己养成一种时时事事按礼仪要求待人接物的行为习惯的过程。

1. 礼仪修养的内容

交际礼仪的修养包括多方面的内容，概括起来主要有以下几个方面。

(1) 道德品质修养。交际礼仪行为从广义上说就是一种道德行为，因此，一方面，一个人要拥有一种高尚的道德品质，就应在日常生活中遵从交际礼仪规范，并从这一最基础的层次做起；另一方面，一个时刻注意道德品质修养的人，才会把交际礼仪活动变成一种自觉的和具有道德意义的活动。可见，道德品质修养和交际礼仪行为的养成是相辅相成的统一的过程，交际礼仪处处渗透和体现着一定的道德精神，一个人要想在交际礼仪方面具有较高的造诣，离开了道德品质的修养是不可能实现的。

(2) 文化知识修养。交际礼仪的内涵丰富而深刻，和许多学科都有着密切的联系，一个人只有拥有广博的文化知识，才能深刻地理解交际礼仪的原则和规范。例如，学习民俗学可以使我们更好地了解一个民族的文化传统、风土人情；学习美学可以使我们更好地懂得什么是美，什么是丑，怎样才能做到内在美与外在美的和谐统一；学习心理学可以使我们更好地理解和尊重他人的人格和情感，提高自我控制能力；学习公共关系学可以使我们懂得协调沟通、塑造组织形象和个人形象的方法等。显然，注重文化知识的学习，对交际礼仪的修养来说是不可或缺的。

(3) 心理素质的修养。一个人的心理素质会直接影响到交际质量。一个具有良好心理素质的人在交际活动中遇到各种困难和情况时，都能始终保持沉着稳定的心理状态，根据所掌握的信息，迅速采取最合理的行为方式，化险为夷，争取主动；相反，一些缺乏良好心理素质的人，在参加重大交际活动前，常会出现惊慌惧怕、心神不定、坐卧不安的状况，有的在交际活动开始后，甚至会出现心跳加快、四肢颤抖、说话声调不正常的现象。这充分说明拥有良好的心理素质，是顺利参加交际活动、完美地运用交际礼仪形式的重要因素。因此，心理素质的修养也应成为礼仪修养中的一个重要内容。

(4) 行为习惯的修养。习惯在人们生活中有着不可低估的作用，它是一个人后天养成的行为，是在一定情况下自动地进行某些动作的特殊倾向。交际礼仪是人们交际生活中的一种行为模式，这种行为模式只有通过一个人的长期自觉练习，变成自身的一种习惯，才能在交际活动中更好地发挥作用。可以说，交际礼仪的修养，说到底就是一个人自觉的行为习惯的形成过程。检验一个人礼仪修养如何，很重要的一条标准是看他是否已经把交际礼仪规范化，并成为自身个性中的一种稳定成分，是否能在各种交际场合自然而然地遵守交际礼仪规范。如果一个人只会矫揉造作地做几个礼仪动作，而在日常的交际活动中我行我素，违背礼仪规范，那只能说明此人的个人礼仪修养是十分失败的。

礼仪小故事 1-17：

日本木村事务所

日本有一家叫木村事务所的企业想扩建厂房，他们看中了一块近郊土地意欲购买。同时也有其他几家企业也想购买这块地。为购得这块土地，木村事务所的董事长多次登门，费尽口舌，但土地的所有者——一位倔强的老太太，说什么也不卖。

一个下雪天，老太太进城购物顺便来到木村事务所，她本意是想告诉木村先生死了这份心。

老太太推门刚要进去，突然犹豫起来，原来屋内整齐干净，而自己脚下的木屐沾满雪水，肮脏不堪。正当老人欲进又退之时，一位年轻的女职员出现在老人面前：“欢迎光临！”女职员看到老太太的窘态，马上回屋想为她找一双拖鞋，不巧的是拖鞋正好没有了。女职员便毫不犹豫地把自己的拖鞋脱下来，整齐地放在老人脚前，笑着说：“很抱歉，请穿这个好吗？”老太太犹豫了：她不在乎脚冷？看老太太犹豫不决，女职员说：“别客气，请穿吧！没关系的。”等老人换好鞋，女职员才问道：“女士，请问我能为您做些什么？”“哦，我要找木村先生。”老太太说。“他在楼上，我带您去。”女职员就像女儿扶母亲那样，小心翼翼地把老太太扶上楼。老人在踏进木村办公室的一瞬间改变了主意，决定把地卖给木村事务所。那位老人后来告诉木村先生说：“在我漫长的一生里，遇到的大多数人是冷漠的。我也去过其他几家想买我地的公司，他们的接待人员没有一个像你这里的职员对我这么好，你的女职员年纪这么轻，就对人这么善良、体贴，真令我感动。真的，我不缺钱花，我不是为了钱才卖地的。”就这样，一个大企业家倾其全力交涉半年也徒劳无功的事情，竟然因为一个女职员有礼而亲切的举动无意促成了，真是奇妙之极。

【思考】上述案例体现了女职员怎样的修养？本案例对你有何启示？

(资料来源：http://ww.doc88.com/p-6611238980179.html)

2. 礼仪修养的方法

社交礼仪的修养不仅指对礼仪的学习、练习，还包括将所习之礼培养成一种习性或者说是品性的过程，非一朝一夕可练就。一般说来，应着重于知、情、意、行的统一，注重

运用以下方法。①

1)　树立学习礼仪的意识

在明确礼仪重要性的基础上，最关键的就是必须树立长久的“习礼意识”，处处留心，时时经意。礼仪是一个社会文化沉淀的外显方式，经历了传承、变异的过程，它的习得首先便是个体的“社会化”的过程。也就是说，它是靠传统，靠有意无意的模仿，靠周围环境的影响，靠在交际实践中不断地学习、摸索，并逐渐地总结经验教训而习得的。同时，就社会方面而言，为适应现代市场经济发展的需要，开办一些礼仪培训学校或短期培训班，也可通过电视、广播等传播媒介开办专题系列讲座，发挥大众传媒的示范作用，这些都是人们学习礼仪的良好方法。①

礼仪小博士 1-8：

新加坡的礼仪教育

新加坡的国民素质极高，这是赢得了世界人民公认的。凡是到新加坡的人，都会对这个美丽的花园岛国留下深刻的印象。而这种良好的国民素质，源自于每一位公民所接受的礼仪教育。遵守礼仪规范是新加坡政府在国民中长期开展的礼仪教育。20 世纪 70 年代后期，时任新加坡总理的李光耀先生就提出了要把新加坡建设成一个“富而有礼”的国家。在大力发展国民经济的同时，新加坡将以“礼仪”教育为中心的国民素质教育，提高到一个非常重要的位置。并且，为规定国民的行为，使国民养成良好的礼仪习惯，新加坡政府甚至运用了法律手段来强化新加坡人的礼仪意识。

(资料来源：向多佳. http://www.xnec.cn/jpkc2012/rw1/wzr1.asp？ID=39)

2)　陶冶尊重他人的情感

在礼仪教育过程中，情感是由知到行的桥梁。陶冶情感就是要使受教育者产生一种尊重他人的真挚的情感，能够时时处处替他人着想，对人始终抱有一种热情友好的态度。我们大概都有这样的体验，在交际活动中如果遇到一个对人热情诚恳的人，那么就能与其建立起一种良好的关系；相反，如果碰到的是一个冷漠无情或虚情假意的人，则难以产生一种融洽交流的气氛。一个人可以很快就能了解一些礼仪方面的知识，但若缺少对人的情感，那么他就无法使这些礼仪形式完满地表现出来，这些形式也就成了没有灵魂的躯壳。因此可以看出，情感比认识具有更大的保守性，改变情感比改变认识要困难得多，陶冶情感是礼仪教育中更为艰巨的一项任务。

礼仪小故事 1-18：

“我不愿意在礼貌上不如任何人”

《林肯传》中有这样一件事：一天，林肯总统与一位南方绅士乘坐马车外出，途遇一老年黑人深深地向林肯鞠躬，林肯点头微笑并也摘帽还礼。同行的绅士问道：“为什么你

① 何浩然. 中外礼仪[M]. 大连：东北财经大学出版社，2015.

要向黑鬼摘帽？”林肯回答说：“因为我不愿意在礼貌上不如任何人。”可见，林肯深受美国人民的爱戴是有其原因的。1982 年美国进行民意测验，要求人们在美国历届的 40 位总统中挑选一位“最佳总统”，名列前茅的就是林肯。

(资料来源：http://jpkc.bzvtc.com/shangwuliyi/ShowArticle.asp? ArticleID=23)

3) 锻炼履行礼仪的意志

要使礼仪规范变成自觉的行为，没有坚韧不拔的意志是办不到的。意志坚强的人能有效地控制自己的言行，特别是在不顺利的情况下也能不畏困难、始终不渝地按照自己的信念待人处世。同时，还要有意识地摒弃不合礼仪的旧习惯，养成遵从礼仪的新习性。

习性是一个人行为方式的自动化，是不需要多加思考和意志努力的行为方式。一个人的行为习惯是其观念、态度下意识的表现。习性一旦形成后，具有一定的稳固性，但通过意志努力可以使之改变。因此，不该以“习惯成自然”为由，姑息迁就那些不合礼仪的坏习惯，而应从思想观念上加以重视、加强“礼仪意识”，牢记坚强的意志是保证实现礼仪规范的精神力量。

礼仪小故事 1-19：

华盛顿的小本子

200 多年前，当美国第一任总统乔治·华盛顿只有 15 岁时，他有一个小本子，上面有一些针对他自己用的社交礼仪，他的建议很简单，却很实用，具有普遍意义。

比如说他告诉自己：不要批评别人；父母或老师有责任教育孩子；如果你看到一个长辈从你身边走过，你应该表示尊重；如果你看到一个遭受不幸的人，即使他是你的敌人，你也要表示你的仁慈和善良；在公众场合不能大笑，不要过于张扬；在写信的时候或介绍自己的时候，要适当注意自己的姓名和抬头；要注意自己的名誉；宁可自己“孤家寡人”，也不要做一个不受欢迎的参与者；做一个十分有趣的、健谈的人……

后来在弗吉尼亚州，一个很有钱的英国庄园主、爵士就很看重乔治·华盛顿，他邀请乔治·华盛顿来参加家里所有的重要活动，因为华盛顿有了很完美的礼貌和社交的技巧。这种道德基础对他后来成为军队的统帅及美国总统很有帮助。他自己定的这些规矩也造就了日后良好的礼貌、道德规范以及人生价值观，等等。

(资料来源：http://wenku.baidu.com/view/091b3c06b52acfc789ebc9e6.html)

4) 养成遵从礼仪的行为

礼仪规范是为维护社会生活的稳定而形成和存在的，实际上反映了人们的共同利益要求。社会上的每个成员不论身份高低、职位大小、财富多寡，都有自觉遵守、应用礼仪的义务，都要以礼仪去规范自己的一言一行、一举一动。如果违背了礼仪规范，就会受到社会舆论的谴责，自然交际也就难以成功。例如，苏联领导人赫鲁晓夫(khrushchev)在这方面就是前车之鉴。他在一次联合国会议上为了让人们安静下来，竟然脱下鞋子，并用鞋子敲打会议桌子。他的不雅举止显然违背了礼仪规范，更有损他本人及苏联的国际形象。在这次会议上，联合国做出决定：对苏联代表团罚款一万美元。可见，违背交际礼仪的原则是不行的。

礼仪小故事 1-20：

令人尴尬的女经理

某省会城市一家三星级饭店的女总经理，衣着得体大方，语言热情适宜，正在宴请北京来的专家。席间，秘书突然过来说有急事，请她暂时离席去送外宾，可是这位女经理迟迟未起身。原来女经理的双脚不堪忍受高跟鞋束缚，出来“解放”了一会儿。此时突然有了情况，双脚一时找不到“归宿”，令女经理好不难堪。造成这种情况的原因恐怕不是不懂礼仪知识，而是还没有养成良好的习惯，对礼仪规则遵守得不够造成的。所以，养成遵从礼仪的行为是十分必要的。

(资料来源：http://www.tceic.com/gkh0l4kj551810g6l52486i3.html)

礼仪教育的综合结果就在于使人们养成良好的礼仪行为，也就是使人们在交际活动中对于礼仪原则和规范的遵从变成一种习惯的行为。衡量礼仪教育的效果如何，主要不是看受教育者了解了多少有关礼仪的书本知识，而是看他在交际活动中的行为是否符合礼仪规范的要求，是否能够促进交际活动顺利进行。因此，在礼仪教育中，要认真组织和指导受教育者的行为演练，通过严格的训练掌握调节行为的能力，养成良好的行为习惯。从一件件具体、琐碎的小事做起，点滴养成；大处着眼，小处着手；寓礼仪于细微之中，逐渐成习惯。

在礼仪教育过程中，知、情、意、行是相互联系、相互渗透、相互促进、缺一不可的。没有知，情就失去了理性指导，意和行就会是盲目的；没有情，就难以形成意，知就无法转化为行；没有意，行即缺乏巨大的力量，知和情也就无法落到实处；没有行，知、情、意都没有具体的表现，也就都变成了空谈。因此，在礼仪教育过程中，要坚持晓之以理、动之以情、练之以意、守之以行。

礼仪小博士 1-9：

有教养者的十大特征

(1) 守时。无论是开会、赴约，有教养的人从不迟到。他们懂得，即使是无意迟到，对其他准时到场的人来说，也是不尊重的表现。

(2) 谈吐有节。注意从不随便打断别人的谈话，总是先听完对方的发言，然后再去反驳或者补充对方的看法和意见。

(3) 态度和蔼。在同别人谈话的时候，总是望着对方的眼睛，保持注意力集中，而不是翻东西、看书报，心不在焉，显出一副无所谓的样子。

(4) 语气中肯，不高声喧哗。在待人接物上，心平气和，以理服人，往往能取得满意的效果。扯开嗓子说话，不但不能达到预期目的，反而会影响周围的人，甚至使人讨厌。

(5) 注意交谈技巧。尊重他人的观点和看法，即使自己不能接受或明确同意，也不当着他人的面指责对方是“瞎说”“废话”“胡说八道”等，而是陈述己见，分析事物，讲清道理。

(6) 不自傲。在与人交往相处时，从不强调个人特殊的一面，也不有意表现自己的优越感。

(7) 信守诺言。即使遇到某种困难也不食言。自己说出来的话，要竭尽全力去完成，身体力行是最好的诺言。

(8) 关怀他人。不论何时何地，对妇女、儿童及上了年纪的老人，总是表示出关心并给予最大的照顾和方便。

(9) 大度。与人相处胸襟开阔，不会为一点小事情而和朋友、同事闹意见，甚至断绝来往。

(10) 富有同情心。在他人遇到某种不幸时，尽量给予同情和支持。

(资料来源：http://www.58751.com/wanjiajiaoliu/2220.html)

思考与练习

1. 什么是交际？现代社交有哪些特点？
2. 现代礼仪包括哪些内容？有何特性？
3. 结合实际谈谈如何坚持交际礼仪的原则。
4. 现代社交礼仪有哪些作用？
5. 搜集一至二则中国古代有关文明礼貌的佳话，并向周围的人宣讲。
6. 向大家介绍一段你周围的人继承中华民族礼节礼仪传统美德的故事。
7. 讨论并分析现代社交礼仪与职业道德有怎样的关系。
8. 讨论并分析大学生，尤其是职业技术学院的学生掌握礼仪礼节的重要意义何在。
9. 怎样加强交际礼仪的修养？
10. 在现代社交中应遵循哪些交际礼仪惯例？
11. 举出近一周来发生在你身边不符合交际礼仪规范的 5 个小例子，并分析其问题所在及其改进办法。
12. 观看电影《公主日记》《窈窕绅士》，总结主人公从麻雀变凤凰过程中的诸多礼仪元素以及其礼仪修养方法。
13. 请指出以下人员礼仪上存在的问题。

(1) 小王邋里邋遢站在总经理办公室门前，头发乱蓬蓬的，西装皱皱巴巴，刚一进门就被秘书小姐赶出了办公室。

(2) 小李坐在接待室等待顾客，不耐烦地走过来走过去，还不时地翻看接待室的物品。顾客一来他就迫不及待地开始推销产品，顾客没机会插上一句话。

(3) 拥挤的公共汽车上，小张因一点小事和一个乘客争吵起来。他气呼呼地赶到顾客那儿，发现顾客是刚才和自己在车上争吵过的那个人。

(4) 小刘是酒店前厅的接待小姐，客人登记住店时。看了房价后无意中说了一句：“这么高的房价？你们的房价为什么这么高呢？”小刘回答：“本来还要高，看你不是经

商的，这不已经给你打了折了。”客人听后极为不悦，大步离开了酒店。

(5) 居民区苏小姐正在忙家务，门铃响了，她打开门，迎面而立的是一位戴墨镜的年轻男士。苏小姐问：“您是……”男士没有摘下墨镜，而是从口袋里摸出一张名片：“我是保险公司的。”苏小姐接过名片看了看，不错，他确是保险公司的，但这位男士的形象让她反感，便说：“对不起，我们不打算买保险。”说着就要关门。而这位男士动作非常敏捷，已将一只脚迈进门内，挤了进来，一副极不礼貌的样子，在屋内打量：“你们家的房子装修得这么漂亮，真令人羡慕。可天有不测风云，万一发生个火灾什么的，损失就大了，不如现在你就买份保险……”苏小姐越听越生气，光天化日之下，竟然有人闯进门来诅咒她的房子，于是，她把年轻男子轰了出去。

14. 案例分析

小处不可随便

传说有人把于右任先生写的“不可随处小便”重新组合装裱，于是就有了“小处不可随便”的典故。其实，“小处不可随便”是中国人自古以来的一条处世原则。古语道：“战战栗栗，日谨一日。人不踬于山，或踬于垤。”告诫人们时时提防被小土堆绊倒，这或许是“小处不可随便”的最古老的典故。

不光是中国，外国人也有类似的观念。针眼大的窟窿斗大的风，小处随便的人往往不受欢迎，在某些特殊的场合甚至会造成致命的后果。这方面最典型的例子大概是 18 世纪的法国公爵奥古斯丁(Augustin)。1786 年，法国国王路易十六的王后玛丽·安东尼(Mary Antony)到巴黎戏剧院看戏，全场起立鼓掌。放荡不羁的奥古斯丁为了引起王后的注意，面向王后吹了两声很响的口哨。当时吹口哨被视为严重的调戏行为，国王大怒，把奥古斯丁投入监狱。而奥古斯丁入狱后似乎就被遗忘了，既不审讯，也不判刑，就日复一日地关着。后因时局变化，也曾有过再次出狱的机会，但阴错阳差，终究还是无人问津。直到 1863 年老态龙钟的奥古斯丁才被释放，当时已经 72 岁。两声口哨换来近 50 年的牢狱之灾，实在是天大的代价。

与此相反，一滴水可以折射太阳的光辉，小处端正的人往往能取得人们的信任。法国有个银行大王，名字叫恰科，但他年轻时并不顺利，52 次应聘均遭拒绝。第 53 次他又来到了那家最好的银行，礼貌地说完再见，转过身，低头往外走去。忽然，他看见地上有一枚大头针，横在离门口不远的地方。他知道大头针虽小，弄不好也能对人造成伤害，就弯腰把它捡了起来。第二天，他出乎意料地接到了这家银行的录用通知书。原来，他捡大头针的举动被董事长看见了。从这个不经意的小动作中，董事长发现了他品格中闪光的东西。这样精细的人是很适合做银行职员的，于是，董事长改变主意决定聘用他。恰科也因此得到了施展才华的机会，走向了成功之路。

(资料来源：http://3y.uu456.com/bp-2q1c8871s612s2d381eb6e1s-1.html)

思考题：

(1) 你是怎样理解“小处不可随便”的？

(2) 本案例对你有哪些启示？

15. 案例分析

互相尊重是最基本的礼仪

一位外国教授正在给一群留学生上礼仪课，由于学生来自不同的国家，所以大家听得都很认真。

“礼仪就是从细小的地方开始做起。比如说我刚才走进教室的时候，轻轻地敲了门。”教授说。

教授告诉他的学生“敲门是有讲究的：敲一声，代表试探；敲二声，代表等待对方应答；敲三声，代表询问。而在现实生活中，有八成以上的人却不知道如何敲门。”

接着，教授在课堂上做了一次互动，一个学生扮演餐厅的服务员，送外卖到教授家。“服务员”咚咚咚敲了三下门，进门后把外卖轻轻地放在桌子上。教授当场指出了“服务员”的问题：敲门声太重，没有表明自己的身份；也没自带一次性鞋套套住鞋子，弄脏了主人家的地板。于是，那名学生按照教授的指点又表演了一次。

可完成后，那名学生仍站在讲台上看着教授。教授提醒他可以下台了。这时，他认真地对教授说：“老师，如果有人给我送外卖，我不会让他换鞋，我宁可自己再拖一次地板，因为那样会伤害那个人的自尊心。还有，对方离开的时候，我会真诚地对他说一声谢谢。”

教授愣了一会儿，继而真诚地说了一句：“你说得对，谢谢你。”

这时讲台下响起了热烈的掌声。

(资料来源：http://www.welcome.org.cn/renjijiaowang/2011-5-30/zunzhongliyi.html)

思考题：

(1) 为什么说：“互相尊重是最基本的礼仪”？

(2) 本案例对你有何启示？

16. 案例分析

花3分钟感谢

一家大公司的公关部招聘一位职员，许多人参与了角逐。公司的面试和笔试十分烦琐，一轮轮淘汰下来，最后只剩下五个人。五个人都优秀，都有较好的外表条件和学识，都毕业于名牌大学。公司通知五个人，聘用谁得通过经理层会议讨论才能决定。于是五个人安心地回家，等待公司最后的决定。

几天后，其中一个人的电子信箱里收到一封信，信是公司人事部发来的，内容是：“经过公司研究决定，你落聘了，但是我们欣赏你的学识、气质，因为名额所限，实是割爱之举。公司以后若有招聘名额，必会优先通知你。你所提交的材料输入电脑存档后，不日将邮寄返还于你。另外，为感谢你对本公司的信任，还随信寄给你本公司产品的优惠券一份。祝你开心！”

她在收到电子邮件的一刻知道自己落聘了，十分伤心，但又为这家公司的诚意所感动。两天后，她收到了寄给她的材料和一份优惠券，另加一个电子信件中没有提及的带有

公司标志的小饰物。她十分感动，顺手花了 3 分钟时间用电子邮件给那家公司发了一封简短的感谢信。

但两个星期后，她接到了那家大公司的电话，说经过经理层会议讨论，她已被正式录用为该公司职员。后来，她才明白这是公司的最后一道考题。公司给其他四个人也发了同样的电子信件，也送了优惠券和小饰物。但是回信感谢的人只有她一个。她能胜出，只不过因为多花了 3 分钟时间去感谢。

(资料来源：http://www.17coolz.com/duhougan/80992.html)

思考题：

(1) 本案例中的“她”为什么能够被大公司录取？

(2) 本案例对你有何启示？

第2章　个人形象礼仪

这是一个两分钟的世界，你只有一分钟展示给人你是谁，另一分钟让他们喜欢你。

——[美]罗伯特·庞德仪

凡人之所以为人者，礼义也。礼义之始，在于正容体，齐颜色，顺辞令；容体正，颜色齐，辞令顺，而后礼义备。

——《礼记·冠义》

本章提要

- 仪容卫生的基本要求。
- 护肤的基本方法以及化妆的原则与步骤。
- 护发、护手的基本要求。
- 着装的原则与穿着方法。
- 服装饰物的佩戴。
- 坐、立、行、蹲的姿态训练。
- 表情、手势、举止的基本要求。

个人是交往活动和公共关系活动的主体，其自我礼仪，即仪容、仪表、仪态以及得体的语言、良好的心理素质，对树立良好的个人形象和组织形象，建立成功的公共关系都会产生积极的影响。因此，必须把个人的礼仪当作一种职业要求加以重视，从一点一滴做起。

2.1　仪　　容

在社交中，对交往对象发自内心的好恶亲疏，往往都是在见面之初对于对象仪容的基本印象“有感而发”的，这种对他人仪容的观感往往会先入为主，其作用可谓大矣。日本松下电器产业株式会社创始人松下幸之助一次到一家理发厅去理发，理发师对他说：“你毫不重视自己的容貌修饰，就好像把产品弄脏一样，你作为公司代表都如此，产品还会有销路吗？”一席话说得他无言以对，以后他接受了理发师的建议，十分注意自己的仪表并不惜破费到东京理发。仪容仪表的作用是很大的，是不可忽视的。

礼仪小故事 2-1：

尼克松因何败北

1960 年 9 月，尼克松(Nixon)和肯尼迪(Kennedy)在全美的电视观众面前，举行他们竞选总统的第一次辩论。当时，这两个人的名望和才能大体上相当，棋逢对手，但大多数评

论员预料，尼克松素以经验丰富的“电视演员”著称，可以击败比他缺乏电视演讲经验的肯尼迪。但事实并非如此，为什么呢？肯尼迪事先进行了练习和彩排，还专门跑到海滩晒太阳，养精蓄锐。结果，他出现在屏幕上时，精神焕发，满面红光，挥洒自如。而尼克松没听从电视导演的规劝，加之那一阵十分劳累，因而在屏幕上显得精神疲惫，表情痛苦，声嘶力竭。正如一位历史学家所形容：“他让全世界看来，好像是一个不爱刮胡子和出汗过多的人，还带着些许的忧郁感伤。”正是仪容仪表上的差异和对比，帮助肯尼迪取胜，使竞选的结果出人意料。

(资料来源：http://www.loveliyi.com/society/gerenliyi/yirong.html)

一个人的仪容，大体上受两大因素的左右。①是本人的先天条件。一个人相貌如何，通常主要受制于血缘遗传。不管一个人是“天生丽质难自弃”，还是长得丑陋不堪，实际上一降生到人世便已“命中注定如此”，其后的发展变化往往不会与之相去甚远。②是本人的修饰维护。每个人的先天条件固然头等重要，然而这并非意味着一个在仪容方面先天条件优越的人，便可以过分地自恃其长，而不去进行任何后天的修饰或维护。事实上，修饰与维护，对于仪容的优劣而言往往起着非常重要的作用。在任何情况下，一个正常人倘若不注意对本人的仪容进行合乎常规的修饰与维护，往往在他人的心目中也难有良好的个人形象可言。所以，我们必须时刻不忘对自己的仪容进行必要的修饰和整理，做到“内正其心，外正其容”。

2.1.1 讲究仪容卫生

个人卫生可以反映社会的文明程度，体现社会风尚。讲究仪容卫生，要求做到干净整洁，这是对现代人仪容的基本要求。那么，如何做到仪容干净整洁呢？最重要的是需要长年累月、坚持不懈、不厌其烦地进行以下仪容细节的修饰工作。

1. 坚持洗澡、洗脸

洗澡可以除去身上的尘土、油垢和汗味，并且使人精神焕发。有条件的话要常洗澡，至少也要坚持每星期洗一次，在参加重大礼仪活动之前还要加洗一次。若脸上常有灰尘、污垢、泪痕或汤渍，难免会让人觉得此人又懒又脏，所以，除了早上起床后、晚上睡觉前洗脸之外，只要有必要、有可能，随时随地都要抽出一点时间洗脸净面。

2. 保持手部卫生

在每个人的身上，手是与外界直接接触最多的一个部位，它最容易沾染脏东西，所以，必须勤洗手。此外，还要常剪手指甲，绝不要留长指甲，因为它不但不符合礼仪人员的身份，还会藏污纳垢，给人以不讲卫生的印象。手指甲的长度以不长过手指指尖为宜。

3. 注意口腔卫生

口腔是表现清洁感的另一个重点。与人说话的时候露出牙齿上嵌有、沾有的食物残渣，这是很让人厌恶的，它会让人产生窝囊的印象。所以，我们应该注意口腔卫生。其

中，应当特别注意口中的异味，也就是我们通常所说的口臭。与人交谈的时候，如果口中发散出难闻的气味，会使对方很不愉快，自己也很难堪。口腔异味的原因有很多，口腔内本来就有多种细菌，能够分解食物残渣中的淀粉类物质和蛋白类物质，产生酸性或其他异味。要养成随时刷牙漱口的习惯，从而口腔中的细菌没有作用的对象，口腔中的异味也就自然消除了。有时候我们吃了葱、韭菜、大蒜、萝卜等刺激性食物，也会产生强烈异味。所以，在与人交往、工作之前，如果碰巧吃了这一类食物，可在口中嚼一点茶叶、红枣和花生，它们有助于清除异味，必要时可以使用口香糖减少口腔异味。但应该指出，参加比较正式的交际活动时，在他人面前大嚼口香糖是不礼貌的。造成口腔异味的另一个原因是口腔疾病，如龉齿、牙龈炎、牙槽脓肿、口腔溃疡等疾病。这种原因造成的口中异味，单靠刷牙漱口的方法不可能消除，只有治疗好这些口腔疾病，异味才会随之消失。如果上述两种情况都已经排除，那么口中异味就与体内疾病有关了，如消化不良、肺病、肝病、糖尿病、气管炎等，这就需要治疗疾病之本了。切记，口臭会使一个人的好印象大打折扣。坚持每天刷牙，消除口腔异味，维护口腔卫生，是非常必要的。有可能的话，在吃完每顿饭以后都要刷一次牙。此外，还要养成平日不吃生蒜、生葱和韭菜一类带刺激性气味食物的良好习惯，免得在工作中担心自己说话“带味道”，或是使接近自己的人感到不快。

4．保持头发整洁

头发是人体的制高点，因为人们的发型多有不同，故此它颇受他人的关注。首先要清洗头发。只有经常洗头，方可确保头发不粘连、不板结，无发屑、无汗臭气味。一般认为，每周至少应当清洗头发两到三次。其次要修剪头发。与清洗头发一样，修剪头发同样需要定期进行，并且持之以恒。在正常情况下，通常应当每半个月左右修剪一次头发，至少也要确保每个月修剪头发一次。否则，头发便难有“秩序”可言。最后是梳理头发。梳理头发是每天必做之事，而且往往应当不止一次。按照常规，在下述情况下皆应自觉梳理头发：一是出门上班前；二是换装上岗前；三是摘下帽子时；四是下班回家时；五是其他必要时。在梳理头发时，还有三点应予注意：一是梳理头发不宜当众进行。作为私人事务，梳理头发时应当避开他人。二是梳理头发不宜直接下手，最好随身携带一把发梳，以便必要时梳理头发之用。不到万不得已，千万不要用手指代替发梳。三是断发头屑不宜随手乱扔。梳理头发时，难免会产生少许断发、头屑等，信手乱扔，是缺乏教养的表现。

5．保持脚部清洁

脚作为支撑人体的重要部位，每天要进行运动。它会分泌出大量汗液，恶化脚底环境，为真菌繁衍提供温床，如不及时改善，就会导致各种脚部疾病，如脱皮、脚癣、脚部溃烂等。所以，平时要注意清洗脚部，让其通气，擦些护脚霜，还要加以适当的保健按摩，美化脚部肌肤。

6．保持衣裳整洁

要勤换内衣，外衣也要定期清洗、消毒。要勤换鞋袜，保持鞋袜舒适干净，不要在集会或看演出等公众场合脱鞋。

此外，要使用自己的毛巾、口杯、脸盆、牙刷和香皂，养成良好的卫生习惯。

2.1.2　注重规范妆容

规范妆容主要体现在化妆适度和护肤得法两个方面。化妆适度是指在职业活动中适当化妆，这不仅是职业工作的需要，同时也是对他人尊重的一种表现。做任何事情都贵在适度，化妆也不例外。过分醉心于美容，妆化得过于浓艳，不仅有损于皮肤的健康，而且还有损于别人的观瞻。护肤得法是指要对皮肤，尤其是面部皮肤的经常护理和保养，这是实现仪容美的首要前提。

1．护肤得法

健康的人皮肤具有光泽，且柔软、细腻洁净、富有弹性；而当人处于病态或衰老的时候，其皮肤就会失去光泽、弹性，出现皱纹或色斑。对皮肤进行经常性的护理和保养，有助于保持皮肤的青春活力。

礼仪小博士 2-1：

男女皮肤的差异

皮肤是男性和女性的“第二性征”。男性与女性的皮肤肌理有着明显的不同特点。

(1) 厚度的差异。一般男性皮肤比女性皮肤厚 24%。随着年龄的增长，男性皮肤变薄的速度比女性快得多，而且皮肤厚度不受身材及种族的影响。

(2) 弹性的差异。弹性可使肌肤呈现年轻健康的外表，是皮肤最珍贵的特性。一般男性皮肤比女性皮肤的弹性好，但随着年龄的增长，男性皮肤弹性降低的速度比女性快得多。

(3) 皮脂状况的差异。从整体的平均数值来看，男性的皮脂分泌比女性旺盛，皮肤表面油性比女性强。

(4) 封闭性的差异。皮肤的封闭性受皮肤厚度及弹性的影响而有所不同。男性皮肤的封闭性，约在 30 岁以前呈现良好的状态，30 岁以后情况便急速变化，到 50 岁以后又恢复稳定，不再发生重大变化。而女性的皮肤封闭性变化是逐渐发生的，不像男性那样突然。

(5) 老化现象的差异。男性和女性皮肤老化的过程不一样。男性皮肤老化是突然形成的。男性可在短时间内脸上就布满皱纹，再加上天生皮肤较厚，使皱纹更明显；皮肤封闭性的突然丧失，也使松弛现象更严重。而女性皮肤的这些现象都是逐渐发生的。

(资料来源：http://wenku.baidu.com/view/d2186a8827fff705cc1755270722192e453658c2.html)

1)　分类型保养

皮肤一般分为干性皮肤、中性皮肤、油性皮肤、混合性皮肤和敏感性皮肤。对于不同类型的皮肤，需用不同的方法加以护理和保养。

干性皮肤红白细嫩，油脂分泌较少，经不起风吹日晒，对外界的刺激十分敏感，极易出现色素沉淀和皱纹。有些干性皮肤的人苦于自己的皮肤少了一份“亮光”，使劲往脸上涂抹“增亮”的油脂。殊不知，此举减少了皮肤的透气性。其实对于这种皮肤，每天在洗脸的时候，可以在水中加入少许蜂蜜，湿润整个面部，用手拍干。坚持一段时间，就能改善面部肌肤，使其光滑细腻。保养的要点是补充油脂和保湿。

中性皮肤比较润泽细嫩，对外界的刺激不太敏感。这种皮肤比较易于护理，可以在晚上洗脸后，再用热水捂脸片刻，然后轻轻抹干。保养要点是维持水油平衡。

油性皮肤肤色较深，毛孔粗大，油光满面，易生痤疮等皮脂性皮肤病，但适应性强，不易显皱。洗脸时可在热水中加入少许白醋，以便有效地去除皮肤上过多的皮脂、皮屑和尘埃，使皮肤富有光泽和弹性。保养要点是控制油脂分泌和保湿。

混合性皮肤看起来很健康且质地光滑，但 T 形区(额头、鼻子、下巴的区域)有些油腻，而两颊及脸部的外缘有一些干燥的迹象。混合性皮肤在护肤时可考虑分区护肤的法则，对于干燥的部位除了更多地补水保养外，可以适当选择一些营养成分较丰富的护肤品，而偏油部分可以使用清爽护肤品。保养要点是控制 T 形区的油脂分泌，消除两颊的干燥现象并保湿。

敏感性皮肤的表皮较薄，毛细血管明显，使用保养品时很容易过敏，出现发炎、泛红、起斑疹、瘙痒等症状。保养要点是适度清洁，不过度去角质，不频繁更换保养品，不使用含有致敏成分的化妆品。

确定皮肤类型的简单方法是：在早晨起床前，准备三张干纸片，分别贴在额头、鼻子、面颊上，两分钟后揭下，放在亮处观察，就可判断自己的皮肤类型。如果满纸油迹即为油性皮肤，极少油迹即为干性皮肤；如果额头、鼻子有油迹，脸颊上几乎没有即为中性皮肤；额头、鼻子有较多油迹，脸颊上没有则为混合性皮肤。

礼仪小博士 2-2：

护肤品的使用

形象设计师黑玛亚认为：“肌肤的日常保养不仅包括日霜、晚霜，还包括眼霜和防晒霜。日霜和晚霜的功用应该是以保湿为主。很多人都自作聪明地以为晚霜比日霜更有营养，干脆只买晚霜，这样，早霜、晚霜只用一瓶更方便。在任何事情上，我们都应该尊重专业，早霜、晚霜区别使用一定有其道理，拿最普通的原因来解释，就是晚霜中会有些成分是感光的，应该在没有日晒的情况下使用，如果你自作聪明在白天使用，可能会适得其反。

眼霜是成熟女性需要非常重视的保养品。脸部的衰老通常从眼部开始，好好保养眼部肌肤是延长脸部青春的关键。眼霜最重要的是品牌和口碑，而且要适合自己。适合自己的标准就是不长脂肪粒、吸收快、半天之内不会干燥。眼霜的种类繁多但却鲜有一天之内都能保持滋润的，尽管有的品牌如此标榜，所以眼霜的使用原则是：一天使用两次，早晨化妆时使用一次，在下午重新滋润眼部肌肤，再抹一次。

至于防晒品，不管它多大牌，只要抹到脸上油腻腻的，像敷了一层白粉，那就是不适合你。能与自己的肌肤自然贴合，吸收完全，才是保养品适合与否的基本要素。

(资料来源：https://baijiahao.baidu.com/s？id=1570874081044444&wfr=spider&for=pc)

2) 做好皮肤肌理的护理

皮肤是人体的第一道防御线，最容易遭受攻击，也最容易自然磨损。皮肤肌理的形

成，首先受遗传与生理等内在因素的影响，其次也有风吹日晒、环境污染等外在因素的影响。因此对皮肤肌理的护理，也要“对症下药”，进行综合性“治理”。

形象设计中最常遇到的皮肤问题，就是如何减少皱纹。当一位上了年纪的演员需要扮演青年人的时候，化妆师为了减少他脸上的皱纹，就要绞尽了脑汁，使出浑身解数。在日常生活中，皱纹也被认为是衰老的象征，影响容貌的美丽，许多人求助于整容医生，通过手术方法除去这些不受欢迎的痕迹。其实皱纹并非都代表衰老或不美，也不是都可以通过整容或化妆来消除。皱纹有许多种，大致分为先天和后天两类。

先天性皱纹是胎儿时形成的，出生之日起伴随一生的，最具代表性的是指纹和掌纹，双眼皮也是其中的一种。这些皱纹根本不需要去消除。

后天性皱纹的生成情况多种多样，具体如下。

运动纹——脸部皮肤是脸部肌肉的支撑，随着脸部表情的变化，肌肉不断收缩运动，使脸部皮肤产生了褶皱，久而久之，这些褶皱沟纹的张力逐渐衰退，形成固定的皱纹。运动纹多存在于活动关节或与肌肉相应的关节，如肘纹、腋纹、眉间纹等。这类皱纹很难通过整容或美容消除。

生理纹——人体生理变化或生理活动产生的皱纹，如女性的乳房纹、生育纹，或因风吹日晒等环境导致生理变化产生的皱纹等。只要悉心保护皮肤，这种皱纹是可以减轻的。

老化纹——人体皮肤由于老化变质，张力弹性退化，皮下组织和真皮层萎缩，皮层变薄，角化层相对增加，出现皱纹。老化纹遍及全身，是很难靠整容和美容消除的。

年龄纹——随着年龄的增长，皮肤张力弹性逐渐降低，产生皱纹。这种皱纹可以通过护肤来延迟出现。

消除皱纹，从形象设计的角度讲，就是通过神奇的化妆术，将皱纹拉平，或将皱纹掩盖。但这只是暂时的办法，俗话说“防患于未然”，最好的办法是预防皱纹的出现。

乐观的情绪是最好的“润肤剂”。保持心情舒畅，可以使面部皮肤变得滋润；经常在烦恼中生活，会给面部皮肤留下痕迹。所以要防止皱纹过早出现，最好的还是精神疗法。乐观开朗是抗皱的良方，幸福感是润肤的灵丹妙药。

此外，还要辅之以一些抗皱的具体方法：用护肤品保持皮肤滋润，维持皮肤水分；不要过多地在烈日下曝晒；要有充足的睡眠；少吃刺激性食物；适当运动来增强血液循环；保持原有体重，不要一会儿胖一会儿瘦。但是，皮肤出现皱纹是人体衰老的表现，这是不可抗拒的自然规律，我们只能延缓皱纹的出现，却不能阻止它出现。

3)　延缓皮肤的老化

当皮肤外表苍黄而有皱纹，因角质层厚度增加而轻度萎缩，表皮变薄而干燥，肌肉弹性张力消失，结实程度减少而出现松弛时，皮肤就衰老了。

(1)　合理的饮食。合理的饮食是美容保健的根本。人体需要多种养分，有了养分，皮肤才有自然健康的美。因此，我们在日常生活中应注意饮食上的多样性，多吃富含维生素的食物，少吃刺激性食物，保持消化系统的畅通。一项研究表明：美好容颜的养成，内在营养占 80%，外在营养占 20%。

(2)　保持乐观的情绪。乐观的情绪是最好的“润肤剂”。俗话说“笑一笑，十年

少”，笑是一种化学刺激的反应，它激发人体各器官，尤其是激发头脑、内分泌系统的活动。笑的时候，脸部肌肉舒展，使面部皮肤新陈代谢加快，促进血液循环，增强皮肤弹性，起到美容作用。经常笑能使面色红润，容光焕发，给人年轻健康的美感。放松是保持乐观情绪的一剂良药，每天平躺在床上，使脚高于头，什么也不想，可以听轻音乐，10 分钟后，即可增加面部的供血量，收到护肤的功效。

(3) 保证良好的睡眠。保持卧室的良好环境，对卧室的温度、床垫和枕头的软硬，都要适合自己入睡的要求。如有可能，特别是北方的冬季，可在室内装置加湿器，防止皮肤干裂。良好的睡眠使皮肤可以获得更多的氧气，满足代谢的需要。

(4) 保持皮肤适度的水分。皮肤的弹性和光泽是由含水量决定的，要使皮肤滋润，每天要保证喝水 2000 毫升。每天晚上临睡前饮一杯凉开水，睡眠时，水分会融入细胞，为细胞所吸收。早晨起床后，也要饮一杯凉开水，使胃肠畅通，使水随血液循环分布全身，滋润皮肤。皮肤角质层水分也可以从体外吸收，保持环境湿度，在化妆品中配合上保湿剂，是保持皮肤水分的好方法。坚持每天用冷水浸脸一次，约 2 分钟，坚持必有成效。

(5) 掌握正确的洗脸方法。正确洗脸可以保持皮肤清洁卫生。正确的洗脸方法是：洗脸水温不要太高，一般应低于 35℃；洗脸应按从下往上、由里向外的方向洗，这样有助于皮肤的血液循环；要使用温和的洗面奶，少用或不用香皂；洗脸的动作要轻柔。

(6) 避免不良刺激。紫外线对皮肤有破坏作用，过度曝晒会使皮肤变黑、粗糙并出现皱纹。因此，阳光太强的天气，要注意防晒；应化淡妆，避免对皮肤的刺激；不要使用伪劣化妆品。

(7) 按摩皮肤。按摩皮肤的具体方法是：两手掌相互摩擦发热，然后两手掌由前额顺着脸的两旁轻轻向下擦，擦至下巴时，再上擦至前额，如此一上一下将脸的各处均擦到，上下共 36 次，每天早晚洗脸后进行。在按摩时手法要轻柔，不可过分用力。

总之，只有自觉地、习惯地在日常生活和工作中保养皮肤，坚持皮肤“锻炼”，才能使皮肤细腻、光泽、柔嫩、红润，富有弹性，青春永驻。

2. 化妆适度

1) 化妆的原则

美容化妆必须坚持美化、自然、协调的原则。

(1) 美化原则。每一个化妆的人都希望化妆能使自己变得更美丽，这是无疑的，但事实上，这些人以为把各种色彩涂抹在脸的相应部位就自然美了，这是错误的。有些幼儿园的孩子被老师化妆化得脸上一团红、眼睛一团黑，变得又凶又老气，孩子的天真可爱荡然无存，这样的化妆不是美了，而是丑了。因此，美化的原则是从效果上来说的。要使化妆达到美的效果，首先必须了解自己脸的各部位特点，孰优孰劣要心中有数；还要清楚怎样化妆和矫正才能扬长避短，变拙陋为俏丽，使容貌更迷人。这些，要在把握脸部个性特征和正确的审美观的指导下进行。

礼仪小故事 2-2：

李霞，你过得好吗

今天是大学同学毕业 20 周年聚会的日子。李霞在毕业后就没有见过任何一位同学。对于今天的同学聚会，李霞非常激动。平时不怎么化妆的她觉得应该把自己好好地打扮打扮。于是她涂上厚厚的白粉，抹上深紫色的口红和深蓝色的眼影，兴高采烈地来到聚会地点。当她出现在同学面前时，同学们都大吃一惊，有的同学还走过来关切地问她是否过得不如意，说她看起来脸色不好，充满了沧桑感。她的心情一下就降到了冰点，她纳闷同学们莫名的惊讶与关心，她觉得自己过得很好。

(资料来源：陈光谊. 现代实用社交礼仪[M]. 北京：清华大学出版社，2017.)

(2) 自然原则。自然是化妆的生命，它能使化妆后的脸看起来真实而生动，而不是一张呆板生硬的面具。化妆失去了自然的效果，那就是假，假的东西就无生命力和美了。自然的化妆要依赖于正确的化妆技巧、合适的化妆品；要一丝不苟，井井有条；要讲究过渡、体现层次；要点面到位、浓淡相宜。总之，要使化妆说其有，看似无，就像被化了妆的人确确实实长了这样一张美丽的面容，像真的一样。化妆时不讲究方法和技巧，胡来一气，敷衍了事，片面追求速度，都有可能使妆面失真。

礼仪小博士 2-3：

生命的化妆

作家林清玄在《生命的化妆》这篇文章里引用一位专业化妆师的评述："最高明的化妆术，是经过非常考究的化妆，让人家看起来好像没有化过妆一样，并且这化出来的妆与主人的身份匹配，能自然表现那个人的个性与气质。次级的化妆是把人凸显出来，让她醒目，引起众人的注意。拙劣的化妆是一站出来别人就发现她化了很浓的妆，而这层妆是为了掩盖自己的缺点或年龄的。最坏的一种化妆，是化过妆以后扭曲了自己的个性，又失去了五官的协调，例如小眼睛的人竟化了浓眉，大脸蛋的人竟化了白脸，阔嘴的人竟化了红唇……"

点评：自然的修饰使人的面目真实生动，更显精神；反之，不当的妆容则会使人显得虚假而呆板，从而缺少生命力，让人生厌。化妆贵在自然啊！

(资料来源：https://baike.baidu.com/item/%E7%94%9F%E5%91%BD%E7%9A%84%E5%8C%96%E5%A6%86/6869819？fr=aladdin)

(3) 协调原则。这包括：①妆面协调，是指化妆部位色彩搭配、浓淡协调，所化的妆针对脸部个性特点，整体设计协调。②全身协调，指脸部化妆还必须注意与发型、服装、饰物协调，如穿大红色的衣服或配了大红色的饰物时，口红可以采用大红色的。它力求取得完美的整体效果。③身份协调，指礼仪人员化妆时要考虑到自己的职业特点和身份，采用不同的化妆手段和化妆品。作为职业人士，应注意化妆后体现端庄稳重的气质；作为专门从事各种关系建立和协调的从业人员出头露面的机会较多，与有身份、有地位、有权力的人打交道频繁，要表现出一定的人际吸引魅力，化妆就不能太艳俗或太单调，而应浓淡相宜，青春妩媚，适合人们共同的爱美之心。④场合协调，是指化妆要与所去的场合气氛要求一致。日常办公，妆可以化淡一些；出入宴会、舞会等场合，妆可以化浓一些，尤其是舞会，妆可以亮丽一些；参加追悼会，素衣淡妆，忌使用鲜艳的红色化妆。不同的场合不同的化妆，相得益彰，不仅会使化妆者内心保持平衡，也会使周围的人心理融洽。

总之，化妆是一门综合艺术，艺无止境。在形象设计中，要突出自己最美的地方，使其更美，同时技巧地弥补形象中的不足之处，达到天衣无缝的效果，这才是化妆的目的与自我形象的正确定位。

礼仪小博士 2-4：

常用化妆造型的特点

① 端庄型：稳重、大方、受人尊敬，强调眉美、色彩加重、清秀、清晰，双额、双唇在脸上形成倒三角形。

② 文秀型：文静、娇柔，强调柔和、透明、粉嫩的装扮，一般选择松散、多卷的发型，不强调脸上的某一部分，以清纯秀气为主。

③ 自然型：自然、随意、洒脱，不刻意修饰，但应强调眉毛、眼睛及发型的洒脱、浪漫、新潮。

④ 华丽型：典雅、高贵，强调眼睛和嘴唇的颜色艳丽华贵、多变幻。

(资料来源：https://max.book118.com/html/2014/1209/10603283.shtm)

2) 化妆色彩的运用

(1) 光对妆面效果的影响。物体本身的色彩会随着光源色的变化而变化。光源色是构成一切物体色彩的决定因素，因此在形象设计中，化妆色彩也会在一定光源照射下显现明显效果。化妆的色彩效果都是妆色与光色的融合，所以光色是直接影响化妆色彩的重要因素。

在化妆中，要注意光色对妆色的影响，只有光色与妆色的密切配合，才能使化妆效果趋于理想。妆色中的黑色、灰色与棕色几乎在任何光线下都不会改变颜色。

(2) 不同光色下的化妆方法。

① 红色光可以使妆面颜色变浅，立体结构不突出。所以在化妆时，要强调刻画五官的立体结构，利用阴影色使轮廓突出，这样处理，面部不会显得过于平淡。

② 蓝色光可以使红色妆面变暗而成为紫色。因此，化妆时用色要浅，口红使用偏冷的颜色。

③ 黄色光可以使妆色变浅，化妆时用色可以浓艳。

④ 强光的照射会使一切妆色变浅且显得苍白，化妆时要刻意强调五官的清晰度。

⑤ 弱光的照射会使妆面显得模糊，所以要强调面部线条与轮廓的清晰。

(3) 妆色与肤色搭配的技巧。

① 肤色偏白女性的妆色与肤色搭配。此类型女性的化妆可选择多种色系，视具体情况而定。例如脸色白里偏粉红色，基础底色可选用略带淡粉色和乳白色，眼影、腮红、口红可选用粉红色系，如粉红色、粉紫色、淡玫瑰色等；肤色白里偏黄的女性可选择象牙

色、米色作底色，眼影、腮红、口红可选择桃红、浅西洋红色等。

② 肤色偏黄女性的妆色与肤色搭配。此类型女性的化妆可选择黄色的对比色，即用紫色作为妆前抑制色。可以使用淡紫色的粉底露或粉底霜矫正肤色后，再使用适合黄肤色的正常基础底色，使偏黄的肤色得以矫正。

③ 肤色偏暗、偏深的女性妆色与肤色的搭配。此类型女性的化妆可选用小麦色、暖象牙色或浅暖褐色的基础底色，以用其“同类色并列起柔和作用”的色彩原理，选择能增加皮肤光洁度及透明度的色彩。这类皮肤忌用偏冷、偏白的粉红、粉白色系列。

④ 两颊有红晕的女性妆色与肤色的搭配。此类型女性可选用淡绿色的粉底霜做局部抑制，再使用正常的基础底色，使皮肤具有透明洁净的感觉。此种选色主要是利用色彩的互补色原理先行矫正肤色。

(4) 妆色与脸型搭配的技巧。

① 脸型偏小女性的妆色选择。此类女性应选用浅色系、明亮色作为基础底色，可使脸型产生扩大、明朗的感觉。

② 眼睑肥厚女性的妆色选择。此类女性可选用深褐色、驼色、烟蓝色、褐紫色准确地表现出上眼睑沟的位置所在，使眼部结构明显，同时应用略带光亮的浅白色将眉骨部分提亮，以利用色彩的明暗原理起到消除眼部肿胀感的效果。

(5) 妆色与年龄、性别、季节、个性的配合技巧。

① 妆色应与年龄相吻合。例如，儿童与青少年性格活泼、开朗，大都喜欢红色、淡蓝、绿色等鲜明色彩，所以可尽量运用浅色系，如金黄色系等，口红可用粉红色系，如粉红、粉铜色等；中年人性格开始趋于成熟，可用较深较雅致的色彩，给人以醒目、成熟、秀丽、端庄、自信的感觉；而年长者一般喜欢灰蓝、灰黑、棕褐色、暗红、暗紫色，给人以成熟、庄重、稳健的感觉，一般妆色不宜过分鲜嫩。

② 妆色与性别的协调。女性的心理特征一般属于情感型特质，具有美感直觉性，即当美的事物出现时，可以立即得到美的感受，一般事前并不经过一定的思考和推敲，可以在瞬间产生美的感受。这是由女性性格——温柔、典雅、浪漫、重直觉所决定的，因此其妆色应以明快、艳丽或柔美的色调为主。而男性大多属理性思维，应当给人以沉着、稳健、智慧、阳刚或儒雅的感觉，因此，其妆色应选择稍稳重的暗色系或中间色系，以充分展示男性稳健或安全感的阳刚魅力。

③ 妆色与季节协调。不言而喻，倘若严寒中着冷色调妆色，将使人感到更加寒冷，所以一般春天应以浅黄、粉红色系为主，象征明快、活力、青春、充满勃勃生机；夏天应以黄色、青色、绿色、蓝色、象牙色为主基调，较为清新凉爽；秋天则以橙色、金色为主妆色，与自然环境相呼应；冬天则应以暖色调为主，可以给人温暖的感觉。

④ 妆色应与个人的内在气质相适应。清纯可爱的个性可选用粉色系，忌浓妆和对比强烈的色彩；高雅、秀丽、温柔的个性可选择玫瑰或紫红色的色彩，眼影尽量不用对比强烈的颜色，以咖啡色、深灰色适宜；华丽、娇媚的个性可以选用大红色，眼影可采用强烈

的对比色，如用深绿色或蓝色作为眼部化妆的强调色[①]。

3) 化妆的准备

(1) 化妆工具的准备。

① 化妆纸。一般是购买专用的化妆纸(棉)，或用质地柔软的纸巾，用于吸汗、吸油、净手、卸妆等。

② 棉签。可购买或自制。用于细小化妆部位的清理，如涂唇膏、描眉、染睫毛等。

③ 海绵。用于上底色、拍涂胭脂和定妆。

④ 胭脂刷。用于化妆时涂抹胭脂(腮红)和定妆，可准备两个以上便于涂抹不同色彩时使用。

⑤ 眼影刷。涂抹眼影时使用。因为眼状的色彩分为主色和副色，为了在使用不同颜色的眼影时颜色之间不相互影响，所以要多备几个刷子。

此外还须备有睫毛夹、眉笔、眉刷、美容剪等。

(2) 化妆品的准备。化妆时，必须准备化妆品。国际上，根据不同功能，化妆品一般分为两大类：一类是调整肌肤、使之润滑的基础化妆品，如爽肤水、面霜、润肤乳等；另一类是美容化妆品，又称“彩妆”，如眉笔、唇膏、胭脂(腮红)、粉饼(底)等。我国的美容化妆界又根据国民的皮肤构造和消费水平，将化妆品分为六大类，分别如下。

① 护肤类化妆品：爽肤水、面霜、润肤乳、润唇膏等。

② 清洁类化妆品：洁肤皂、洗面奶、沐浴液等。

③ 修饰类化妆品：粉底液、唇膏、唇彩、腮红等。

④ 美发类化妆品：洗发水、护发素、发乳、发蜡、发胶等。

⑤ 芳香类化妆品：香水、香精等。

⑥ 营养类化妆品：人参霜、珍珠霜、粉刺(雀斑)霜等。

现代职业女性化妆要准备的必需品有：粉饼、粉底、腮红、眼影、眉笔、眼线笔、唇膏、睫毛液、妆前霜、爽肤水、卸妆油等。

(3) 洁面。化妆前要彻底清洁皮肤，可用洗面奶、香皂等洁面，并用清水洗净，以除去皮肤表面的老化上皮细胞、皮脂、汗液、尘埃、细菌等，否则不仅会使皮肤受到损害，同时妆面也易脱落，不易持久。

(4) 保湿。上化妆水、保湿性面霜、隔离霜等进行保湿，一定要充分、足量，这样可以避免皮肤干燥。必要时可以上 2～3 遍保湿面霜，使面部皮肤充分保湿，不至于定妆时出现脱皮现象。

礼仪小博士 2-5：

化妆水介绍

化妆水是爽肤水、紧肤水、调理水、柔肤水和洁肤水的统称。

(1) 爽肤水。涂抹的感觉比较清爽，能补充肌肤的水分。

---

① 顾筱君. 21 世纪想想设计教程[M]. 北京：机械工业出版社，2012.

(2) 紧肤水，也称收敛水。其最大的功效在于细致毛孔，有效平衡油脂分泌。特别针对需要收敛毛孔的油性皮肤或缓和性肌肤的 T 字部位所设计，其他肌肤并不适合使用，因为它通常含有酒精成分。

(3) 调理水。其作用是调整肌肤的酸碱值，肌肤在正常状态下是呈弱酸性，洗完脸后，用调理水将肌肤恢复到弱酸性。

(4) 柔肤水。与其他化妆水相比，它比较滋润，给予肌肤细致的呵护，可以软化角质层，增强肌肤吸收滋润护肤品的能力。

(5) 洁肤水。洗脸清洁肌肤后，使用洁肤水能再次清洁脸部的残余污垢，等于是洁肤的保障。

购买的时候可以这样区分：油性皮肤使用紧肤水，健康皮肤使用爽肤水，干性皮肤使用柔肤水。对于混合皮肤来说，T 字部位使用紧肤水，其他部位使用柔肤水和爽肤水皆可。敏感皮肤则可以选用调理水。

(资料来源：张卫东，武冬莲. 现代商务礼仪[M]. 北京：电子工业出版社，2010.)

4) 化妆的步骤

化妆时要认真掌握化妆的方法。化妆大体上应分为打粉底、画眼线、施眼影、描眉形、上腮红、涂唇彩、喷香水等步骤。每个步骤均有一定之法，必须认真遵守，讲求化妆的技巧。

化妆的操作步骤见表 2-1。

表 2-1　化妆的操作程序与要求

步　骤	目　的	操作要点	注意事项
1. 打粉底	调整面部肤色，使之柔和美丽	① 选择粉底霜； ② 用海绵取适量粉底，涂抹细致均匀	① 粉底霜与肤色反差不宜过大； ② 切忌在脖颈部打粉底，以免面部与颈部“泾渭分明”
2. 画眼线	使眼神生动有神，并且更富有光泽	① 笔法先粗后细，由浓而淡； ② 上眼线从内眼角向外眼角画； ③ 下眼线从外眼角向内眼角画	① 一气呵成，生动而不呆板； ② 上下眼线不可在外眼角处交汇
3. 施眼影	强化面部立体感，使双眼明亮传神	① 选择与个人肤色适合的眼影； ② 由浅而深，施出眼影的层次感	① 眼影色彩不宜过分鲜艳； ② 工作妆应选用浅咖啡色眼影
4. 描眉形	突出或改善个人眉形以烘托容貌	① 修眉，拔除杂乱无序的眉毛； ② 逐根眉毛描眉形	① 使眉形具有立体感； ② 注意两头淡、中间浓，上边浅、下边深
5. 上腮红	使面颊更加红润，轮廓更加优美，显示健康活力	① 选择适宜的腮红； ② 延展晕染腮红； ③ 扑粉定妆	① 注意腮红与唇膏或眼影属于同一色系； ② 注意腮红与面部肤色过渡自然

续表

步　骤	目　的	操作要点	注意事项
6. 涂唇彩	改变不理想的唇形，使双唇更加娇媚	① 用唇线笔描好唇线； ② 涂好唇膏； ③ 用纸巾吸去多余的唇膏	① 先描上唇，后描下唇，从左右两侧沿唇部轮廓向中间画； ② 描完后检查一下牙齿上有无唇膏的痕迹
7. 喷香水	掩盖不雅体味，使之清香怡人	① 选择适宜的香水类型； ② 喷涂于腕部、耳后、颌下、膝后等适当之处	① 香水切勿使用过量； ② 香水气味应淡雅清新

礼仪小故事 2-3：

百 变 公 主

小李是一名刚刚走上工作岗位的大学毕业生，对新的职场生活充满了憧憬与期待。为了尽快地融入职场，她在家人的支持下添置了不少行头，有职业装、化妆品、配饰等，可以说是应有尽有。可是每天早上上班前的化妆是她最痛苦的事情，一是花费时间多，二是她根本不知道自己适合化什么样的妆，每次都弄得很花，有时自己感觉很尴尬。有一次她还被一名男同事笑话，说她是百变公主。还有一次她使用了咖啡色的眼影，吓坏了同事们。她自己也很苦恼，本来想用深色眼影让自己的脸看起来立体感强一些，为什么却适得其反了呢？

(资料来源：张铭. 现代实用社交礼仪[M]. 北京：人民邮电出版社，2017.)

5)　妆后检查

(1)　检查左右是否对称。眼、眉、腮、唇、鼻等的两边形状、长短、大小、弧度是否对称，色彩浓淡是否一致。

(2)　检查过渡是否自然。脸与脖子，鼻梁与鼻侧，腮红与脸色，眼影、阴影层次等过渡是否自然。

(3)　检查整体与局部是否协调。各局部是否缺漏、碰坏，要符合整体要求，该浓该淡是否达到应有效果。整个妆面是否协调统一。

(4)　检查整体是否完美。化妆要忌把镜子贴近脸部检查。虽然把镜子贴近脸部检查会看清细小的部分，但一般人只是在 1 米之外的距离与你面谈或招呼，所以要在镜前 50 厘米处审视自己，对脸部整体的平衡做出正确的判断。

礼仪小故事 2-4：

补妆与化妆

一家公司新近来了一个秘书小王，她在工作方面没有什么问题，人也非常勤快，可就是给人不太得体的感觉。一天，快到中午时，小王气喘吁吁地从外面办事回到公司，满头大汗，她像个假小子一样只拿手擦了擦汗就开始给客户打电话。同事见她还有些头发沾在眼角边，便对她说：“小王，看你出了那么多的汗，去补个妆吧。”小王说：“没什么”，继续埋头干活。过了不久，小王又以一副新面孔出现在同事们的面前——她脸上的

粉擦得那么厚，整个如戏台上的媒婆，差点吓同事一跳。

(资料来源：https://wenku.baidu.com/view/02acb88102d276a200292ea5.html)

6)　化妆的禁忌

(1)　切忌在公共场合化妆。在众目睽睽之下化妆是非常失礼的，这样做有碍于别人，也不尊重自己。

(2)　女士不能当着男士化妆。如何让自己更加妩媚，应是每个女性的私人问题，即便是丈夫或男朋友，这点距离也是要有的，从某种意义上来说“距离”就是美。

(3)　不能非议他人的化妆。由于个人文化修养、皮肤及种族的差异，每个人对化妆的要求及审美观是不一样的，不要总认为只有自己的妆才是最好的。在和他人交往的过程中，即便是好朋友，也不要主动去为别人化妆、改妆及修饰，这样做就是强人所难和热情过度。

(4)　不要借用别人的化妆品。如确实忘了带化妆盒而又需要化妆，在这种情况下除非别人主动给你提供方便，否则千万不要用人家的化妆品，因为这是极不卫生的，也是很不礼貌的。

(5)　男士使用化妆品不宜过多。男士不能使用过多的化妆品，否则会给人带来不良的印象，不要让人感到你化妆后有“男扮女装”的感觉。

礼仪小博士 2-6：

如何卸妆

①　卸除睫毛膏。如果你戴了假睫毛或隐形眼镜，一定要先将其取下。将化妆棉用眼部专用卸妆液沾湿后对折，闭上双眼，两手各用两根手指将化妆棉压住眼睫毛，夹紧包住，注意，睫毛根处也不要忽略。等待约三至五秒后，让化妆棉上的眼部专用卸妆液将睫毛上的睫毛膏完全溶解，然后轻轻将化妆棉往前拉出，以便顺势将溶解的睫毛膏拭去。通常睫毛膏无法一次完全去除，你可以更新化妆棉将上面的步骤再重复一次，直至完全清除为止。

②　卸除眼影及眼线。取一片化妆棉，同样以眼部专用卸妆液将其沾湿。闭上眼，将化妆棉用食指、中指与无名指夹紧，覆盖于眼皮上约两三秒钟。然后将化妆棉轻轻地往眼尾拉，以顺势拭去眼皮上的眼影。如果因为使用了防水眼线而没有去除干净，可再重复一次。

③　卸除不沾杯唇膏。用面纸按压嘴唇，吸掉唇膏里的油分。将两片蘸满卸妆液的棉片叠在一起轻敷嘴唇，微笑使唇纹舒展。由外围向唇部中心垂直卸除，不要来回搓。张开嘴，将棉片对折，清理容易遗落的残妆。

④　卸除面部妆容。将卸妆产品适量涂抹于脸上，用指腹轻轻按摩脸部，让卸妆产品将脸上的彩妆充分溶解。注意细小的地方，如鼻梁两侧、嘴角、发际等处也要彻底卸除。用面纸将脸上所有的东西拭去，如果一次不干净，同样的步骤可再来一次。

(资料来源：张卫东，武冬莲. 现代商务礼仪[M]. 北京：电子工业出版社，2010.)

2.1.3 掌握饰发要领

发型是构成仪容美的重要内容。美观的发型能给人一种整洁、庄重、洒脱、文雅、活泼的感觉。发型的选择要与性别、发质、服装、身材、脸型等相匹配，还要与自己的气质、职业、身份相吻合，这样才能扬长避短、和谐统一，显现出真正的美。

礼仪小故事2-5：

气质魅力从头开始

华盛集团公司的卫董事长有一次要接受电视台的采访。为了郑重起见，事前卫董事长特意向公司特聘的个人形象顾问咨询，有无特别需要注意的事项。形象顾问仅仅向卫董事长提了一项建议：换一个较为儒雅而精神的发型，并且一定要剃去鬓角。对方的理由是：发型对一个人的上镜效果至关重要。果然，改换了发型之后的卫董事长在电视上亮相时，形象焕然一新。他的发型使他显得精明强干，他的谈吐使他显得深刻稳健，两者相辅相成，令电视观众纷纷为之倾倒。

(资料来源：http://fanwen.jianlimoban.net/165993/)

1．发型与性别

对于男士来讲，头发的具体长度，有着规定的上限和下限。所谓上限，是指头发最长的极限。按着常规，一般不允许男子在工作时长发披肩，或者梳起辫子，在修饰头发时要做到：前发不覆额，侧发不掩耳。男士头发长度的下限是不允许剃光头。对于女士来讲，在工作岗位上头发长度的上限是：不宜长于肩部，不宜挡住眼睛。长发过肩的女子在上岗之前，可以采取一定的措施，如将超长的头发盘起来、束起来、编起来，不可以披头散发。女士头发长度的下限也是不允许剃光头的。

礼仪小博士2-7：

发 型 简 介

1) 女士发型

(1) “马尾巴”。马尾巴是一种将头发一把扎在脑后而不编结成辫的发型。由于其简单易行，所以用途极广。这种发型会使女孩显得活泼可爱，但是，它会使背部不直的人看上去负荷过重。

(2) 独辫子。独辫子是一种将长发在脑后编成一根辫子的发型，它给人以怀旧的情结。

(3) 娃娃头。娃娃头又称童话头，它以齐眉的刘海儿和齐耳的短发塑造女孩乖巧可人的形象，可使女孩看上去更年轻。

(4) 直发。直发是一种将齐肩或披肩的长发拉直的发型，可使女孩变得青春靓丽。

(5) 大波浪。大波浪是一种流行的卷发发式，由于其发型纹理就像大海的波浪一样，故而得名。大波浪发型柔软又不失淑女气息，既有轻盈飘逸的发型轮廓，又有妩媚迷人的

视觉冲击，是深得时尚女孩追捧的发型。

此外，女士发型还有高发髻、男士头等。

2)　男士发型

(1)　西式发型。西式发型亦称西装头，泛指现代人三七分或四六分的一种短发型，是正式场合最常采用的一种发型，给人以端庄和严谨的感觉。

(2)　对分发型。对分发型是一种五五对开、额前头发比较长的发型。这种发型只适合前额宽大、脸型呈“国”字形的人。

(3)　卷曲发型。给人以异国情调或自由浪漫的感觉。

(4)　板寸头。板寸头俗称平头。脑袋四周基本无发，只是头顶留有1～2厘米的短发，而且顶部呈水平面。这种发型给人以刚毅和果敢的形象。

此外，男士发型还有刺猬发型、爆炸发型和光头等，但是对于男职员来说，此类发型不适宜。

(资料来源：张卫东，武冬莲. 现代商务礼仪[M]. 北京：电子工业出版社，2010.)

2. 发型与发质、服装

一般来说，直而硬的头发容易修剪得整齐，故设计发型时应尽量避免花样复杂，应以修剪技巧为主，做成简单而又高雅大方的发型。比如梳理成披肩长发，会给人一种飘逸秀美的悬垂美感；用大号发卷梳理成略带波浪的发型或梳成发髻等，会给人一种雍容、典雅的高贵气质。

细而柔软的头发，比较服帖，容易整理成型，可塑性强，适合做小卷曲的波浪式发型，显得蓬松自然；也可以梳成俏丽的短发，能充分体现你的个性美。

在现代美容中，一个人的发式与服装有着十分密切的关系。不同的服装应当与相适应的发式相配，这样才显得谐调大方。假如一个高贵典雅的发髻配上一套牛仔服就显得不伦不类。因此，只有和谐统一才能真正体现美。

3. 发型与身材

身材高大威壮者，应选择显示大方、健康洒脱的发式，以避免给人呆板生硬的印象。身材高大的女士，一般留简单的短发为好，切忌花样复杂；烫发时，不应卷小卷，以免造成与高大身材的不协调。

身材高瘦者，适合留长发，并且应适当增加发型的装饰性。如梳卷曲的波浪式发型，对于高瘦身材有一定的协调作用。但高瘦身材者不宜盘高发髻，或将头发修剪得太短，以免给人一种更加瘦长的感觉。

身材矮小者，适宜留短发或盘发，因露出脖子可以使身材显得高些，并可以根据自己的喜爱，将发式做得精巧、别致些，追求优美、秀丽。但身材矮小者不宜留长发或粗犷、蓬松的发型，那样会使身材显得更矮。

身材较胖者，适宜梳淡雅舒展、轻盈俏丽的发式，尤其注意应将整体发式向上，将两侧束紧，使脖子亮出。但若留长波浪，两侧蓬松，则会显得更胖。

另外，如果你的上身比下身长，或上下身等长，发式可选择长发以遮盖其上身；如肩宽臀窄，就应选择披肩发或下部头发蓬松的发式，以发盖肩，分散肩部宽大的视角；若颈部细长，可选择长发的发式，而不宜采用短发式，以免使脖颈显得更长；若颈部短粗，则适宜选择中长发式或短发式，以分散颈粗的感觉。

总之，选择发式时，必须根据自己的体型，选择一个与之相称的发型。

4. 发型与脸型

椭圆型脸：任何发式与它配合都能达到美容的效果。但若采用中分头型——左右均衡、顶部略蓬松的发式，会更贴切，以显示脸型之美。

圆型脸：接近于孩童脸，双颊较宽，因此应选择头前部或顶部略半隆起的发式，两侧则要略向后梳，将两颊及两耳稍微露出。这样，既可以在视觉上冲淡脸圆的感觉，又显得端庄大方。圆型脸的人尤其适合梳纵向线条的垂直向下的发型或是盘发，这样使人显得挺拔而秀气。

长型脸：端庄凝重，但给人一种老成感，因此，应选择优雅可爱的发式来冲淡这种感觉，顶发不宜太丰隆，前额部位的头发可适当下倾，两颊部位的头发适当蓬松些，可以留长发，也可以齐耳，发尾要松散流畅，以发型的宽度来缩短脸的视觉长度。若将头发做成自然成型的柔曲状，会更理想。

方型脸：前额较宽，两腮突出，显得脸型短阔。这种脸型的人适宜选择自然的大波纹状发式，使整个头发柔和地将脸孔包起来，两颊头发略显蓬松遮住脸的宽部，使人有一种由线条的圆润冲淡脸部方正直线条的视觉印象。

“由”字型脸：应选择宜表现额角宽度的发型，而中长发型较好。可使顶部的头发梳得松软蓬松些，两颊侧的头发宜向外蓬出以遮住腮，在人的视觉上减弱腮部的宽阔感。

“甲”字型脸：宜选择能遮盖宽前额的发型，一般两颊及后发应蓬松而饱满，额部稍垂刘海儿，顶部头发不宜丰隆。此脸型的人适宜将头发烫成波浪型的长发。

礼仪小故事 2-6：

毁了生意的“鸡窝头”

一个周五的晚上，几个好朋友为了给曹蒙庆祝生日，特意拉着他到理发店烫了个时髦的“鸡窝头”，然后又拉着他去一家知名的摇滚酒吧吃喝玩乐，直到凌晨四点，这帮朋友才各自回家睡觉。

早上八点的时候，电话响了，一接，是单位经理的电话，因为经理临时有事，让曹蒙代他去和一个重要客户签合同，时间安排在上午九点。从曹蒙家到客户那里至少要 40 分钟的路程，要是堵车的话就可能迟到。曹蒙不敢怠慢，赶紧起床，拿起一套西装穿上就出了门。

果然，曹蒙在去的路上遇上了堵车，还好他在最后几分钟顺利赶到了客户那里。一见到曹蒙，客户的眼里闪过耐人寻味的神色，先让曹蒙坐下，客户就去了隔壁房间。过了一会儿，客户对曹蒙说：“我看今天这个合同就暂时别签了，咱们以后再约时间，好吧！这样，麻烦你跑一趟，还请你先回去吧！”

曹蒙觉得莫名其妙，却又不便深问，只得怏怏地回去了。随后，曹蒙接到了经理的电

话，问他顶着一个鸡窝头去见客户是在搞什么鬼，客户还以为他是个小混混呢，被吓了一跳。合同的事情也就暂缓了。

(资料来源：http://www.jiangshi99.com/article/content/65698.html)

2.1.4　注重手部修饰

现代社交中要经常与人握手，要做各种手势，所以健康美观的双手和手上的指甲都是不可忽视的部分。

1. 护理指甲

与保持身体其他部分的健康一样，指甲也必须从护理和营养着手。指甲是身体最先表露紧张、疾病或不良饮食习惯症状的部分，如果它们的健康被忽视，便会出现干燥、起薄片和脆裂的现象，因此必须注意日常的营养和定期护理。定期修剪指甲，将其修剪成椭圆形不仅使之变得美观，而且可保持它们的健康。手指简单的按摩运动，可促进指尖血液循环，有利于营养和氧气输至指甲。另外，女性可根据不同情况的需要，涂上不同颜色的指甲油，以美化指甲。涂指甲油的步骤如下：

(1) 先用蘸满洗甲水的棉花，彻底抹去原来所有的指甲油。

(2) 将指尖浸在肥皂水中几分钟，会有舒缓作用。

(3) 涂点表层去除剂在每个指甲根部，两分钟后，用指甲签轻轻地将指甲根部的表皮向后推，直至显现指甲根部的半弯月位。

(4) 涂上底层护甲油，以使指甲油更加持久，而且可防止深色指甲油渗到指甲的缝隙中。

(5) 涂指甲油时，每只指甲只需涂三下便足够，先是指甲中央，接着是两旁；待第一层指甲油干透后，可再涂第二层。

(6) 涂上表层护甲油，可在指甲尖底部也涂护甲油，这样有助于防止折断崩裂。

2. 滋润双手

拥有一双美丽的纤纤玉手对女性来说是非常重要的。在端茶给对方时，在签字仪式上众目注视时，如果自己的手非常漂亮，不但可展现出自己的魅力，同时也会让他人觉得非常舒服。因此，平时就要多多注意手部的保养。

手部肌肤的油脂腺较少，较身体的其他部位更易变得干燥，但又经常需要暴露于空气中。因此，细心呵护双手要注意以下几点：

(1) 每晚用滋润的润手霜按摩双手。

(2) 经常除去手上的死皮。

(3) 做家务或粗活时戴上手套。

(4) 经常运动，使之保持柔软。

(5) 偶尔可敷上一些现成或自制的护手膜。

礼仪小博士 2-8：

手部的健美运动

(1) 对手指按摩。

最好利用看电视的时间来从事这种简单的指部运动(当然也可以专门做)。先从指尖开始按摩到手指底部，动作要坚定而柔和，就像戴手套差不多。在按摩时，有条件的可以先涂上润手霜或蜜，以增加柔润。

(2) 模仿弹钢琴动作。

这项运动就是把双手平放在台面上，柔和地向下压，然后每次举起一个手指，尽量举高。这项运动就像是在练习弹钢琴一样，它的功能是伸展手掌和手指，这样能使你的手轻快敏捷。

(3) 举手。

这种简单的动作可以使你的手恢复白嫩，并减少青筋显露。只要展开五指，高举双手过头，每次数分钟就可以。

(4) 握拳伸展。

这是解除紧张的良好动作，并可以使手部柔软。先紧握拳头，然后展开，尽量伸展五指，每天用力做 3～5 分钟。

(资料来源：https://zhidao.baidu.com/question/1733925849462653267.html)

2.2 仪　表

心理学家曾做过一个有趣的实验，把 10 张小姑娘的照片给受试者看，其中 8 人容貌、服饰较好，另两位姑娘长相较差，衣服也破旧。心理学家告诉受试者，其中一人是小偷。结果，有 80%的受试者认为长相较差的是小偷。这说明人们总是喜欢那些看上去令人感觉舒适、有美感的人。美好的长相、匀称挺拔的身材、美观大方的服饰均能增添人的仪表魅力，给人以舒服、美好的感觉。人的长相、身材长短难以变更，但服饰是可以变化的。

整洁美观的服饰是人们能用以改变自己或烘托自己的最好、使用最频繁的“武器”。早在 1972 年，世界著名心理学家及讲演大师肯利(Keny)教授发现，在高中女孩的交往友谊中，穿衣最重要，占留给别人印象的 67%之多。在多年之后，我们即便回忆不起当年的容貌，却对“当时穿什么”印象最深，其次才是个性，再次是共同的兴趣。因而他发现了着装是一个强烈、显著的信号，并告诉人们一个原则：服装只要运用得当，就是最有利的沟通工具之一，也是最便捷的交际“名片”。同时，他通过实验进一步证实，着装能让我们得到不同的待遇。假如你穿戴得像一个成功的人，就能在各种场合得到应有的尊敬和善待。肯利教授最后指出：在任何事业上，成功的穿着能够帮助获得更大的成功。

美国商人拿破仑·希尔(Napoleon Hill)就清楚地认识到，在商业社会中，一般人是根据一个人的衣着来判断对方的实力的，因此，他首先去拜访裁缝。靠着往日的信用，希尔定

做了三套昂贵的西服，共花了 275 美元，而当时他的口袋里仅有不到 1 美元的零钱。然后他又买了一整套最好的衬衫、领带及内衣裤，而这时他的债务已经达到了 675 美元。每天早上他都会身穿一套全新的衣服，在同一时间里与同一位出版商“邂逅”相遇，希尔每天都和他打招呼，并偶尔聊上一两分钟。

这种例行性会面大约进行了一星期之后，出版商开始主动与希尔搭话，并说：“你看来混得相当不错。”接着出版商便想知道希尔从事哪一行业。因为希尔身上的衣着表现出来的这种极有成就的气质，再加上每天一套不同的新衣服，已引起了出版商极大的好奇心，这正是希尔盼望发生的事情。希尔于是很轻松地告诉出版商：“我正在筹备一份新杂志，打算在近期内争取出版，杂志的名称为《希尔的黄金定律》。”出版商说：“我是从事杂志印刷和发行的，也许我可以帮你的忙。”这正是希尔等候的那一刻，而当他购买这些新衣服时，他心中已想到了这一刻。这位出版商邀请希尔到他的俱乐部和他共进午餐，在咖啡和香烟尚未送上桌前，出版商已说服了希尔答应和他签合约，负责印刷和发行希尔的杂志。发行《希尔的黄金定律》这本杂志所需要的资金至少在三万美元以上，而其中的每一美元都是从漂亮衣服所创造的“幌子”上筹集来的。

因此，我们要学会运用服饰这一武器来“武装”自己，获得成功。

2.2.1　服装的类别

不同的社交场合，对服装的要求也不同，比如参加宴会、晚会等重要社交活动的服装与郊游、运动或居家休息的服装，就有很大区别。为了着装得体，就要了解在什么场合应穿什么衣服，什么服装适合在什么场合穿。

1. 正式服装

正式服装用于参加婚葬仪式、会客、拜访、社交场合。这类服装式样，一般是根据穿用的目的、时间、地点而定的。现在的正式服装正在简化，但仍保持着它的美感和庄重感。在穿着正式服装时，要注意与自身条件相协调，并慎重选择款式和面料，这样才能给人以雅致的印象。

晚礼服：用于晚间宴会或外交场合，在款式上没有固定的格式，但都有高格调和正统感。欧洲女士晚礼服的特点是露出肩、胸，无袖，也有紧领、长袖的式样，长至脚边，多选用丝绸、软缎、织锦缎、麻丝等面料加工制作。如果装饰物合理，晚礼服会显得格外漂亮雅致。

午后礼服：这是在下午比较正式的拜访、宴会场合穿用的礼服，有正式和非正式之分。正式的可用于参加婚礼、宴会等场合，非正式的可用于外出或拜访。女士的午后礼服裙长一般较长，款式不固定，格调高雅、华贵。典型的午后礼服要配戴帽子、提包，还要佩戴项链。

正式服装中还有晚会服、酒会服、婚礼服等。参加结婚仪式的宾客应穿正式的酒会礼服，气氛轻松；穿丝绸类套装、连衣裙等以示对主人的尊重，其次表明结婚仪式的庄重，但应注意不要色彩过于抢眼，以免喧宾夺主。

2. 便装

便装是指平常穿的服装，其使用范围广泛。根据不同的用途和环境，便装又分很多种。街市服比礼服随便得多，例如上街购物、看影剧、会见朋友等可以穿着。它很大程度上受流行趋势的影响，是时装的重要组成部分。每个人可根据自己的爱好及自身的客观条件选择各式各样的街市服，但穿着时一定要注意它是否符合将要去的环境。面料可用毛、丝绸、化纤等，并可根据季节的变化而变换。

旅游服、运动服等依据具体情况做准备，重要的是舒适、实用，便于行动。

家庭装与家庭的气氛相称。在家里要做家务，还要休息，所以家庭装应随便、舒适，格调轻松活泼。早晚穿着的有晨衣、睡衣等，但不能穿这类服装会客。

3. 补正装

补正装是指贴身服装，可以起到保温、吸汗、防污垢、保持身体清洁的作用，还能成为外衣的配衬，使外衣显得更美。补正装包括胸衣、围腰、衬裙、马甲等，其主要作用是调整或保护体型，使得外衣的形状更加完美。这种服装，应选伸缩性能好、有弹性的面料。法国服装设计大师费里，因有着肥胖厚实、强壮的身躯，一件小马甲背心对于他几乎成了一种规范。他说："我的背部太厚，而且突起呈圆弧状，背后的衣服总容易弄皱，加上一件紧身背心，不仅遮住了背后皱巴的衬衫，上衣也有了架子。"一件小小的马甲背心，就有如此的讲究。

4. 职业装

职业装即工作服装，适合各自职业的性质、工作环境，实用又便于活动。它既能给人以整齐划一、美观整洁之感，又能振奋人心，增强职业自豪感。如果是旅游接待人员的工作服，应便于人体的各部分活动，自然得体大方；而作为教师，其职业服装应显出端庄、严谨并富有亲和力的特征。

礼仪小故事 2-7：

蒋介石的着装把戏

图 2-1 是一张珍贵的老照片，这是 1948 年蒋介石、李宗仁在总统就职典礼上的照片。李宗仁是就职典礼上唯一穿军装的，可以看出他显得不太自在，站在那里看起来像蒋介石的副官。

图 2-1　蒋介石、李宗仁在总统就职典礼上

实际上，李宗仁就职穿军装是被蒋介石骗了的，是蒋介石耍的把戏。这张照片拍摄于1948年5月20日，李宗仁在回忆录中曾详述这段“被骗”的过程。李宗仁说：“我一开始向蒋中正请示关于就职典礼的服装问题，蒋说应穿西装大礼服。我一开始颇怀疑，因为西式大礼服在国民政府庆典中并不常用，不过他既已决定，我只有照办。”李宗仁于是连夜找上海有名的西服店，赶制一套高冠硬领的燕尾服。就职典礼前夕，总统侍卫室又传出蒋介石手谕：“用军常服”。虽然李宗仁觉得军服与当天气氛环境“有欠调和”，但既然蒋已有指示，“我当然只有遵照”。典礼当天，赞礼官恭请正副总统就位时，李宗仁发现蒋介石未穿军服，而是“长袍马褂，旁若无人地站在台上”，自己则是一身军服伫立其后，“相形之下，颇欠庄严，感觉蒋先生是有意使我难堪。”是呀，若是二人站着，李宗仁就像蒋介石的贴身副官。李宗仁在回忆录中说：“蒋先生在这种小地方，他的度量都不能放宽，其为人如何也可想而知。这尴尬的场景与其说使我难堪，毋宁说使他自己难堪罢了。”

(资料来源：http://szb.northnews.cn/bfxb/html/2014-10/14/content_1150184.htm)

2.2.2　着装的原则

1．时间原则

时间原则是指在不同的时代、不同的季节、不同的时间应穿不同的服装。服装是有时代性的，比如：在清代，长袍马褂、对襟开衫是最为常见的男性便装，若有人穿西装就会被讥笑为“假洋鬼子”。服装是有季节性的，如在深秋时节穿一件无袖轻薄的连衣裙，很难给人留下美感。服装还有时间性，一般有日装、晚装之分。日装要求轻便、舒适，便于活动，但款式不可以使身体裸露；而晚装则要求艳丽、华贵、珠光宝气，可适当裸露。因此，日装、晚装不能颠倒。

2．环境原则

环境原则是指不同的工作环境、不同的社交场面，着装要有所不同。比如，一个在外贸公司工作的公关小姐，总是喜欢穿款式陈旧、色泽暗淡的服装，尽管她努力工作，能力也不错，但好几次富有吸引力的工作机会都被那些衣着更时髦、打扮更精神的同事争取到了。因为她的衣着似乎在说：“我是一个安分守己的人，我对目前的状况很满意。”因此，着装还要根据环境场合的变化而变化。上班时不必穿高档服装，不能过于艳丽、裸露，而穿端庄大方的西装、衬衫、套裙比较适合；上街不可穿居家服、睡衣睡裤；探亲访友着装应沉稳；去医院看望病人，应随意大方；郊游运动，应轻松随便；晚会、舞会则可鲜艳、华丽。

3．个性原则

这里有两层含义：穿着对象和交际对象。也就是说，你的穿着既要适合自己，能表现自己的个性风格，同时，又要对应别人，与你的交际对象保持协调一致。在生活中，不符合个性原则的穿衣风格随处可见：我们常常会看到高高胖胖的女士，上身穿一件淡红色紧身衣，下身穿一条一步裙，露出肥厚的前胸和粗壮的大腿，令人担心那身衣服随时会崩裂；而身材矮小的女士，却上身穿一件深色蝙蝠衫，下身穿一条长长的黑色呢裙，宽松肥大的衣裙把她整个人都装了进去，越发显得瘦弱憔悴；五短三粗的男子穿着包臀的萝卜裤，看上去会十分别扭。要穿得自然得体，就得根据自己的高矮胖瘦，选择不同质地、颜色、款式的服装加以调整。

着装，还受容貌、肤色、年龄、职业、性格等多种因素的影响。比如，你的相貌很老成，却总爱穿大花短上衣就显得很滑稽；你的肤色偏黄，却爱穿土黄色或黑色服装，越发像“出土文物”；你的年龄明明只有十八九岁，却总穿灰色服装，必然像三四十岁的大嫂。此外，着装还要综合考虑自己各方面的身体条件和社会条件，使之穿出自我、穿出个性。比如，外形和气质都比较活泼的公关小姐，其穿着可以比较艺术、夸张，一件洋红色的旗袍既可显示出身材美，又可将其容貌映衬得鲜亮高雅。而一位女市长的服饰设计则必须在精明干练、独立果敢中透出一股温和娴雅的天性，比如一套银灰色套裙外加一件外套，可以适合她的身份。

另外，在一些重大的社交场合，你的穿着在表现自我的同时，还必须与他人保持一致。曾有一位企业家去会见前来考察的德国同行，由于天气很热，他便像往常一样，穿着汗衫、短裤和凉鞋去了。岂料对方见到他后立刻露出不高兴的神色，没谈几句就起身告辞了。因为，外国人在这种重要场合，彼此都要西装革履，否则就意味着瞧不起对方。因此，在与人约见之前，一定要仔细考虑对方可能的穿着，并加以对应。这样，才能迅速缩短与对方的心理距离，博得好感和信任。

礼仪小故事 2-8：

你代表不了公司

一个炎热的下午，一位销售钢材的专业推销员走进了一家制造公司的总经理办公室。这个推销员身上穿着一件有泥点的衬衫和一条皱巴巴的裤子。他嘴角叼着雪茄，含混不清地说：“早上好，先生，我代表森筑钢铁公司。”

“你也早上好！你代表什么？”这位总经理问，“你代表森筑公司？听着，年轻人，我认识森筑公司的高层领导，你不能代表他们——你的形象和外貌代表不了他们。”

(资料来源：http://blog.sina.com.cn/s/blog_5faa6fd30102w6ty.html)

2.2.3 着装的注意事项

1. 注意谐调

所谓穿着的谐调，是指一个人的穿着要与他的年龄、体形、职业和所处的场合等吻合，表现出一种和谐，这种和谐能给人以美感。

1) 穿着要和年龄相协调

在穿着上，要注意与年龄相协调。不管青年人还是老年人，都有权利打扮自己。但是，在打扮时要注意，不同年龄的人有不同的穿着要求。年轻人应穿着鲜艳、活泼、随意

一些，这样可以充分体现出青年人的朝气和蓬勃向上的青春之美。而中老年人的着装则要注意庄重、雅致、整洁，体现出成熟和稳重，透出那种年轻人所没有的成熟美。因此，无论你是青年、中年，还是老年，只要你的穿着与年龄相谐调，那么就会使你显出独特的美来。

礼仪小博士 2-9：

服装款式与女性年龄

少女应尽量避免穿着过于艳丽豪华的衣服，如闪光面料制作的、豪华或开放的款式，或缀有很多装饰物的衣裙，过分的衣着装扮常常掩盖她们天然的清纯气质。青春少女的服装款式应以突出自然美为主。世上没有什么事物比人体更美的了，那是一种完全和谐的自然美，而人们的一切形象设计都在于修饰或装扮人体的自然美，并努力突出和赋予其更旺盛的生命活力和蓬勃朝气。少女的服装款式若选择短裙、素雅的上衣及运动装、休闲装，并在颜色上体现少女纯真浪漫、活泼可爱的个性的色彩，就会起到很好的效果。

二十五六岁的黄金时代，正是“兰幽趣雅痴寻梦，梅馥枝横淡淡霜”的年龄，风华正茂的她们刚刚摆脱少女的稚气，走向生命的全盛时期，一切正在开始。这个时期的形象是最美好的，她们穿任何衣服，都会显得或美丽、或时尚、或典雅、或张扬、或含蓄，一切尽在一念之中。

三四十岁的女性，从身体到个性都已趋于成熟，她们中大多数都是职业女性，她们更追求自身的成熟魅力，以及端庄秀丽和恬静大方的风格。此年龄段着装范围的灵活性比较大，但若选择整体性呈静态而不流动的套装，也许更宜于她们展示自己成熟端庄的魅力和高雅气质。

中老年女性更希望通过自己的服饰体现出雍容、华贵、高雅、深沉的气质，除在服装色彩上加以推敲外，在款式上也应该注意，一般以简洁端庄为佳，而不要追求线条复杂的式样。由于体态的改变，此年龄段女性的体形已不如年轻时婀娜美妙，因此不要选择紧箍在身上的服装，要求有适当的宽松度，当然也不宜选过于肥大的款式，应趋向于含蓄、高雅、比较挺括的式样。

(资料来源：https://zhidao.baidu.com/question/74801846.html)

2)　穿着要与体型相协调

关于人体美的标准，古今中外众说纷纭。有关专家综合我国人口的健美标准，提出两性不同的体形标准。女性的标准体型是：骨骼匀称、适度。具体表现为：站立时头颈、躯干和脚的纵轴在同一垂直线上。肩宽、四肢比例以及头、颈、胸的比例：以肚脐为界，上下身的比例符合“黄金分割”的 1.618∶1，也可用近乎 8∶5 来表示。若身高 160 厘米，则其较为理想的体重是 50～55 千克，肩宽是 36～38 厘米，胸围是 84～86 厘米，腰围是 60～62 厘米，臀围是 86～88 厘米。男性的标准体型，应基本遵循两臂侧平举等于身高的原则。若身高为 167～170 厘米，则其较为理想的体重是 68～70 千克，胸围是 95～98 厘米，腰围是 75～78 厘米，颈围是 30～40 厘米，上臂围是 32～33 厘米，大腿围是 55～56 厘米，小腿围是 37～38 厘米。

然而，在现实生活中，并非每个人的体形都十分理想，人们或多或少地存在着形体上的不完美或欠缺，或高或矮，或胖或瘦。若能根据自己的体型挑选合适的服装，扬长避短，则能实现服装美和人体美的和谐、统一。

一般来说，身材较高的人，上衣应适当加长，配以低圆领或宽大而蓬松的袖子，宽大的裙子、衬衣，这样能给人以“矮”的感觉，衣服颜色最好选择深色、单色或柔和的颜色；身材较矮的人，不宜穿大花图案或宽格条纹的服装，最好选择浅色的套装，上衣应稍短一些，使腿比上身突出，服装款式以简单直线为宜，上下颜色应保持一致；体型较胖的人应选择小花纹、直条纹的衣料，最好是冷色调，以达到显“瘦”的效果，在款式上，胖人要力求简洁，不宜采用关门领，以 V 形领为最佳；体型较瘦的人应选择色彩鲜明、大花图案以及方格、横格的衣料，以给人宽阔、健壮的视觉效果，在款式上，瘦人应当选择尺寸宽大、上下分割花纹、有变化的、较复杂的、质地不太软的衣服，切忌穿紧身衣裤，也不要穿深色的衣服。另外，肤色较深的人穿浅色服装，会获得健美的色彩效果；肤色较白的人穿深色服装，更能显出皮肤的细洁柔嫩。

3) 穿着要和职业相谐调

穿着除了要和身材、体型协调之外，还要与你的职业相谐调。这一点非常重要，不同的职业有不同的穿着要求。例如，教师、干部一般要穿得庄重一些，不要打扮得过于妖艳，衣着款式也不要过于怪异，这样可以给人留下一个良好的印象；医生穿着要力求显得稳重和富有经验，穿着过于时髦给人以轻浮的感觉，这样不利于对病人进行治疗；青少年学生穿着要朴实、大方、整洁，不要过于成人化；而演员、艺术家则可以根据他们的职业特点，穿得时尚一些。

4) 穿着要和环境相谐调

穿着还要与你所处的环境相谐调。在办公场所，穿着上就应整齐、庄重一些。外出旅游，穿着应以轻装为宜，力求宽松、舒适，方便运动。平日居家，可以穿着随便一些，但如有客人来访，应请客人稍坐，自己立即穿戴整齐，如果只穿内衣内裤来接待客人，那就显得失礼了。除此之外，在一些较为特殊的场合，还有一些专门的穿着要求。例如，在喜庆场合不宜穿得太素雅、古板；庄重的场合不能穿得太宽松、随便；悲伤场合不能穿得太鲜艳，等等。

2. 注意色彩

色彩，是服装留给人们记忆最深的印象之一，而且在很大程度上也是服装穿着成败的关键所在。色彩对他人的刺激最快速、最强烈、最深刻，所以被称为“服装之第一可视物”。

一般来讲，不同色彩的服饰在不同的场合所产生的效果是不同的。为此，我们需要对色彩的象征性有一定的了解。

礼仪小博士 2-10：

颜色的象征意义

黑色，象征神秘、悲哀、静寂、死亡，或者刚强、坚定、冷峻。

白色，象征纯洁、明亮、朴素、神圣、高雅、恬淡，或者空虚、无望。

黄色，象征炽热、光明、庄严、明丽、希望、高贵、权威。

大红，象征活力、热烈、激情、奔放、喜庆、福禄、爱情、革命。

粉红，象征柔和、温馨、温情。

紫色，象征谦和、平静、沉稳、亲切。

绿色，象征生命、新鲜、青春、新生、自然、朝气。

浅蓝，象征纯洁、清爽、文静、梦幻。

深蓝，象征自信、沉静、平静、深邃。

灰色，是中间色，象征中立、和气、文雅。

(资料来源：http://wenku.baidu.com/view/07744f09581b6bd97f19ea9a.html)

人们在着装时，在色彩的选择上既要考虑个性、爱好、季节，又要兼顾他人的观感和所处的场合。所以，明代卫泳在《缘饰》中说：春服宜清，夏服宜爽，秋服宜雅，冬服宜艳；见客宜重装；远行宜淡服；花下宜素服；对雪宜丽服。古人对服饰的讲究的确值得我们借鉴。

对一般人而言，在服装的色彩上要想获得成功，最重要的是掌握色彩的特性、色彩的搭配，以及正装色彩的选择这三个方面。

1)　色彩的特性

色彩具有冷暖、轻重、缩扩等特性。

色彩的冷暖。使人产生温暖、热烈、兴奋之感的色彩为暖色，如红色、黄色；使人有寒冷、抑制、平静之感的色彩叫冷色，如蓝色、黑色、绿色。

色彩的轻重。色彩明暗变化的程度，被称为明度。不同明度的色彩往往给人以轻重不同的感觉。色彩越浅，明度越强，它使人有上升之感、轻感。色彩越浅，明度越弱，它使人有下垂之感、重感。人们平日的着装，通常讲究上浅下深。

色彩的缩扩。色彩的不同给人收缩或扩张的感觉也有所不同。一般来讲，冷色、深色属收缩色，暖色、浅色则为扩张色。运用到服装上，前者使人苗条，后者使人丰满，二者皆可使人在形体方面扬长避短，运用不当则会在形体上出丑露怯。

2)　色彩的搭配

对于着装色彩美的配套组合，设计专家关洁总结了如下几种具体方法。

(1)　统一法。统一法，在一种色调中的着装色彩，有时会出现意想不到的效果。具体操作有两个方法。

①　可以由色量大者(面积色)着手，然后以此为基调色，依照顺序，由大至小一一配色。如先决定服装色，再决定采用的帽色、鞋色、袜色、提包色等。

②　可以从局部色、色量小的色着手，然后以其为基础色，再研究整体的大量色的搭配。这种从局部入手的搭配，一定要有整体统一的观念。

着装色彩设计中的统一法，对小面积的饰物色彩有着特殊的要求。表面上看饰物色彩本是“身外之物”，与着装无直接关系，但由于是日常“随身之物”，故与着装形象可构成统一的服饰艺术形象整体。像雨伞、背包、发饰、手帕等饰物，整体考虑服饰与这些饰物组合后的色彩统一性，必会出现预想不到的整体美。

(2) 衬托法。衬托法，在着装色彩设计中，主要是要达到主题突出、宾主分明、层次丰富的艺术效果。具体而言，它有点、线、面的衬托，长短、大小的衬托，结构分割的衬托，冷暖、明暗的衬托，边缘主次的衬托，动与静的衬托，简与繁的衬托，内衣浅、外衣深的衬托，上身浅、下身深的衬托等。例如：以上衣为有色纹饰、下装为单色，或下装为有色纹饰、上装为单色的衬托运用，从而起到以色彩的衬托来美化着装形象的作用。

(3) 呼应法。呼应法，也是着装色彩设计配套中能起到较好艺术效果的一种方法。着装色彩中有上下呼应，也有内外呼应。任何色彩在整体着装设计上最好不要孤立出现，需要有同种色或同类色块与其呼应。比如：服饰为玫红色，发结也可选用此色，以一点与一片呼应；裙子确定为藏蓝色，项链坠和耳饰可以用蓝宝石，以数点与一片呼应；项链、手表、戒指、腰带卡和鞋饰都用金色，可形成数点之间彼此呼应；领带与西服外衣都是深灰色的，以小面与大面形成呼应。总之使对比各方面在呼应后，得以紧密结合成统一的整体。

(4) 点缀法。着装色彩设计中的色彩点缀至关重要，往往起着画龙点睛的作用。如在素净的冷色调中，点缀暖色调，使色彩显得高雅而有生机。如穿蓝底黑花上衣和裙子，深蓝色内衣，配上蓝色帽子，帽边镶黑色，仅以金色项链和朱红鸡心宝石来点缀，显得格外高雅大方。一般来说，点缀之色，面积不大，但与大面积色调往往是对比之色，起到一种强调与点睛之笔的效果。

(5) 谐调法。这种方法可以使对比强烈的色彩柔和、谐调起来，起着微妙的联结作用。如穿红衣裙和红皮鞋，套上白色抽纱外衣，外面配上白色绢花，戴上白色耳环，手提白色皮包，以白色来缓冲红色，使红色因淡化而柔和一些，显得艳而不俗、动中有静、典雅大方。在色彩对比与和谐关系上，色彩与色彩之间缓冲过渡与衔接非常重要。七色顺序排列衔接，既鲜明生动又和谐。如果上衣大红色，裙子是绿色，就有不谐调、不衔接之感，但若要腰上扎上一条黑色宽腰带、肩上背个黑书包，就会使强烈的红绿对比谐调起来。

3) 正装的色彩

非正式场合所穿的便装，色彩上要求不高，往往可以听任自便。而正式场合穿的服装，其色彩却要多加注意。总体上要求正装色彩应当以少为宜，最好将其控制在三种色彩之内。这样有助于保持正装保守的总体风格，显得简洁、和谐。正装若超过三种色彩则给人以繁杂、低俗之感。正装色彩一般应为单色、深色并且无图案。最标准的正装色彩是蓝色、灰色、棕色、黑色。衬衣的色彩最佳为白色，皮鞋、袜子、公文包的色彩宜为深色(黑色最为常见)。

4) 肤色与着装的色彩

浅黄色皮肤者，也就是我们所说的皮肤白净的人，对颜色的选择性不那么强，穿什么颜色的衣服都合适，尤其是穿不加配色的黑色衣裤，则会显得更加动人。暗黄或浅褐色皮肤，也就是皮肤较黑的人，要尽量避免穿深色服装，特别是深褐色、黑紫色的服装。一般来说，这类肤色的人选择红色、黄色的服装比较合适。肤色呈病黄或苍白的人，最好不要

穿紫红色的服装，以免使脸色呈现出黄绿色，加重病态感。皮肤黑中透红的人，则应避免穿红、浅绿等颜色的服装，而应穿浅黄、白等颜色的服装。

礼仪小博士 2-11：

肤色与服色的忌配

(1) 肤色略黄。肤色略黄的人不宜着紫色服装。因为紫色与黄色是对比强烈的互补色，在大面积紫色衬托下，皮肤的黄色会更明显。

(2) 肤色黄里透白。肤色黄里透白的人不宜着雪白服装，否则会给人一种面色苍白的印象。宜多选择暖色系列作为主色调。

(3) 肤色黄中偏红。肤色黄中偏红的人不宜选择带鲜艳绿色的服装及蓝色、紫色的冷色服装。因为红色与蓝色、紫色是互补色，在这种强烈对比下，红色倾向会更趋明显突出。宜选择灰棕、藏青等作为主色调。

(4) 肤色黄中带绿。肤色黄中带绿的人不宜穿晦暗色调的服装，如暗绿色、冷紫色、烟蓝色等，否则会给人以憔悴的病态印象。宜选择玫瑰红、粉红色、灰棕色、象牙色、黑色、炭色等作为主色调。

(5) 肤色偏黑。肤色偏黑的人忌穿纯白色、粉红色和奶黄色等色彩鲜艳的服装。因为鲜艳的色彩会使脸色偏黑的人显得更加黑和暗。

(资料来源：https://wenku.baidu.com/view/e596b4868762caaedd33d41a.html)

5)　体型与着装色彩

要使着装的色彩更配自己的体型，首先必须了解自己属于什么体型，可利用什么样的服装色彩掩饰其缺陷或改变体型。就女性而言，一般主张分四种体型进行服色搭配。

(1)　圆形体型。此类女性略显肥胖，着装应避免雪白、米黄、橙色等高明度色彩的衣服及浅色服装。比较明智的选择是可选择深而有光泽的墨绿、咖啡、藏青、深黑等服装，因为深色可以使人显得苗条。矮胖者上、下身的着装不宜使用强烈的对比色，但若上半身较瘦而下半身太胖时，上身可采用稍浅色，下身可着深色、直条纹或花纹单纯的裙或裤等。

(2)　运动体型。一般胸部丰满度中等、臀部稍有曲线变化、较瘦者宜穿具有夸张感的服装，略增加一些胖的感觉，服色以红、黄、橙、白等色为宜。而身材健硕者可穿对比色和浅色的服装，花纹也可丰富一些。太高者可利用间色穿法，即上、下部分用不同色调，腰部再用一条对比色调的腰带分割颜色，使之不致过高。

(3)　正三角形体型。正三角形体型肩狭窄，上身细长，胸部小，臀部丰满。此类女性上身和下身服色不宜相差太小，否则会显得更加矮小。但可用统一色调来加强其高度，避免用对比色或过宽的腰带，也不要用虚线条纹的图案，务必强调连贯性。

(4)　一般体型。胸部不丰满，腰部、臀部也比较均匀，服色应选择偏浅偏淡的颜色，它能使你显得丰满些。只要感觉身体哪部分稍瘦，就可以用浅色来修正它。

6)　季节与服装色彩

我国大部分地区地处地球北半球的温带，一年四季分明，因而在不同的季节，需要以

不同的基调来处理服饰色彩。而在这一点上，又与人体肤色有着密切的关系。由于人生活在自然界，形成了自然界四季色彩对人的肤色的影响，因此，人的肤色也不是凝固不变的，而是随着四季的变化而变化。如春天阳光明媚，在暖融融的季节里，人的肤色相应地呈现出粉黄色，就像盛开的鲜花，故春装的色彩应以清淡的杏黄色为基调，如金褐色、桃红色、桃色、淡蓝色、金黄色等，使之与春天的气候相协调。夏季天空晴朗、树木苍绿，人们的肤色呈现出米黄色，故夏装的色彩应选择浅淡色为基调，如白色、浅蓝色、淡粉色、玫瑰色、灰色、淡紫色等，使之与夏季的气候相协调。秋天天高气爽，是丰收的季节，到处五彩缤纷、异彩纷呈，这时人的肤色因人而异。白肤色的人以象牙色为主，黑黄肤色的人以古铜色居多，故秋装的色彩应选择金黄色为基调，如深褐色、米色、明黄色、深黄色等，使之与秋季的气候相协调。冬天万物萧瑟，大自然是一片冷色调，这时人们的肤色多为灰褐色或米色，故冬装的色彩应以深色为基调，如蓝色、灰色、黑色、藏青色等，使之与冬季的气候相协调。

3．注意场合

所谓穿着要注意场合，是指要根据不同场合来进行着装。社交中，不同场合有不同的着装要求。这里主要介绍喜庆欢乐的场合、隆重庄严的场合、华丽高雅的场合和悲伤肃穆的场合的穿着要求。

1)　喜庆欢乐的场合

喜庆欢乐的场合包括庆祝会、生日、婚日纪念活动、婚礼聚会等。喜庆欢乐场合的穿着应与人们高兴、快乐、兴奋的情绪相协调，女士可以穿得色彩鲜艳、丰富一些，款式也可以新颖一些，以烘托活跃欢乐的气氛。太深沉的色彩和太古板的款式都不太适宜。男士虽不能像女士那样穿红着绿，但白色或其他浅色西装、花色漂亮醒目的领带，均可拿出来潇洒一番，以表现男士轻松愉快的心情。

2)　隆重庄严的场合

如开幕闭幕式、签字仪式、重要的或高层会议、重要的会见活动、新闻发布会等都属于隆重庄严的场合。这种场合是正式的，要特别注意个人的公众形象和媒介形象，注意仪表，衬托隆重庄严的气氛，所以不能穿得太随便。男士应西装革履，正规、配套、整齐、洁净、一丝不苟，这是个人仪表形象的原则；女士不要花里胡哨、松松垮垮、随随便便，而应穿上套装或较为素雅端庄的连衣裙，以体现职业女士在正规场合的风范。

3)　华丽高雅的场合

华丽高雅的场合多半为晚上举办的正式社交活动，如正式宴会、酒会、招待会、舞会、音乐会等。在这种场合，女士的着装应较为华丽高贵，有责任把自己打扮得漂亮一点，显示出美好的气质和修养。可以穿连衣长裙、套裙，面料要华丽，质地要好，色彩应单纯(最好为单色)。服装可以有花边装饰，也可以用胸针、项链、耳环、小巧漂亮的坤包点缀。式样简洁的华丽裙装，更能体现一种脱俗美。男士穿着深色西服，从头到脚修饰一新，就可以步入华丽高雅的场合。

4) 悲伤肃穆的场合

吊唁活动和葬礼属于悲伤肃穆的场合。这时的服装色彩不能太刺眼，款式不能太引人注目。到这种场合来的人，应该抱着沉痛的心、肃穆的情绪，为亡故者而来，而不是来展示个人的自我形象。因此，在着装上应避免突出个性、表现自我，而是将自我的个性揉进这种特殊场合的群体氛围之中。男士可以穿黑色或深色西装配白衬衣、黑领带；女士不抹口红，不戴装饰品，不用鲜艳的花手绢，全身衣装是深色或素色。这样，可以使外表的肃穆与内心的沉痛协调统一起来。

2.2.4 男士西装的穿着

西装是男士最常见的办公服装，也是现代社交中男子最得体的着装。国外很多机构，包括一些大企业，规定工作人员不能穿休闲短裤、运动服上班，要求男士必须穿西服打领带；一些剧院也规定了观看者必须西装革履。为了塑造良好的个人形象，男士必须学会穿西装。

1. 男士西装的选择

1) 选择合适的款式

西装的款式可以分为英国、美国及欧洲三大流派。除了在胸围、腰围的胖瘦，肩的宽窄上有所变化外，各流派之间的差异并不大，只是在后开衩的部位、扣子单排还是双排、领子的宽窄等方面有所不同。因此，我们在选择西装时，要充分考虑到自己的身高、体型，如身材较胖的人最好不要选择瘦型短西装；身材较矮者也最好不要穿上衣较长、肩较宽的双排扣西装。

2) 选择合适的面料和颜色

西装的面料要挺括一些。正式礼服的西装可采用深色(如黑色、深蓝、深灰等)的全毛面料制作。日常穿的西装颜色可以有所变化，面料也可以不必讲究，但必须熨烫挺括。如果穿着皱巴巴的西装，是会损坏自己的交际形象的。

3) 要选择合适的衬衣

穿着西装时，一定要穿带领的衬衣。花衬衣配单色的西装效果比较好，单色的衬衣配条纹或带格的西装比较合适；方格衬衣不应配条纹西装，条纹衬衣也不要配方格西装。

4) 选择合适的领带

在交际场合穿西装时必须要打领带，领带的颜色、花纹和款式要与所穿的西装相协调。领带的面料以真丝为最优。在领带颜色的选择上，杂色西装应配单色领带，而单色西装则应配花纹领带；驼色西装应配金茶色领带，褐色西装则需配黑色领带等。

礼仪小博士 2-12：

领带的来历

领带起源于英国男子衣领下的专供男子擦嘴的布。工业革命前，英国也是个落后国家，人们吃肉时用手抓，然后大块大块地捧到嘴边去啃，成年男子又流行络腮胡子，大块肉一啃就把胡子弄油腻了，男人们就用袖子去擦。为了对付男人这种不爱干净的行为，妇

女们在男人的衣领下挂了一块布专供他们擦嘴用，久而久之，衣领下面的这块布就成了英国男式上衣传统的附属物。工业革命后，英国发展成为一个发达的资本主义国家，人们对衣食住行都很讲究，挂在衣领下的布就演变成了领带。

(资料来源：http://www.baike.com/wiki/%E9%A2%86%E5%B8%A6)

2. 男士西装的穿着

1) 合体的上衣与衬衣

合体西装的上衣应长过臀部，四周下垂平衡，手臂伸直时上衣的袖子恰好过腕部，领子应紧贴后颈部。

穿西装必须要穿长袖衬衣，衬衣最好不要过旧，领子一定要硬扎、挺括，外露的部分一定要平整干净。衬衣下摆要掖在裤子里，领子不要翻在西装外，衬衣袖子长于西装袖子2厘米左右。

2) 注意内衣不可过多

穿西装时切忌穿过多内衣。衬衣内除了背心之外，最好不要再穿其他内衣，如果确实需要穿内衣的话，内衣的领圈和袖口也一定不要露出来。如果天气较冷，衬衣外面还可以穿上一件毛衣或毛背心，但毛衣一定要紧身，不要过于宽松，以免穿上显得过于臃肿，影响穿西装的效果。

3) 打好领带

正式场合的领带以深色为宜，非正式场合的领带以浅色、艳丽为好。领带的颜色一般不宜与服装颜色完全一样(参加凭吊活动穿黑西装系黑领带除外)，以免给人以呆板的感觉。具体做法：一是领带底色可与西装同色系或邻近色，但二者色彩的深浅明暗不同，如米色西装配咖啡色领带；二是领带与西装同是暗色，但色彩形成对比，如黑西装配暗红色领带；三是一色的西装配花领带，花领带上的一种颜色尽可能与西装的颜色相呼应。

领带的打法主要有五种，如图 2-2～图 2-6 所示(资料来源：http://www.newstartmba.com)。

(1) 平结。平结为男士最多选用的领带打法之一，几乎适用于各种材质的领带。要诀：领带下方所形成的凹洞，需让两边均匀且对称。

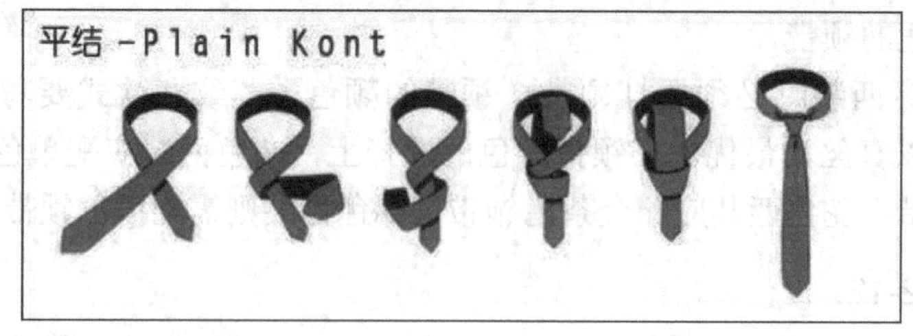

图 2-2 平结

(2) 交叉结。这是适合单色素雅、质料较薄的领带。对于喜欢展现流行感的男士不妨多加使用。

图 2-3　交叉结

(3) 双环结。双环结能营造时尚感，适合年轻的上班族选用。完成的特色就是第一圈稍露出第二圈之外，可别刻意给盖住了。

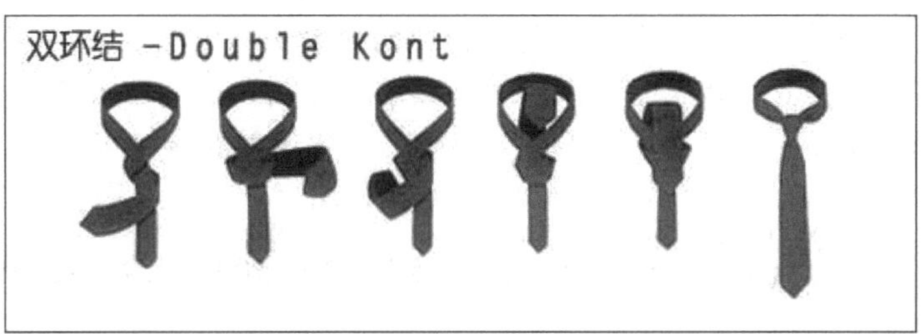

图 2-4　双环结

(4) 温莎结。温莎结适用于宽领的衬衫，该领带结应多往横向发展，应避免材质过厚，领带结也勿打得过大。

图 2-5　温莎结

(5) 双交叉结。这样的领带结很容易让人有种高雅且隆重的感觉，适合正式活动场合选用。应多运用在素色且丝质领带上，若搭配大翻领的衬衫，不但适合，而且有种尊贵感。

图 2-6　双交叉结

领带结需靠在衣领上，但不能勒住脖子，也不能太往下，显得松松垮垮，不精神。领带系好后，垂下的长度应触及腰带，超过腰带或不及腰带都不符合要求。领带用领带夹固定。西装上衣左胸部的装饰袋，有时用来插放绢饰，但不可用来放钢笔之类的其他东西，钢笔应放在衣服内袋中。

礼仪小故事 2-9：

领带的问题

某家大型企业面向北京各高校发出了招聘业务员的启事，希望能招到具有专业知识的有志青年，充实企业的第一线。根据收到的求职材料，企业招聘人员约见了一位经济管理专业的男生面试。这位男生身材微胖，个头不高。面试时，他面容修饰一新，衣着也十分正式，穿西装，系领带，但可能是为了舒服，他的领带松松垮垮地挂在脖子上，衬衣最上面一粒扣子也解开着。正是因为这一形象使他没有通过面试。一位人事总监说："我认为你不可能仅仅由于系了一条领带而得到一个职位，但是我可以肯定系错了领带会使你失去一个职位。"

（资料来源：付强．形体训练与形象塑造[M]．北京：人民邮电出版社，2017.）

4) 裤子合体

西装的裤子要合体，要有裤线，裤长在脚面以上 1～2 厘米为宜。西服套装要配穿皮鞋，式样要稍保守，颜色与衣服相协调。西装裤兜内不宜放沉的东西。

5) 鞋袜整齐

穿西装时一定要穿皮鞋，而不能穿布鞋或旅游鞋。皮鞋的颜色要与西装相配套。皮鞋还应擦亮，不要蒙满灰尘。穿皮鞋时还要配上合适的袜子，袜子的颜色要比西装稍深一些，使它在皮鞋与西装之间起到过渡的作用。

6) 扣好扣子

西装上衣可以敞开穿，但双排扣西装上衣一般不要敞开穿。在扣西装扣子时，如果穿的是两个扣子的西装，不要把两个扣子都扣上，一般只扣上面一个。如果是三个扣子，只扣中间一个。

礼仪小博士 2-13：

西装纽扣的系法

如果穿单排一粒扣西装，扣与不扣均可。如果是单排两粒扣西装，扣子全部不扣表示随意、轻松；扣上面一粒，表示庄重，而全扣就不合适了。如果是单排三粒扣西装，扣子全部不扣表示随意、轻松；只扣中间一粒表示正统；扣上面两粒，表示庄重，全扣也是不对的。如果是双排扣西装，可全部扣，亦可只扣上面一粒，表示轻松、时髦，但不可不扣。如果穿三件套西装，则应扣好马甲上所有的扣子，外套的扣子不扣。

关于男士西装扣子的扣法还有"站时系扣，坐时解扣"的说法。男士在站立的时候，把西装扣好，这样在讲话、做手势的时候，西装才不会随着肢体乱跑，整体线条看起来更显干净利落。在坐着的时候，男士必须解开西装扣，如此西装才能随着身体的弧度，自然

服帖地顺势而下，线条看起来比较流畅，也不会有束缚的感觉，才能舒适自在地坐在位子上。

(资料来源：https://jingyan.baidu.com/article/cd4c2979c9cc6d756e6e6031.html)

在日常工作及非正式场合的社交活动中，男士可穿西服便装。西服便装的上下装不要求严格配套一致。颜色可上浅下深，面料也可以上柔下挺。可以衬衫、领带配西裤，也可以不扎领带、不穿衬衫，而穿套头衫或毛衣。

此外，男士参加社交活动时也可穿中山装、民族服装或夹克。尤其是在国内参加活动时，如出席庆典仪式(包括吊唁活动)、正式宴会、领导人会见国宾等隆重活动，可穿中山装与民族服装。穿中山装应选择上下同色同质的深色毛料中山装，一般配以黑色皮鞋。中山装衣服要平整、挺括，裤子要有裤线。穿着时要扣好领扣、领钩、裤扣。

在非正式社交场合中，男士也可穿夹克衫等便装，但同样应注意服装的清洁与整齐。

男士外出还可准备一件大衣或风衣，但在正式场合一般不宜穿风衣或大衣。在需要室外活动的场合，大衣或风衣既可保暖挡风，又可增添不少潇洒的风采。

2.2.5　女士服装的穿着

礼仪小故事 2-10：

女王的着装

英国女王伊丽莎白二世(Elizabeth Ⅱ)访问中国期间，走出机舱门第一个亮相，穿的是正黄色西服套裙，戴正黄色帽子。这位女王本人喜欢红色和天蓝色，很少穿黄色衣服。但在中国，几千年的历史上黄色是皇帝的专用色。女王来中国访问穿正黄色，既表示尊重中国的传统习俗，又显示了她作为一国君主的高贵身份。

(资料来源：郭文臣，等. 公共关系原理与实务[M]. 大连：大连理工大学出版社，1997.)

女士服装应讲究配套，款式较简洁，色彩较单纯，以充分表现出女士的精明强干、落落大方。

1．女士西装

女士西装式样较多，它的领型有西装“V”形领、青果领、披肩领等；款式有单排扣、双排扣；衣长也有变化，或短至齐腰处，或长至大腿；造型上有宽松的、束腰的，还可有各种图案的组合。女士西装有衣裤相配的套装，也有衣裙相配的套裙。在社交场合，无论西服套装或西服套裙款式都宜简洁大方，避免过分的花哨和夸张。

女士西服套装给人以精明干练、富有权威的感觉，显得比较严肃，更适合成熟的女士或职位较高的女领导工作时穿用。如今，西服套装已成为社交中女士普遍适用的服装。

西服套裙的上装是西装，下装是腰裙(如西装裙、喇叭裙、百褶裙等)。交际中，西服套裙的面料应是高档面料，如夏季用丝绸，华贵柔美；春秋用各类毛料，考究挺括；冬季用羊绒或毛呢织物，高贵典雅。西服套裙的色彩应呈中性，也可偏暗，一色的面料适宜，各种条子、格子、点子面料也常用。西服套裙上下一色显得端庄，有成熟感；色彩上浅下深或上深下浅，式样上简下繁或上繁下简，花色或上轻下杂或上杂下轻，可以搭配出动感和活力，适合女士在不同场合穿出不同的风貌。

2．女士连衣裙

连衣裙是上衣和裙子的结合体，它不但能尽显女士特有的恬静和妩媚，而且穿着便捷、舒适。连衣裙也可与西装外套等组合搭配，提高服装的使用率。连衣裙的造型丰富多彩，有前开襟、后开襟、全开襟和半开襟的；有紧身的、宽松的、喇叭形、三角形、倒三角形的；有无领的、有领的；有方领的、尖领的、圆领的；有超短的、过膝的、拖地的等，它们为各种身材的女士在不同场合提供了大量的选材。

穿着连衣裙应以个人爱好、流行时尚而定，但在交际场合，穿着连衣裙还应以大方典雅为宜。单色连衣裙在大多数场合效果都很好，点、条、格等面料的连衣裙图案也要力求简洁。穿连衣裙要注意避免：一是受时髦潮流的影响，太流行或趋于怪异，变得俗不可耐或荒诞不经；二是不顾及环境，而穿着过低的领口、过紧的衣裙、过透的面料，使人感到极不雅观。正所谓“酌奇而不失其真，玩华而不坠其实”。

3．女士旗袍

旗袍被公认是最能体现女性曲线美的一种服装。我国是有着 300 年旗袍历史的国度，近年来，旗袍正以一股从未有过的震撼力在影响着世界各地女性的穿着，它像一种特殊的世界语，迅速被各种族的人们所接受，打破了只有东方女性才适合穿的传统论断。因而，旗袍也可作为社交中的礼服。旗袍作为礼服，一般采用紧扣的高领、贴身、身长过膝、两旁开叉、斜式开襟、袖口至手腕上方或肘关节上端的款式，面料以高级呢绒绸缎为主，配以高跟鞋或半高跟鞋。

礼仪小故事 2-11：

总统夫人与旗袍

1984 年春，里根总统和夫人访华时，挑选面料做旗袍。总统夫人先看中一种金色的织锦缎，但考虑到没有带金色的皮鞋与之配套，便改选一种以深红色为底色的中国织锦缎旗袍。在里根总统的告别招待会上，她穿上这件深红底色的中国织锦缎旗袍，配上一双深色的高跟鞋，显得特别雍容华贵，无懈可击。

(资料来源：http://www.fmprc.gov.cn/ce/cggb/chn/xnyfgk/t217144.htm)

4．职业女性的着装风格

1) 庄重大方型

庄重大方型适合从事教育、文化、咨询、信息和医疗卫生等工作的职业女性。其衬衫款式以简单为宜，与套装配衬，可以选择白色、淡粉色、格子、线条等变化款式的衬衫。在着装整体色彩上，可以考虑灰色、深蓝、黑色、米色等较沉稳的色系，给人留下干练朝气、充满亲和力与感染力的印象。此外，也可选择白色。由于考虑到职业女性一天近 8 小

时面对公众，必须始终保持衣服形态整洁的缘故，因而，应当尽量选用那些经过处理、不易起皱的丝、棉、麻以及水洗丝等面料。

2) 成熟含蓄型

成熟含蓄型适合从事保险、证券、律师、公司主管、公共事业和政府机关公务员等工作的职业女性。此类职业女性着装的原则是专业形象第一，女性气质其次，在专业及女性两种角色里取得平衡。西服和西裤的搭配，显得成熟稳重，帅气潇洒，自由豪迈。神秘的黑色适合成熟含蓄的女性，这样的服装可以出现的场合比较多。若嫌色彩过于单调，不妨扎条领巾，或在套装内穿件亮眼质轻的上衣。

3) 素雅端庄型

素雅端庄型适合从事科研、银行、商业、贸易、医药和房地产等工作的职业女性。此类职业女性的上班服应注重配合流行但不损及专业形象。其原则是“在流行中略带保守”，是保守中的流行。太薄或太轻的衣料，会有不踏实、不庄重之感。衣服样式宜素雅，花色衣服则应挑选规则的图案或花纹，如格子、条纹、人字形纹等。

4) 简约休闲型

简约休闲型适合从事新闻、广告、平面设计、动画制作和形象造型等工作的职业女性。这类职业女性的着装是简单中的优雅、舒适中的休闲，但简单的服饰可造就不简单的女人。白色或者深蓝色细格的棉质衬衫，修身的设计，半透明的质感，内衬白色吊带背心，简约和性感混合在一起，若穿这样的衣服，则会在单位中人气大增。

5) 清纯秀丽型

清纯秀丽型适合网络、计算机、公关、记者、娱乐等工作的职业女性。此类职业女性虽然在办公室里不需要风情万种，但女人聪明的天性以及对美丽的极度敏感，使她们能够轻而易举地将流行元素融进枯燥沉闷的上班服饰中。一双华丽斑斓的凉鞋、一只绣有花朵的书包，都可成为此类女性穿出流行感觉的点睛之作，职业形象也能带出甜蜜的感觉。

礼仪小博士 2-14：

职业装穿着禁忌

(1) 忌残破。职业装该洗就洗，该换就换，该淘汰就淘汰，宁可不穿也不能穿破衣服。

(2) 忌杂乱。服装穿着要讲规则，不能杂乱、不够协调。比如，男士穿西装的时候穿布鞋或运动鞋；女士穿很高档的套裙，却光脚穿露脚趾的凉鞋，这些都不符合职业着装的规范。

(3) 忌鲜艳。从制作的角度来讲，应该统一颜色，不能太鲜艳。一般要遵守三色原则，也就是说颜色不能超过三种。

(4) 忌暴露。职业装不能过于暴露。不能穿露脐装、露背装、低胸装、露肩装。职业装要“四不露”，即不露胸、不露肩、不露腰、不露背，否则一弯腰走光了，令人尴尬。

(5) 忌透视。内衣不能让人透过外衣看到颜色、款式、长短或图案，这都是非常不礼貌的。

(6) 忌短小。就是不能太短，该省的面料是要省，但别乱省。

(7) 忌紧身。紧身衣，搞不好走光了，如扣子绷了、开线了，蹲着也不方便。衣服过于紧身，甚至显现出内衣、内裤的轮廓，既不雅观也不庄重。

(8) 忌怪异。职业人士不是时装模特，不能过分追求新奇古怪、标新立异。

(资料来源：http://www.dfzs.js.cn/life/bh/200612/life_51250.html)

2.2.6 服装的饰物佩戴

1. 饰物的种类

1) 服饰

这里的“服饰”是指服装上的装饰。服饰的种类繁多，主要包括刺绣、系带、金属装饰品、珠宝等。不同时期、不同民族、不同国家的服饰既相似又不同。例如，我国唐代官服的纹样一般以暗花为多，武则天当朝后规定，在不同职别官员的官服上，绣上各种不同的禽兽纹样，以区别等级；又如，我国少数民族中的白族，妇女的头饰上有一缕长长的穗，随着妇女年龄的增长或已婚，这缕长穗慢慢地被剪短，直至完全没有；再如，我国布依族已婚妇女要用竹皮或笋壳与青布做成“假壳”戴在头上，向后横翘尺余。

2) 挂件

项链、玉佩、包挂等都属于挂件。在众多品种的挂件中，最流行和被人们广泛佩戴的是用贵金属、玉石、玛瑙、水晶、象牙、木雕、石雕等材料制成的各种人们心目中的吉祥物挂件。例如，保佑平安、祈祷发财、保佑健康的吉祥物。挂件制品在制作原料、工艺及饰物造型上，男女有别。除项链外，其余挂件一般不用贵金属材料制作。

3) 佩件

戒指、耳环、手镯、臂镯、丝巾扣等都属于佩件。佩件一般用贵金属和珠宝制成。现代社会出现了很多能取代贵金属和珠宝的人造贵金属和人造珠宝材质，用这些材料制做出的戒指、耳环、手镯、臂镯、丝巾扣等也非常漂亮，光彩照人。

4) 手袋

手袋，特别是女士用的小型手袋是女士出席各种社交活动的重要饰物。手袋的面料很多，可用皮革、金属、塑料、串珠、刺绣等材料制成。

5) 帽子

帽子是现代女士的主要饰物。无论是质料、色彩，还是款式，都是多种多样的。

6) 腰带及眼镜

腰带及眼镜是男女皆用的最常见的饰物，属于应用及装饰为一体的饰物。特别是眼镜，随着现代人装饰意识和审美情趣的变化，眼镜已成为一种修饰脸部的饰物了。

7) 发饰

我国历代衣冠服饰制中对“冠”(即发饰)都有严格规定。在奴隶制度和封建制度时期，发饰是用来区分等级的一种饰品。例如，商代对冠巾、发簪等发饰的佩戴就有明确的要求。不同民族、不同地区的发饰在样式、佩戴方式等方面是有区别的，在某种意义上说，发饰具有民族和区域特性。例如，傣族、白族等一些民族的妇女是已婚还是未婚，可通过其发式及发饰来判别。随着社会的发展，发饰等级制度已经消亡；随着民族之间、地区之间交往的日益密切，不同民族、不同地区的发饰在逐步融合，使现代发饰呈现出了丰富、多彩、繁荣的局面。

2．饰物佩戴的原则

1)　符合身份

饰物的佩戴不仅要照顾个人的爱好，更应当使之服从于本人身份，要与自己的性别、年龄、职业、工作环境保持大体一致，不宜相去甚远。例如，医务工作者、宾馆服务员、厨师等由于行业的特点，不宜佩戴首饰，对此，从业人员应无条件地遵守。

2)　搭配得宜

穿着工作装的最好饰物是金银饰物，一般不戴珠宝饰物。同时，饰物最好能与服装搭配和谐，而且在颜色、样式、整体效果上，都应该仔细协调，尽量让其浑然天成。另外，男士应该审慎选择饰物，尽量不要赶时髦。

3)　以少为好

有些人总是爱显示自己的优越性，好像自己佩戴了什么，就高人一等似的，于是将身上能戴上饰物的地方全部武装起来。其实，这完全没有必要。即使你有这样的心态，也不一定非要在数量上与他人一决高下。试问：品质不是更能显示出气质吗？何必非要把自己打扮成一个珠宝推销员似的？一般而言，正确的佩戴原则是：一般以不超过两种为限，而且，同样的品种也不能超过两个。

礼仪小故事 2-12：

饰 品 佩 戴

小刘大学毕业后在一家公司担任销售代表，平时就很讲究衣着打扮。一次，她去本市一家大型国有企业洽谈业务。这次业务对公司非常重要，为了给对方留下好印象，她做了精心的打扮：穿了一套流行的韩国服装，左右手各戴着一只造型独特的戒指，右手腕上戴着一只时尚的手镯，脖子上戴着一条亮闪闪的白金项链，耳朵上戴着一副新潮的耳坠，随着她的走动，耳坠还发出清脆悦耳的声音。接待她的是一位五十岁左右的中年人和一位二十来岁的小伙子。在洽谈过程中，年轻人不时盯着她看，使她很不好意思，当她站起来将有关材料递给对方时，耳坠又不小心钩住了中年人的衣袖，使得双方都很尴尬。结果在谈判中，小刘频频出错，谈判结果很不理想。

(资料来源：付强．形体训练与形象塑造[M]．北京：人民邮电出版社，2017.)

3．常见饰物的佩戴

1)　丝巾

丝巾是女士的钟爱。确实，不管什么场合，利用飘逸柔媚的丝巾稍作点缀，一下儿就能让你的穿着更有味道。挑选丝巾重点是丝巾的颜色、图案、质地和垂坠感。可以用丝巾调节脸部气色，如红色系可映得面颊红润；或是突出整体打扮，如衣深巾浅、衣冷色巾暖

色、衣素巾艳。但佩戴丝巾要注意：如果脸色偏黄，不宜选用深红、绿、蓝、黄色的丝巾；脸色偏黑，不宜选用白色、有鲜艳大红图案的丝巾。丝巾不要放到洗衣机里洗，也不要用力搓揉拧干，只要放入稀释的清洁剂中浸泡一两分钟，轻轻拧出多余水分再晾干就行了。

2) 围巾、帽子、手套

围巾的花色品种很多，与帽子一样，起御寒保暖和美观的作用。巧妙地选戴围巾，效果远远超过不断地更新衣服。围巾的面料有纯毛、纯棉、人造毛织物、真丝绸、涤丝绸等。围巾的色彩及图案名目繁多。男士一般应选用纯毛、人造毛织物制作的围巾，色彩应选用灰色、棕色、深酱色或海军蓝，不能选用丝绸类的围巾。女士对围巾的选择范围极大，可选用丝绸类及色彩多样的三角巾、长巾及方巾等。除了可用来围在脖子上取暖外，还可以将围巾扎在头发上、围在腰上作装饰品。对女士来说，不论怎样选戴围巾，都要与年龄、身份和环境相协调，与所穿衣服的面料、款式、颜色及使用者的肤色相配。围巾一般在春冬季节使用的比较多，所以它的搭配还要和衣服、季节相协调。厚重的衣服可以搭配轻柔的围巾，但轻柔的衣服却绝不能搭配厚重的围巾。围巾和大衣一般都适合室外或部分公共场所穿着，到了房间里面就要及时摘掉，不然会让人感到压抑。

帽子是由头巾演变来的。在当代生活中，帽子不仅有御寒遮阳的作用，还具有装饰功能。在男女衣着中，帽子也占据着举足轻重的地位。戴帽子时，一定要注意帽子的式样、颜色与自身装束、年龄、工作、脸型、肤色相和谐。一般来说，圆脸适合戴宽边顶高的帽子，窄脸适合戴窄边的帽子。女士的帽子种类繁多，不同季节的造型和花色也不同。例如，在冬天，女士可戴手工织的绒线帽；地位较高的女士可选择小呢帽；年轻姑娘可选择小运动帽。戴帽子的方法也很多，例如，帽子戴得端端正正显得很正派，稍往前倾一些显得很时髦。另外，戴眼镜的女士不适宜戴有花饰的帽子；身材矮小者，应戴顶稍高的帽子。戴帽子应注意的一般礼仪是：戴法要规范，该正的不能歪，该偏前的不能偏后；男性在社交场合可以采用脱帽方式向对方表示致意；在庄重和悲伤的场合，除军人行注目礼外，其余的人应一律脱帽。

在西方的传统服饰中，手套曾经是必不可少的配饰。现在，不管在哪儿，手套除了御寒以外，无非就是为了保持手臂的清洁和防止太阳曝晒了。和别人握手，不管冬夏，都要摘掉手套；进屋以后，一般要马上摘下手套；吃饭的时候，必须摘下手套。

3) 腰带

腰带更重要的是装饰作用。男士的腰带一般比较单一，质地大多是皮革的，没有太多的装饰。穿西服时，都要扎腰带；而穿其他的服装(如运动、休闲服装)可以不扎；夏季只穿衬衫并把衬衫扎到裤子里的时候，也要系上腰带。女士的腰带很丰富，质地有皮革的、编织物的、其他纺织品的，纯装饰性的场合更多，款式也多种多样。女士使用腰带要注意这样几个问题：一是与服装的协调搭配，包括款式和颜色。比如穿西服套裙一般选择皮革或纺织的、花样较少的腰带，以便和服装的端庄风格搭配，要是穿着连衣轻柔织物裙装时，腰带的选择余地大一些；暗色的服装不要配用浅色的腰带，除非出于修正形体的需要。二是要和体型搭配。比如个子过于瘦高，可以用较显眼的腰带，形成横线，分割一

下，增加横向宽度；如果上身长下身短，可以适当提高腰带到比较合适的上下身比例线上，造成比较好的视觉效果；如果身体过于矮胖，就要避免使用大的、花样多的腰带扣(结)，也不要用宽腰带。三是要和社交场合协调。职业场合不要用装饰太多的腰带，而要显得干净利落一些；参加晚宴、舞会时，腰带可以花哨些。

无论男女，扎腰带时一定要注意：出门前看看你的腰带扎得是否合适，腰带有没有“异常”，在公共场合或别人面前动腰带是不合适的；在进餐的时候，更不要当众松紧腰带，这样既不礼貌，也不雅观；如果必要，可以起身到洗手间去整理。经常注意检查自己的腰带是不是有损坏，以提早替换，避免发生“意外”。

4)　皮包

皮包具有使用及装饰作用，在现代服饰中起着画龙点睛的作用。皮包的种类千变万化，有肩挂式、手提式、手拿式及双肩背式等，在选购时要考虑它的适用范围。正式场合应选用质地较好、做工精细、外观华丽、体积不大、横长形的皮包；平时上班和日常外出使用的皮包不必太华丽，以实用和耐用为主；使用皮包要考虑其颜色与季节、着装是否相一致。皮包的使用与人的体型也有很大关系，例如，体型小巧的人不能选用太大的皮包；体形矮胖的人不要选用太秀气的皮包；瘦高的人虽有较大的选择余地，但也不能选用太大或太小的皮包。在参加公务活动时，应携带公文包。

5)　丝袜

丝袜，在服装整体搭配中起着举足轻重的作用。在国外，正式场合中如果女性不穿丝袜，就如同不穿内衣一样十分不雅。丝袜不仅能保护腿、足部的皮肤，掩盖皮肤上的瑕疵，还能与衣服相搭配，使女性更添魅力。

在工作场合穿着裙装及皮鞋时，一定要穿丝袜，而且必须是连裤丝袜。这样，可以避免丝袜因质量问题掉落，也不会将袜口露在外面。而有的人因为怕热而穿中长袜或短丝袜是不职业的做法。穿连衣裙及凉鞋时，就不要再穿丝袜了，因为凉鞋本来就是为了凉爽的，再穿袜子就显得多此一举了。不过现在有一种前后包脚的凉鞋，是属于较为正式的款式，穿这类鞋时就必须穿丝袜了。

丝袜的选穿不能敷衍了事，但要根据自身特点和着装风格做到合理选穿，也不是件容易的事。最好知道选穿丝袜的窍门，以下是一些供你参考的经验：对于日常忙于上班的职业女性，不妨选一些净色的丝袜，只要记住深色服装配深色丝袜，浅色服装配浅色丝袜这一基本方法就可以了。丝袜和鞋的颜色一定要相衬，而且丝袜的颜色应略浅于皮鞋的颜色(白皮鞋除外)。颜色或款式很出众的丝袜对腿型要求很高，对自己腿型没有自信的女孩不可轻易尝试。品质良好的裤袜要比长筒丝袜令你更有安全感，能够避免袜头松落的情况。白丝袜很容易显得又胖又矮，应该避免。上班族更不要穿着彩色丝袜，它会令人感到轻浮，缺乏稳重之感。

6)　戒指

在西方，戒指是无声的语言。一般来说，将戒指戴在左手各手指上有不同含义：戴在食指上表示未婚或求婚；戴在中指上表示正在热恋中；戴在无名指上，表示已订婚或结婚；戴在小指上则表示独身。右手戴戒指纯粹是一种装饰，没什么特别的意义。中国人也戴戒指，但一定不能乱戴。一般情况下，一只手上只戴一枚戒指，戴两枚或两枚以上的戒指是不适宜的。参加较正规的外事活动，最好佩戴古典式样的戒指。

礼仪小故事 2-13：

小芳的戒指

小芳毕业后到一家公司做文秘工作不久，一次在接待客户时，领导让她照顾一位华侨女士。临别时，华侨对小芳的热情和周到的服务非常满意，留下名片，并认真地说："谢谢！欢迎你到我公司来做客，请代我向你的先生问好。"小芳愣住了，因为她根本没有男朋友，何谈"先生"呢？可是，那位华侨也没有错，她之所以这么说，是因为看见小芳的左手无名指上戴有一枚戒指。

(资料来源：http://3y.uu456.com/bp-2f7af182ec3a87c24028c47a-1.html)

7) 项链

项链的粗细应与脖子的粗细成正比，与脖子的长短成反比。从长度上分，项链可分为四种：短项链约 40 厘米，适合搭配低领上衣；中长项链约 50 厘米，可广泛使用；长项链约 60 厘米，适合在社交场合使用；特长项链约 70 厘米，适合用于隆重的社交场合。

8) 耳饰

耳饰有耳环、耳链、耳钉、耳坠等款式，仅限女性所用，并且讲究成对使用，也就是说每只耳朵上均佩戴一只。工作场合，不要一只耳朵上戴多只耳环。另外佩戴耳环应兼顾脸型，不要选择和脸型相似形状的耳环，以免使脸型的短处被强调夸大。耳饰中的耳钉小巧而含蓄，所以，从事服务行业的女性从业人员可以佩戴。

9) 手镯

有雕塑感的木质阔手镯带有中性色彩，金属宽手镯就显得很酷。而另一种风格的宽手镯——用人造宝石镶上图案，必将制造出一种目不暇接的华丽氛围，它主要强调手腕和手臂的美丽。戴手镯可以只戴一只，通常应戴在左手；也可以同时戴两只，一只手戴一个或都戴在左手。

10) 手链

男女都可以佩戴手链，但一只手上只能戴一条，而且应戴在左手上。它可以和手镯同时佩戴。在一些国家，佩戴手链、手镯的数量、位置，可以表示婚姻状况。手链不要和手表同时戴在一只手上。

11) 手表

在社交场合，佩戴手表，通常意味着时间观念强、作风严谨。在正规的社交场合，手表往往被看作首饰，也是一个人地位、身份、财富状况的体现。所以，男士的手表往往引人注目。在正式场合佩戴的手表，在造型上要庄重、保守，避免怪异、新潮，尤其是年长者更要注意。一般正圆形、正方形、长方形、椭圆形和菱形手表适用范围较广，也适合在正式场合佩戴；而那些新奇、花哨的手表造型，仅适合少女和儿童。在手表颜色上，可以选择单色也可以选择双色，而且色彩要清晰、高雅，其中，黑色的手表最理想。除数字、商标、厂名、品牌外，手表上没必要再出现其他无意义的图案。像广告表、卡通表等不宜出现在工作人员的手腕上。另外，在交际场合，特别是和别人交谈时，不要有意无意地看表，否则对方会认为你对交谈心不在焉、不耐烦，想结束谈话。

12) 胸花

胸花是为女性特别设计的，专门用于装饰女性的胸、肩、腰、头、领口等部位。胸花有鲜花和人造花两种。相比之下，鲜花佩戴起来更显高雅，但不能持久。选择胸花时，一定要考虑服装的类型、颜色、面料，要考虑所出席的社交活动的层次，要考虑自身的体型和脸形条件。例如，个子矮小的女士适合小一点的胸花，佩戴时部位可稍高一些；个子高大的女士可选择大一点的胸花，佩戴时位置可低一些。要注意别胸花的部位，穿西服应别在左侧领上，穿无领上衣时应别在左侧胸前。发型偏左时胸花应当居右，发行偏右时胸花应当偏左，其高度应从上往下数第一粒、第二粒纽扣之间。

礼仪小故事 2-14：

一枚胸针，毁了一桩生意

方小姐作为一家公司的英文翻译，经常需要和经理一起去见客户。方小姐本人对穿衣戴帽也很在行，她知道见什么样的客户该穿什么样的衣服。

一次，方小姐和经理去跟一个外商谈业务。方小姐选择了一件浅白色的碎花短旗袍，下面搭配了一双白色高跟皮鞋，中国情调十足。正好前段时间方小姐过生日，好友赠送了一个夸张的骷髅头胸针，款式十分别致，方小姐特别喜欢，这段时间天天都戴着。这次的旗袍打扮，方小姐也没忘记别上这枚骷髅头胸针。方小姐和经理此次前去拜访的外商是英国人，他们刚一见面，方小姐的衣着就引起了英国商人的注意。他刚想夸方小姐会穿衣服时，却一眼看到了那枚夸张的骷髅头胸针，欲言又止，原本欣喜的神色顿时黯淡下来。

在接下来的谈判中，那位英国商人的情绪不高，多少显得有些敷衍。最后，双方未能达成协议。经理大为不解：原来还谈得好好的，英国商人兴趣很高，怎么这次见面他的态度这么冷淡？

事后经理从那位英国商人的中国翻译那儿得知，原来那位英国商人极其注重服装礼仪，那天方小姐在极具中国风情的旗袍上点缀了那么夸张的一个骷髅头胸针，显得十分突兀，甚至有些不伦不类，十分碍眼，当时就让英国商人倒了胃口，失去了谈判的兴致。方小姐怎么也想不到，她的一枚胸针，毁了一桩生意。

(资料来源：http://dushu.qq.com/read.html？bid=798486&cid=3)

13) 领针

领针专门用来别在西式上装左侧领上，男女都可以用。佩戴时戴一只就行了，而且不要和胸针、纪念章、奖章、企业徽记等同时使用。在正式场合，不要佩戴有广告作用的领针，不要将它别在右侧衣领、帽子、书包、围巾、裙摆、腰带等不恰当的位置。

14) 发饰

常见的发饰主要有头花、发带、发箍、发卡等。通常，头花和色彩鲜艳、图案花哨的发带、发箍、发卡，都不要在上班时佩戴。

15) 脚链

脚链是当前比较流行的一种饰物，多受年轻女士的青睐，主要适合在非正式场合佩戴。佩戴它，可以吸引别人对佩戴者腿部和步态的注意，如果腿部缺点较多，就不要用。一般只戴一条脚链。如果戴脚链时穿丝袜，就要把脚链戴在袜子外面，让脚链醒目。

2.3 仪 态

仪态，又称“体态”，是指人的身体姿态和风度。姿态是身体所表现的样子，风度则是内在气质的外在表现。人的一举手、一投足、一弯腰乃至一颦一笑，并非偶然的、随意的，这些行为举止自成体系，像有声语言那样具有一定的规律，并具有传情达意的功能。人们可以通过自己的仪态向他人传递个人的学识与修养，并能够用其交流思想、表达感情。正如艺术家达·芬奇所说：“从仪态了解人的内心世界、把握人的本来面目，往往具有相当的准确性和可靠性。”首先让我们看看第二次世界大战时期著名反间谍专家奥莱斯特·平托(Oreste Pinto)上校是如何审讯一个纳粹间谍的。

礼仪小故事 2-15：

审 讯

当时盟军部队已经进入比利时，德军仓皇溃退。一天，两名士兵在驻地附近逮捕了一个叫艾米(Amey)的人。平托(Pinto)上校感觉到：这个人的穿着和谈吐虽然是典型的北方农民，口音也是地道的瓦隆地区(比利时某地区)的土音，但他粗壮的颈部和魁梧的运动员体型，与当地常见的惰性十足的人截然不同，于是决定对他进行审讯。

第一次审讯的过程如下。

问：你是农民吗？

答：过去是，现在不是。德国鬼子抢走了我的牲畜，杀死了我的家人。

问：会数数吗？

答：数数？

问：对，把桌上这盘豆子数一数吧。

答：一、二、三……(慢慢地用法语数)

在第一次审讯中，上校未发现任何破绽，但仍不气馁，决定进行第二次审讯。这次审讯换用了特殊的方式，他派人在“艾米”的住处放了几捆草，一个士兵点着了后，烟从门的下面进到了屋里，值勤的士兵用德语大喊：“着火了！”“艾米”惊醒，动了动，又睡了。接着平托上校用法语大声喊道：“着火了！”“艾米”一下子跳了起来，绝望地敲打着门。这一次，上校仍未发现破绽。

第三次审讯，上校又用了新的方案。在“艾米”被带来时，上校拿起一支从他身上搜出的铅笔。

问：你带这个干什么？

答：不就是支铅笔吗！

问：用他来写情报？

答：(流露出不屑回答的样子)

“可怜的家伙！”上校用德语向身边的军官说，军官也用德语反问：“为什么？”上校说：“他还不知道明天上午就要被绞死，已经 21 点了。他肯定是个间谍，不会有别的下场。”

平托上校一边说一边用眼睛斜视着“艾米”，特别注意他的眼睛和喉头。但“艾米”没有任何表示，他以神态证明自己不懂德语。很明显，第三次审讯没有结果。到此为止，上校几乎绝望了，开始怀疑自己以前的判断。但直觉让他进行了最后一次审讯——第四次审讯。如果再没有突破，他就决定立即放人。

最后一次审讯是这样进行的：当“艾米”像平时一样走进平托上校的办公室时，上校装作正看一份文件，看完后拿起铅笔在上面签了字，然后抬起眼睛突然用德语对“艾米”说：“好啦，我满意了，你自由了，现在就可以走了。”“艾米”长长地出了一口气，动了动肩膀，像是卸了一个沉重的包袱，他仰起脸，眼睛放着光，愉快地呼吸着自由的空气。当他发现平托上校嘲笑的眼光时，一切都已经晚了，身后的士兵已紧紧地抓住了他。

(资料来源：杨友苏，石达平. 品礼：中外礼仪故事选评[M]. 上海：学林出版社，2008.)

这个例子说明人的内心秘密不可能每时每刻都隐藏得那么深，总有流露之时，人的体态每时每刻都在传达信息。因此，在社交中用优良的仪态礼仪表情达意，往往比语言更让人感到真实、生动。所以，在社交中必须讲究仪态美。

我们敬爱的周恩来总理堪称仪态美的典范。青年时代他在南开中学读书，南开中学教学楼的镜子上印着的《镜箴》如下：

“面必净、发必理、衣必整、钮必结、头容正、胸容宽、肩容平、背容直。气象：宜和、宜静、宜庄。颜色：勿傲、勿暴、勿怠。”

周恩来自年轻时就按《镜箴》上的要求去做，加强修养，努力做到仪态美。在半个多世纪的革命生涯中，形成了独特的被称为“周恩来风格的体态语”，可谓“举手投足皆潇洒，一笑一颦尽感人”，给人以不可抗拒的吸引力。一位欧洲女作家说：“周恩来的眼睛是他身上最惊人的特点，总是闪着光并迅速移动，人人都发现它是不可抗拒的。他在演讲时，步履矫健，昂首挺胸，神色自然，仪态万方，周身洋溢着自信与激情。他时而平静，时而激动，时而温和，时而愤怒，而这一切都是那样得体和恰如其分。”独具魅力的体态语，帮助周恩来把自己塑造成为“一位受到普遍欢迎的交谈伙伴、一位杰出的演说家、一位老练的谈判高手、一位劝说行家”四种角色集于一身的出色形象。

2.3.1　站姿

俗话说：“站如松”，站姿是人类的一种象征。男子的站姿如“劲松”之美，具有男子汉刚毅英武、稳重有力的阳刚之美；女子的站姿如“静松”之美，具有女性轻盈典雅、亭亭玉立的阴柔之美。正确的站姿是自信心的表现，会给人留下美好的印象。

1. 标准的站姿

站姿的要领是：一要平，即头平正、双肩平、两眼平视；二是直，即腰直、腿直，后脑勺、背、臀、脚后跟成一条直线；三是高，即重心上拔，看起来显得高。具体标准如下：

1) 头正

两眼平视前方，嘴微闭，脖颈挺直，下颌微收，表情自然，面带微笑。

2) 肩平

肩部微微放松，稍向后下沉，自然呼吸。

3) 臂垂

两肩平整，两臂自然下垂于体侧，虎口向前，手指自然弯曲。

4) 躯挺

挺胸收腹，臀部向内向上收紧。

5) 腿并

女性两腿立直、贴紧，脚跟靠拢，脚尖呈 45°～60° 夹角，男性可两脚分开，与肩同宽。

2. 不同场合的站姿

在升国旗、奏国歌、接受奖品、被接见、致悼词等庄严的仪式场合，应采取严格的标准站姿，而且神情要严肃。

在发表演说、新闻发言、做报告宣传时，为了减少身体对腿的压力，减轻由于较长时间站立双腿的疲倦，可以用双手支撑在讲台上，两腿轮流放松。

主持文艺活动、联欢会时，可以将双腿并拢站立，女士甚至站成“丁”字步，让站立姿势更加优美。站“丁”字步时，上体前倾，腰背挺直，臀微翘，双腿叠合，玉立于众人间，富于女性魅力。

迎宾等服务人员往往站的时间很长，双腿可以分开站立，但双腿分开不宜超过肩。双手可以前握垂放于腹前；也可以背后交叉，右手放到左手的掌心上，但要注意收腹。

礼仪小姐的站立，要比迎宾等服务人员更趋于艺术化，一般可采取立正的姿势或“丁”字步。如双手端执物品时，上手臂应靠近身体两侧，但不必夹紧，下颌微收，面含微笑，给人以优美亲切的感觉。

礼仪小博士 2-15：

站姿与性格

双腿并拢站立者，给人的印象是可靠、意识健全、脚踏实地而且忠厚老实，但表面有时显得有点冷漠。

两腿分开尺余，脚尖略朝外偏的站姿，表现出站立者果断、任性、富有进取心，不装腔作势。

双腿并拢站立，一脚稍后，则体现出站立者有雄心，是个积极进取、极富冒险精神

的人。

站立时一脚直立，另一脚弯置其后，以脚尖触地，则说明站立者情绪非常不稳定，变化多端，喜欢不断的刺激与挑战。

3. 不良的站姿

1) 身躯歪斜

古人对站姿曾经指出过“立如松”的基本要求，它说明站立姿势以身躯直正为美。在站立时，若是身躯出现明显的歪斜，将直接破坏人体的线条美，而且还会给人颓废消沉、萎靡不振、自由放纵的直观感觉。

2) 弯腰驼背

弯腰驼背其实是身躯歪斜的一种特殊表现。除腰部弯曲、背部弓起之外，它大都会伴有颈部弯缩、胸部凹陷、腹部挺出、臀部撅起等其他不雅体态。凡此种种，都会显得一个人健康欠佳，无精打采。

3) 趴伏倚靠

在工作岗位上，要确保自己“站有站相”。站立时，随随便便地趴在一个地方，伏在某处左顾右盼，倚着墙壁、货架而立，靠在台桌边，或者前趴后靠、自由散漫，都是极不雅观的。

4) 腿位不雅

腿位不雅即双腿大叉。应切记：自己双腿在站立时分开的幅度，在一般情况下越小越好；在可能之时，双腿并拢最好；即使是分开，也要注意不可使二者之间的距离超过本人的肩宽。另外，还有双腿扭在一起、双腿弯曲等姿势也应避免。

5) 脚位欠妥

在正常情况下，双脚站立时呈现出 V 式、Y 式(丁字形)、平行式等脚位。但是，采用“人”字式、蹬踏式和独脚式，则是不允许的。所谓“人”形脚位，指的是站立时两脚脚尖靠在一起，而脚后跟却大幅度地分开，这一脚位又叫“内八字”。所谓蹬踏式，是指站立时为了舒服，在一只脚站在地上的同时，将另一只脚踩在鞋帮上，或踏在椅面上，或蹬在窗台上，或跨在桌面上等。独脚式即把一脚抬起，另一只脚落地。

6) 手位失当

站立时，不当的手位主要有：①将手插在衣服的口袋内；②将双手抱在胸前；③将两手抱在脑后；④将双手支于某处；⑤将两手托住下巴；⑥手持私人物品。

7) 半坐半立

在工作岗位上，必须严守岗位规范，该站就站，该坐就坐，而绝对不允许在需要站立时，为了贪图安逸而擅自采取半坐半立之姿。当一个人半坐半立时，既不像站，也不像坐，只能让别人觉得过分的随便且缺乏教养。

8) 全身乱动

站立乃是一种相对静止的体态，因此不宜在站立时频繁地变动体位，甚至浑身不住地上下乱动。手臂挥来挥去、身躯扭曲、腿脚抖来抖去，都会使站姿变得十分难看。

9) 摆弄物件

站立时，不要下意识地做些小动作，如摆弄打火机、香烟盒，玩弄衣带、发辫，咬手指甲等，这些动作不但显得拘谨，给人以缺乏自信和教养的感觉，还有失仪表的庄重。

4. 站姿的训练

1) 对镜练习

在他人的帮助下，或自己对着镜子进行训练，便于纠正不良姿势；在找准标准站姿的感觉后，再坚持每次 20 分钟左右的训练。

2) 靠墙站立练习

要求脚后跟、小腿、臀部、双肩、后脑勺都要紧贴墙壁。每次训练控制在 20～30 分钟。

3) 头顶书练习

要求把书放在头顶中心，为使书不掉下来，头、躯挺直，自然保持平衡，这种训练方法可以纠正低头、仰脸、晃头及左顾右盼等不良习惯。每次训练控制在 20～30 分钟。

2.3.2 坐姿

俗话说：“坐如钟”，坐姿是人际交往中人们采用最多的一种姿势，它是一种静态姿势。幽雅的坐姿给人一种端庄、稳重、威严的美。

1. 标准的坐姿

落座时，要坚持尊者为先的原则入座，不要争抢；通常侧身走近座椅，从椅子的左侧就座，如果背对座椅，要首先站好，全身保持站立的标准姿态，右腿后退一点，用小腿确定椅子的位置，上身正直，目视前方就座。落座时声音要轻，动作要缓。落座过程中，腰、腿肌肉要稍有紧张感。女士着裙装落座时，要事先从后面双手拢裙，不可落座后整理衣裙。

就座时，上身正直而稍向前倾，头、肩平正，腰部内收，通常只座椅子的 1/2～2/3 处，两臂贴身下垂，两手可以搭放在椅子扶手上，无扶手时，女士右手搭在左手上，放于腹部或者轻放于双腿之上；男子双手掌心向下，自然放于膝盖上。男士膝盖可以自然分开，但不可超过肩宽；女士膝盖不可以分开。女士要注意使膝盖与脚尖的距离尽量拉远，以使小腿部分看起来显得修长些，腿部线条也显得更优美。当与他人进行交谈时，要注意不能只是转头，而应将整个上身朝向对方，以示对其重视和尊敬。

离座时要先以语言或动作向周围的人示意，方可站起，突然一跃而起会使周围的人受到惊扰；同落座时一样要注意按次序进行，尊者为先；起身时不要弄出响声，站好后才可离开，同样要从左侧离座。

人在坐着时，由臀部支撑上身，减少了两腿的承受力。由于身体重心下降，上身适当放松，可减轻心脏的负担，因此，坐姿是一种可以维持较长时间的姿势。它既是一种主要的白昼休息姿势，也是一般的工作、劳动、学习姿势，还是社交、娱乐的常见姿势。正因

为这个缘故，坐姿要求端正、大方、舒展。

2. 坐姿的分类

以一个人的脚位为依据，男士、女士的坐姿可以做以下分类：

1)　垂直式坐姿

垂直式坐姿就是通常所说的“正襟危坐”，在最正规的场合使用，男士、女士均适用。要领是：上身与大腿、大腿与小腿、小腿与脚部都呈直角，小腿垂直于地面，双膝、双腿完全并拢。

2)　标准式坐姿

标准式坐姿适用于各种场合。要领是：在垂直式坐姿的基础上，女士两脚保持小“丁字”步，男士两脚自然分开呈 45°角。

3)　屈直式坐姿

屈直式坐姿非常适合坐在稍微低矮一些的椅子上，是女士非常优雅的一种坐姿。要领是：大腿与膝盖靠紧，一脚伸向前，另一脚屈回，两脚前脚掌着地并在一条直线上。

4)　前伸式坐姿

前伸式坐姿适用于各种场合，一般为女士所采用。要领是：双腿与双脚并在一起，向前伸出一脚左右的距离，按方向共有正前伸直、左前伸直和右前伸直三种，脚的位置可以是双脚完全并拢，也可以脚踝交叉，但脚尖不可翘起。

5)　后屈式坐姿

后屈式坐姿适用于各种场合，以女士为主。要领是：两腿和膝盖并紧，两小腿向后屈回，脚尖着地不可翘起。

6)　分膝式坐姿

分膝式坐姿适用于一般场合，为男士坐姿。要领是：两膝左右分开，但不超过肩宽，小腿与地面垂直，两脚脚尖朝向正前方，两手自然放于大腿上。

3. 不同场合的坐姿

谈判、会谈时，场合一般比较严肃，适合正襟危坐，但不要过于僵硬。要求上体正直，端坐于椅子中部，注意不要使全身的重量只落于臀部，双手放在桌上、腿上均可。双脚为标准坐姿的摆放。

倾听他人教导、传授知识时，对方若是长者、尊者、贵客，坐姿除了要端正外，还应坐在座椅、沙发的前半部或边缘，身体稍向前倾，表现出一种谦虚、迎合、重视对方的态度。

在比较轻松、随便的非正式场合，可以坐得轻松、自然一些，全身肌肉可适当放松，还可不时变换坐姿，从而得到休息。

礼仪小博士 2-16：

坐姿与性格

心理学专家认为：将椅子转过去骑着坐的人显得自信好胜，但内心的防御性多半很

强，不太爱与人交心。

喜欢抖腿的人多数聪明，反应快，接受能力强，但不是很有耐心，内心有浮躁或焦虑的一面，有时给人不够稳重的感觉。

端坐在椅子前半部分的人一般性格内向，谦虚有礼，善于倾听、体谅别人，他们多半个性成熟、亲和力强，容易受人信赖。

双腿张开，伸得很长的人一般性格外向、开朗、不拘小节，但有时比较傲慢、霸道、支配性强，容易发脾气、耍性子，不愿退让。

前胸紧靠桌子，双腿并拢的坐姿显得内向、拘谨、有些害羞，不够自信，这样的人多半不太果断，缺乏灵活性。

跷二郎腿的人通常自在随性，有时有些自大，喜欢挑剔，喜欢对别人的事指手画脚，爱给人提建议。

双腿自然分开，手放腿上的坐姿是古代男性的标准坐姿，体现出闲适、儒雅的气度。这种人通常稳重，值得信赖。

喜欢靠着椅背的人可能性格慵懒、散漫，做事拖沓，对自己要求不高，但对别人也比较宽容。

了解这些由无声语言“坐姿”所传递出的不同信息，将给我们带来不同的影响。

(资料来源：https://wenku.baidu.com/view/e45958e3db38376baf1ffc4ffe4733687e21fc38.html)

4. 不雅的坐姿

不雅的坐姿主要包括不雅的腿姿和不安分的脚姿两个方面。

1) 不雅的腿姿

不雅的腿姿主要有：①双腿叉开过大。面对外人时，双腿如果叉开过大，不论是大腿还是小腿叉开，都极其不雅。②架腿方式欠妥。将一条小腿架在另一条大腿上，在两者之间还留出大大的空隙，成为所谓的“架二郎腿”或架4形腿，甚至将腿搁在桌上，就显得更放肆了。③双腿过分伸张。坐下后，将双腿直挺挺地伸向前方，这样不仅可能会妨碍他人，而且也有碍观瞻。因此，若身前无桌子，双腿尽量不要伸到外面；不要力求放松，坐下后抖动摇晃双腿。

2) 不安分的脚姿

坐下后脚后跟接触地面，而且将脚尖翘起来，或脚尖指向别人，使鞋底在别人眼前“一览无余”。另外，以脚蹬踏其他物体，以脚自脱鞋袜，都是不文明的。

5. 坐姿的训练

坐姿的常用方式较多，在基本坐姿训练的基础上，可以利用具体情境进行训练，同时加强入座和离座的训练，使整体就座过程连续、流畅，更富感染力。

(1) 重视基本坐姿训练。在明确坐姿的基本要求和进行站姿训练的基础上，可以进行坐姿训练。在训练过程中，可以采用对镜规范训练、工具辅助训练(如头顶书籍)等方式。初级练习，每次的训练时间应保持在20～30分钟；以后可随技能的掌握水平，逐渐减少连续练习的时间。

(2) 运用具体情境练习。为提高学习者的兴趣，调动其学习积极性，可模拟具体情境进行训练，如招聘会、见面会、校友会等，把坐姿与情境相结合，由学习者自行设计并保持姿态，达到强化的目的。每次训练时间控制在 10～15 分钟，可分多次进行。

(3) 加强入座和离座训练。在进行坐姿训练时，往往较重视姿态训练，而忽略入座和离座等过程训练，因此学习者会表现出动作过程不完整或缺失的现象。入座和离座应分别进行单一动作训练，每次训练时间控制在 5～10 分钟。单一训练后再合成动作，保持动作的连贯性和准确性，达到体现优雅、庄重坐姿的目的。

2.3.3　走姿

1. 标准的走姿

有人编了走路的动作口诀，体现了走姿的要领：双眼平视臂放松，以胸领动肩轴摆，提髋提膝小腿迈，跟落掌接趾推送。

标准的走姿为：上身基本保持站立的标准姿势，挺胸收腹，腰背笔直；两臂以身体为中心，前后自然摆动。前摆约 35°，后摆约 15°，手掌朝向体内；起步时身子稍向前倾，重心落在前脚掌，膝盖伸直；脚尖向正前方伸出，行走时双脚踩在一条线缘上。

正确的行走，上体的稳定与下肢的频繁规律运动形成对比和谐、干净利落、鲜明均匀的脚步，形成节奏感，前后、左右行走动作的平衡对称，都会呈现行走时的形式美。

2. 走姿的种类

1) 前行式走姿

身体保持直立挺拔，行进中若与人问候时，要同时伴随头部和上身的左右转动，微笑点头致意。禁止只转动头部，用眼睛斜视他人的举止。

2) 后退式走姿

当与他人告别时，扭头就走是不礼貌的。应该是先后退两三步，再转身离去。退步时不能轻擦地面，后退的步幅要小些，两腿之间距离不能太大，要先转身再转头。

3) 侧行式走姿

当引导他人前行或在较窄的走廊、楼道与他人相遇时，要采用侧行式走姿。引导时要走在来宾的左侧，身体稍向右转体，左肩稍前，右肩稍后，身体朝向来宾，保持两步左右的距离。介绍环境时要辅以手势，这样可以观察来宾的意愿，及时提供满意的服务。

3. 不同环境的走姿

1) 在拥挤的环境中行走

在比较拥挤的环境中，要精神饱满，步态轻盈，行走的步幅、速度要适中，手臂的摆幅不宜过大，路遇来宾要让路，躲闪要灵敏、有礼貌。

2) 在要求保持安静的地方行走

在要求保持安静的地方行走时要避免发出大的响声，走路要轻盈；若穿皮鞋或高跟鞋

在没有地毯的地方行走，要把脚后跟提起，尽量用脚掌着地行走，以免发出响声。

3) 在楼道、楼梯等环境里行走

由于楼道、楼梯等环境中过道狭窄，行走时要靠右行，途中如遇来宾走来，要提早侧身让路，并微笑点头致意，表示尊重。

4) 进出电梯时的行走

进出电梯应遵循“先出后进”的原则。进出时，应侧身而行，以免碰撞、踩踏他人，进入电梯后，应尽量靠里边站。

4．着不同服装的走姿

1) 穿西装的走姿要求

西服以直线为主，应当走出穿着者挺拔、幽雅的风度。穿西装时，后背保持平正，两脚立直，行走的步幅可略大些，手臂放松伸直摆动，手势简洁大方。行走时不要左右晃动。

2) 穿西服套裙走姿要求

西服套裙多以半长筒裙与西装上衣搭配，所以着装时应该尽量表现出这套职业装的干练、洒脱的风格特点。这套服装要求步履轻盈、敏捷、活泼，步幅不宜过大，可用稍快的步速节奏来调和，以使走姿活泼灵巧。

3) 穿旗袍的走姿要求

旗袍作为东方晚礼服的杰出代表，在世人眼里拥有着经久不衰的美丽。所以，很多服务行业通常将其作为迎宾、引位或者中式宴会厅的职业服装。着这款服装，最重要的是要表现出东方女性温柔、含蓄的柔美风韵，以及身体的曲线美。所以，穿中式旗袍要求身体挺拔，下颌微收；塌腰撅臀是着旗袍的大忌。旗袍必须搭配高跟或中跟皮鞋才能走出这款服装的韵味。行走时，走交叉步直线，步幅适中，步子要稳，双手自然摆动，髋部可随着身体重心的转移稍加摆动，但上身绝不可跟着晃动。总之，穿旗袍应尽力表现出一种柔和、妩媚、含蓄、典雅的东方女性美。

4) 穿高跟鞋的走姿要求

女士在正式场合应穿着黑色高跟鞋，行走时要保持身体平衡。具体做法是：直膝立腰、收腹收臀、挺胸抬头。为避免膝关节前屈导致臀部向后撅的不雅姿态，行走时一定要把踝关节、膝关节、髋关节挺直，只有这样才能保持挺拔向上的形体。行走时步幅不宜过大，每一步要走实、走稳，这样走姿才会有弹性并富有美感。

礼仪小博士 2-17：

以走姿促健美

良好的走姿能起到健美的作用。曾两度荣获奥斯卡最佳女主角奖的美国著名好莱坞影星简·方达，非常注重研究形体健美。她的健美形体曾一度成为人们羡慕和效仿的标准。她以自己的亲身体验和心得总结，撰写了《简·方达健美操》一书，这本书一经面世就备受推崇，风靡世界。她在日常生活中加强锻炼，始终保持了健美的形体。她有一套走路健

身法，对形体健美颇为有效。其方法可以概括为以下几点：

(1) 活泼轻松地走。为了获得走路的有氧锻炼效果，简·方达摸索出理想的步速是6.9～8千米/每小时，即120米/分钟左右。

(2) 中心向前倾。走路时，脚掌的用力方向应是向后蹬，而不是向下扣。

(3) 步伐不要过小，稍微拉大一些走，可以加快速度，并使步子富有节奏感，使腿和臀部处于充分活动的状态。

(4) 提高重心。走路时，要挺胸收腹，背要直，头要抬。颈部和腰部都要有挺起感。身体要保持正直，但不要紧张、僵直，要放松。

(5) 两手臂的摆动要自然有力。甩臂要像钟摆一样，幅度要大而有力，但始终要保持轻松自如。

(资料来源：http://www.sohu.com/a/127520364_608605)

5. 不良的走姿

1) 横冲直撞

行进中，专拣人多的地方行走，在人群之中乱冲乱闯，甚至碰撞到他人的身体，这是极其失礼的。

2) 抢道先行

行进时，要注意方便和照顾他人，通过人多路窄之处务必要讲究“先来后到”，对他人“礼让三分”，让人先行。

3) 阻挡道路

在道路狭窄之处，悠然自得地缓慢而行，甚至走走停停，或者多人并排而行，显然都是不妥的。还须切记，一旦发现自己阻挡了他人的道路，务必要闪身让开，请对方先行。

4) 蹦蹦跳跳

务必要注意保持自己的风度，不宜使自己的情绪过分地表面化。如激动起来，走路便会变成上蹿下跳，甚至连蹦带跳的失常情况。

5) 奔来跑去

有急事要办时，可以在行进中适当加快步伐。但除非碰上了紧急情况，否则，最好不要在工作时跑动，尤其是不要当着客户或服务对象的面突然狂奔而去，那样通常会令其他人感到莫名其妙，产生猜测，甚至还有可能造成过度紧张的气氛。

6) 制造噪声

应有意识地使行走悄然无声。正确的做法是：①走路时要轻手轻脚，不要在落脚时过分用力，走得“咯噔”直响；②上班时不要穿带金属鞋跟或钉有金属鞋掌的鞋子；③上班时所穿的鞋子一定要合脚，否则走动时会发出吧嗒吧嗒的令人厌烦的噪声。

6. 走姿的训练

1) 顶书训练

将书置于头顶，面对镜子，行走时，双肩自然摆动，保持头正、颈直、目不斜视，可以纠正走路摇头晃脑、东瞧西望的毛病。

2)　步位、步幅训练

在地上划一直线，行走时检查自己的步位和步幅是否正确，可以纠正八字脚及脚步过大或过小的毛病。

3)　步态综合训练

最好在节奏感较强的音乐中训练走姿，行走时各种动作要协调，注意掌握好行走时的速度和节拍。

2.3.4　蹲姿

俗话说“蹲要雅”，蹲姿是人的身体在低处取物、拾物、整理物品、整理鞋袜时所呈现的姿势，它是人体静态美与动态美的综合。蹲姿要动作美观，姿势优雅。

1．标准的蹲姿

标准的蹲姿有以下要求：首先要讲究方位，当需要捡拾低处或地面上的物品时，可走到物品的左侧；当面对他人下蹲时，要侧身相向；当需要整理鞋袜或于低处整理物品时可面朝前方，两脚一前一后，一般情况是左脚在前，右脚在后，目视物品，直腰下蹲。直腰下蹲后方可弯腰捡低处或地面上的物品，以及整理鞋袜。取物或工作完毕后，先直起腰部，使头部、上身、腰部在一条直线上，再稳稳站起。

2．蹲姿的种类

蹲姿主要有高低式、单膝点地式和交叉式三种。

1)　高低式

高低式是常用的一种蹲姿，基本特征是双膝一高一低。此蹲姿男士、女士均适用。要领是：下蹲后，左脚在前，右脚在后；左脚完全着地，小腿基本垂直地面；右脚要脚掌着地，脚跟提起；右膝要低于左膝，右膝内侧可靠于左腿上的内侧，形成左膝高右膝低的姿态；臀部向下，基本上以右腿支撑身体。女士应注意紧靠双腿，男士两腿之间可有适当的距离。

2)　单膝点地式

单膝点地式蹲姿适用于男士，其特征是双腿一蹲一跪。它是一种非正式的蹲姿，多用于下蹲时间较长或为了用力方便时采用。要领是：下蹲后，右膝点地，臀部坐在脚跟之上，以脚尖着地；另一条腿全脚掌着地，小腿垂直于地面；双膝同时向外，双腿尽力靠拢。

3)　交叉式

交叉式蹲姿优美典雅，其基本特征是双腿交叉在一起，此蹲姿适用于女士。要领是：下蹲后，左脚在前，右脚在后，左小腿垂直于地面，全脚着地；左腿在上，右腿在下，二者交叉重叠，右膝从后下方伸向左前侧，右脚跟抬起，脚掌着地，两腿前后靠近，全力支撑身体。上身略向前倾，臀部朝下。

3. 蹲姿的注意事项

1)　不要突然下蹲

下蹲时，速度切勿过快，特别是在行进中下蹲时尤其要注意。

2)　不要方位失当

在他人身边下蹲时，最好与之侧身相向，正面面对他人或背对他人下蹲都是极不礼貌的。

3)　不要毫无遮掩

在大庭广众之下下蹲时，身着裙装的女性一定要注意掩饰。

4)　不要随意滥用

不要在工作中随意采用蹲姿，也不可蹲在椅子上或蹲在地上休息。

2.3.5　表情

美国心理学家登布(Temple)在其《推销员如何了解顾客心理》一文中说："假如顾客的眼睛朝下看，脸转向一边，表示你被拒绝了；假如他的嘴唇放松，笑容自然，下颚向前，则可能会考虑你的提议；假如他对你的眼睛注视几秒钟，嘴角以至鼻翼部位都显出微笑，笑得很轻松，而且很热情，这项买卖就做成了。"由此可见，面部表情在传情达意方面有着重要的作用。面部表情是丰富且复杂的体态语的一个重要方面，它包括脸色的变化、肌肉的收展以及眼、眉、鼻、嘴等的动作。这里，我们重点介绍眼神和微笑。

1. 眼神

俗话说："眼睛是心灵的窗户"。眼睛是人体传递信息最有效的器官，而且能表达最细微、最精妙的差异，显示出人类最明显、最准确的交际信号。正如著名印度诗人泰戈尔所说："在眼睛里，思想敞开或是关闭，放出光芒或是没入黑暗，静悬着如同落月，或者像忽闪的电光照亮了广阔的天空。那些自有生以来除了嘴唇的颤动之外没有语言的人，学会了眼睛的语言，这在表情上是无穷无尽的，像海一般的深沉，天空一般的清澈，黎明和黄昏，光明与阴影，都在自由嬉戏。"据研究，在人的视觉、听觉、味觉、嗅觉和触觉感受中，唯独视觉感受最为敏感，人由视觉感受的信息占总信息的 83%。在汉语中用来描述眉目表情的成语就有几十个，如"眉飞色舞""眉目传情""愁眉不展""暗送秋波""眉开眼笑""瞠目结舌""怒目而视"……这些成语都是通过眼语来反映人们的喜、怒、哀、乐等情感的，人的七情六欲都能通过眼睛这个神秘的器官显现出来。

礼仪小故事 2-16：

老师的眼神

有一则这样的报道：一所重点中学举行百年校庆时，恰逢德高望重的老教师八十寿辰。这位老教师极富传奇色彩，他所教过的学生中，许多已成为蜚声海内外的教授、学者及活跃在时代前沿的 IT 精英。是什么原因使这位老教师桃李满天下呢？学校决定在百年校庆之际，把这个谜底揭开。于是，记者便对从该校毕业的各位成功人士，即这位老教师的学生做了一个调查，请他们谈一谈老教师的哪方面对他们的人生影响最大。结果，答案令记者很吃惊，他们出奇一致地认为，是老师的眼神给了他们前进的动力。因为这位老教师的眼神中时刻都流动着鼓励、肯定与信任，这是一笔不可估量的财富，也给了他们无穷的动力。

(资料来源：http://dushu.qq.com/read.html? bid=615803&cid=8)

1) 眼神的构成

眼神主要由注视的时间、视线的位置和瞳孔的变化等三个方面组成。

(1) 注视的时间。据有人调查研究，人们在交谈时，视线接触对方脸部的时间约占全部谈话时间的 30%～60%，超过这一平均值，可认为对谈话者本人比谈话内容更感兴趣；低于这一平均值，则表示对谈话内容和谈话者本人都不怎么感兴趣。不难想象，如果谈话时心不在焉、东张西望，或者是由于紧张、羞怯不敢正视对方，目光注视的时间不到谈话的 1/3，这样的谈话，必然难以被人接受和信任。当然，必须考虑到文化背景，如注视南欧人可能会造成冒犯。

(2) 视线的位置。人们在社会交往中，不同的场合和对象，目光所及之处也是有差别的。有的人在与比较陌生的人打交道时，往往因为不知把目光怎样安置而窘迫不安；已被人注视而将视线移开的人，大多怀有相形见绌之感；仰视对方，一般体现“尊敬、信任”的语义；频繁而又急速地转眼，是一种反常的举动，常被用作掩饰的一种手段。当然，如果死死地盯着对方或者东张西望，不仅是极不礼貌，而且也显得漫不经心。

(3) 瞳孔的变化。瞳孔的变化即视觉接触时瞳孔的放大或缩小。心理学家往往用瞳孔变化大小的规律，来测定一个人对不同的事物的兴趣、爱好、动机等。兴奋时，人的瞳孔会扩张到平常的 4 倍大；相反，生气或悲哀时，消极的心情会使瞳孔收缩到很小，眼神必然无光。所谓“脉脉含情”“怒目而视”等都与瞳孔的变化有关。据说，古时候的珠宝商人已注意到这种现象，他们能通过顾客的瞳孔变化而猜测对方是否对珠宝感兴趣，从而决定是抬高价钱还是降价。

2) 眼神的运用

在社交过程中，与朋友会面或被介绍认识时，可凝视对方稍久一些，这既表示自信，也表示对对方的尊重。双方交谈时，应注视对方的眼鼻之间，表示重视对方及对其发言感兴趣。当双方缄默不语时，就不要再看着对方，以免加剧因无话题显得冷漠、不安的尴尬局面。当别人说了错话或显拘谨时，可马上转移视线，以免对方把自己的眼光误认为是对其的嘲笑和讽刺。如果你希望在争辩中获胜，那就千万不要移开目光，直到对方眼神转移为止。送客时，要等客人走出一段路，不再回头张望时，才能转移目送客人的视线，以示尊重。

在谈判中也很讲究眼神的运用。一方让眼镜滑落到鼻尖上，从眼镜上面的缝隙中窥探对方，就是对对方鄙视和不敬的情感表露。一方在不停地转眼珠，就要提防其在打什么新主意。双目生辉、炯炯有神，是心情愉快、充满信心的反映，在谈判中持这种眼神有助于取得对方的信任和合作。相反，双眉紧锁、目光无神或不敢正视对方，都会被对方认为无

能，可能导致对自己的不利结果。

眼神还可传递其他信息，已被人注视而将视线移开的人，大多怀着相形见绌之感，有很强的自卑感。无法将视线集中在对方身上或很快收回视线的人，多半属于内向型性格。仰视对方，表示怀有尊敬、信任之意；俯视对方，表示有意保持自己的尊严。频繁而急速地转眼，是一种反常的举动，常被用作掩饰的一种手段，或内疚，或恐惧，或撒谎，需分清做出判断。视线活动多且有规则，表明其在用心思考。听别人讲话，一面点头，一面却不将视线集中在谈话人身上，表明其对此话题不感兴趣。说话时，对方将视线集中在你身上的人，表明他渴望得到你的理解和支持。游离不定的目光传递出来的信息是心神不宁或心不在焉。

眼神可以表达出异常丰富的信息，但微妙的眼神有时只可意会，难以言传，只能靠我们在社会实践中用心体察、积累经验、努力把握，方能在社交中灵活运用。

3)　眼神的训练

训练前，每人准备一面小镜子、音乐播放器材、音乐歌曲 CD、磁带、优秀影视剧中的演员和节目主持人通过眼神表达内心情感的影像资料等。具体训练方法如下：

(1)　睁大眼睛训练：有意识地练习睁大眼睛的次数，增强眼部周围肌肉的力量。

(2)　转动眼球训练：头部保持稳定，眼球尽最大的努力向四周做顺时针和逆时针的360°转动，增强眼球的灵活性。

(3)　视点集中训练：点上一支蜡烛，视点集中在蜡烛火苗上，并随其摆动，坚持训练可使目光集中、有神，眼球转动灵活。

(4)　目光集中训练：眼睛盯住距离 3 米左右的某一物体，先看外形，逐步缩小范围到物体的某一部分，再到某一点，再到局部，再到整体。这样可以提高眼睛的明亮度，使眼睛十分有神。

(5)　影视观察训练：观看录像资料，注意观察和体会优秀影视剧中的演员和节目主持人是如何通过眼神表达内心情感的。

(6)　训练时可以配上优美的音乐，放松心情，以减轻单调、疲劳之感。

以上方法若坚持不断地天天训练定会使目光明亮有神。

2. 微笑

1)　微笑的作用

著名画家达·芬奇的杰作《蒙娜丽莎》是文艺复兴时期最出色的肖像作品之一。画中女士的微笑给人以美的享受，使人们充满对真、善、美的渴望，让人回味无穷。

微笑，是一种特殊的语言——“情绪语言”。它可以和有声语言及行动相配合，起“互补”作用，沟通人们的心灵，架起友谊的桥梁，给人以美好的享受。工作、生活中离不开微笑，社交中更需要微笑。

微笑是世界通用的体态语，它超越了各种民族和文化的差异。微笑是人人都喜爱的体态语，正因为如此，无论是个人还是组织，都充分重视微笑及其作用。

美国有一个城市被称为微笑之都，它就是爱达荷州的波卡特洛市。该市通过一项法令规定：全体市民不得愁眉苦脸或拉长面孔，违者将被送到“欢容遣送站”去学习微笑，直到学会微笑为止。波卡特洛市每年都举办一次“微笑节”，可以想象，“微笑之都”的市民的微笑绝不比“蒙娜丽莎”逊色。

礼仪小故事2-17：

希尔顿的微笑

世界著名的希尔顿饭店的总经理希尔顿，每当遇到员工时，都要询问这样一句话：“你今天对顾客微笑了没有？”他指出：“饭店里第一流的设备重要，而第一流服务员的微笑更重要，如果缺少服务员的美好微笑，好比花园里失去了春日的太阳和春风。假如我是顾客，我宁愿住进虽然只有破旧地毯，却处处可见到微笑的饭店，而不愿走进只有一流设备而不见微笑的地方。”正是因为希尔顿深谙微笑的魅力，才使希尔顿饭店誉满全球。

(资料来源：http://news.163.com/10/0416/11/64CVAEEG00014AED.html)

近年来，日本许多公司的员工都在业余时间参加“笑”的培训，他们认为这样可以增强企业内部凝聚力，改善对外服务，提高企业效益。根据日本的传统，无论男人和女人，遇到高兴、悲伤或愤怒时，都必须学会控制情绪，以保持集体和睦。因为，日本人认为藏而不露是一种美德。但自从日本经济进入衰退期后，生意越来越难做，商家竞争日趋激烈。于是乎，为招揽顾客，日本商家，特别是零售业和服务业新招迭出，其中之一就是让员工笑脸迎客。在今日的日本，数以百计的“微笑学校”应运而生。日本一些公司的员工一般在下班后去学校接受培训，时间为90分钟，连续受训一个星期。据称，经过微笑培训，日本不少公司的销售额“直线上升”。日本许多公司招工时，都把会不会“自然地微笑”作为一个重要条件。

礼仪小博士2-18：

微笑的10大好处

世界著名的保险业精英，被称为“推销之神”的日本的原一平对微笑有非常深刻的认识，他积累自己50年的经验，总结了微笑的10大好处。

(1) 笑把你的友善和关怀有效地传达给准客户。

(2) 笑能拆除你与准客户之间的“篱笆”，敞开双方的心扉。

(3) 笑使你的外表更迷人。

(4) 笑可以消除双方的戒心与不安，以打开僵局。

(5) 笑能消除自卑感。

(6) 你的笑能感染对方也笑，创造出和谐的交谈基础。

(7) 笑能建立准客户对你的信赖感。

(8) 笑能除去自己的哀伤，迅速地重建自信。

(9) 笑是表达爱意的捷径。

(10) 笑会增进活力，有益健康。

原一平经常苦练微笑，经过刻苦训练，他的笑达到了炉火纯青的地步，被誉为“价值百万美金的笑容”，因为他的年薪就是100万美金。他的笑能散发出无比诱人的魅力。

(资料来源：http://gm.1979.blog.163.com/blog/static/13704649120102281582734/)

2)　微笑的规范

(1)　口眼结合。要口到、眼到、神色到，笑眼传神，微笑才能扣人心弦。

(2)　笑与神、情、气质相结合。这里所讲的“神”，就是要笑得有情入神，笑出自己的神情、神色、神态，做到情绪饱满，神采奕奕；“情”，就是要笑出感情，笑得亲切、甜美，反映美好的心灵；“气质”就是要笑出谦逊、稳重、大方、得体的良好气质。

(3)　笑与语言相结合。语言和微笑都是传播信息的重要符号，只有注意微笑与美好语言相结合，声情并茂、相得益彰，微笑方能发挥出它应有的特殊功能。

(4)　笑与仪表、举止相结合。以笑助姿、以笑促姿，形成完整、统一、和谐的美。

尽管微笑有其独特的魅力和作用，但若不是发自内心的真诚的微笑，那将是对微笑的亵渎。有礼貌的微笑应是自然的坦诚、内心真实情感的表露。否则，强颜欢笑、假意奉承的“微笑”则可能演变为“皮笑肉不笑”“苦笑”。比如，拉起嘴角一端微笑，使人感到虚伪；吸着鼻子冷笑，使人感到阴沉；捂着嘴笑，给人以不自然之感。这些都是失礼之举。

礼仪小博士 2-19：

正式场合笑的禁忌

在正式场合笑的时候，应力戒以下几种“笑”。

(1)　假笑，即笑得虚假，皮笑肉不笑。

(2)　冷笑，是含有怒意、讽刺、不满、无可奈何、不屑、不以为然等意味的笑。这种笑，非常容易使人产生敌意。

(3)　怪笑，即笑得怪里怪气，令人心里发麻。它多含有恐吓、嘲讽之意，令人十分反感。

(4)　媚笑，即有意讨好别人的笑。它亦非发自内心，而来自一定的功利性目的。

(5)　怯笑，即害羞或怯场的笑。例如，笑的时候，以手掌遮掩口部，不敢与他人进行目光交流。

(6)　窃笑，即偷偷地笑。多表示扬扬自得或幸灾乐祸。

(7)　狞笑，即笑时面容凶恶。多表示愤怒、惊恐、吓唬他人。此种笑容无丝毫的美感可言。

(资料来源：https://tieba.baidu.com/p/145527777？red_tag=1378765055&traceid=)

3)　微笑的训练

训练前，每人准备一面小镜子、音乐播放器材、音乐歌曲 CD、磁带、优秀影视剧中的演员和节目主持人微笑的影像资料等。具体方法如下：

(1)　情绪记忆法，即将自己生活中最高兴的情绪储存在记忆中，当需要微笑时，可以想起那件最使你兴奋的事情，从而自然流露出笑容。注意练习微笑时，要使双颊肌肉用力向上抬，嘴里念“一”音，用力抬高口角两端，注意下唇不要过分用力。普通话中的“茄子”“田七”“前”等的发音也可以辅助微笑口型的训练。

(2)　对着镜子练习微笑，调整自己的嘴形，注意与面部其他部位和眼神的协调，做最

使自己满意的微笑表情，直到离开镜子时也不要改变它。

(3) 练习微笑之前要忘掉自我和一切烦恼，让心中充满爱意。

(4) 训练时可以配上优美的音乐，放松心情，以减轻单调、疲劳之感。

2.3.6 手势

手是人体最富灵性的器官。如果说“眼睛是心灵的窗户”，那么手就是心灵的触角，是人的第二双眼睛。手势在传递信息、表达意图和情感方面发挥着重要作用。

手的“词汇”量是十分丰富的。据语言专家统计，表示手势的动词有近二百个。双手紧绞在一起，显示的意义是精神紧张；用手指或笔敲打桌面，或在纸上涂画，显示不耐烦、无兴趣；搓手，显示的意义是有所期待，跃跃欲试，也可表示着急或寒冷；摊开双手，表示真诚和坦直；用手支着头，显示的意义是不耐烦、厌倦；用手托摸下巴，说明老练、机智；用手不停地磕烟灰，表明内心有冲突和不安；突然用手把没吸完的烟掐灭，表明在紧张地思考问题；等等。

又如招手致意、挥手告别、握手友好、摆手回绝、合手祈祷、拍手称快、拱手答谢(相让)、抚手示爱、指手示怒、颤手示怕、捧手示敬、举手赞同、垂手听命，等等。可见，丰富的手势语在人际交往中是不可缺少的。

在社会交往中，生动形象的有声语言再配合准确、精彩的手势动作，必然能使交往更富有感染力、说服力和影响力。

1. 手势的区域

手势活动的范围，有上、中、下三个区域。此外，还有内区和外区之分。肩部以上称为上区，多用来表示理想、希望、宏大、激昂等情感，表达积极肯定的意思；肩部至腰部称为中区，多表示比较平静的思想，一般不带有浓厚的感情色彩；腰部以下称为下区，多表示不屑、厌烦、反对、失望等，表达消极否定的意思。

2. 手势的类型

人的手势一般可分为以下四种类型：

1) 情意性手势

情意性手势主要用于带有强烈感情色彩的内容，其表现方式极为丰富，感染力极强。比如说“我非常爱她”时，用双手捧胸，以表示真诚之情。

2) 象征性手势

象征性手势主要用来表示一些比较复杂的感情和抽象的概念，从而引起对方的思考和联想。例如，把大军乘胜追击的场面，用右手五指并齐并手臂前伸这个手势来形容，象征着奋勇进发的大军，从而引起听众的联想。

3) 指示性手势

指示性手势主要用于指示具体事物或数量，其特点是动作简单，表达专一，一般不带感情色彩。例如，当讲到自己时，用手指向自己；当谈到对方时，用手指向对方。

4)　形象性手势

形象性手势的主要作用是模拟事物的形状，以引起对方的联想，给人一种具体明确的印象。例如，说到高山，手向上伸；讲到大海，手平伸外展。

3. 手势的原则

手势语能反映出复杂的内心世界，但运用不当，便会适得其反，因此在运用手势时要注意以下几个原则。

1)　简约明快

手势的使用不可过于繁多，以免喧宾夺主。

2)　文雅自然

拘束低劣的手势会有损于交际者的形象，因此必须做到文雅自然。

3)　协调一致

手势与全身协调、手势与情感协调、手势与口语协调。

4)　因人而异

手势使用不可能千篇一律地要求每个人都做几个统一的手势动作。

4. 常见的手势

1)　引领的手势

在各种交际场合都离不开引领动作。例如，请客人进门、请客人坐下、为客人开门等，都需要运用手与臂的协调动作。同时，由于这是一种礼仪，还必须注入真情实感，调动全身活力，使心与形体形成高度统一，才能做出色彩和美感。引领动作主要有以下几个表现形式：

(1)　横摆式。以右手为例：将五指伸直并拢，手心不要凹陷，手与地面呈 45°角，手心向斜上方。腕关节微屈，腕关节要低于肘关节。动作时，手从腹前抬起，至横膈膜处，然后，以肘关节为轴向右摆动，到身体右侧稍前的地方停住。同时，双脚形成右丁字步，左手下垂，目视来宾，面带微笑。这是在门的入口处常用的谦让礼的姿势。

(2)　曲臂式。当一只手拿着东西，扶着电梯门或房门，同时要做出“请”的手势时，可采用曲臂手势。以右手为例：五指伸直并拢，从身体的侧前方向上抬起，至上臂离开身体的高度，然后以肘关节为轴，手臂由体侧向体前摆动，摆到手与身体相距 20 厘米处停止，面向右侧，目视来宾。

(3)　斜下式。请来宾入座时，手势要斜向下方。首先，用双手将椅子向后拉开，然后，一只手曲臂由前抬起，再以肘关节为轴，前臂由上向下摆动，使手臂向下呈一斜线，并微笑点头示意来宾。

2)　招呼他人的手势

手放于体侧，手臂伸直在一条直线上，向前向上抬起，手掌向下，屈伸手指做搔痒状或晃动手腕。这种手势在中国、欧洲的大部分地区以及拉丁美洲的许多国家都比较适用。但在美国、日本等国却与此相反，他们用掌心向上，向内屈伸手指做搔痒状或晃动手腕招呼别人，而在中国和马来西亚等国这种手势却是用来召唤动物的。

3) 挥手道别的手势

身体要站直，不晃动，目视对方，手臂伸直，呈一条直线，手放在体侧，向前向上抬至与肩同高或略高于肩，手臂不可弯曲，掌心朝向对方，指尖朝向上方，五指并拢，手腕晃动。

4) 指引方向的手势

当有人询问去处时，要先行站直，不可尚未站稳或在行走中指引方向。手臂伸直在一条直线上，五指并拢，手掌翻转到掌心朝上，与肩平齐，直指准确方向。目光要随着手势走，指到哪里看到哪里，否则易使对方迷惑。指引方向后，手臂不可马上放下，要保持手势顺势送出几步，以体现对他人的关怀和尊敬。

5) 递接物品的手势

递送、接取物品，不方便用双手时，可用右手，但绝不可单用左手。双方距离比较远时，应起身站立，主动走近对方递送或接取物品。递送时最好直接递至对方手中并且要方便对方接取。递送有文字、图案、正反面的物品时，要正面向上且朝向对方；接取物品时，要缓而且稳，不要急欲抢取。递送带尖、带刃或其他易于伤人的物品时，应使其朝向自己或朝向他处，切不可朝向对方。

6) 展示物品的手势

应使物品在身体的一侧展示，不要挡住本人的头部。展示的位置不同表明物品的意义不同：当手持物品高于双眼之处时，适用于被人围观时采用；当手持物品位于眼睛下方、胸部上方，双臂横伸时，自肩至肘部以内时，给人以放心、稳定感；当手持物品位于眼睛下方、胸部上方，双臂伸直时在肘部以外时，给人以清楚感，通常在这个位置展示想让对方看清楚的物品；当手持物品位于胸部以下时，给人以漠视感，通常用于展示不太重要的物品。

7) 鼓掌的手势

鼓掌是在观看文体表演、参加会议、迎候嘉宾时表示赞赏、鼓励、祝贺、欢迎等情感的一种手势。要领是：以右手掌心向下有节奏地拍击左掌，不可左掌向上拍击右掌；不可右掌向左，左掌向右，两掌互相拍击。鼓掌时间要长短相宜，5～8 秒钟为宜。

8) 敲门

最恰当的做法是敲三下，隔一小会儿，再敲三下。敲门的响度要适中，太轻了别人听不见，太响了别人会反感。敲门时不能用拳捶、不能用脚踢，不要“嘭嘭”乱敲一气，若房间里面是老年人和小孩，会惊吓到他们。如果别人家的门虚掩着，也应当先敲门，得到主人的允许才能进入。进入别人的办公室也应该敲门，表示一种询问“我可以进来吗”或者表示一种通知“我要进来了”。

现代家庭大都安装了门铃，按门铃时也要有礼貌，慢慢地按一下，隔一会儿再按一下。千万别性急，“叮叮当当”乱按一气，弄不好会把人家的门铃按坏了。

5. 常见的手势语

手势语是以手的动作和面部表情表达思想、进行交际的手段，使用时多伴有上肢和身

体的动作。社交中常用的手势语如下：

1)　OK 的手势

拇指和食指合成一个圆圈，其余三指自然伸张可形成 OK 的手势。这一手势于 19 世纪初期风靡美国，其意义相当于英语的 OK，即“好了”“一切妥当”“赞扬”“允许”“了不起”“顺利”等。OK 手势在西方某些国家比较常见，但应注意在不同国家其语义有所不同，如在法国表示“零”或“无”；在印度表示“正确”；在中国表示“零”或“三”两个数字；在日本、缅甸、韩国则表示“金钱”。

礼仪小故事 2-18：

OK 手势闹出笑话

礼仪专家李荣建曾因为 OK 手势闹出笑话。他在上中学的时候，由于学校修路把侧门关闭了，就要绕很远去上课。有一次眼看就要迟到了，于是他决定翻墙进去，但学校明令禁止跳墙，经常派保安埋伏在墙下。他正犹豫不决的时候，看见一个同学刚好经过。隔着栅栏门，他小声问：“墙底下有没有保安？”同学四下看看，也不说话，只是冲他比画了个“OK”的手势。他一见很高兴，如武林高手一般，攀住墙头，“噌”地一下翻了过去。就在他双脚落地之时，3 个保安过来将他团团围住，二话不说，把他带到了保卫处。回到教室，李荣建十分生气地问那个同学：“明明墙底下有 3 个保安，你怎么做 OK 的手势来骗我？”那位同学也十分气愤地说：“你是真傻还是装傻呀？我这是中国手势，意思是墙下有 3 个保安！”可见，同一种手势在不同的地方就会有不同的含义，甚至相同的手势却是截然相反的含义。

(资料来源：http://www.360doc.com/content/10/1110/12/308713_68168352.shtml)

2)　伸大拇指手势

大拇指向上，在说英语的国家多表示 OK 之意或是打车之意；若用力挺直，则含有骂人之意；若大拇指向下，多表示坏、下等人之意。在我国，伸出大拇指这一动作基本上是向上伸表示赞同、一流、好等，向下伸表示蔑视、不好等。

3)　V 形手势

伸出食指和中指，掌心向外，其语义主要表示胜利(英文 Victory 的第一个字母)。

礼仪小博士 2-20：

V 形手势的来源

“V”形手势来源于英国首相温斯顿·丘吉尔(Winston Churchill)。在第二次世界大战中，英国在对德国抵抗中处于较为不利的地位。首相丘吉尔在演说中使用了这样的手势，代表 Victory(胜利)之义，号召人们起来保家卫国，坚决同法西斯斗争到底。这一手势受到人们的欢迎和喜爱，很快风靡全英国。

(资料来源：http://www.baishao.com/www/zixun/2009-07/9831.html)

现在，V 形手势已经风靡世界。在赛场上，在人们互相祝贺的各种场合都不难看到这一手势。需要注意的是，如果将手心向内做出这样的手势，在英国、澳大利亚和新西兰等

国，就成了一种亵渎侮辱他人的信号。在中国，可以使用类似的手势表示数字 2。在欧洲各地，这一手势也用来表示 2。

4) 伸出食指手势

在我国以及亚洲一些国家，伸出食指表示“一”“一个”“一次”等；在法国、缅甸等国家则表示“请求”“拜托”之意。在使用这一手势时，一定要注意不要用手指指人，更不能在面对面时用手指着对方的面部和鼻子，这是一种极不礼貌的动作，容易激怒对方。

5) 捻指作响手势

捻指作响手势就是用手的拇指和食指弹出声响，其语义或表示高兴，或表示赞同，或是无聊之举，有轻浮之感。应尽量少用或不用这一手势，因为其声响有时会令他人反感或觉得没有教养，尤其是不能对异性运用此手势，这是挑衅、轻浮之举。

6. 不良的手势

手势是人的第二面孔，具有抽象、形象、情意、指示等多种表达功能。在交际中使用手势和手势语时，以下几种手势是值得特别重视的，否则，将会给对方传达出不良的信息。

1) 指指点点

交际中绝不可随意用手指对人指指点点，与人交谈时更不可这样做。对人指指点点往往会引起他人较大的反感。

2) 随意摆手

交际活动中不可将一只手臂伸在胸前，指尖向上，掌心向外，左右摆动。这些动作的一般含义是拒绝别人，有时还有极不耐烦之意。

3) 端起双臂

双臂抱起，然后端在胸前这一姿势，往往暗含孤芳自赏、自我放松或置身度外、袖手旁观、看他人笑话之意。

4) 双手抱头

这一体态的本意是自我放松，但在交际中这么做，则会给人以目中无人之感。

5) 摆弄手指

工作无聊时，反复摆弄自己的手指，活动关节或将其捻响、打响指，或是莫名其妙地攥松拳，或是手指动来动去，在桌面或柜台上不断敲扣，这些往往会给人不严肃、很散漫之感，令人望而生厌。

6) 手插口袋

工作时手插口袋，给人以忙里偷闲、在工作方面并未尽心尽力的印象。

7) 搔首弄姿

这种手势，会给人以矫揉造作、当众表演之感。

8) 抚摸身体

在工作时，有人习惯抚摸自己的身体，如摸脸、擦眼、搔头、剜鼻、剔牙、抓痒、搓泥，这会给别人缺乏公德意识、不讲究卫生、个人素质极其低下的印象。

9)　勾指手势

请他人向自己这边过来时，用一只食指或中指竖起并向自己怀里勾，其他四指弯曲，示意他人过来，这种手势有唤狗之嫌，对人极不礼貌。

礼仪小博士 2-21：

手 势 训 练

手势训练应在四面墙安装长及地镜子的形体训练室中进行。训练前做好如下准备：音乐播放器材、音乐歌曲 CD、投影设备，毛泽东、周恩来等伟人的音像资料，剪子、文件等。

(1)　先观看毛泽东、周恩来等伟人的音像资料，然后开始训练。

(2)　调整体态，保持良好的站姿。

(3)　每两人一组对镜子练习常用手势，包括请、招呼他人、挥手道别、指引方向、递接物品(剪子、文件)、鼓掌、展示物品等手势，并互相纠正。

2.3.7　举止

一个人的举止端庄、行为文明、动作规范，是良好素养的表现，它能帮助个人树立美好形象，也能为组织赢得美誉；反之，则会损害组织形象。《人民日报》上有过如下这样一则报道。

礼仪小故事 2-19：

一口痰毁了一项合同

中国长江医疗机械厂经过艰难的谈判，即将与美国客商约瑟(Jose)先生签订“输液管”生产线的合同。然而，在参观车间时，厂长陋习难改，在地上吐了一口痰。约瑟看后一言不发，掉头就走，只留给厂长一封信：“我十分钦佩您的才智和精明，但您吐痰的一幕使我彻夜难眠。一个厂长的卫生习惯可以反映一个工厂的管理素质，况且我们合作的产品是用来治病的，人命关天。请原谅我的不辞而别，否则上帝都会惩罚我的。”

(资料来源：杨友苏，石达平. 品礼：中外礼仪故事选评[M]. 上海：学林出版社，2008.)

一口痰毁了一项合同，可见，日常举止是优美仪态的一个重要组成部分。端庄的举止、文明的行为体现在日常生活的方方面面，但交际中更要求人们的举止应有一定的约束。在交际中不拘小节、行为莽撞、举止失措的“冒失鬼”是不受欢迎的。因此，在交际中我们要努力克服以下不良举止：

1. 冒冒失失的行为

行为冒失的人，往往是“目中无人”，以自我为中心，不考虑自己的行为是否会对他人造成影响。行为冒失的人的行为特征是手脚太“快”、动作太“硬”、幅度太“大”。有些人是手脚冒失，如，在庄重肃穆的场合，冒失的人往往会蹿来蹿去；展览会上的展品他会随便去摸；进别人的房间时，往往忘了敲门；由于手脚冒失经常将物品损坏。有些人

是语言冒失，他们常常说话不看对象、不分场合、不讲分寸，结果常常闹出笑话或得罪人。例如，初次相识，冒失的人便会给对方提出一些不恰当的问题或要求；连别人是否结了婚都没搞清楚，便贸然问人家的孩子是男孩还是女孩；一不小心言语就伤害了别人的自尊心等。有人认为这是性格粗犷、豪爽仗义，其实不然，这些冒冒失失的行为举止正表现出其在礼仪方面的修养很不成熟。

2．公共场合大声说话

在公共交通工具上、餐厅里、剧院、电梯等地方经常可以看到一些人大声交谈，即使是一些很隐私的问题，他们也旁若无人地大声地交流。这必将影响周围人的心情、思绪，有时甚至让听到者感到难堪。所以，在公共场合应注意控制自己说话的音量，以免干扰别人。如果可以找到一个不影响他人的区域，最好到这样的区域去谈话。

3．随便吐痰，乱扔垃圾

吐痰是最容易直接传播细菌的途径之一，随地吐痰是非常没有礼貌而且绝对影响环境、影响我们的身体健康的行为。如果要吐痰，应该把痰吐在纸巾上，丢进垃圾箱，或去洗手间吐痰，但不要忘记清理痰迹和洗手。随手扔垃圾也是应当受到谴责的最不文明的举止之一。

4．当众挠痒

挠痒的举止很不文雅。挠痒的原因很多，出现这些情况时，要按所处场合来灵活掌握。如果处在极严肃的场合，应稍加忍耐；如果实在是忍无可忍，则只有离席到较为隐蔽的地方去挠一下，然后赶紧回来。一般来说，在公共场合不得用手抓挠身体的任何部位。因为不管怎么注意，抓挠的动作都是不雅的。

5．当众嚼口香糖

有些人必须当众嚼口香糖以保持口腔卫生，那么，应当注意在别人面前的形象。咀嚼的时候闭上嘴，不能发出声音，并把嚼过的口香糖用纸包起来，扔到垃圾桶里。

6．当众挖鼻孔、掏耳朵

有些人用小指当众挖鼻孔或用钥匙、牙签、发夹等当众掏耳朵，这是一个很不好的习惯。尤其是在餐厅或茶坊，别人正在进餐或饮茶，这种不雅的小动作往往令旁观者感到非常恶心。

7．当众挠头皮

有些头皮屑多的人，因为头皮发痒往往在公共场合忍不住挠起头来，顿时头皮屑飞扬四散，令旁人大感不快。特别是在那种庄重的场合，这样是很难得到别人谅解的。

8．在公共场合抖腿

有些人坐着时会有意无意地抖动双腿，或者让跷起的腿像钟摆似的来回晃动，而且自我感觉良好，以为无伤大雅。其实，这会令人觉得很不舒服。记住，这不是文明的表现，

也不是优雅的行为。

礼仪小故事 2-20：

“我的财都被他抖掉了”

有一位华侨到国内洽谈合资业务，洽谈了好几次，最后一次洽谈之前，他曾对朋友说：“这是我最后一次洽谈了，我要跟他们的最高领导谈，谈得好，就可以拍板。”过了两个星期，他和朋友再次相遇，朋友问：“谈成了吗？”他说：“没谈成。”朋友问其原因，他回答：“对方很有诚意，进行得也很好，就是跟我谈判的这个领导坐在我的对面，不时地抖着他的双腿，我觉得还没有跟他合作，我的财都被他抖掉了。”

(资料来源：http://wmliyi.blog.sohu.com/97194059.html)

9. 当众打哈欠

在交际场合，打哈欠给对方的感觉是对所讲话题不感兴趣，表现出很不耐烦的样子。因此，如果控制不住要打哈欠，一定要马上用手盖住嘴，跟着说“对不起”。

10. 体内发出各种声响

生活经验告诉我们，任何人对发自别人体内的声响都不欢迎，如咳嗽、喷嚏、打嗝、响腹、放屁等。总之，大庭广众之下一定要注意克服。

11. 公共场合吃零食

公共场合吃零食，既不雅观也不卫生，为了维护自身的良好形象，在人来人往的公共场合，最好不要吃零食。

12. 剔牙不掩饰

宴会上实在要剔牙，就得注意剔牙时不要露出牙齿，而且不要把碎屑乱吐，最好用左手掩嘴，头略向侧偏，吐出碎屑时用纸巾接住。

13. 频频看表

在与人交谈时，如果无其他重要约会，最好少看自己的手表。这样的小动作会使对方认为你还有什么重要的事情，不会使谈话继续下去；同时，你的这种小动作可能引起对方的误会，认为你没有耐心再谈下去。如你确实有事在身，不妨婉转地告诉对方改日再谈，并表示歉意。

14. 在大庭广众之下行为要稳妥

在大庭广众之下要保持行为举止的稳重大方。例如，不要趴在或坐在桌子上；不要在他人的面前躺在沙发里；遇到急事时，要沉住气，不要慌张奔跑，表现出急不择路的样子。这些不稳妥的举止都会影响自身的交际形象。

此外，参加正式活动前吃带有刺激性气味的食品、公共场合对别人品头论足等也是必须克服的不良举止。

思考与练习

1. 如何保持整洁的仪容？

2. 化装的步骤和方法是什么？

3. 怎样护肤？

4. 日常生活中违反服装礼仪规范的常见现象有哪些？

5. 如何进行服装色彩的搭配？

6. 男士如何选择适合自己的西装，穿西装有哪些要求？

7. 女士着装要注意什么？

8. 饰物佩戴应注意哪些礼仪？

9. 应从哪些方面训练自己的仪态，使之符合礼仪规范要求？

10. 为什么在交际中需要多一点微笑？怎样才能做到恰到好处的微笑？

11. 请检查自己在站姿、坐姿和行姿等方面是否正确，找出自己的毛病并加以纠正。

12. 作为男性职业人员，请每天出门前对照以下“男士仪容仪表自我检测”仔细审视自己，看看自己哪些方面需要改进，以养成良好的习惯。

男士仪容仪表自我检测

发型款式大方，不怪异，头发干净整洁，长短适宜。头发无浓重气味，无头屑，无过多的发胶、发乳。

鬓角及胡须已剃净，鼻毛不外露。

脸部清洁滋润。

衬衣领口整洁，纽扣已扣好。

耳部清洁干净，耳毛不外露。

领带平整、端正。

衣、裤袋口平整伏贴。衬衣袖口清洁，长短适宜。

手部清洁，指甲干净整洁。

衣服上没有脱落的头发和头皮屑。

裤子熨烫平整，裤缝折痕清晰。裤腿长及鞋面。拉链已拉好。

鞋底与鞋面都很干净，鞋跟无破损，鞋面已擦亮。

13. 作为女性职业人员，请每天出门前对照以下“女士仪容仪表自我检测”仔细审视自己，看看自己哪些方面需要改进，以养成良好的习惯。

女士仪容仪表自我检测

头发保持干净整洁，有自然光泽，不要过多使用发胶；发型大方、高雅、得体、干练，前发以不要遮眼、遮脸为好。

化淡妆：眼亮、粉薄、眉轻、唇浅红。

服饰端庄：不太薄、不太透、不太露。

领口干净，脖子修长，衬衣领口不过于复杂和花哨。

饰品不过于夸张和突出，款式精致、材质优良，耳环小巧、项链精细，走动时安静无声。

公司标志佩戴在要求的位置，私人饰品不与之争夺别人的注意力。

衣袋中只放小而薄的物品，衣装轮廓不走样。

指甲精心修理过，不太长，不太怪，不太艳。

裙子长短、松紧适宜。拉链拉好，裙缝位正。

衣裤或裙子以及上衣的表面无明显的内衣轮廓痕迹。

鞋洁净，款式大方简洁，没有过多装饰与色彩，鞋跟不太高、不太尖。

衣服上没有脱落的头发和头皮屑。

丝袜无钩丝、无破洞、无修补痕迹，包里有一双备用丝袜。

14. 案例分析

金先生失礼

风景秀丽的某海滨城市的朝阳大街，高耸着一座高大的楼房，楼顶上“远东贸易公司”六个大字格外醒目。某照明器材厂的业务员金先生按原计划，手拿企业新设计的照明器材样品，兴冲冲地登上六楼，脸上的汗珠未及擦一下，便直接走进了业务部张经理的办公室，正在处理业务的张经理被吓了一跳。“对不起，这是我们企业设计的新产品，请您过目。”金先生说。张经理停下手中的工作，接过金先生递过的照明器，随口赞道：“好漂亮啊！”并请金先生坐下，倒上一杯茶递给他，然后拿起照明器材仔细研究起来。金先生看到张经理对新产品如此感兴趣，如释重负，便往沙发上一靠，跷起二郎腿，一边吸烟一边悠闲地环视着张经理的办公室。当张经理问他电源开关为什么装在某个位置时，金先生习惯性地用手挠了挠头皮。好多年了，别人一问他问题，他就会不自觉地用手去挠头皮。虽然金先生作了较详尽的解释，张经理还是有点半信半疑。谈到价格时，张经理强调：“这个价格比我们预算高出较多，能否再降低一些？”金先生回答：“我们经理说了，这是最低价格，一分也不能再降了。”张经理沉默了半天没有开口。金先生却有点沉不住气，不由自主地拉松领带，眼睛盯着张经理。张经理皱了皱眉：“这种照明器材的性能先进在什么地方？”金先生又挠了挠头皮，反反复复地说：“造型新、寿命长、节电。”张经理托词离开了办公室，只剩下金先生一个人。金先生等了一会儿，感到无聊，便非常随便地抄起办公桌上的电话，同一个朋友闲谈起来。这时，门被推开，进来的不是张经理，而是办公室秘书。

(资料来源：杨眉. 现代商务礼仪[M]. 大连：东北财经大学出版社，2013.)

思考题：

(1) 请指出金先生的失礼之处。

(2) 本案例对你有哪些启示？

15. 案例分析

换　妆

吴菲，某高校文秘专业的高才生，毕业后就职于一家公司做文员。为适应工作需要，

上班时，她毅然放弃了“清纯少女妆”，化起了整洁、漂亮、端庄的“白领丽人妆”：采用不脱色粉底液，修饰自然、稍带棱角的眉毛，采用与服装色系搭配的灰度高偏浅色的眼影，紧贴上睫毛根部描画的灰棕色眼线，黑色自然型睫毛，再加上自然的唇型和略显浓艳的唇色。虽化了妆，却好似没有化妆，整个妆容清爽自然，尽显自信、成熟、干练的气质。但在公休日，她又给自己来了一个大变脸，化起了久违的“清纯少女妆”：粉蓝或粉绿、粉红、粉黄、粉白等颜色的眼影，彩色系列的睫毛膏和眼线，粉红或粉橘的腮红，自然系的唇彩或唇油，看上去娇嫩欲滴，鲜亮淡雅，整个身心都倍感轻松。

心情好，自然工作效率就高。一年来，吴菲以自己得体的外在形象、勤奋的工作态度和骄人的业绩，赢得了公司同仁们的好评。

(资料来源：http://www.54lou.com/wenhua-zongjiao/20170754869.html)

思考题：

(1) 你如何评价吴菲的两种妆容？

(2) 你对“化妆不只是技术，还是一门艺术、一种生活”这句话是如何理解的？

第 3 章　日常交往礼仪

非礼勿视，非礼勿听，非礼勿言，非礼勿动。

——《论语 · 颜渊》

相鼠有皮，人而无仪！人而无仪，不死何为？
相鼠有齿，人而无止！人而无止，不死何俟？
相鼠有体，人而无礼！人而无礼，胡不遄死？

——《诗经 · 相鼠》

本章提要

- 见面的礼仪。
- 通联的礼仪。
- 馈赠的礼仪。
- 旅行的礼仪。
- 接访的礼仪。
- 宴请的礼仪。
- 场所的礼仪。
- 求职的礼仪。

一个人在社会中要生存和发展，必须以各种形式与其他人进行交往。因为没有交往就难以合作；没有合作就难以生存、发展。对于交际，不但要积极参与、总结经验、汲取教训，更要重视基本交际礼节的学习，并在实践中正确地加以应用，这样才能备尝交际成功带来的欢乐。

3.1　见　　面

见面是社交的开始，了解和掌握见面时的礼节，可以帮助我们顺利地进入交往的殿堂。本节所介绍的称呼、介绍、握手、名片等都是最常见的见面礼节。

3.1.1　称呼的礼仪

在社会交往中，交际双方见面时，如何称呼对方，这直接关系到双方之间的亲疏、了解程度、尊重与否及个人修养等。一个得体的称呼，会令彼此如沐春风，为以后的交往打下良好的基础。否则，不恰当或错误的称呼，可能会令对方心里不悦，影响到彼此的关系乃至交际的成功。一个得体的称呼可谓交际的“敲门砖”！

礼仪小故事3-1：

叶永烈采访陈伯达

著名传记作家叶永烈在着手写陈伯达传记时，必须采访陈伯达。采访时究竟怎样称呼陈伯达，叶永烈颇费了一番心思。采访的前一天晚上，叶永烈辗转反侧，明天见到了陈伯达到底该叫他什么呢？叫他陈伯达同志，不合适，因为陈伯达是在监狱服刑的犯人；叫他老陈，也不行，因为陈伯达已经是八十四岁的老人了，而自己才四十八岁。究竟应怎样称呼他呢？突然，叶永烈灵机一动，称呼他“陈老”，这是再恰当不过的称呼了。果然，第二天采访时，叶永烈一声“陈老”亲切得体的称呼，令陈伯达听了感动万分，眼里充满了泪花。

(资料来源：叶永烈. http://www.qingdaonews.com/content/2001-05/22/content_222560.htm)

1. 通常的称呼

1) 称呼姓名

一般的同事、同学关系，平辈的朋友、熟人，彼此之间均可直呼其名，例如，“王小平”“赵大亮”“刘军”。长辈对晚辈也可以如此称呼，但晚辈对长辈却不能这样做。为了表示亲切，可以在被称呼者的姓名前分别加上“老”“大”或“小”字，而免称其名。例如，对年长于己者，可称“老张”“大李”；对年幼于己者，可称“小吴”“小周”。但这种称呼多在职业人士间常见，不适合在校学生。对同性的朋友、熟人，若关系极为亲密，可以不称其姓，而直呼其名，如“春光”“俊杰”。对于异性一般则不可这样做。因为若如此，那不是其家人，就是其配偶了。

2) 称呼职务

在工作中，以交往对象的职务相称，以示身份有别、敬意有加，这是一种最常见的称呼方法。具体做法是：可以只称呼职务，如“局长”“经理”“主任”，等等；也可以在职务前加上姓氏，例如，“王总经理”“李市长”“张主任”，等等；还可以在职务之前加上姓名，这仅适用于极其正式的场合，例如，“×××主席”“×××省长”“×××书记”，等等。

3) 称呼职称

对于有职称者，尤其是有高级、中级职称者，可以在工作中直接以其职称相称。可以只称职称，例如，“教授”“研究员”“工程师”，等等；可以在职称前加上姓氏，例如，“张教授”“王研究员”“刘工程师”，当然有时可以简化，如将“刘工程师”简化为“刘工”，但使用简称应以不发生误会、没有歧义为限；可以在职称前加上姓名，它适用于十分正式的场合，例如：“王久川教授”“周蕾主任医师”“孙小刚主任编辑”，等等。

4) 称呼学位

在工作中，以学位作为称呼，可增加被称呼者的权威性，有助于增强现场的学术氛围。可以在学位前加上姓氏，如“张博士”；也可以在学位前加上姓名，如“张明博士”。称呼学位一般仅限于拥有博士学位者，对学士学位、硕士学位拥有者不这样称呼。

5)　称呼职业

称呼职业，即直接以被称呼者的职业作为称呼。例如，将教员称为“老师”，将教练员称为“教练”或“指导”，将专业辩护人员称为“律师”，将财务人员称为“会计”，将医生称为“大夫”或“医生”，等等。一般情况下在此类称呼前，均可加上姓氏或姓名。

6)　称呼亲属

亲属，即与本人拥有直接或间接血缘关系者。在日常生活中，对亲属的称呼也已约定俗成，人所共知。面对外人，对亲属可根据不同情况采取谦称或敬称。对本人的亲属应采用谦称。称辈分或年龄高于自己的亲属，可以在其称呼前加“家”字，如“家父”“家叔”；称辈分或年龄低于自己的亲属，可在其称呼前加“舍”字，如“舍弟”“舍侄”；称自己的子女，则可在其称呼前加“小”字，如“小儿”“小女”“小婿”。对他人的亲属，则应采用敬称。对其长辈，宜在称呼前加“尊”字，如“尊母”“尊兄”；对其平辈或晚辈，宜在称呼之前加“贤”字，如“贤妹”“贤侄”。若在其亲属的称呼前加“令”字，一般可不分辈分与长幼，如“令堂”“令爱”“令郎”。

7)　涉外称呼

在涉外交往中，一般对男子称先生，对女子称夫人、女士或小姐。已婚女子称夫人，未婚女子称小姐；对婚姻状况不明的女子称“小姐”或“女士”。在西方国家，凡是举行宗教结婚仪式的人，都习惯在无名指上戴一枚戒指，男子戴在左手，女子戴在右手，所以对外宾的称呼可以此而定。以上是根据性别和婚姻状况来称呼，使用起来具有普遍性。

礼仪小故事 3-2：

小姐还是太太

有一位先生为一位外国朋友订做生日蛋糕。他来到一家蛋糕店，对服务员说：“小姐，您好，我要为我的一位外国朋友订一份生日蛋糕，同时打一份贺卡，你看可以吗？”服务员接过订单一看，忙说：“对不起，请问先生，您的朋友是小姐还是太太？”这位先生也不清楚这位外国朋友结婚没有，从来没有打听过，他为难地抓了抓后脑勺想想说：“小姐？太太？一大把岁数了，太太。”生日蛋糕做好后，服务员按地址到酒店客房送生日蛋糕，敲门，一女子开门，服务员有礼貌地说：“请问，您是怀特太太吗？”女子愣了愣，不高兴地说：“错了！”服务员丈二和尚摸不着头脑，抬头看看门牌号，再回去打电话问那位先生，没错，房间号码没错。再敲一遍，开门，服务员说：“没错，怀特太太，这是您的蛋糕。”那女子大声说：“告诉你错了，这里只有怀特小姐，没有怀特太太。”啪一声，门被大力关上，蛋糕掉地。

(资料来源：http://3y.uu456.com/bp-q663sfc0bb4cf7ec4afed0s0-1.html)

2．称呼的禁忌

1)　使用错误的称呼

常见的错误称呼有两种。一是误读，一般表现为念错被称呼者的姓名。比如“郇”

“查”“盖”这些姓氏就极易弄错。要避免犯此错误，就一定要做好前期准备，必要时应不耻下问、虚心请教。二是误会，主要是指对被称呼者的年纪、辈分、婚否以及与其他人的关系作出错误判断。比如，将未婚妇女称为“夫人”，就属于误会。

2) 使用不当的行业称呼

学生喜欢互称为“同学”，军人经常互称“战友”，工人可以称为“师傅”，道士、和尚可以称为“出家人”，这无可厚非。但以此去称呼“界外”人士，并不表示亲近，不但对方不领情，反而使人产生被贬低的感觉。

3) 使用庸俗低级的称呼

在人际交往中，有些称呼在正式场合切勿使用。例如，“兄弟”“朋友”“哥们儿”“姐们儿”“磁器”“死党”“铁哥们儿”等一类的称呼，就显得庸俗低级，档次不高。它们听起来很肉麻，而且带有明显的黑社会的风格。逢人便称“老板”，也显得不伦不类。

4) 使用绰号作为称呼

对于关系一般者，切勿自作主张给对方起绰号，更不能随意以道听途说来的对方的绰号去称呼对方。至于一些对对方具有侮辱性质的绰号，如“北佬”“阿乡”“鬼子”“鬼妹”“拐子”“秃子”“罗锅”“四眼”“肥肥”“傻大个”“柴禾妞”“北极熊”“麻秆儿”等，则更应免开尊口。另外，还要注意，不要随便拿别人的姓名开玩笑。要尊重一个人，必须首先学会去尊重他的姓名。

礼仪小故事 3-3：

“小”字别乱喊

孙西是某咨询公司的高级培训师，上个月，他与公司另一名同事去杭州出差做一个项目。在企业做了一天的内部访谈后，第二天安排到市场一线做实地调研，由各地的区域经理负责安排接待陪同。

市场调研到了嘉兴，当地的区域经理白天陪同一起走访市场，晚上安排一起吃饭。区域经理几杯啤酒下肚，便开始称兄道弟。当他得知孙西比自己小几岁后，敬酒时便对孙西的同事喊着“张经理我们干一杯”，然后冲孙西说：“小孙，咱们也喝一杯。”

孙西一听，感觉有点儿不对味，故意推辞：“不好意思，我吃完饭回去还得整理一下调研材料，就免了吧。”那个区域经理觉得被扫了面子，又冲着孙西的同事说：“张经理，你看小孙可真不够意思！”

孙西闻言，更加不舒服了，他端起酒杯很绅士地对那个区域经理说：“请问您贵姓？”区域经理很纳闷，答道：“我姓彭。”“哦，小彭，咱们第一次见面，也不是很熟悉，但我要很负责地跟你说句话，你听好了——即使是你们老板跟我一起吃饭，敬酒时也都会很尊敬地称我一声‘孙老师’或‘孙经理’！好了，这杯酒我敬您。喝完我就先告辞了。”孙西一饮而尽，留下那个屁股刚抬起一半准备喝酒的区域经理，站也不是，坐也不是，呆立当场。

(资料来源：http://www.doc88.com/p-1856536504790.html)

3.1.2　介绍的礼仪

介绍是社交活动最常见，也是最重要的礼节之一，它是初次见面的陌生的双方开始交往的起点。介绍在人与人之间起桥梁与沟通作用，几句话就可以缩短人与人之间的距离，为进一步交往开个好头。

1．自我介绍

在不同场合，遇见对方不认识自己，而自己又有意与其认识，当场没有他人从中介绍时，往往需要自我介绍。自我介绍要注意如下几个方面：

1)　把握自我介绍的时机

在交际场合，自我介绍的时机包括：与不相识者相处一室；不相识者对自己很有兴趣；他人请求自己作自我介绍；在聚会上与身边的陌生人共处；打算介入陌生人组成的交际圈；求助他人时，他人对自己不甚了解，或一无所知；前往陌生单位进行业务联系时；在旅途中与他人不期而遇而又有必要与人接触；初次登门拜访不相识的人；利用社交媒介，如信函、电话、电报、传真、电子信函，与其他不相识者进行联络时；初次利用大众传媒，如报纸、杂志、广播、电视、电影、标语、传单，向社会公众进行自我推介、自我宣传时。

2)　选择自我介绍的方式

自我介绍的方式主要有以下几种；①应酬式的自我介绍。这种自我介绍的方式最简洁，往往只包括姓名一项即可。如“您好！我叫王平”。它适合于一些公共场合和一般性的社交场合，如途中邂逅、宴会现场、舞会、通电话时。它的对象主要是一般接触的交往人。②工作式的自我介绍。工作式的自我介绍的内容，包括本人姓名、供职的单位及部门、担负职务或从事的具体工作等三项。比如说：“我叫唐婷，是大地广告公司的客户经理。”③交流式的自我介绍。这种介绍也叫社交式自我介绍或沟通式自我介绍，是一种刻意寻求交往对象进一步交流沟通，希望对方认识自己、了解自己、与自己建立联系的自我介绍。它大体包括本人的姓名、工作、籍贯、学历、兴趣以及与交往对象的某些熟人的关系等。如：“我的名字叫陈友，是招商银行的理财顾问，说起来我跟您还是校友呢。”④礼仪式的自我介绍。这是一种表示对交往对象友好、尊敬的自我介绍。这种介绍适用于讲座、报告、演出、庆典、仪式等正规的场合，内容包括姓名、单位、职务等项。在进行这种自我介绍时，还应多加入一些适当的谦辞、敬语，以示自己尊敬交往对象。如：“女士们、先生们，大家好！我叫宋河，是精英文化公司的常务副总。值此之际，我谨代表本公司热烈欢迎各位来宾莅临指导，谢谢大家的支持。”⑤问答式的自我介绍。针对对方提出的问题，作出自己的回答。这种方式适用于应试、应聘和公务交往，在一般交际应酬场合也时有所见。例如，对方发问：“这位先生贵姓？”回答：“免贵姓张，弓长张。”

3)　掌握自我介绍的分寸

首先，语言要力求简洁。要节省时间，通常以半分钟左右为佳，如无特殊情况最好不要长于 1 分钟。为了提高效率，在作自我介绍时，可利用名片、介绍信等资料加以辅助。

其次，态度要友好自信。态度要保持自然、友善、亲切、随和，整体上讲求落落大方、笑容可掬；要充满信心和勇气，敢于正视对方的双眼，显得胸有成竹、从容不迫；语气自然，语速正常，语言清晰。第三，内容要追求真实。进行自我介绍时所表达的各项内容，一定要实事求是，真实可信。过分谦虚，一味贬低自己去讨好别人，或者自吹自擂、夸大其词，都是不足取的。

礼仪小故事 3-4：

名人的自我介绍

著名的戏剧表演家王景愚是这样作自我介绍的：“我就是王景愚，表演《吃鸡》的那个王景愚，愚公移山的愚。人称我是多愁善感的戏剧家，实在是愧不敢当，我只不过是一个‘走火入魔的哑剧迷’罢了。你看我 40 多千克的瘦小身材，却经常负荷许多忧虑与烦恼，又多半是自找的。我不善于向自己敬爱的人表述敬与爱，却善于向所憎恶的人表述憎与恶，然而胆子并不大。我虽然很执拗，却又常常否定自己，否定自己既痛苦又快乐，我就生活在这痛苦与快乐的交织网里，总也冲不出去。在事业上，人家说我是敢于拼搏的强者；而在复杂的人际关系面前，我又是一个心无灵犀，半点不通的弱者。因此，在生活中，我是交替扮演强者与弱者的角色……”

台湾著名艺人，丑星凌峰在中央电视台举办的春节联欢会上是这样介绍自己的：“在下凌峰……这两年，我们大江南北走了一道，男观众对我的印象特别好，因为他们见到我有点优越感，本人这个样子对他们没有构成威胁，他们很放心，(大笑)他们认为本人长得很中国，(笑声)中国五千年的沧桑和苦难都写在我的脸上了。(笑声、掌声)一般说来，女观众对我的印象不太良好；有的女观众对我的长相已经到了忍无可忍的地步。(笑声)她们认为我是人比黄花瘦，脸比煤球黑。(笑声)但是我要特别声明，这不是本人的过错，实在是父母的错误，当初并没有征得我的同意就把我生成这个样子。(笑声、掌声)但是，时代在变，潮流在变，现在的男人基本上可以分为三种：第一种，你看上去很漂亮，看久了也就那么一回事，这一种就像我的好朋友刘文正这种；第二种，你看上去很难看，看久了以后是越看越难看，这种就像我的好朋友陈佩斯这种；(笑声)第三种，你看上去很难看，看久了以后你会发现，他有另一种男人的味道，这种就是在下这种了。(笑声、掌声)鼓掌的都表示同意了！鼓掌的都是一些长得和我差不多的，(笑声)真是物以类聚啊！(笑声、掌声)”

(资料来源：张铭. 现代实用社交礼仪[M]. 北京：人民邮电出版社，2017.)

点评：表演艺术家王景愚的自我介绍机智巧妙，同时又不乏谦虚、诚恳。自我介绍不一定要口吐莲花，人们更推崇自信自谦、分寸恰当的介绍。艺人凌峰的自我介绍也独具风味，他抓住自己形象的特征，并把它加以夸大，既风趣幽默，又出人意料，给人留下深刻的第一印象。

2. 他人介绍

他人介绍即社交中的第三者介绍。在他人介绍中，为他人作介绍的人一般有社交活动中的东道主、社交场合中的长者、家庭聚会中的女主人、公务交往活动中的公关人员(礼宾人员、接待人员、文秘人员)等。他人介绍要注意如下几个方面。

1)　他人介绍的时机

他人介绍的时机包括：在家中或办公地点接待彼此不相识的客人；与家人外出，路遇家人不相识的自己的同事或朋友；陪同亲友，前去拜会亲友不认识的人；陪同上司、来宾时，遇见了其不相识者，而对方又跟自己打了招呼；打算推介某人加入某一交际圈；收到为他人作介绍的邀请，等等。

2)　他人介绍的顺序

一般来说，在被介绍的两个人中，应让女士、长者、位尊者拥有“优先知晓权”。例如：介绍年长者与年幼者认识时，应先介绍年幼者，后介绍年长者；介绍长辈与晚辈认识时，应先介绍晚辈，后介绍长辈；介绍老师与学生认识时，应先介绍学生，后介绍老师；介绍女士与男士认识时，应先介绍男士，后介绍女士；介绍已婚者与未婚者认识时，应先介绍未婚者，后介绍已婚者；介绍同事、朋友与家人认识时，应先介绍家人，后介绍同事、朋友；介绍来宾与主人认识时，应先介绍主人，后介绍来宾。

在进行集体介绍时要注意以下几点。第一，少数服从多数。当被介绍者双方地位、身份大致相似时，应先介绍人数较少的一方。第二，强调地位、身份。若被介绍者双方地位、身份存在差异，虽人数较少或只有一人，也应将其放在尊贵的位置，最后加以介绍。第三，单向介绍。在演讲、报告、比赛、会议、会见时，往往只需要将主角介绍给广大参加者。第四，一方人数较多的介绍。若一方人数较多，可采取笼统的方式进行介绍，如“这是我的家人”“这是我的同学”。第五，涉及多方的介绍。若被介绍的不止两方，需要对被介绍的各方进行位次排列。排列的方法是：①以其负责人身份为准；②以其单位规模为准；③以单位名称的英文字母顺序为准；④以抵达时间的先后顺序为准；⑤以座次顺序为准；⑥以距介绍者的远近为准。

3)　他人介绍的细节

细节决定成败，在介绍时还要注意如下细节，只有这样才能取得良好的交际效果。

(1)　介绍者为被介绍者介绍之前，一定要征求被介绍双方的意见，切勿上去开口即讲，这样显得很唐突，让被介绍者感到措手不及。

(2)　被介绍者在介绍者询问自己是否有意认识某人时，一般不应拒绝，而应欣然应允。实在不愿意时，则应说明理由。

(3)　介绍人和被介绍人都应起立，以示尊重和礼貌；待介绍人介绍完毕后，被介绍双方应微笑点头示意或握手致意。

(4)　在宴会、会议桌、谈判桌上，视情况介绍人和被介绍人可不必起立，被介绍双方可点头微笑致意；如果被介绍双方相隔较远，中间又有障碍物，可举起右手致意，或点头微笑致意。

(5)　介绍完毕后，被介绍双方应依照合乎礼仪的顺序握手，并且彼此问候对方。问候语有“你好，很高兴认识你”“久仰大名”“幸会幸会”，必要时还可以进一步作自我介绍。此外，介绍时不要开玩笑，不要使用易产生歧义的简称，特别是在首次介绍时要准确地使用全称。

3.1.3 握手的礼仪

礼仪小博士 3-1：

握手的由来

史前时期，人类的祖先以打猎为生，世界对他们来说是充满危险的。因此，当陌生人相遇时，如果双方都怀着善意，便伸出一只手来，手心向前，向对方表示自己手中没有石头或武器，走近之后，两人互相摸摸右手，以示友好。这样沿袭下来，便成为今天人们表示友好的握手。

关于握手礼来源的另一种说法是：中世纪时，骑士们都穿着盔甲，全身披挂后，除两只眼睛外，其余都包裹在盔甲里，随时准备冲向敌人。如果表示友好，互相走近时就应脱去右手的甲胄，伸出右手，表示没有武器，互相握手，这是和平的象征。

(资料来源：http://www.zhld.com/zkwb/html/2009-08/07/content_35806.htm)

当今，握手已成为世界上最为普遍的一种礼节，其应用的范围远远超过了鞠躬、拥抱、接吻等。在日常交际中，我们必须注意握手的基本礼节。

1. 握手的次序

根据礼仪规范，握手时双方伸手的先后次序，一般应当遵守“尊者先伸手”的原则，由尊者首先伸出手来，位卑者只能在此后予以响应，而绝不可贸然抢先伸手，不然就是违反礼仪的举动。其基本规则如下。

1) 男女之间握手

男女之间握手，男士要等女士先伸出手后才握手。如果女士不伸手或无握手之意，男士应向对方点头致意或微微鞠躬致意。男女初次见面，女方可以不和男士握手，只是点头致意即可。男女握手时，男士要脱帽和脱右手手套，如果匆匆忙忙来不及脱，要道歉。女士除非对长辈，一般可不必脱手套。

2) 宾客之间握手

宾客之间握手，主人有向客人先伸出手的义务。在宴会、宾馆或机场接待宾客，当客人抵达时，不论对方是男士还是女士，女主人都应该主动先伸出手。男士若是主人，尽管对方是女宾，也可先伸出手，以表示对客人的热情欢迎。而在客人告辞时，则应由客人首先伸出手来与主人相握，在此表示的是“再见”之意。

3) 长幼之间握手

长幼之间握手，年幼的一般要等年长的先伸手。和长辈及年长的人握手，不论男女，都要起立趋前握手，并要脱下手套，以示尊敬。

4) 上下级之间握手

上下级之间握手，下级要等上级先伸出手。但涉及主宾关系时，可不考虑上下级关系，做主人的应先伸手。

5)　一个人与多人握手

若是一个人需要与多人握手，则握手时也应讲究先后次序，由尊而卑，即先年长者后年幼者，先长辈后晚辈，先老师后学生，先女士后男士，先已婚者后未婚者，先上级后下级，先职位、身份高者后职位、身份低者。

值得注意的是：在公务场合，握手时伸手的先后次序主要取决于职位、身份；而在社交、休闲场合，则主要取决于年龄、性别、婚否。

2. 握手的方式

握手的标准方式，是在距握手对象约 1 米处，双腿立正，上身略向前倾，伸出右手，四指并拢，拇指张开与对方相握。握手时应用力适度，上下稍许晃动三四次，随后松开手来，恢复原状。具体应注意如下几点：

1)　神态

与人握手时神态应专注、热情、友好、自然。在通常情况下，与人握手时，应面含微笑，目视对方双眼，并且口道问候。在握手时切勿显得自己三心二意、敷衍了事、漫不经心、傲慢冷淡。如果迟迟不握他人早已伸出的手，或是一边握手，一边东张西望，目中无人，甚至忙于跟其他人打招呼，都是极不应该的。

2)　力度

握手时用力应适度，不轻不重，恰到好处。如果手指轻轻一碰，刚刚触及就离开，或是懒懒地慢慢地相握，缺少应有的力度，会给人勉强应付、不得已而为之的感觉。一般来说，手握得紧表示热情。男人之间可以握得较紧，甚至另一只手也加上，握对方的手大幅度上下摆动，或者在手相握时，左手又握住对方胳膊肘、小臂甚至肩膀，以表示热烈。但是注意既不能握得太用力，使人感到疼痛，也不能显得过于柔弱，不像个男子汉。对女性或陌生人，轻握会显得不热情，尤其是男性与女性握手应热情、大方，用力适度。

3)　时间

握手通常是握紧后打过招呼即松开。但如果是亲密朋友意外相遇、敬慕已久而初次见面、至爱亲朋依依惜别、衷心感谢难以表达等场合，握手时间则可长一点儿，甚至紧握不放，话语不休。在公共场合，如列队迎接外宾，握手的时间一般较短。握手的时间应根据与对方的亲密程度而定。

3. 握手的禁忌

在交际中，握手虽然司空见惯，看似寻常，但是由于它可被用来传递多种信息，因此在行握手礼时应努力做到合乎规范，并且注意下面几点：

(1)　不要用左手与他人握手，尤其是在与阿拉伯人、印度人打交道时要牢记这一点，因为在他们看来左手是不洁的。

(2)　不要在握手时争先恐后，而应当遵守秩序，依次而行。特别要记住，与基督教信徒交往时，要避免两人握手时与另外两人相握的手形成交叉状，这类似十字架，在基督教信徒眼中是很不吉利的。

(3)　不要戴着手套握手，在社交场合女士的晚礼服手套除外。

(4) 不要在握手时戴着墨镜，只有患有眼疾或眼部有缺陷者才能例外。

(5) 不要在握手时将另外一只手插在衣袋里。

(6) 不要在握手时另外一只手依旧拿着香烟、报刊、公文包、行李等东西而不肯放下。

(7) 不要在握手时面无表情，好似根本无视对方的存在，而纯粹是为了应付。

(8) 不要在握手时长篇大论，点头哈腰，滥用热情，显得过分客套，会让对方不自在，不舒服。

(9) 不要在握手时把对方的手拉过来、推过去，或者上下左右抖个没完。

(10) 不要在与人握手之后，立即擦拭自己的手掌，好像与对方握一下手就会使自己被污染似的。

礼仪小博士 3-2：

握手方式与性格

(1) 控制式。控制式即用掌心向下或向左下的姿势握住对方的手。这种人想表达自己的优势、主动、傲慢或支配地位，一般具有说话干净利落、办事果断、高度自信的特点。凡事一经自己决定，就很难改变观点，作风不大民主。

(2) 谦恭式。谦恭式即用掌心向上或向左上的手势与对方握手。这种人往往性格软弱，处于被动、劣势地位，处世比较谦和、平易近人，不固执，对对方比较尊重、敬仰，甚至有几分畏惧。

(3) 对等式。对等式即握手时两人伸出的手心都不约而同地向着左方握在一起。这种人比较友好，遵守规则。

(4) 双握式。双握式即在右手相握的同时，再用左手加握对方的手背、前臂、上臂或肩部。加握部位越高，其热情友好的程度也显得越高。这种人热情真挚、诚实可靠、信赖别人。

(5) 捏手指式。捏手指式即只捏住对方的几个手指或手指尖部。女性与男性握手时，为了表示自己的矜持与稳重，常采取这种方式。如果是同性别的人之间这样握手，就显得有几分冷淡和生疏。若换成显贵人物，则其意在显示自己的“尊贵”。

(6) 拉臂式。拉臂式即将对方的手拉到自己的身边相握。这种人往往过分谦恭，在他人面前唯唯诺诺、轻视自我，缺乏主见与敢作敢为的精神。

(7) 死鱼式。死鱼式即握手时伸出一只无任何力度、质感，不显示任何积极信息的手。这种人的性格不是生性懦弱，就是对人冷漠无情，待人接物消极傲慢。

(资料来源：晓燕. 公关礼仪[M]. 郑州：百花洲文艺出版社，1995.)

4. 握手的技巧

1) 主动与每个人握手

在商务场合，如谈判开始之前，双方都要作自我介绍。这时候，你最好表现得积极一些、主动一些，表示你很高兴与他们认识。为了表示你的这种诚意，你可以主动地与对方的每一个人握手。因为你主动就说明你对对方尊重，只有在你尊重别人时，才会得到别人

的尊重。

2)　有话想让对方出来讲，握手时不要松开

有时你想找对方谈一些事，不巧的是里边还有其他人在，你想与对方单独谈，耐心等了很久以后仍没有机会，那你只好想办法让对方出来说了。但你又不能明白告诉对方“我有点事，咱们到外边说”，因为这是不礼貌的。你得想办法让对方起身相送。在你起身告辞时，对方站起来，你就边与对方交谈边向外走。如果对方无意起身，你就走近他，很礼貌地与他握手，出于礼貌对方会站起身走出自己的座位，然后你边说边往外走，千万不能断了话。因为当你还有话要说时，对方是不好意思不送你的。说话时，眼睛也要看着对方，不要只顾走。走到门口对方要与你告辞，你主动伸手与他握手，握手之后不要马上松开，要多握一会儿，并告诉对方：“你看我还有件事……”你说得缓慢些，对方也就意识到了，他也就主动走出来了。

3)　握手时赞扬对方

握手时的寒暄话是非常重要的。在你与对方握手时，可以对对方表示一下关心和问候，或赞扬对方两句。握手时双方的距离很近，对方的衣着服饰可以尽收眼底，如果你用心观察，肯定会有某一方面值得你赞扬。而每个人又都有自己特别注重修饰的地方，有人特别爱惜自己的发式，每天修理头发，使自己神采奕奕；有人特别注意领带，不惜高价买一条，或用一枚精制的领带夹子点缀一下，使自己容光焕发；有的穿了一件新西装，质地优良、做工讲究；有的穿一件衬衣色彩和谐明快，使人显得年轻漂亮。见面握手时不能对这些熟视无睹，要加以赞美。双方会因此而显得亲近，你则显得格外大方、热情、细心，因而会给人留下一个好印象。

5．常见的其他见面礼节

在国内外交往中，除握手之外，以下见面礼也颇为常见。

1)　点头礼

点头礼适用于路遇熟人，或在会场、剧院、歌厅、舞厅等不宜与人交谈之处，或在同一场合碰上自己多次见面者，或遇上多人又无法一一问候之时。行礼的做法是：头部向下轻轻一点，同时面带笑容，不宜反复点头不止，点头的幅度不必过大。

2)　举手礼

行举手礼的场合与行点头礼的场合大致相似，它最适合向距离较远的熟人打招呼。其做法是：右臂向前方伸直，右手掌心向着对方，其他四指并齐，拇指分开，轻轻向左右摆动一两下。不要将手上下摆动，也不要在手摆动时用手背朝向对方。

3)　脱帽礼

戴着帽子的人，在进入他人居所、路遇熟人、与人交谈并握手或行其他见面礼时、进入娱乐场所、升挂国旗、演奏国歌等情况下，应自觉主动地摘下自己的帽子，并置于适当之处，这就是所谓的脱帽礼。女士在社交场合可以不脱帽子。

4)　注目礼

注目礼的具体做法是：起身立正，抬头挺胸，双手自然下垂或贴放于身体两侧，笑容庄重严肃，双目正视于被行礼对象，或随之缓缓移动。一般在升国旗、游行检阅、剪彩揭幕、开业挂牌等情况下，行注目礼。

5) 拱手礼

拱手礼是我国民间传统的会面礼，今天也常使用，如在过年时举行团拜活动、向长辈祝寿、向友人恭喜(结婚、生子、晋升、乔迁)、向亲朋好友表示无比感谢，以及与海外华人初次见面时表示久仰大名，等等。行礼时应起身站立，上身挺直，两臂前伸，双手在胸前高举抱拳，自上而下或者自内向外，有节奏地晃动两三下。

6) 鞠躬礼

在日本、韩国、朝鲜等国，鞠躬礼十分普遍。目前鞠躬礼在我国主要适用于向他人表示感谢、领奖或讲演之后、演员谢幕、举行婚礼或参加追悼活动。行礼时应脱帽立正，双目凝视受礼者，然后上身弯腰前倾。男士双手应贴放于身体两侧裤线处，女士的双手则应下垂搭放于腹前。下弯的幅度越大，所表示的敬重程度就越大。

7) 合十礼

在东南亚、南亚信奉佛教的地区以及我国傣族聚居区，合十礼最为普遍。行合十礼时双掌十指在胸前相对合，五个手指并拢向上，掌尖和鼻尖基本持平，手掌向外侧倾斜，双腿立直站立，上身微欠低头，可以口颂祝词或问候对方，也可面带微笑，但不准手舞足蹈，反复点头。一般而论，行此礼时，合十的双手举得越高，越体现出对对方的尊重，但原则上不可高于额头。

8) 拥抱礼

在西方，特别是在欧美国家，拥抱礼是十分常见的见面礼与道别礼。在人们表示慰问、祝贺、欣喜时，拥抱礼也十分常用。正规的拥抱礼，讲究两人正面面对站立，各自举起右臂，将右手搭在对方左肩后面；左臂下垂，左手扶住对方右腰后侧。首先各向对方左侧拥抱，然后各向对方右侧拥抱，最后再一次各向对方左侧拥抱，一共拥抱三次。在普通场合行礼，不必如此讲究，次数也不必要求如此严格。

9) 亲吻礼

亲吻礼，也是西方国家常用的见面礼，有时它会与拥抱礼同时使用。行礼时，通常忌讳发出亲吻的声音，而且不应将唾液弄到对方脸上。在行礼时，双方关系不同，亲吻的部位也有所不同。长辈吻晚辈，应当吻额头；晚辈吻长辈，应当吻下颌或吻面颊；同辈之间，同性应当贴面颊，异性应当吻面颊。接吻，即吻嘴唇，仅限于夫妻与恋人之间，而不宜滥用，不宜当众进行。

10) 吻手礼

吻手礼，主要流行于欧美国家。它的做法是：男士行至已婚妇女面前，首先垂手立正致意，然后以右手或双手捧起女士的右手，俯首以自己微闭的嘴唇，去象征性地轻吻一下其手背或是手指。行吻手礼的地点，应在室内为佳。吻手礼的受礼者，只能是妇女，而且应是已婚妇女。

3.1.4　交谈的礼仪

美国前哈佛大学校长伊立特曾说：“在造就一个有修养的人的教育中，有一种训练必不可少，那就是优美、高雅的谈吐。”交谈是交流思想和表达感情最直接、最快捷的途径。在交际中，因为不注意交谈的礼仪规范，或用错了一个词，或多说了一句话，或不注意词语的色彩，或选错话题等而导致交往失败或影响人际关系的事，时有发生。因此，在交谈中只有遵从一定的礼仪规范，才能达到双方交流信息、沟通思想的目的。

1．讲究语言艺术

语言作为人类的主要交际工具，是沟通不同个体心理的桥梁。交谈的语言艺术包括以下几个方面：

1)　准确流畅

在交谈时如果词不达意、前言不搭后语，很容易被人误解，达不到交际的目的。因此在表达思想感情时，应做到口音标准、吐字清晰，说出的语句应符合规范，避免使用似是而非的语言。应去掉过多的口头语，以免语句割断；语句停顿要准确，思路要清晰，谈话要缓急有度，从而使交流活动畅通无阻。

语言准确流畅还表现在容易让人理解，因此言谈时尽量不用书面语或专业术语，因为这样的谈吐让人感到太正规、受拘束或是理解困难。

礼仪小故事 3-5：

自 作 自 受

古时有一笑话说的是有一书生突然被蝎子蜇了，便对其妻子喊道：“贤妻，速燃银烛，你夫为虫所袭！”他的妻子没有听明白，书生更着急了：“身如琵琶，尾似钢锥，叫声贤妻，打个亮来，看看是什么东西！”其妻仍然没有领会他的意思，书生疼痛难熬，不得不大声吼道：“快点灯，我被蝎子蜇了！”真乃自作自受。

(资料来源：郭文臣. 交际与公关礼仪[M]. 大连：大连理工大学出版社，1997.)

2)　委婉表达

交谈是一种复杂的心理交往，人的微妙心理、自尊心往往在里面起着重要的控制作用。因此，对一些只可意会不可言传的事情、人们回避忌讳的事情、可能引起对方不愉快的事情，不能直接陈述，只能用委婉、含蓄、动听的话去说。常见的委婉说话方式有以下几种：

(1)　避免使用主观武断的词语，如“只有”“一定”“唯一”“就要”等不带余地的词语，要尽量采用与人商量的口气。

(2)　先肯定后否定，学会使用“是的……但是……”这个句式，把批评的话语放在表扬之后，就显得委婉一些。

3)　掌握分寸

谈话要有放有抑有收，不过头，不嘲弄，把握“度”；谈话时不要唱“独角戏”，夸

夸其谈，忘乎所以，不让别人有说话的机会；说话要察言观色，注意对方情绪，对方不爱听的话少讲，一时接受不了的话不急于讲。开玩笑要看对象、性格、心情、场合，一般来讲，不随便开女性、长辈、领导的玩笑，一般不与性格内向、多疑、敏感的人开玩笑，当对方情绪低落、心情不好时不开玩笑，在严肃的场合、用餐时不开玩笑。

4) 幽默风趣

交谈本身就是一个寻求一致的过程，在这个过程中常常会出现不和谐的地方，从而产生争论或分歧。这就需要交谈者幽默风趣随机应变，凭借机智消除障碍，化解尴尬局面，增强语言的感染力。幽默风趣是建立在说话者高尚的情趣、较深的涵养、丰富的想象、乐观的心境、对自我智慧和能力自信的基础上，它不是耍小聪明或“卖嘴皮子”，它应使语言表达既诙谐，又入情入理，应体现一定的修养和素质。

礼仪小故事 3-6：

“还没插秧呢！”

有一次，梁实秋的幼女文蔷自美返台探望父亲，他们便邀请了几位亲友，又到“鱼家庄”饭店聚餐。酒菜齐全，唯独白米饭久等不来。经一催二催之后，仍不见白米饭踪影。梁实秋无奈，待服务小姐入室上菜之际，戏问曰：“怎么饭还不来，是不是稻子还没收割？”服务小姐眼都没眨一下，答称：“还没插秧呢！”本是一个不愉快的场面，经服务小姐这一妙答，举座大乐。

(资料来源：http://www.merit-times.com.tw/NewsPage.aspx？Unid=62770)

2．使用礼貌用语

使用礼貌用语，是人类文明的标志，也是全世界共同的心声。使用礼貌用语不仅会得到人们的尊重，提高自身的信誉和形象，而且还会对自己的事业起到良好的辅助作用。在我国，政府有关部门向市民普及文明礼貌用语，基本内容为十个字：“请”“谢谢”“你好”“对不起”“再见”。在实际的社会交往中，日常礼貌用语远不止这十个字，归结起来，主要可划分为如表 3-1 所示的几个大类①。

表 3-1 礼貌用语一览表

序号	礼貌用语类型	举　例
1	问候用语	您好！各位好！小姐好！××先生好！××主任好！早上好！中午好！下午好！晚安！各位下午好！××经理早上好
2	欢迎用语	欢迎！欢迎光临！见到您很高兴！恭候光临！××先生，欢迎光临！欢迎再次光临！欢迎您又一次光临本店
3	送别用语	再见！回头见！慢走！走好！欢迎再来！保重！一路平安！旅途顺利
4	请托用语	请稍候！请让一下！劳驾！拜托！打扰！请关照！请您帮我一个忙！劳驾您替我看一下这件东西！拜托您为这位女士让一个座位

① 杜明汉. 营销礼仪[M]. 北京：电子工业出版社，2011.

续表

序号	礼貌用语类型	举　例
5	致谢用语	谢谢！××先生，谢谢！谢谢，××小姐！谢谢您！十分感谢！万分感谢！多谢！有劳您了！让您替我们费心了！上次给您添了不少麻烦
6	征询用语	您需要帮助吗？我能为您做点什么？您需要点什么？您需要哪一种？您觉得这件工艺品怎么样？您不来一杯咖啡吗？您是不是很喜欢这种方式啊？你是不是先来试一试？您不介意帮助您吧？您打算预订雅座，还是散座
7	应答用语	是的。好。很高兴能为你服务。好的，我明白您的意思。请不必客气。这是我们应该做的。请多多指教。过奖了。不要紧。没关系。不必，不必。我不会介意
8	赞赏用语	太好了！真不错！对极了！相当棒！非常出色！您真有眼光！还是您懂行！您的观点非常正确，看来您一定是一位内行。哪里，哪里，我做得还很不够。承蒙夸奖，真是不敢当。得到您的肯定，的确让我们很开心
9	祝贺用语	祝您成功！一帆风顺！心想事成！身体健康！生意兴隆！全家平安！节日快乐！活动顺利！新年好！春节快乐！生日快乐！旗开得胜，马到成功
10	推脱用语	您可以到对面的商场去看一看。我可以为您向其他专卖店询问一下。下班后我们酒店还有其他安排，很抱歉不能接受您的邀请
11	道歉用语	抱歉。对不起。请原谅。失礼了。失言了。失陪了。失敬了。失迎了。不好意思，多多包涵。很惭愧。真的过意不去

礼仪小博士 3-3：

尊称、敬语与谦称、谦语

1）尊称与敬语

(1) 尊称。我国传统礼仪语言中有不少尊称，现举例如下：

令——令有美好之意。令尊、令堂、令郎、令正、令爱、令兄、令妹等，均是美称交谈对方的父亲、母亲、儿子、妻子、女儿、哥哥、妹妹的。

贤——贤妻、贤兄、贤弟、贤婿、贤侄等。但不可称“贤父”“贤母”。

尊——尊容、尊言、尊意、尊口、尊兄、尊大人、尊夫人等。

贵——贵姓、贵庚、贵地、贵体、贵校、贵厂、贵公司等。

芳——芳龄、芳名、芳容等，多用于尊重女性。

还有“您”“君”“先生”“阁下”等。

令、贤、尊、贵、高、芳，等等，它们在用法上，稍有区别，但都可以用于口头交际或书面交际。

(2) 敬语。一般来说，尊称和敬语联用。尊称不少，敬语很多。其中“请”的功能较强。“请”“有请”“请进”“请教”“请用茶”“请笑纳”“请入席”“请就位”，等等。不过，敬语中的“请”着重向对方表示尊重和敬意，请求语的“请”却侧重在有求于人。

在日常交际中，敬语有一些习惯的用法。如:初次见面说“久仰”；很久不见说“久违”；请人批评说“指教”；请人原谅说“包涵”；求人解惑说“赐教”；托人办事说“拜托”；赞人见解说“高见”；陪伴客人说“奉陪”；中途先走说“失陪”；等待客人说“恭候”；看望别人说“拜访”；宾客到了说“光临”；求给方便说“借光”；请人勿送说“留步”；两人告别说“再见”，等等。

2) 谦称与谦语

(1) 谦称。谦称只是表达一种谦虚的意思，“敝地”可能特别繁荣发达，“拙著”可能是一部经典著作。不要把别人的谦语当成有实在内容的意思表达，那只是表明他的态度。谦称，主要用于自称及向他人称自己的家人。这主要有：

愚——愚师、愚兄、愚见、愚意等。

舍——用于称比自己辈分低和年龄小的亲属，如舍妹、舍弟、舍侄，同“小”的用法有类似之外，如小儿、小婿、小弟、小侄等。

家——家兄、家父、家祖父、家祖母等。

鄙——鄙人、鄙意等。

拙——拙见、拙作、拙刊、拙笔、拙著等。

敝——敝地、敝县、敝府、敝兄、敝姓、敝校等。

(2) 谦语。在我国传统礼仪语言中谦语也有很多，现举例如下：

自己言行失误，说“对不起”“很抱歉”“很惭愧”“有失远迎”“失礼了”“不好意思”等。

请求他人谅解，说“请原谅”“请多包涵”“请别介意”等。

对他人的致歉报以友好态度，说“没关系”“别客气”“您太谦虚了”等。

尊称和敬语与谦称和谦语，在许多方面是对应关系，一敬对一谦，表现交际双方的文明礼貌修养。

(资料来源：http://www.docin.com/p-309511522.html)

3. 有效选择话题

所谓话题，是指人们在交谈中所涉及的题目范围和谈资内容。换言之，话题是一些由相对集中的同类知识、信息构成的谈话资料及其相应的语体方式、表述语汇和语气风格的总和。在交际中，学会选择话题，就能使谈话有个良好的开端。

1) 宜选的话题

首先，应选既定的话题。即交谈双方业已约定，或者一方先期准备好的话题，如征求意见、传递信息、研究工作等。

其次，选择内容文明、格调高雅的话题。如文学、艺术、哲学、历史、地理、建筑等，这类话题适合各类人交谈，但忌不懂装懂。

再次，选择轻松的话题。这类话题令人轻松愉快、身心放松，适用于非正式交谈，允许各抒己见，任意发挥。主要包括文艺演出、流行、时装、美容美发、体育比赛、电影电视、休闲娱乐、旅游观光、名胜古迹、风土人情、名人逸事、烹饪小吃、天气状况，等等。

第四，选择时尚的话题。即以此时此刻正在流行的事物作为谈论的中心，这类话题变

化较快，不太好把握。

最后，选择擅长的话题，尤其是交谈对象有研究、有兴趣的话题。比如，青年人对于足球、通俗歌曲、电影电视的话题较多关注，而老年人对于健身运动、饮食文化之类的话题较为熟悉；公职人员关注的多是时事政治、国家大事，而普通市民则更关注家庭生活、个人收入等；男人多关心事业、个人的专业，而妇女对家庭、物价、孩子、化妆、衣料、编织等更容易津津乐道。

在交谈时要注意交谈的话题有所忌讳。在交谈中，若双方是初交，则有关对方年龄、收入、婚恋、家庭、健康、经历这一类涉及个人隐私的话题，切勿加以谈论。

2)　扩大话题储备

由于受到人们的经历、职业、兴趣、学习状况以及每个人所掌握的话题状况各不相同等条件的局限，必须尽量扩大话题储备。其中，知识储备尤为重要。如果一个人有理想、有追求，思想境界高，而且肯下功夫学习，爱读书看报，并关注社会现实生活，把看到、听到的东西有意识地加以记忆和积累，那么，他(她)就会变得学识渊博，通晓时事政策、天文地理、政治外交、文艺体育、花鸟鱼虫、音乐美术等知识。由于视野开阔，所以，谈论的话题自然会比别人宽得多。

4．学做最佳听众

有人说：“人为什么两只耳朵一张嘴，即耳朵的数量是嘴的两倍？那是因为上帝造人的时候就要求我们少说多听。”此话颇有一点意思。我国古代也有“愚者善说，智者善听”之说。听，可以从谈话对方获得必要的信息，领会谈话者的真实意图。如果不能认真地聆听，就无法了解和满足对方的需求，和谐的人际关系也只能是空谈。况且聆听本身还是尊重他人的表现。因此，应充分重视听的功能，讲究听的方式，追求听的艺术。

1)　要耐心

在对方阐述自己的观点时，应该认真地听完，并真正领会其意图。许多人在听的过程中，一听到与自己意见不一致的观点或自己不感兴趣的话题，或者因为产生了强烈的共鸣就禁不住打断对方或做出其他举动，致使他人思路中断、意犹未尽，这是不礼貌的表现。当别人正讲在兴头上时，不宜插话。如必须打断，应适时示意并致歉后再插话；插话结束时，要立即告诉对方“请您继续讲下去”。聆听中还应注意自己的仪表，不应该从自己的举止或姿态中流露出不耐烦、疲劳或是心不在焉的情绪，因为这样会伤害对方的自尊心。

礼仪小故事 3-7：

我还要回来

美国知名主持人林克莱特有一天访问一名小朋友，问他说：“你长大后想要当什么呀？”小朋友天真地回答：“嗯……我要当飞机的驾驶员！”林克莱特接着问：“如果有一天，你的飞机飞到太平洋上空所有引擎都熄火了，你会怎么办？”小朋友想了想：“我会先告诉坐在飞机上的人绑好安全带，然后我挂上我的降落伞跳出去。”当在场的观众笑得东倒西歪时，林克莱特继续注视着这孩子，想看他是不是自作聪明的家伙。没想到，接

着孩子的两行热泪夺眶而出，这才使得林克莱特发觉这孩子的悲悯之心远非笔墨所能形容。于是林克莱特问他说：“为什么你要这么做？”小孩的答案透露了这个孩子真挚的想法：“我要去拿燃料，我还要回来！我还要回来！”

(资料来源：http://bbs.tianya.cn/post-funinfo-2244067-1.shtml)

点评：通过这个故事，大家明白倾听的艺术了吗？沟通是双向的。我们并不是单纯地向别人灌输自己的思想，我们还应该学会积极地倾听。

2) 要专心

在听对方说话时，应该目视对方，以示专心。要真正了解对方，语言只传达了部分信息，所以还应注意说话者的神态、表情、姿势以及声调、语气等非语言符号的变化传递的非语言信息，以便全面、准确地了解对方的思想感情。同时，以专注的目光表示认真聆听，对说话者来说也是一种尊重和鼓励，可以使其感到自己谈话的重要性和必要性。

3) 要热心

在交谈中，强调在对方谈话时目视对方、认真专心地去听，并不是说聆听者完全被动地、默默地听。经验告诉人们，在说话时，如果对方面无表情、目不转睛地盯着自己看，便会使谈话者怀疑自己的仪表或讲话有什么不妥之处而深感不安。因此，聆听者在听取信息后，为使对方感到你的确在听而非发呆，可以根据情景，或微笑，或点头，或发出“哦”“嗯”的应答声，甚至可以适时插入一两句提问，例如，“哦，原来这样，那后来呢？”“真的吗？”等。这样就能够实现谈话者与聆听者不断地交流，形成心理上的某种默契，使谈话更为投机。

礼仪小博士 3-4：

LISTEN(聆听)六要点

礼仪专家赵玉莲总结了LISTEN(聆听)六要点。

L：Look，注视对方试用“肯尼迪总统眼神法”，方法是轮流看对方的眼睛，看左眼、看右眼，再看回左眼，两眼交替注视。据说肯尼迪总统经常使用，最能打动对方的心。

I：Interest，表示兴趣，点头、微笑、身体前倾，都是有用的身体语言。

S：Sincere，诚实关心，留心对方的说话，做真心善良的回应。

T：Target，对牢目标，对方说话离题，听者要适当提醒，将其马上带回主题。

E：Emotion，控制情绪，就是听到过分言语，也不要发火。

N：Neutral，避免偏见，小心聆听对方的立场，不要急于捍卫己见。

(资料来源：http://www.docin.com/p-170719379.html)

5. 注意发问方式

发问是交谈的一项重要内容，在交谈中要注意发问的方式，问得其所，问到所需。

1) 认清对象，问得适宜

俗话说：“到什么山上唱什么歌”，提问同样也要注意这一点。年龄、收入、婚姻关

系、家庭背景往往是交谈中应避免的话题。如果问到这类问题，尽管发问者并无恶意，但却在客观上给对方造成不愉快，甚至恼怒。不同的对象，性格特征也不一样，有的开朗外向、能言善辩，有的严肃内向、不善言辞。对前者提问可以开门见山，连连发问；而对后者，则要善于引发诱导，由浅入深，启发对方把心里话说出来。不同的对象也有不同的学识、阅历，作为提问者应先了解对方这方面的背景，适当地发问，且不可问明显是对方不懂的问题，使其感到难堪。一旦遇到这种情况，提问者切不可露出鄙夷、嘲笑的神态，而应当尽快使对方解脱困境。总之，一把钥匙开一把锁， 要针对不同对象采用不同的对策进行提问，让对方轻松自如地说出你想获得的信息。

2)　抓住关键，讲究技巧

发问还要注意问题不要过于笼统，缺乏逻辑性，以免对方难以开口或一开口就无法讲下去。对敏感性较强的问题，正面发问往往效果不佳，若能转化成具体的、侧面的问题，常有利于对方坦率地说出自己的想法。发问的措辞也有讲究，要想知道所需的信息，就必须注意提问的措辞。例如，有一个教士问主教：“我在祈祷时可以抽烟吗？”这个请求遭到主教的断然拒绝。另一名教士也去问他的主教：“我在抽烟时能祈祷吗？”他的抽烟请求得到了允许。可见，提问的技巧很有讲究，它是社会交往的开门砖。

6．弥补言语失误

在与人交往中由于言语的某一个失误，往往导致终生遗憾。那么，在言语出现失误的时候，该怎样弥补这一过失呢？

1)　及时纠正

俗话说：“亡羊补牢，犹未为晚也！”每个人的言行不可能永远正确，若一时失误，应及时纠正，这才是明智之举。这种方法，可以在一定程度上避免当面出丑，不失为补救的有效手段。

礼仪小故事 3-8：

里根纠正口误

一次，美国总统里根(Ronald Reagan)访问巴西。由于旅途疲乏，年岁又大，在欢迎宴会上，他脱口说道：“女士们，先生们！今天，我为能访问玻利维亚而感到非常高兴。”

有人低声提醒他说溜了嘴，里根忙改口道：“很抱歉，我们不久前访问过玻利维亚。”

尽管他并未去过玻利维亚。当人们还来不及反应时，他的口误已经淹没在后来的滔滔大论之中了。

(资料来源：杨茳. 礼仪师培训教程[M]. 北京：人民交通出版社，2007.)

2)　及时移植

及时移植，就是把错话移植到他人头上。如说：“这是某些人的观点，我认为正确的说话应该是……”这就把自己已出口的某句错误纠正过来了。对方虽有某种感觉，但是无法认定是你说错了。

3) 及时引申

迅速将错误言辞引开，避免在错中纠缠，也就是接着那句错误的话之后说："然而正确说法应是……"或者说："我刚才那句话还应作如下补充……"，这样就可将错话抹掉。

4) 借题发挥

借题发挥就是错话一经出口，在简单的致歉之后立即转移话题，有意借着错处加以发挥，以幽默风趣、机智灵活的话语改变场上的气氛，使听者随之进入新的情境中去。

礼仪小故事 3-9：

求　职

有一个新毕业的大学生去某合资公司求职，一位负责接待的先生递过来名片。大学生神情紧张，匆匆一瞥，脱口说道："滕野先生，您身为日本人，抛家别舍，来华创业，令人佩服。"那人微微一笑："我姓滕，名野七，地道的中国人。"大学生面红耳赤，无地自容，片刻后，神志清醒，诚恳地说道："对不起，您的名字使我想起了鲁迅先生的日本老师——滕野先生。他教给鲁迅许多为人治学的道理，让鲁迅受益终生。希望滕先生日后也能时常指导我。"腾先生面带惊奇，点头微笑，最终录用了他。

(资料来源：杨茳. 礼仪师培训教程[M]. 北京：人民交通出版社，2007.)

5) 将错就错

将错就错这种方法就是在错话出口之后，能巧妙地将错话续接下去，最后达到纠错的目的。其高妙之处在于：能够不动声色地改变说话的情境，使听者不由自主地转移原先的思路，不自觉地顺着讲话者的思维而思维。

礼仪小故事 3-10：

"已过磨合期"

某次婚宴上，来宾济济，争向新人祝福。一位先生激动地说道："走过了恋爱的季节，就步入了婚姻的漫漫旅途。感情的世界时常需要润滑。你们现在就好比是一对旧机器……"其实他本想说"新机器"，却脱口说错，令举座哗然。一对新人更是不满之意溢于言表，因为他们都曾各自离异，自然以为刚才之语隐含讥讽。那位先生的本意是要将一对新人比作新机器，希望他们能少些摩擦，多些谅解。但话既出口，若再改正过来，反而不美。他马上镇定下来，略一思索，不慌不忙地补充一句："已过磨合期。"此言一出，举座称妙。这位先生继而又深情地说道："新郎新娘，祝福你们永远沐浴在爱的春风里。"大厅内掌声雷动，一对新人早已笑若桃花。

(资料来源：杨茳. 礼仪师培训教程[M]. 北京：人民交通出版社，2007.)

这位来宾的将错就错令人叫绝。错话出口，索性顺着错处续接下去，反倒巧妙地改换了语境，使原本尴尬的失语化作了深情的祝福，同时又道出了新人之间情感历程的曲折与相知的深厚，颇有些"点石成金"之妙。

7. 避免冷场发生

与人交谈，一个话题谈完了，如果两个人不善言谈，而另一个话题又没接上，那么，就有可能出现“冷场”的尴尬局面，别人会显出局促不安的神态，你也会无所适从，怎么办？一般来说，冷场分为两种情况：一种是单向交流，听的人毫无兴趣，注意力分散；另一种是双向交流中，听者毫无反应，或仅以“嗯”“噢”之类应付。不管是哪种情况出现的冷场，根本原因都在于听者不愿听说话人所说的话，听者仅仅出于纪律的约束或处世的礼貌而扮演一个“接受”的角色。发言者既要发言，就必须实施控制，避免冷场的发生。避免和控制的办法如下。

1)　发言简短

单向交流中那种应景式讲话，越短越好。如某商场举行开业仪式，邀请了市内各方面的人士参加。总经理只说了两句话：“女士们，先生们：热忱欢迎各位光临！现在我宣布××商场正式开业！”

双向交流中，任何一方都不要滔滔不绝地“包场”，要有意识地给对方留下发言的时间和机会。自己一轮讲不完，应待对方有所反应后再讲，不要一轮就讲得很长。

2)　交换话题

单向交流的话题变换是暂时的，所变换的话题是为了吸引听者的注意力，调动他们的兴趣。这一目的达到后，仍要回到原有话题的轨道。比如，教师在讲课过程中发现学生精力分散、东张西望、打瞌睡、窃窃私语、在桌上乱画，可以暂停讲授，穿插几句应景、时髦、诙谐的话，或者简短地讲个与教学相关的典故、趣闻，学生的精力便会一下子集中起来，之后，再继续教学。双向交流的话题变换是不定的，根据现场情况随时进行。比如你与别人谈今日凌晨看的一场世界杯足球赛电视直播，可别人并不喜欢足球，也没有在半夜爬起来观看，对你所谈论的话题显得毫无兴趣，出现冷场。这时，你就应及时将话题转到其他方面去。

3)　中止交谈

任何人在交谈时都不希望听者不愿接受。但若这种情况出现后，自己虽采取了诸如简短发言、变换话题等控制手段，仍然不能扭转冷场的局面，那就应中止交谈。没有人接受的交谈是无意义的，无意义的交谈既白白消耗自己的精力，又无端浪费别人的时间。

礼仪小博士 3-5：

交谈的禁忌

一忌居高临下。不管你身份多高，资历多深，都应放下架子，平等地与人交谈，切不可给人以“高高在上”之感。

二忌自我炫耀。交谈中，不要炫耀自己的长处、成绩，更不要或明或暗拐弯抹角地为自己吹嘘，以免使人反感。

三忌口若悬河。如果对方对你所谈的内容不懂或不感兴趣，不要不顾对方的情绪，自己始终口若悬河。

四忌心不在焉。当你听别人讲话时，思想要集中，不要左顾右盼，或面带倦容、连打呵欠，或神情木然、毫无表情，让人觉得扫兴。

五忌随意插嘴。要让人把话说完，不要轻易打断别人的谈话。

六忌节外生枝。要扣紧话题，不要节外生枝。如当大家正在兴致勃勃地谈论音乐时，你突然把足球赛塞进来，显然不识“火候”。

七忌搔首弄姿。与人交谈时，姿态要自然得体，手势要恰如其分。切不可指指点点，挤眉弄眼，更不要挖鼻掏耳，给人以轻浮或缺乏教养的印象。

八忌挖苦嘲弄。别人在谈话时出现了错误或不妥，不应嘲笑，特别是在人多的场合尤其不可如此，否则会伤害对方的自尊心。也不要对交谈以外的人说长道短，这不仅有损别人，也有害自己，因为谈话者从此会警惕你在背后也说他的坏话。更不能把别人的生理缺陷当作笑料，无视他人的人格。

九忌言不由衷。对不同看法要坦诚地说出来，不要一味附和，也不要胡乱赞美、恭维别人，否则，会令人觉得你不真诚。

十忌故弄玄虚。本来是习以为常的事，切莫有意“加工”得神乎其神，语调时惊时惶、时断时续；或卖“关子”、玩深沉，让人捉摸不透。如此故弄玄虚，是很让人反感的。

十一忌冷暖不均。当几个人一起交谈时，切莫按自己的“胃口”，更不要按他人的身份而区别对待，热衷于与某些人交谈而冷落另一些人。不公平的交谈是不会令人愉快的。

十二忌短话长谈。切不可泡在谈话中，鸡毛蒜皮地“掘”话题，浪费大家的宝贵时光。要适可而止，说完就走，提高谈话的效率。

(资料来源：http://www.whknj.com/html/text/573.html)

3.1.5 名片的礼仪

名片是现代社会中必不可少的社交工具。两人初次见面，先互通姓名，再奉上名片，单位、姓名、职务、电话等历历在目，既回答了一些对方心中想问而有时又不便贸然出口的问题，又使相互之间的距离一下子拉近了许多。在交往中，熟悉和掌握名片的有关礼仪是十分重要的。

有趣的是，早在中国汉代就有这种功能类似于现在的“名片”。清代学者赵翼在《陔馀丛考》卷三十“名帖”中说：“古人通名，本用削木书字，汉时谓之谒，汉末谓之刺。汉以后虽则用纸，而仍相沿曰刺。”按照他的说法，汉代的名片是木质，上面墨书文字，名称叫作“谒”，汉末改为“刺”。汉以后随着造纸术的发明和推广，名片虽改为纸制，但仍沿用了“刺”这一名称。

名片在中国古代一直被使用，时至明清，使用更为广泛。每临近春节，商人们都要制作大量的红纸名片，名片上印有商号。除夕之夜，派人广为散发，不管认识与否，有无来往，见门就塞，以示恭贺新春，这里面当然有“多多光临”的意思。收到名片的人家就把它贴到墙上，以烘托喜庆的气氛。就因为如此，才有了于右任遇难得救的故事。

礼仪小故事 3-11：

名片助于右任遇难得救

1905 年，于右任写了一本《半哭半笑楼诗草》，抨击时政。陕甘总督升允见后，认为“逆竖昌言大逆不道”而密奏清政府，慈禧阅后批复就地处决。此时于右任在开封，他的同学李合甫的父亲李丙田探知消息后，雇人日夜兼程送信。于右任获信后，当即转移，临行时，他随手揭下了旅馆墙上的 20 多张名片，沿途每遇人盘查，便拿出一张，以名片中的姓名应付，蒙混过重重关卡，结果名片用完了，他也逃出了虎口。

(资料来源：杨友苏，石达平. 品礼：中外礼仪故事选评[M]. 上海：学林出版社，2008.)

在现代交往中，名片已不仅仅用于拜访，人们还用它作自我介绍，介绍友人相识或托人取物，也可以作为简单的礼节性通信往来，表示祝贺、感谢、劝慰、吊唁等。随着社会文明的发展，小小的名片在人们之间的信息传递中，扮演了一个不可缺少的角色。正如一位名人所说：“在现代生活中，一个没有个人名片，或是不会正确使用个人名片的人，就是一个缺乏现代意识的人。”

1．名片的制作

1)　名片的规格、材质与色彩

名片一般为 10 厘米长、6 厘米宽的白色卡片。我们经常使用的名片规格略小，长 9 厘米，宽 5.5 厘米。值得说明的是：如无特殊需要，不应将名片制作得过大，甚至有意搞折叠式，免得给人以标新立异、虚张声势之感。

印制名片，最好选用纸张，并以耐折、耐磨、美观、大方的白卡纸、再生纸、合成纸、布纹纸、麻点纸、香片纸为佳。至于高贵典雅、纸制挺括的钢骨纸、皮纹纸，则可量力而行，酌情选用。必要时，还可覆膜。

印制名片的纸张，宜选庄重朴素的白色、米色、淡蓝色、淡黄色、淡灰色，并且以一张名片一色为好。

2)　名片的内容

很多企业认为名片是宣传组织的一个极好的媒体，若所有工作人员，特别是业务员的名片设计得风格一致，将会给人一种统一的视觉印象，而有些名片却要设计得个性鲜明，方显与众不同。

例如以下几位艺术家和社会名流的名片就颇具个性、独领风骚，使人睹名片如见其人，接名片如沐春风。

棋圣聂卫平的名片“棋”高一着，上部是自己的漫画像，中部用钢笔签名，下部是一幅围棋谱局。图文并茂，一目了然。

青年舞蹈家杨丽萍的名片上印着“孔雀头”手型剪影的特有标志，将其优美的孔雀舞姿再现于名片之上，形态栩栩如生、惟妙惟肖；而艺术化的 YLP 三个英文字母即姓名缩写，设计新颖别致，浑然一体，令人叫绝。

著名作家沙叶新的名片也设计得别具一格，其名片左下方是其右手夹书、左手拿笔的

漫画像，右上方是个大括号，内书：

我，沙叶新，
上海人民艺术剧院院长——暂时的
剧作家——永久的
某某委员、某某理事、某某教授、某某顾问——这些都是挂名的。

一般的，名片上应该印上工作单位、姓名、身份、地址、邮政编码等。工作单位一般印在名片的上方，社会兼职紧接工作单位排列下来；姓名印在名片中央，右旁印有职务、职称；名片的下方为地址、邮政编码、电话号码、传真、E-mail 地址等。

名片的背面，一般都印上相应的英文，作为对外交往时用。但也有些名片在背面印上企业、公司的简介、经营范围、产品及服务范围，以方便客户作为宣传。例如，大连市某县有一名副县长的名片，就是除了姓名、职务等内容之外，还有一幅本县的风光图片。照他的说法，这样做有利于增强人们的环保意识。原来该县是个海岛县，风光秀丽，近年来发展了旅游业，成为该县的支柱产业之一。在开发旅游资源的时候，他们首先想到的是保护自然环境，为子孙后代留下一片蓝天碧水。这位副县长的名片融宣传本地与普及环保意识于一体，收到了良好的经济效益和社会效益。

很多企业有标准的员工名片格式，有的要加印公司的标识，甚至企业经营理念，并且规定名片统一规格、格式等。

2. 名片的用途

对现代人来讲，名片是一种物有所值的实用型交际工具，其用途是多方面的。

1) 介绍自身

名片最主要的用途是介绍自身。会客交友，取出一张名片，自我的基本情况跃然纸上，让他人一目了然。它在介绍中的好处是简明扼要，介绍方便。在当着一两个人口头自我介绍时，总是很简短，几乎就是姓名、单位，有时候职务都不便开口说出。因为介绍自己的一官半职总有自我炫耀之嫌，当身兼数职时更不好一一启齿，但有了名片，一切都写得清清楚楚，不用为难和啰唆，他人就能较多地了解你。

2) 维持联系

名片犹如“袖珍通讯录”，利用它所提供的资料，即可与名片的提供者保持联系。正因为有了名片上所提供的各种联络方式，人们的“常来常往”才变得更加现实和方便。

3) 显示个性

通过名片展示个性，获得他人对自我多方面和多层次的了解。可以在名片上印上代表自己个性的爱好和特点，如“酷爱足球，性喜笔耕，嗜辣如命，钟情绿色，崇尚真诚”，这样的名片很快就让别人读懂了自己，也赢得了友善。也有的人在名片上印上自己的座右铭或喜爱的格言及希望与对方相识的真诚的话语等，如“一握你的手，永远是朋友”“不握你的手，照样是朋友”这样的名片很容易给对方留下好感，加深交往。

4) 拜会他人

初次前往他人居所或工作单位进行拜会时，可将本人名片交由对方门卫、秘书或家

人，转交给被拜访者，以便对方确认“来系何人”，并决定见与不见。这种做法比较正规，可以避免冒昧造访。

此外，名片在交往中还有其他用途，如馈赠附名、代替请柬、喜庆告友、祝贺升迁等。

3．名片的交换

要使名片在交际中正常地发挥作用，还需在交换名片时做得得法。遇到以下几种情况时需与对方交换名片：①希望认识对方时；②被介绍给对方时；③对方提议交换名片时；④对方向自己索要名片时；⑤初次登门拜访对方时；⑥通知对方自己的变更情况时；⑦打算获得对方的名片时。

1)　递交名片

名片的持有者在递交名片时动作要洒脱、大方，态度要从容、自然，表情要亲切、谦恭。应当事先将名片放在身上易于掏出的位置，取出名片便先郑重地握在手里，然后再在适当的时机得体地交给对方。

递交名片的姿势是：要双手递过去，以示尊重对方。将名片放置手掌中，用拇指夹住名片，其余四指托住名片反面，名片的文字要正向对方，以便对方观看。若对方是外宾，则最好将名片上印有对方认得的文字的那一面面对对方，同时讲些“请多联系”“请多关照”“我们认识一下吧”“有事可以找我”之类友好客气的话。

递交名片的时间，应当根据具体情况而定。如果名片持有者与人事先有约，一般可在告辞时再递上名片。如果双方只是偶然相遇，则可在相互问候，得知对方有与你交往的意向时，再递交名片。

与多人交换名片时，要注意讲究先后次序，或由近而远，或由尊而卑。一定要依次进行，切勿采取“跳跃式”，当然也没有必要像散发传单似的，站在人流拥挤处随意滥发名片。

2)　接受名片

接受他人名片时，应恭恭敬敬，双手捧接，并道感谢。接受名片者应当首先认真地看看名片上所显示的内容，可以从上到下，从正面到反面重复看一遍，必要时还可把名片上的姓名、职务(较重要或较高的职务)读出声来，如“您就是张总啊”，以表示对赠送名片者的尊重，同时也加深了对名片的印象。然后把名片细心地放进名片夹或笔记本、工作证里夹好。

在别人给了名片后，如有不认识或读不准的字要虚心请教。请教他人的姓名，丝毫不会降低你的身份，反而会使人觉得你是一个对待事情很认真的人，从而增加对你的信任。

接受名片时应避免：马马虎虎地用眼睛瞄一下，然后顺手不经意地塞进衣袋；随意往裤子口袋一塞、往桌上一扔；名片上压东西、滴到了菜汤油渍；离开时把名片忘在桌子上。名片是一个人人格的象征，这些行为是对其人格的不尊重，从而使人感到不快。

当然在收到别人的名片后，也要记住回敬别人名片，因为只收别人的名片，而不拿出自己的名片，是无礼拒绝的意思。

3)　索取名片

如果没有必要最好不要强索他人名片。若索取他人名片，则不宜直言相告，而应委婉

地表达此层意思：可向对方提议交换名片、主动递上本人的名片；询问对方："今后如何向您指教？"(向尊长者索要名片时多用此法)；询问对方："以后怎么与您联系？"(向平辈或晚辈索要名片时多用此法)。

反过来，当他人向自己索取名片时，自己不想给对方时，不宜直截了当，也应以委婉方式表达此意。可以说："对不起，我忘带名片了"或"抱歉，我的名片用完了"。

4．名片的整理

在参加交际活动之前，要提前准备好名片，并进行必要的检查。随身所带的名片最好放在专用的名片夹里，也可放在上衣口袋里。不要把名片放在裤袋、裙兜、提包、钱包等里面，那样既不正式，又显得杂乱无章。在自己的公文包以及办公桌抽屉里，也应经常备有名片，以便随时使用。在交际场合，如感到要用名片，则应将其预备好，不要在使用时再去乱翻乱找。参加交际活动后，应立即对所收到的他人名片加以整理收藏，以便今后取用方便。不要将它随意夹在书刊、材料中，不要压在玻璃板底下，或是扔在抽屉里面。存放名片的方法大体有按姓名的外文字母或汉语拼音字母顺序分类、按姓名的汉字笔画的多少分类、按专业或部门分类、按国别或地区分类四种，这些分类方法还可以交叉使用。若收藏的名片甚多，还可以编一个索引，那么用起来就更方便了。随着人际交往的不断深入，还可在收藏的他人名片上随手记下可供本人参考的资料，使其充当社交的记事簿。在收藏的他人名片上可记的有利于人际交往的资料有：

(1) 收到名片时的具体情况，包括收到名片的地点、时间，以及是否与对方亲自交换等。在国外有一种做法，即把名片的右上角向下折，然后再使其恢复原状，它表示该名片是对方亲自与自己交换的。

(2) 交换名片者个人的资料，例如性别、年龄、籍贯、学历、专长、嗜好等。这既可备忘，也可充作资料。

(3) 交换名片者在交换名片后变化的情况，如单位、部门的变化，职业的变动调任、职务的升降、联络方式的改变等。

礼仪小故事 3-12：

修改名片带来的麻烦

小王刚刚升任为公司的销售经理，为了回报领导对他的器重，准备在即将到来的外贸谈判中好好表现一下，这可是小王第一次作为谈判代表与外商接触。为了这次意义重大的交易磋商，他在各方面都做了充分的准备：住宿、就餐、娱乐等。外商来到后对主人的热情感到十分满意，也透露了想与小五做这笔生意的诚意。激动的谈判时刻终于到来了，谈判之前，在小王与外商代表见面后，互递名片。小王把自己的名片递给外商后，突然想起他最近新换了手机号码，而名片上印的是原来的号码，于是他很有礼貌地把已经递出的名片要了回来，掏出笔，划掉名片上已经打印好的旧号码，写上了自己的新号码。没成想外商在看过小王第二次递上来的名片之后，马上拒绝了与小王谈判的要求，看着外商离去的身影，小王一行人当即傻了眼……

(资料来源：https://wenku.baidu.com/view/e89262eb6294dd88d0d26b47.html)

3.2 通　　联

世界已经进入信息时代，人们之间的联系交流正因科学技术提供的先进通信工具和手段而变得更加方便、准确和及时。过去人们通联主要是写信、拍发电报，现在不仅固定电话普及，移动电话、电子邮件、传真机等也都成为现代社交活动的重要通信工具。电报这种过去的重要通信工具在现代社交活动中使用得越来越少，逐渐居于次要地位，但传统的书信通联依然具有其独特的功效和魅力。在享受通联便捷与快乐时，请不要忘记通联时的礼貌。

3.2.1 使用电话礼仪

电话是人们开展社交活动不可缺少的工具，在日常生活和工作交往中，都要利用电话与别人取得联系和交流。据美国《电话综述》(*Telephone Review*)说，一个人一生平均有 8760 小时在打电话。在录像电话还没普及之前，人们通过电话给人的印象完全靠声音和使用电话时的习惯，要想有“带着微笑的声音”或者通过电话赢得信任，就必须掌握使用电话的礼节与技巧。

1. 电话语言要求

目前大部分电话能传输的信号是声音，但这一信号载体却包含着许多信息。说话人想做什么，要做什么，是高兴还是悲伤，还有对另一方的信任感、尊重感，通过打电话时的语言与声调，通电话的双方都可以清晰地得知。因此，电话语言要求礼貌、简洁和明了，以准确地传递信息。

1)　态度礼貌友善

当我们使用电话交谈时，我们不能简单地将对方视作一个“声音”，而应看作面对一个正在交谈的人。在使用电话时，多用肯定语，少用否定语，酌情使用模糊用语；多用些致歉语和请托语，少用些傲慢语、生硬语。礼貌的语言、柔和的声音，往往会给对方留下亲切之感。正如日本一位研究传播的权威所说：“不管是在公司还是在家里，凭这个人在电话里的讲话方式，就可以基本判断出其‘教养’的水准。”

2)　传递信息简洁

电话用语要言简意赅，将自己所要讲的事用最简洁、最明了的语言表达出来。因为通话的一方尽管有诸如紧张、失望而表情异常的体态语言，但通话的另一方不知道，他所能得到的判断只能是来自他听到的声音。在通话时最忌讳发话人吞吞吐吐，含糊不清，东拉西扯。正确的做法是：问候完对方，即开宗明义，直言主题，少讲空话，不说废话。

3)　控制语速语调

通话时语气温和，语调、语速适中，这种有魅力的声音容易使对方产生愉悦感。如果说话过程语速太快，则对方会听不清楚；太慢，则对方会不耐烦；语调太高，则对方听得刺耳，感到刚而不柔；太低，则对方会听得不清楚，感到有气无力。一般说话的语速、语调和平常的一样就行了，即使是长途电话，也无须大喊大叫，只要把话筒放在离嘴两三寸的地方，正对着它讲就行了。另外通电话时，若周围有种种异样的声音，会使对方觉得自己未受尊重而变得恼怒，这时应向对方解释，以保证双方心情舒畅地传递信息。

4) 使用礼貌用语

在电话交际中应使用礼貌用语，现以实例列表说明(见表3-2和表3-3)。

表3-2 打一般商务交际电话的礼貌用语及应对要点

接电话者(对方)	打电话者(自己)	应对的重点
▲ 您好，这里是国际公司门市部	● 我是中华公司业务部的张××。请问李××先生在吗	◇ 首先把要和对方谈的事情用备忘录整理好，并将会用到的资料事先准备妥当
▲ 请稍等一下	● 谢谢	◇ 去叫李先生接电话
▲ 我是李××	● 您好，我是中华公司业务部的张××。前天您订的货已经来了，我打算早一点送过去，您觉得如何	◇ 要找的人一接电话，就恭敬地再打一次招呼。 ◇ 不要只配合自己的情况，也要问问对方是否方便
▲ 哦，是这样啊！明天送过来怎么样	● 好，我知道了，那么明天几点，要送到哪里比较方便呢	◇ 要确定准确信息
▲ 三点送到总务科，交给赵×× ▲ 能不能向您请教一下商品的使用方法	● 好，明天三点送到总务科，给赵××先生。 ● 好的，我明天会过去为您详细解说，我手上有说明书，马上用传真机传过去若看不清楚给我来电话	◇ 为避免错误把对方的话重复一遍。 ◇ 打电话前必要的资料要先拿在手上。 ◇ 用传真机输送，输送以前，都须以电话确认
▲ 好，我明白了 传真收到了，很清楚，谢谢	● 明天再拜访了，谢谢您，再见！ 好，我知道了，再见	◇ 别忘了结束时的道别

(资料来源：李兴国. 现代商务礼仪[M]. 哈尔滨：黑龙江科学技术出版社，1998.)

表3-3 接一般商务交际电话的礼貌用语及应对要点

打电话者(对方)	接电话者(自己)	应对的重点
	● (电话铃响)这里是中华公司业务部	◇ 电话铃响两声，就拿起话筒。如果是中午前，别忘了道一声早安
▲ 麻烦您找张××先生听电话	● 对不起，请问您是哪一位	
▲ 我是国际公司的李××	● 张先生他在，请稍等。 ● 抱歉，让您久等了，他大概三点会回来。请问您有何事，能否让我转达	◇ 反复确认对方。 ◇ 倘若叫人要花点时间，要问对方是否方便等。 ◇ 如果要找的人不在，不要只告知“他不在”，其后的应对不要忘记

续表

打电话者(对方)	接电话者(自己)	应对的重点
▲ 不可以，这事除了张先生之外，别人不明白。那么能不能麻烦您请他四点钟左右打电话给我？ ▲ 好的，1234567	● 是。但为防万一，能不能留下您的电话号码？ ● 我确定一下，是不是 1234567，敝人姓杨，等张先生回来我一定转告他四点左右给您打电话	◇ 如果对方愿告知什么事，用备忘录记好。 ◇ 对方交代的事情一定要重复确认。 ◇ 在留言备忘录中，要记上对方打来的电话，及对方的姓名
▲ 拜托您了	● 不客气。那么再见	◇ 确定对方已挂断电话后，再轻轻地放下听筒

(资料来源：李兴国. 现代商务礼仪[M]. 哈尔滨：黑龙江科学技术出版社，1998.)

2. 接电话

1) 迅速接听

接电话的速度首先要快，力争在铃响三次之前就拿起话筒，这是避免让打电话的人产生不良印象的一种礼貌。电话铃响过三遍后才作出反应，会使对方焦急不安或不愉快。正如日本著名社会心理学家铃木健二所说：“打电话本身就是一种业务。这种业务的最大特点是无时无刻不在体现每个人的特性。”“在现代化大生产的公司里，职员的使命之一，是一听到电话铃声就立即去接。”接电话时，应首先自报单位、姓名，然后确认对方，如：“您好！这是××公司营销部。”如果对方没有马上进入正题，可以主动请教：“请问您找哪位通话？”

2) 积极反馈

通话过程中，要仔细聆听对方的讲话，并及时作答，给对方以积极的反馈。通话中听不清楚或意思不明白时，要马上告诉对方。在电话中接到对方邀请或会议通知时，应热情致谢。

3) 热情代转

如果对方请你代转电话，应弄明白对方是谁，要找什么人，以便与接电话的人联系。此时，请告知对方“稍等片刻”，并迅速找人。如果不放下话筒喊距离较远的人，应用手轻捂话筒或按保留按钮，然后再呼喊接话人。如果你因为某些原因决定将电话转到其他部门，应客气地告之对方，你将电话转到处理此事的部门或适当的职员。如：“真对不起，这件事是由财务部处理，如果您愿意，我帮您转过去好吗？”

4) 做好记录

如果要接电话的人不在，应为其做好电话记录，记录完毕，最好向对方复述一遍，以免遗漏或记错。可利用电话记录卡片做好电话记录。电话记录卡片如图 3-1 所示。

给 ________________
日期 ________________ 时间 ______________

你不在办公室时 先生
________________ 公司的 ____________ 女士
小姐

电话 ______________
O电话 O请打电话回去
O要求来访 O还会打电话来
O是否紧急 O回你的电话
留言 ____________________
____
____
接话人 ____________

图 3-1 电话记录卡片

3. 打电话

1) 时间适宜

打电话的时间应尽量避开上午 7 时前、晚上 10 时以后的时间，还应避开晚饭时间。有午休习惯的人，也请不要用电话打扰他。电话交谈所持续的时间也不宜过长，事情说清楚就可以了，一般以 3～5 分钟为宜。因为在办公室打电话，要照顾到其他电话的进出，不可过久占线，更不可将办公室的电话或公用电话作为聊天的工具，这是惹人讨厌的行为。著名相声表演艺术家马季曾说过一段相声，名叫《打电话》，就是讽刺这种人。

2) 有所准备

通话之前应该核对对方公司或单位的电话号码、公司或单位的名称及接话人姓名。写出通话要点及询问要点，准备好在应答中使用的备忘纸和笔，以及必要的资料和文件。估计一下对方情况，决定通话时间。

3) 注意礼节

接通电话后，应主动友好，自报家门和核实对方的身份。应先说明自己是谁，除非通话的对方与你很熟悉，否则就该同时报出你的公司及部门名称，然后再提一下对方的名称。打电话要坚持用“您好”开头，“请”字在中，“谢谢”收尾，态度温文尔雅。若你要找的人不在，可以请接电话的人转告，如：“对不起，麻烦您转告×××……”，然后将你所要转告的话告诉对方。最后别忘了向对方道一声谢，并且问清对方的姓名，切不可“咔嗒”一声就把电话挂了，这样做是不礼貌的。即使你不要求对方转告，你也应该说一声：“谢谢，打扰了。”结束通话时，要道谢和说声再见，这是通话结束的信号，也是对对方的尊重。注意声音要愉快，听筒要轻放。一般说，应是打电话的人先搁下电话，接电话的人再放下电话。但是，假如是与上级、长辈、客户等通话，无论你是接话人还是发话人，都最好让对方先挂断。

礼仪小故事3-13：

电话中的“女高音”

某杂技团计划于下月赴美国演出，该团团长刘明就此事向市文化局作请示，于是他拨通了文化局局长办公室的电话。

可是电话响了足足有半分多钟，不见有人接听。刘明正纳闷着，突然电话那端传来一个不耐烦的女高音：“什么事啊？”刘明一愣，以为自己拨错了电话：“请问是文化局吗？”“废话，你不知道自己往哪儿打的电话啊？”“哦，您好，我是市歌舞团的，请问王局长在吗？”“你是谁啊？”对方没好气地盘问。刘明心里直犯嘀咕：“我叫刘明，是杂技团的团长。”

“刘明？你跟我们局长什么关系？”

“关系？”刘明更是丈二和尚摸不着头脑。

“我和王局长没有私人关系，我只想请示一下我们团出国演出的事。”

“出国演出？王局长不在，你改天再来电话吧。”没等刘明再说什么，对方就“啪”地挂断了电话。

刘明感觉像是被人戏弄了一番，拿着电话半天没回过神来。

(资料来源：http://www.chinadmd.com/file/savtirv3itzeeiwerietcowp_2.html)

3.2.2 使用手机礼仪

无论是在社交场所还是在工作场合，放肆地使用手机，已经成为不注重社交礼仪的典型表现。在国外，如澳大利亚电信的各营业厅就采取了向顾客提供《手机礼节》宣传册的方式，宣传手机礼仪。在使用手机的时候应该注意以下礼仪：

1．置放到位

在一些公共场合，手机在没有使用时，都要放在合乎礼仪的常规位置。放手机的常规位置有：一是随身携带的公文包里，这种位置最正规；二是上衣的内袋里；有时候，可以将手机暂放腰带上，也可以放在不起眼的地方，如手边、背后、手袋里，但不要放在桌子上，特别是不要对着对面正在聊天的客户。

2．注意场合

在会议中或与别人洽谈的时候，最好把手机关掉，起码也要调到振动状态。这样既显示出对别人的尊重，又不会打断发言者的思路。而那种在会场上铃声不断、像是业务很忙、大家的目光都转向他的人，给人的印象只能是缺少教养。注意手机使用礼仪的人，不会在公共场合或座机电话接听中、开车时、飞机上、剧场里、图书馆和医院里接打手机，即使是在公交车上大声地接打电话也是有失礼仪的。公共场合特别是楼梯、电梯、路口、人行道等地方，不可以旁若无人地使用手机，应该把自己的声音尽可能地压低，而绝不能大声说话，同时不要妨碍他人通行。在一些场合，如在看电影时或在剧院打手机是极其不合适的，如果一定要回话，采用静音的方式发送手机短信是比较合适的。

3. 考虑对方

给对方打手机时，尤其当知道对方是身居要职的忙人时，首先想到的是，这个时间他(她)是否方便接听，并且要有对方不方便接听的准备。在给对方打手机时，注意要通过从听筒传来的回音鉴别对方所处的环境。如果很静，应想到对方也许在开会，有时大的会场能感到一种空阔的回声；当听到噪音时可以判断对方很可能在室外，开车时的隆隆声也是可以听出来的。有了初步的鉴别，对能否顺利通话就有了准备。但不论在什么情况下，是否通话还是由对方来定为好，所以“现在通话方便吗”通常是拨打手机的第一句问话。其实，在没有事先约定和不熟悉对方的前提下，我们很难知道对方什么时候方便接听电话，所以，在有其他联络方式时，还是尽量不打对方手机好些。

在餐桌上，关掉手机或是把手机调到振动状态也是必要的，避免正吃到兴头上的时候，被一阵烦人的铃声打断。不要在别人注视自己的时候查看短信。一边和别人说话，一边查看手机短信，对别人是不尊重的。当与朋友面对面聊天时，不要正对着朋友拨打手机，避免让对方心中不愉快。使用手机时必须牢记“安全至上”，否则不但害人，还会害己。注意不要在驾驶汽车时，使用手机打电话或查看手机短信内容，以避免发生车祸；不要在病房、油库等地方使用手机，以免发出的信号有碍治疗，或引发火灾、爆炸；不要在飞机飞行期间使用手机，否则极可能使飞机“迷失方向”，造成严重后果。

另外，现在有不少人，特别是年轻人喜欢使用彩铃。有些彩铃很搞笑，或很怪异，与千篇一律的铃声比较起来，确实有独特之处。但是彩铃是给打进电话的人听的，如果我们需要经常用手机联系业务，最好不要用怪异或格调低下的彩铃，以免影响自己和单位的形象。

4. 会发短信

手机短信已成为人们交际活动的一种重要方式。其礼仪主要包括书写发送手机短信礼仪和接收手机短信礼仪。

1) 书写发送手机短信礼仪

书写发送手机短信礼仪包括：第一，内容要简单明了；第二，语意要清楚；第三，检查文法和错别字；第四，短信拜年，记得署名。还有一点需要注意，在短信的内容选择和编辑上，应该和通话文明一样重视。不要编辑或转发不健康的、格调不高的短信，特别是一些带有讽刺伟人、名人甚至是革命烈士的短信，更不应该转发。

2) 接收手机短信礼仪

接收手机短信的礼仪包括：①接收短信及时回复；②及时删除不用的短信，保持手机短信容量有一定空余量，以免影响新短信的接收，甚至耽误大事；③重要短信及时移至收藏夹。

礼仪小博士 3-6：

使用手机礼仪的“六要六不要”

六要：

① 当手机铃声响起时，要及时接听。

② 因故未能接听电话或阅读短信，发现后要尽快回话或回短信。

③ 要使用礼貌语言通话，使用文明字眼发信息。

④ 要遵守公共秩序，在教室、图书馆、会议室、音乐厅、电影院等公共场合自觉关机或将手机调至静音、振动状态。在电梯内、火车、公共汽车上使用手机通话时，应压低嗓门，轻声细语，不要大喊大叫。

⑤ 在别人家做客时，要尊重主人。没有特殊情况，不要不停地使用手机打电话。

⑥ 要注意安全，在驾驶汽车时不要使用手机，以免发生意外。

六不要：

① 不要主动索取他人的手机号码。

② 一般情况下不要借用他人的手机。

③ 不要看别人发的信息，更不要编写和转发黄色信息。

④ 不要偷拍别人。

⑤ 使用个性化的铃声无可非议，但不要使用内容不文明的铃声。

⑥ 不要在加油站、燃料库、医院急诊室附近使用手机，也不要在行驶的飞机上使用手机。

(资料来源：https://wenku.baidu.com/view/98d4b9ed51e79b8969022613.html)

3.2.3　收发传真礼仪

传真机是远程通信方面的重要工具，因其方便快捷，在现代商务活动中使用越来越多，可部分取代邮递业务。传真件也是一种普遍认可的文书形式。起草传真时应做到简明扼要、文明有礼。由于传真机使用非常普及，因而有其独特的使用规则，具体如下：

1. 规范操作

如有可能，在发传真之前，应先打电话通知对方，因为很多单位是大家共用一台传真机，如果不通知对方，信件就可能会落到别人的手里或因别人不知道是谁的信件而被丢入垃圾桶。

传真机有自动和手动两种方式。手动方式需接听传真电话的人给传真开始的信号，传送者在听到嘀嘀的长音后再开始传真文档。自动方式不需对方人工操作，在拨通传真电话后，在几声正常电话回音后，就会自动出现嘀嘀的长音，此后就可以开始传真文档。

不应用传真机传送太长的文件。由于传真机所用的纸张质量一般不高，印出的字迹可能不太清楚，如要长久保存，请将传真件复印。如果接收人需要原件备案，诸如一些需要主管人员亲笔签字的合同等资料，则应在传真后将原件用商业信函的方式寄出。

2. 明确信息

为了明确传真的有关信息，正式的传真必须有封面。封面页一般较为正式，有的企业使用“填空式”或封面专用纸。发急件时应在封面正面页注明，因为有的大企业定时分批发送公函和信笺，如不标明急件，就容易被耽误。封面页上注明传送者与接收者双方的公司名称、人员姓名、日期、总页数等，如此接收者可以一目了然。如果不是非常正式的，也必须认真标明传真页码，如果其中某一张传真不清楚或是未收到，则可以请对方再将此页传一次。

3. 注意保密

未经事先许可，不应用传真机传送具有保密性质的文件或材料，因为公共传真机保密性不高，任何刚好经过传真机旁边的人，都可以轻易窥得传真纸上的内容，所以传真件不能确保完全保密。因此若是较私密的事，最好不用传真机传达，除非你想让事件变成“公开的秘密”。

4. 行文礼貌

书写传真件时，在语气和行文风格上，应做到清楚、简洁，且有礼貌。传真信件时必须用写信的礼仪，如称呼、敬语等均不可缺少，尤其是信尾签字不可忽略。签字不仅是礼貌问题，而且只有签字才代表这封信函是发信者同意的。

3.2.4 收发电子邮件礼仪

电子邮件，即通常所说的 E-mail。它是一种重要的通信方式，因其方便快捷，费用低廉，深受人们喜爱，使用者越来越多，尤其是国与国之间通信交流和大量信息交流更是优势明显。对待电子邮件，应像对待其他通联工具一样讲究礼仪。

1. 书写规范

虽然是电子邮件，但是写信的内容与格式应与平常书信一样，称呼、敬语不可少，签名则仅以打字代替即可。写电子邮件语言要简略，不要重复、不要闲聊，写完后要检查一下有无错误，因为发出去的邮件很可能被对方打印出来研读或是贴在公告牌上。写完后还要核定所用字体和字号大小，太小的字号不仅收件人读起来费力，也显得发件人粗心和不够礼貌。写邮件时最好在主题栏中写明主题，以便让收件人一看就知道来信的主旨。

2. 发送讲究

电子邮件的发送有如下讲究：最好不要将正文栏空白而只发送附件，除非是因为各种原因出错后重发的邮件，否则不仅不礼貌，还容易被收件人当作垃圾邮件处理掉；重要的电子邮件可以发送两次，以确保发送成功；发送完毕后，可通过电话等询问是否收到邮件，通知收件人及时阅读。收件人应尽快回复来信，如果暂时没有时间，就先简短回复，告诉对方自己已经收到其邮件，有时间会详细说明。

3．注意安全

电子邮件是计算机病毒重要的传染源和感染病毒的主要渠道。收、发电子邮件都要注意远离计算机病毒。发送电子邮件时要注意尽可能不使邮件携带计算机病毒。因此如果没有反病毒软件实时监控，发送邮件前务必要用杀毒软件杀毒，以免不小心把有毒信件寄给对方。

接收电子邮件时的安全问题更为重要，对来历不明的信件必须谨慎处理，若不确定则最好删除。目前一般计算机都安装有监控邮件病毒的反病毒软件。由于监控软件考虑的安全性较多，因此，许多正常邮件也会给出可能有病毒的提醒，需要及时判断处理，有时宁可损失信息也要果断删除一些可能含有病毒的不明邮件，以免计算机感染病毒。对于没有正文仅有附件的不明邮件，除非与发件人熟悉或事先有约定，原则上都不应该打开；对邮件地址不熟悉的邮件一般也不要轻易打开，因为这往往是陷阱。在删除了怀疑的病毒邮件后，要及时清空邮件回收箱，否则，病毒还会留在计算机硬盘中，没有从物理硬盘上将其删除掉。

此外，要注意定期及时清理邮件收件箱、发件箱、回收箱，空出有限的邮箱容量。及时将一些有用的电子邮件地址记下来并存入通讯簿也是很有必要的。

3.2.5　微博礼仪

微博是近几年兴起的一种网络传播和交流的方式，其实就是一种通过关注机制分享简短信息的广播式的社交网络平台。微博可以相互关注，可以共享信息，可以交朋结友，而且使用起来极为方便和快捷，因而一经问世，立即风靡全网，现在依然是很受欢迎的私媒体和社交平台。

对话是微博的基本形式。虽然大家在微博上彼此互动却不见其人，但微博绝非是一个纯虚拟空间。微博上的一言一行，都能体现出每个用户的不同学识、气质形象与品行素养。而企业的官方微博则更是一个直接的窗口，展现一家企业、一个品牌的内涵。因而，不论是个人的微博，还是企业组织的微博，都应特别注重方法技巧与礼仪规范。

1．文明高雅，客观评论

对于个人微博，发布信息时语言一定要文明高雅，内容要清新可读，不可言语粗俗，更不可攻击他人，甚至公开骂人；生气时尽量不发微博，别让自己的心情影响到大家；发送前一定要检查是否有错别字，转发时必须确保自己了解这件事情，评论别人的微博时要了解原文，客观地发表自己的意见，不能信口雌黄，更不能随意骂人，这些都是基本的发微博的礼仪。

2．礼尚往来，互相关注

微博也是一个网络社交平台，在微博上同样讲究礼尚往来，互相关注也是一种礼貌。一般来说我们会优先关注那些已经关注自己的人，以及那些回复自己消息的人。关注别人和被别人关注都能获得心理的认知。如果你想和一个人交往，你不妨天天围着他的微博

转，等到有一天混得脸熟，他便会理会你、关注你。如果大家天天来关注你，你一直没有回复，时间久了，就没有人再理会你。也就是说，如果别人“粉你”(关注你)，你也应当适时回访，也加上关注，“互粉”才是礼貌的。

3. 官方微博，注重形象

如果你将来在某企业就职，专门管理企业的微博，那就更需要讲究礼仪，这样才能树立企业的良好形象。因为从某种程度上来说，企业的官方微博就是企业形象的一个展示，甚至就是企业的形象。所以，维护好企业的官方微博，也就是维护好了企业的形象。虽然微博操作的权限属于具体的某一位员工，但操作者必须清楚明白，他的所言所行都是代表一个官方企业账号在公共的平台上互动交流，与公众的关系不再是“我”与“你”，而是直接以企业的形象及相关权限身份与众人在线的会面。因此，在具体操作上应尽量减少和避免微博编辑和客服人员的个人行为，而遵循亲和、干练的职业水准。企业的官方微博要对大事件高度敏感，对一些公众最为关心或是当前的热点，不妨多加转发；对于一些公益活动，不妨积极参与并转发；对于企业客户，要全心全意服务，并从服务中提升企业的形象。

4. 语言文明，灵活互动

微博上的礼仪，大多数都是通过微博的发布、回复、评论及私信得以体现：发布微博的语言应当文明礼貌、生动、风趣。微博的文明用语，不仅有助于培养积极健康的心态，而且是一种热情、亲和、开放合作精神的体现。在微博互动时穿插趣味、生动性的回复，偶尔与大家开开玩笑，也会起到很好的效果。微博文字中的“小表情”，也可很好地辅助传递情绪，体现人性化的感性内涵。如果一些敏感性问题不适合公开交流的话，那么不妨私信对方，但是要注意，如果没有必要进行私密沟通的事宜，应尽可能不以发私信的形式来处理，以免让对方产生反感，甚至是被拉黑。

3.2.6 微信礼仪

当今，在我国网络通信工具越来越受到大众的欢迎。人们可以通过这些通信工具联络事宜，就算近在咫尺，也无须起身交谈。与远方的协作客户交谈，轻轻敲几下键盘就可以解决问题，这种交流在过去是无法想象的。现在使用最普遍的网络通信工具就是 QQ 和微信。需要注意的是，网络通信虽然方便、快捷，但毕竟只是辅助通信手段，不能当成唯一的通信方式。当有重要的、正式的、紧急的事宜时，必须通过传统的方式，比如电话、书面信函甚至面访的形式完成。

手机即时聊天工具微信比 QQ 更特别，增加了不少新功能，如便捷的语音聊天功能及其他新功能，加之它还没有通信费，一经推出就受到很多人的喜欢，相对于一般的交流增加了便利和感情色彩。使用微信时需要注意以下几点。

1．明确功能

微信是一款快速发送文字和照片、支持多人语音对讲的手机聊天软件。微信主要有三个功能。第一是玩游戏。很多成年人不玩微信游戏，但玩游戏的确是微信的第一功能，微信游戏与其他手机游戏、电脑游戏最大的不同是能跟微信好友们比个高下，获得排名。第二是看朋友圈。微信朋友圈的内容跟一个新闻网站没有区别，人们看朋友圈就是去看新闻，看热闹，看看朋友们又秀了哪些生活，当然也有人通过看朋友圈去学习。第三是交朋友。微信好友除了自己原来的 QQ 好友和手机通讯录好友，还为你打开了一片新天地：微信上有 6 亿用户(注册用户 6 亿，活跃用户大概 3 亿)，通过微信可以让你认识更多的人。

2．尊重为本

使用微信的礼仪，其实和我们平常的交际礼仪和电话礼仪一样，尊重别人是第一位的。别人向你“打招呼”时，应尽可能及时予以回应，这也是基本的礼貌。发信息要有礼貌，不能凭空一声吼。对别人发来的信息要及时回复，争取做到一分钟内回复，最起码也不能让信息隔夜，这是尊重人的表现。

3．注意内容

微信的文字内容现在都是靠输入，所以更要慎重处理，避免手指不小心碰错了地方，发错了造成误会的内容。输入数字时，手写功能更易出错，所以输好后应审查一遍再发出去。发送前最好再确认一下联系人，有时同时跟好几个聊天时，容易将内容发错对象，引起尴尬。听别人语音内容的时候，最好戴上耳机，除非你周围没人，否则不要让你和朋友间的私密语音和大家“分享”。要力争内容原创，不要动不动就转发别人的内容。很多时候，你觉得新鲜热乎的内容，其实都是别人几年前嚼剩下的东西，发给别人让别人烦，也会降低自己的身价。

4．相互关注

在微信上，你想让人关注你，就要经常翻看朋友圈，感兴趣的就点个赞，多赞别人，你才能靠互动获得更多好评，这是一种风度。使用微信提倡互粉、互赞、互评的“三互”精神，多鼓励和肯定别人，少说教和批评别人，这样大家才都能有个好心情。不可强制别人转发你的作品，比如说转了将走大运、发大财，不转将会如何如何……这是微信交流中的大忌。不能泄露他人隐私，不能随意发表未经他人同意、带有个人隐私性质的内容和图片，这涉及人权和肖像权，也是行规。赞了才能转，看到别人的精彩文段和图片意欲转发时，应先赞后转，这是礼貌，也是涵养。

5．注意时间

微信联系一般以私人目的为主，但也有因公联系的。不管是使用语音功能还是文字或图片，都要注意时间，避免对方在不方便的时候，特别是在休息的时候联系。除非你们有约定，否则不应该在早七点前、晚上十点后再联系。如果是因公联系，晚上七八点后就应避免联系。千万不要大半夜玩微信乱发信息，大半夜发微信，那就是骚扰别人，是不礼貌的。

6．关注“朋友圈”

现在，刷屏已变成了大部分手机用户的习惯性动作，有事没事刷两下，看看谁有什么动态，同时该关心的关心，该点赞的点赞，该调侃的调侃，每个人都忙得不亦乐乎。但最忌讳的就是在别人伤口上撒盐。同时，也要注意发心情和分享的内容不要太过频繁，尽可能不要每天上传大量的共享内容。当然有时“朋友圈”的内容是写给自己的，那就要及时将可见范围设置为私密。也最好不要在里面发布自己的身份信息，如身份证号码、驾驶证号码等重要的个人信息，以防不法分子窃取。同时转发时也应转发健康有用的朋友圈内容，朋友圈内容每时每刻都在不停地更新着，有些内容看到了就想转，转前最好自己稍微看几眼，不要转发有错误、影响自身形象的内容。不要频繁刷朋友圈，最好每小时刷一次，千万别像有些话痨恨不得每分钟刷一次，太过频繁，让人反感。你自己的朋友圈内容要有明确规划，不要东一榔头西一棒子，今天愤世嫉俗，明天心灵鸡汤，后天显摆专业，这样有可能会被人当作精神分裂。

7．注意群聊礼仪

对于微信上的群聊，更需要讲究礼仪。公共群就像一个主题茶馆，发起人开设了一个群，给大家一个聊天喝茶的地方。但是既然是主题茶馆，就要切合主题，不要无限跑题，非常私密的话题可以私下加好友私聊。不要谈论和转发太多跑题及敏感话题；不要发大图和长的语音，那会很消耗流量。有用的图和语音还能受人欢迎，而没用的无聊的内容，则会受人诟病甚至挨骂了。

8．公众微信注意形象

公众微信越开越多，建议开公众微信的要讲究公众形象，遵守公众应遵守的基本道德。另外关注者也应注意分辨打广告的或不法的公众微信，最好分辨清楚了再去关注或转发其内容，不然每天会不停地发送很多信息，反而浪费流量。

使用QQ的礼节与使用微信的礼节差不多，只是越来越多的人更愿意使用微信沟通。

3.3 馈　赠

中华民族素来重视交情，古代就有“礼尚往来”之说。亲友和商务伙伴之间的正当馈赠是礼仪的体现，感情的物化。在正常的交际活动中，用以增进友情的合理、适度的赠礼与受礼是必要的。

3.3.1 馈赠礼品的标准

1．情感性

馈赠礼品要重视其情感意义。礼品作为友好的象征物，其意义并不在礼品本身，而在于通过礼品所传达的友好情意，这是馈赠礼品的基本思想。所谓“千里送鹅毛，礼轻情义

重”，是说情义是无价的，情义是无法用金钱来衡量的。“烽火连三月，家书抵万金”同样说明“情”的价值，丝毫也不夸张。著名作家萧乾当年访问一位美籍华人朋友，特意捎去几颗生枣核。他深深知道：朋友身在异国他乡，年纪越大，思乡越切，送去几颗故土的生枣核，让它在异国他乡生根、开花、结果。果然那位美籍朋友一见到那几颗生枣核，勾起了缕缕乡情，他把枣核托在手掌，仿佛它比珍珠玛瑙还贵重。因此选择礼品时，勿忘一个“情”字，应挑选物美价廉、具有一定纪念意义，或具有某些艺术价值，或为受礼人所喜爱的小艺术品，如纪念品、书籍、画册等。

选择礼品的价值要“得体”。并非是价值越昂贵的礼品所表达送礼者的情意越深厚。送礼要与受礼者的经济状况相适合，中国人历来有“礼尚往来”的习俗，若受礼者的经济能力有限，当接到一份过于贵重的礼品时，其心理负担一定会大于受礼时的喜悦。尤其当你有求于对方的时候，昂贵的厚礼会有以礼代贿的嫌疑，不但加重了对方接受这份礼品的心理压力，也失去了平衡交流的意义。

礼仪小故事 3-14：

“千里送鹅毛”

唐朝时，云南一少数民族的首领为表示对唐王朝的拥戴，派特使缅伯高向唐太宗贡献天鹅。

路过沔阳河时，好心的缅伯高把天鹅从笼子里放出来，想给它洗个澡。不料，天鹅展翅飞向高空。缅伯高忙伸手去捉，只扯得几根鹅毛。缅伯高急得顿足捶胸，号啕大哭。随从们劝他说：“已经飞走了，哭也没有用，还是想想补救的方法吧。”缅伯高一想，也只能如此了。

到了长安，缅伯高拜见唐太宗，并献上礼物。唐太宗见是一个精致的绸缎小包，便令人打开，一看是几根鹅毛和一首小诗。诗曰：

天鹅贡唐朝，山高路途遥；
沔阳河失宝，倒地哭号啕。
上复圣天子，可饶缅伯高；
礼轻情意重，千里送鹅毛。

唐太宗莫名其妙，缅伯高随即讲出事情原委。唐太宗连声说：“难能可贵！难能可贵！千里送鹅毛，礼轻情意重！”

这个故事体现着送礼之人诚信的可贵美德。今天，人们用“千里送鹅毛”比喻送出的礼物单薄，但情意却异常浓厚。

(资料来源：杨友苏，石达平. 品礼：中外礼仪故事选评[M]. 上海：学林出版社，2008.)

2．独创性

送人礼品，与做其他许多事情一样，是最忌讳“老生常谈”“千人一面”的。选择礼品，应当精心构思，匠心独运，富于创意，力求使之新、奇、特。这就是礼品的独创性。赠送具有独创性的礼品给人，往往可以令其耳目一新，既兴奋又感动，因为这等于是“特别的爱献给特别的你”。赠送者在对方心目中往往会因礼品的独创性而“升值”。

3．时尚性

赠送礼品应折射时代风尚。当今人们追求生活的高尚品位，什么样的礼品够档次，多半取决于礼品是否符合时代风尚。改革开放以来，随着人们生活水准的提高和思想观念的转变，人们相互馈赠礼品也发生了质的变化和飞跃，从经济实用的物质型礼品向高雅、新潮的精神型礼品转化。“精神礼品”受青睐已成为当今交际中的一道亮丽的风景线。它包括以下几种：

智力型，如报纸、杂志、图书、各种教学录音带、电脑软件等。

娱乐型，如唱片、激光影碟、体育比赛门票、晚会展览会入场券等。

祝贺型，如鲜花、节日贺卡、各种礼仪电报等。

4．适俗性

挑选礼品时，特别是要在为交往不深、外地人士或外国人挑选礼品时，应当有意识地使赠品与对方所在地的风俗习惯一致。在任何情况下，都要坚决避免把对方认为属于伤风败俗的物品作为礼品相赠，否则将会视为不尊重交往对象。例如，在我国大部分地区，老年人忌讳发音为“终”的钟，恋人们反感于发音为“散”的伞；阿拉伯地区严禁饮酒；在西方药品不宜送人。因此在涉外交往中，要根据不同国家、地区的习惯与个人的爱好做些必要的选择。赠礼问俗是我们不能忽视的，这也是一个重要标准。

礼仪小故事3-15：

尼克松的国礼

1972年，尼克松总统准备访华，急于寻求能代表国家的礼物。美国保业姆公司闻讯后，趁此良机，向尼克松总统献上公司生产的一尊精致的天鹅群瓷器珍品，因为瓷器的英文China也具有“中国”的意思。尼克松一见，大喜过望，于是把这尊具有双重意义而且具有很高艺术价值的瓷器珍品带到了中国。

(资料来源：http://news.163.com/08/1002/07/4N7VKVGV000120GU.html)

3.3.2 馈赠礼品的场合

在社会交往中，人们在不同的场合下选送不同的礼品。

1．表示谢意敬意

当我们接受他人或某个组织的帮助之后应当表示感谢。如某位医生妙手回春治愈你多年的顽症，某个组织为你排忧解难，等等，此时为表示感谢和敬意，可考虑送锦旗，并将称颂之语书写在锦旗上。

2．祝贺庆典活动

当友人和其他组织适逢庆典纪念之时，如某公司成立二十周年纪念，为表示祝贺，可

送贺匾、书画或题词，既高雅别致又具有欣赏保存价值。

3. 公共关系礼品

开展公共关系活动中所送的礼品要与公共关系活动的目标一致，并且送礼的内容与送礼的组织形象要相符。例如，上海大众汽车公司赠给客人的桑塔纳车模型、上海大中华橡胶厂精心设计研制的轮胎外形的钢皮卷尺等。

4. 祝贺开张开业

社会组织开张开业之际，都是宣传自身、扩大影响的好机会，一般来讲，都是要借机大肆宣传一番的。因而适逢有关组织开张开业之际，应送上一份贺礼，以示助兴和祝愿。一般选送鲜花贺篮为多，在花篮的绸带上写上祝贺之语和赠送单位或个人的名称。

5. 适逢重大节日

春节、元旦等节庆日都是送礼的热季，公司可向公众、内部员工等适时地送上一份小小的礼物，对他们表示关心和支持，以及对他们所作的贡献表示感谢。亲朋好友之间也可通过节日联络感情，此时也可选择适宜的礼品相赠。

6. 探视住院病人

公司的客人、员工生病或亲友患病住院，均应前去探视，并带上礼品。目前探视病人的礼品也不断地从“讲实惠”到“重情调”。以往送营养品、保健品，如今变为用多种水果包装起来的果篮和一束束鲜花。有一位教授住院，学生送他一束鲜花，夹在鲜花中的一张犹如名片大小的礼卡上写着这样的话语：

尊敬的导师:

花香带来温馨的祝福，愿您静心养病，早日康复。

您的弟子赠

字里行间，充满了关切之情和师生之意。

7. 应邀家中做客

我们经常会应邀到别人家中做客或者出席私人家宴。为了礼尚往来，出于礼貌，应带些小礼品，如土特产、小艺术品、纪念品、水果、鲜花等。有小孩的可送糖果、玩具之类。

8. 遭受不测事件

世上难有一帆风顺之事，一个家庭或组织遇上不测事件时，及时地送上一份礼物表示关心，更能体现送礼者的情谊。比如：对方遇上火灾、地震等灾难，马上去函或去电表示慰问，也可送上钱款相助。

礼仪小博士 3-7：

礼 品 禁 忌

在选择、准备礼品的时候，要自觉、主动地避开对方受礼的禁忌。要注意以下几种禁忌情况：

违法、犯规礼品。比如国家公务员在执行公务时，即使关系再特殊，也不要赠送任何礼品。送外国友人礼品的时候，还要考虑到不违反对方所在国家的法律等。

坏俗礼品。挑选礼品的时候，特别是要送给交往不深的对象或外地人士、外国人的时候，就要有意识地使赠品不和对方所在地的风俗习惯相矛盾、相抵触。在任何情况下，都要坚决避免把对方认为属于伤风败俗的物品作为礼品相赠。

私忌礼品。由于种种原因，人们会忌讳某些物品。比如，高血压患者不能吃含高脂肪、高胆固醇的食品，糖尿病患者不能吃含糖量高的食品。如果送私忌礼品给人，对方反而会认为你没有把他放在心上，不尊重他。

有害礼品。有一些东西，会对人们工作、学习、生活以及身体健康、家庭幸福有害，比如烈酒、赌具以及庸俗低级的书刊、音像制品等。送这些礼物，难免会有存心害人的嫌疑。

广告礼品。轻易不要把带有广告标志或广告语的东西送人。不然，会让对方产生利用廉价劳动力、替你免费宣传的嫌疑。

除此之外，还要注意礼物的价格标签一定要撕下。否则会使得礼物的商业气息太浓，是非常失礼的。

还有就是避免不要把同样的礼物同时送给相识的两个人，那样会让人觉得你在搞“批发”。

(资料来源：http://wenda.tianya.cn/question/0f7bec73040f7c6a)

3.3.3 馈赠礼品的礼仪

1. 精心包装

送给他人礼品，尤其是在正式场合赠送于人的礼品，在相赠之前，一般都应当认真进行包装。可用专门的纸张包裹礼品或把礼品放入特制的盒子、瓶子里等。礼品包装是“外衣”，这样才能显得正式、高档，而且还会使受赠者感到自己备受重视。

2. 表现大方

现场赠送礼品时，要神态自然，举止大方，表现适当。千万不要像做了“亏心事”，小里小气，手足无措。一般在与对方会面之后，将礼品赠送给对方，届时应起身站立，走近受赠者，双手将礼品递给对方。礼品通常应当递到对方手中，不宜放下后由对方自取。如礼品过大，可由他人帮助递交，但赠送者本人最好要参与其事，并援之以手。若同时向多人赠送礼品，最好先长辈后晚辈、先女士后男士、先上级后下级，按照次序，有条不紊地进行。

3. 认真说明

当面亲自赠送礼品时要辅以适当的、认真的说明。一是可以说明因何送礼，如若是生日礼物，可说“祝你生日快乐”；二是说明自己的态度，送礼时不要自我贬低，说什么

“没有准备，临时才买来的”“没有什么好东西，凑合着用吧”，而应当实事求是地说明自己的态度，比如“这是我为你精心挑选的”“相信你一定会喜欢”等；三是说明礼品的寓意，在送礼时，介绍礼品的寓意，多讲几句吉祥话，是必不可少的；四是说明礼品的用途，对较为新颖的礼品可以说明其用途、用法。

3.3.4　接受礼品的礼仪

1. 受礼坦然

一般情况下，对于对方真心赠送的礼物不能拒收，因此没完没了地说“受之有愧”“我不能收下这样贵重的礼物”这类话不仅是多余的，有时还会使人产生不愉快的感觉。即使礼物不称你心，也不能表露在脸上。接受礼物时要用双手，并说上几句感谢的话语。千万不要虚情假意，推推躲躲，反复推辞，硬逼对方留下自用；或是心口不一，嘴上说“不要，不要”，手却早早伸了过去。

2. 当面拆封

如果条件许可，在接受他人相赠的礼品后，应当尽可能地当着对方的面，将礼品包装当场拆封。这种做法在国际社会是非常普遍的。在拆封时，动作要井然有序，舒缓得当，不要乱扯、乱撕。拆封后不要忘记用适当的动作和语言，显示自己对礼品的欣赏之意。如将他人所送鲜花捧在身前闻闻，然后再插入花瓶，并置放在醒目之处。

3. 拒礼有方

有时候，出于种种原因，不能接受他人相赠的礼品。拒绝时，要讲究方式、方法，处处依礼而行，要给对方留有退路，使其有台阶可下，切忌令人难堪。可以使用委婉的、不失礼貌的语言，向赠送者暗示自己难以接受对方的好意。如当对方向自己赠送一部手机时，可以告之“我已经有一部了”。还可以直截了当地向赠送者说明自己难以接受礼品的原因，在公务交往中，拒绝礼品时此法最为适用。如拒绝他人所赠的大额贵重礼品时，可以说：“依照有关规定，你送我的这件东西，必须登记上缴。”

3.3.5　赠花的礼仪

鲜花是美好、吉祥、友谊和幸福的象征。当今社交中无论是欢迎、送别、婚寿庆祝，还是节庆、开业、慰问、吊唁及国际交往中，人们经常赠之以鲜花，言志明心。但由于各地风俗习惯不同，花的含义也不同，送花时必须注意得体，要做到以下几点：

1. 了解“花卉语”

当我们用花为媒来传递友谊时，要注意运用正确的“花卉语”，以免出现尴尬。

礼仪小博士 3-8：

常见的花卉的寓意

荷花——纯洁、淡泊和无邪
月季——幸福、光荣、美丽常新
红玫瑰——爱情
白菊——真实
百合——圣洁、幸福、百年好合
野百合——幸福即将来临
红蔷薇——求爱、爱情
杜鹃——节制、盼望
康乃馨——健康长寿
红茶花——天生丽质
山茶花——美好的品德
菊花——长寿高洁
兰花——优雅
剑兰——步步高升
梅花——刚毅、坚贞不屈
水仙——尊敬、自尊
牡丹——拘谨、害羞
牵牛花——爱情
紫丁香——初恋
野丁香——谦逊、美好
黄郁金香——爱的绝望
红郁金香——宣布爱恋
蓝色郁金香——诚实
樱花——心灵的美
并蒂莲——夫妻恩爱
美人蕉——坚实
……

(资料来源：http:www.jysls.com/thread-164619-1-1.html)

在不同的国家和地区，同一种花也许会有不同的寓意。实际上，同一种类型的花卉，因其不同的颜色，也有不同甚至截然相反的意思。如红色的郁金香是“爱的表示”，蓝色的郁金香象征“诚实”，而黄色的郁金香则象征“无望的恋爱”。因此，要恰当运用好“花卉语”。

2．不同场合的赠花

向恋人赠玫瑰花的花语是“我真心爱你”，蔷薇花象征“我向你求爱，小天使”，桂花表示“我挚意爱你”，这类花卉赠之恋人，可收到心有灵犀一点通之功效。若将这类花卉赠之其他对象，则会交际不成，反而引火烧身。

婚礼赠花可以送一束美丽鲜艳的由红玫瑰、吉祥草、文竹等组成的花束。红玫瑰象征爱情美好；吉祥草祝朋友吉祥如意、生活美满；文竹绿叶葱葱，祝朋友爱情永葆青春。此外并蒂莲表示“恩爱如初，幸福长存”，百合花象征“百年好合”，它们及红色郁金香等都是婚礼的理想花卉。

慰问病人，送一束黄月季，表示“早日康复”；一束芝兰，象征“正气清运，贵体早康”；或送一束松、柏、梅花，以鼓励他与病魔做斗争“坚贞不屈”“胜利属于你”。

庆贺生日赠花，年轻一点的可送其火红的石榴花、鲜红的月季花、美丽的象牙花，祝其前程如火一样红烈，青春如红花鲜艳等；对年老者，赠之以寿星草等，以示祝福老人健康长寿，快乐幸福。

3. 赠花的注意事项

正式场合，如组织开张、纪念、庆典等，大多可送花篮；迎宾、欢送、演出中送给演员，大多送花环、花束；宴请、招待会等送胸花。

送花时一般不能送单一的白色花，因为会被人认为不吉利；送玫瑰花时应送单数，不要送双数，但 12 除外；不要将红玫瑰送给未成年的小姑娘；不要将浓香型的鲜花送给病人。

送一束花时最好用彩色透明纸将花包装好，再系一根与鲜花颜色相匹配的彩带，这样既便于携带，又使花显得更漂亮。

3.4 旅　　行

随着人们生活水平的提高，平时和假日的旅行增多了。改革开放以来，特别是加入世界贸易组织以后，中国人因公因私在国内或海外旅行的机会也增多了。所以，掌握旅行的相关礼仪知识，不断培养自觉遵守旅行礼仪的习惯是十分重要的。

3.4.1 旅行的装备

下面是一些旅行行家的建议，告诉我们如何精心装备自己，使旅行愉快。

1. 旅行装备的原则

总的来说，旅行装备应遵循以下三个原则：

(1) 精简原则。合理选择旅行服装是旅行轻松愉快的前提。外出旅行不需要太多的衣饰，即使你要保持一贯的风格和形象，也应只备用得着的衣饰。否则，去时一大箱行李，回来时又添几件行李，好不辛苦。

(2) 美观原则。注重组合系列化、多样化及时装化，体现前所未有的服饰审美要求和消费观念，注重美观及情趣是旅行服饰的新特色。有了这种全新观念，你就可以在衣橱中找出相对漂亮方便的衣饰作为旅行服饰了。

(3) 舒适方便原则。旅行服饰要注意面料的舒适性。一般来说，含丝、棉、麻这些天然材料的衣服，透气滑爽，适于在夏天及长途旅行中贴身穿着。外衣面料则应以混纺人造纤维及合成布等不易皱、弹性佳、牢度强且洗涤方便的面料为主。

2. 不同旅行目的装备

通常旅行可分为两种，结合工作目的的旅行和纯粹的度假旅游。旅行目的不同，装备也不一样。

工作性质的旅行你要多带正式感强的衣服。如果你有很多应酬场合，就必须带足应付各种场合的服装，同时又不应杂乱和累赘。比如两件职业女装对于商务谈判和业务沟通很必要。你可以给这次旅行定一个主色调，如蓝色系列，再稍带点粉红和黑色的服饰，这样就可以搭配出统一风格的形象来。如果你每天要见的是不同的人，就可以放心大胆地穿同一套你最得意的衣服，而不必每天都换装，这样就相当轻松和简单了。正式的酒会服装必须带一套，因为现在相当多的生意或公事是在酒会、晚宴等场合敲定的。所以，晚礼服及相应的首饰、内衣、鞋、包应备齐。

专为度假休息的旅行装相对比较随意，一般应根据地形、气候、时间长短、行程特点来挑选服饰。度假是为了解除平时的疲劳而舒展身心的，行李越轻越好。要选那些可叠得很小的轻软的衣物，如 T 恤、休闲裤、丝衬衣等。

春秋两季出游可带些天然质料的内衣、短风衣、毛衣、夹克和 T 恤及运动装的外衣；夏季旅行，丝麻衬衫、方便搭配的 T 恤、裙子、长短裤等爽适合体，可帮你度过一个湿热多汗的旅程；冬天旅行可带组合配套的羽绒装或皮衣裤，保暖又方便。

行李箱也是旅行中的重要配件，传统的硬面皮箱虽然笨重些，但固定性好，衣物及其他重要物品不易受损，如果是短时间的公事旅行，可选择这类行李箱。现时流行一种容量大而软的行李箱，以鲜艳夺目的尼龙防水面料拼接而成，有圆角的长方形、圆筒形等，轻捷方便，不同的隔层可有多种用途，亮丽的色彩平添旅行情趣，特别适合休闲旅行时使用。

3. 化妆品及其他细节

千万别指望飞机上或旅馆中提供化妆品。出门旅行，带上你所熟悉的化妆品，会使你更从容舒适，尤其对于有工作目的的旅行。旅行前把头发修剪到方便梳洗的长度，再把所有要用的化妆品清点进小包里，如夏天的防晒品或冬季的护肤霜。还可带上方便的洁面巾，以便在旅行中及时净面。

在飞机上多喝些淡盐水，会令皮肤保湿、眼神清澈，如果你是出差，会令来接机的同行感到你精力充沛、神采飞扬。另外，下了飞机可立即去做一次面膜，帮助脸上肌肤恢复光泽。

3.4.2 步行的礼仪

无论外出到什么地方，借助何种交通工具，都离不开步行。在公共场所无处不在的步

行，更能体现一个人的礼仪修养程度。

1. 注意安全

遵守交通规则是步行安全的重要保障。城市的交通法规对行人和各种车辆的行驶均有严格的规定，人人都应自觉遵守。穿越马路时，一定要从人行道处走过去，并注意红灯停、绿灯行，不可随意穿越，不可低头猛跑，更不可翻越栏杆，要注意避让来往车辆，确保安全。在有信号指示或交通警察指挥的地方，一定要遵守信号和听从指挥。

2. 行路文明

在行走时，走路的姿势要端庄，不要弓腰、低头，不要东张西望，不要摇头晃脑，也不要哼着小调或吹着口哨。两人走路时，不要勾肩搭背。多人走路时，不要依仗人多而无所顾忌，高声说笑或横占半个马路而影响他人行走，应自觉排成单队或双队。男女同行时，通常男子应走在女子的左侧，需要调换位置时，男子应从女士背后绕过，不要胳膊相挽而行，不要亲热得拥在一起行走。当一个男子与两个以上的女子结伴而行时，男子不应走在女士的中间，而应走在女士们的外侧。在街上遇到熟人不可话说个没完，交谈时不要站在马路中央，影响他人通行。如果遇到的是异性，更不要长时间交谈，确需长谈，应另约地点。在拥挤狭窄的路上行走，应自觉礼让，特别对年长者、妇女、患病体弱者一定要主动让路。

行走时以中速为宜，正常情况下不要猛跑。如果不小心碰到别人或踩了别人的脚，要主动向对方道声“对不起”，即使对方态度不好，也不要与其发生口角。别人撞了自己或踩了自己的脚，应大度宽容，对主动道歉者说声“没关系”，不可以口出怨言，斥责对方。如果遇到残疾人不仅要主动让路，必要时还要主动上前搀扶一把，绝不可与其抢道，更不能以强欺弱，无视公德。行路时要维护马路卫生，不要边走边吃东西，更不要把瓜果皮核往马路上扔，应自觉地扔到马路边上的果皮箱里。

3. 问路礼貌

需要问路时，首先应选择合适的对象，最好不要去问正在急于行走的人或正在与人交谈的人以及正忙碌的人。如果民警正在指挥车辆，也应尽量不去打扰。可以另找那些不很忙，或比较悠闲的人进行打听。其次，问路时要礼貌地称呼对方，可根据对方年龄、性别和当地的习惯来称呼，绝不能用“喂”“哎”等一些不礼貌的语气呼叫对方。最后，当别人给予回答后，要诚恳地表示感谢，若对方一时答不上你的提问，也应礼貌地说声“谢谢”。

礼仪小博士 3-9：

步行时的禁忌

一忌行走之时与他人相距过近，尤其是避免与对方发生身体碰撞，万一发生，务必要及时向对方道歉。

二忌行走之时尾随于他人身后，甚至对其窥视、围观或指指点点。在不少国家里，此举会被视为“侵犯人权”，或是“人身侮辱”。

三忌行走之时速度过快或者过慢，以至于对周围的人造成一定的不良影响。

四忌在私人居所附近进行观望，甚至擅自进入私宅或私有的草坪、森林、花园。此举在一些国家被定为违法之举。

五忌一边行走，一边连吃带喝，或是吸烟不止。那样不仅有损自身形象，而且还会有碍于他人。

六忌与成年的同性在行走时勾肩搭背、搂搂抱抱。

(资料来源：张卫东，武冬莲. 现代商务礼仪[M]. 北京：电子工业出版社，2010.)

3.4.3 乘车礼仪

以车代步讲究效率，是现代社会的一个显著特点。乘坐车辆的类型不同，其注意事项也有差异，具体如下。

1. 乘坐公共汽车礼仪

公共汽车是城乡主要的交通工具，同时又是公共场所之一。大多数市民，尤其是朝九暮五的上班族及学生，几乎天天都需要搭乘公共汽车等大众运输工具。别小看这小小的车厢，方寸之间应对进退的礼貌却大有学问。有的人可能因为一早搭公共汽车就惹了一肚子的气，使得一整天的情绪低落，实在没有必要。其实，只要掌握礼让的原则，做一个快乐的乘车族是不难的。

1) 按顺序上下车

车到站时，要先下后上，自觉排队，不要拥挤。一般情况下，“男女有别，长幼有序”应是一种公众准则。遇有残疾及行动不便者，应主动给予帮助。绝不可凭借自己身强力壮，车尚未停稳便推开众人往上挤，这样不仅显得十分野蛮，而且极不道德。

2) 注意文明细节

上车后应主动买票、打卡、投币或出示月票。上车后应尽量往里走，不要堵在车门口。一般情况下，一上公共汽车，如果车上仍有很多座位，应该避免坐老弱妇孺专座；如果大家都就座，只剩下老弱妇孺专座，那么暂且坐下也无妨，但在下一站若有老弱妇孺上车，第一个必须起立让座的是这个座位上的乘客，这是毋庸置疑的。搭乘公共汽车几乎是大部分市民生活的一部分，因而即使是小小的细节，都可能会影响他人，引起不悦。诸如，在车上大声聊天、谈论别人的隐私；在车厢内吸烟、随地吐痰、乱扔废弃物等。人人都应该争做净化乘车环境的使者。

3) 提前做下车准备

车到站以前，应提前做好下车准备。如果自己不靠近车门，应先礼貌地询问前面的乘客是否下车，如前面的乘客不下车，要设法与其调换一下位置。

2. 乘坐火车礼仪

火车是重要的交通工具之一，良好的乘车环境需要大家共同努力维护，因此在乘车过

程中，要讲文明、懂礼貌，多一分宽容，多一分礼让。这样，不仅能减少许多不必要的麻烦，还能保持良好的心情，减轻旅途疲劳。

1)　讲究候车规则

乘客在候车时，要爱护候车室的公共设施，不大声喧哗，携带的物品要放在座位下方或前部，不抢占座位或多占座位，更不要躺在座位上使别人无法休息。要保持候车室的卫生，瓜果皮核等废弃物要主动扔到垃圾桶里，不要随手乱扔，不随地吐痰。检票时自觉排队，不乱拥乱挤，有秩序地上车。

2)　维护车厢秩序

要有秩序地进入车厢并按要求放好行李，行李应放在行李架上，不应放在过道上或小桌子上。放、取行李时应先脱掉鞋子后站到座位上，以免踩脏别人的座位。自己的行李要摆放整齐，尽量不要压在别人的行李上，如果确实需要放在他人行李上的话，也应征得他人的同意。不在车厢内吸烟，不随地吐痰，不乱扔废物，不在车厢内大声说话。到达目的地后，拿好自己的物品有礼貌地与邻座旅客道别，有序下车，不要抢道拥挤。

3)　注意礼貌交谈

长途旅行，与邻座的旅客有较长的时间相处，有兴趣时可以共同探讨一些彼此都乐于交谈的话题。但应注意交谈礼貌：交谈前应看清对象，与不喜欢交谈的人谈话是不明智的，和正在思考问题的人谈话也是失礼的。即使与旅伴谈得很投机，也不要没完没了，看到对方有倦意就应立刻停止谈话。注意谈话中不要问对方的姓名、住址及家庭情况，这些不是火车上好的交谈话题。

3．乘坐轿车礼仪

在交际中，乘坐轿车已成为大家日常生活的一个组成部分。在乘坐轿车时应注意如下礼仪：

1)　讲究上下车顺序

同女士、长者、上司或嘉宾乘双排座轿车时，应先主动打开车后排的右侧车门，请女士、长者、上司或嘉宾在右座上就座，然后把车门关上，自己再从车后绕到左侧打开车门，在左座坐下。到达目的地后，若无专人负责开启车门，则自己应先从左侧门下车后绕到右侧门，把车门打开，请女士、长者、上司或嘉宾下车。

2)　注意车上谈吐举止

在轿车行驶过程中，乘车人之间可以适当交谈，但不可与司机交谈，以免司机分神。话题一般不要谈及车祸、劫车、凶杀、死亡等使人晦气的事情，也不要谈论隐私性内容以及一些敏感且有争议的话题，可以讲一些沿途景观、风土人情或畅叙友情等能够使大家高兴的事，使大家的旅行轻松愉快。举止要文明，不要在车内吸烟，因为车内相对封闭容易使空气浑浊；不要在车内脱鞋赤脚，女士不要在车内化妆；不要在车内乱吃东西、喝饮料；不要在车内吐痰或向车外吐痰；更不要通过车窗向车外扔东西，这是有损形象和社会公德的。

3)　自驾车的礼仪

如果亲自驾车，应自觉遵守交通规则，文明开车，表现出良好的驾车风度。要注意礼让、考虑别人，要了解各路段的时速限制，注意路上的交通标志，集中精力、谨慎驾驶。要遵守交通信号，不抢行，不乱按喇叭。下雨天开车，要尽量慢行，尽量避开水坑，以免使污水溅到行人身上。道路拥挤或车辆堵塞时，应自觉和耐心等待，不可随意超车堵道。在快、慢车道分明的公路上行车，应根据自己的情况合理选择，既不要在快车道上开“蜗牛车”，也不要在慢车道上开“飞车”，不要频繁变换车道，影响后面车辆行驶。夜晚开车时要适时变换远近灯光，绝不可一直用远光直射对方。需要停车，应到允许停放的地方停放。车内的废弃物等，不能往车外扔，要放在一起，到达目的地时集中处理。

礼仪小博士 3-10：

马路文明：各国的脸面

“到一个国家，只要先看看马路上的情形，你大体上就可以把握这个国家的发展水平了。”一位去过近百个国家的中国记者说。

美国：礼貌谦让是常识

有“汽车王国”之称的美国，即便在人口拥挤、道路狭窄的大都市，马路秩序也能保持井然。

美国人很少按汽车喇叭，除非他人的车技太差，挡了路，或者提醒他人后车门没关好。在美国，“最牛的”车要数校车，这种车一般通体黄色，如果它在路边停下来接送孩子，它左面和后面的车辆都得停下来，直到马路上没有孩子才能开动。

美国人视时间为生命，但在开车的时候却争当君子。记者刚到美国与人“争抢路段”的时候，对方总是挥挥手示意记者先行，几次下来，记者的急脾气被磨平不少，毕竟安全才是第一位的。

韩国：用应急灯表示歉意

在韩国，开车的人都会遵守红灯停、绿灯行的规矩，行人不会在没有斑马线的地方乱穿马路。韩国人等公共汽车时，即使只有几个人，也会认认真真地排队，按顺序上车。初在韩国大街上开车，发现有人插到前面时都会闪起应急灯，十分不解，后来才知道，这是表示歉意或感谢的意思。当急于并线时，先打起并线灯，再打应急灯，别人也会让一下。开车的人找到这样一种不用下车就可交流的方式，减少了许多马路纠纷。

德国：马路文明“以人为本”

德国街头几乎看不到交通警察，但路上总是秩序井然。

刚到德国时，记者总会习惯地站在斑马线前等待疾驶的车辆通过，但汽车却主动停下来，开车人打手势示意记者先行，记者以为碰上了讲礼貌的人，便摆手致谢。到驾校学车时记者才知道，这是行人的权利，无须致谢。德国人说：“车是可以修复的，而人是无法修复的。”

德国人考驾照首次通过率不到一半。一旦违章，驾驶员不仅会被罚款和扣分，其违章情况还会在网上公布，今后驾车、购车和享受相关社会福利都会受到影响。

德国一些汽车公司销售厅里常备有特制的电动小汽车，经常有大人带着孩子在那里“路考”，过关后还发放“执照”，以鼓励孩子从小了解、重视并遵守交通规则。

(资料来源：http://web.xwwb.com/wbnews.php? db=11&thisid=71564)

3.4.4　乘飞机礼仪

飞机是目前世界上最快捷的交通工具，具有速度快、时间短、乘坐舒适等特点，很适合人们的旅行。空中旅行与地面旅行有很多差异，必须注意以下礼仪。

1．登机前的礼仪

乘坐飞机要求提前一段时间去机场。国内航班要求提前半小时到达，而国际航班需要提前至少一小时到达，以便留出托运行李，检查机票、身份证和其他旅行证件的时间。大多数机场的行李登记和检查制度效率很高，等待时间很短。有时飞机起飞时间快到了，而自己却排在长长的人龙后面，这会使我们心生焦虑。这时一方面要注意礼节，耐心等候，另一方面也要提醒自己以后要提前去机场。

乘飞机需要尽可能轻便，手提行李一般不超过 5 千克，其他能托运的行李要随机托运。

乘坐飞机前要取到登机卡，登机卡应在安检时和登机时出示。领取登机卡后，乘客要通过安检门。乘客应先将有效证件(如身份证、军官证、警官证、护照、台胞回乡证等)、机票、登机卡交安检人员查验，放行后通过安检门时需将电话、传呼机、钥匙和小刀等金属物品放入指定位置，手提行李放入传送带。乘客通过安检门后，注意将有效证件、机票收好以免遗失，只持登机卡进入候机室等待。

上下飞机时，均有空中小姐站立在机舱门口迎送乘客。她们会向每一位通过舱门的乘客热情地问候，此时，作为乘客应有礼貌地点头致意或问好。

2．登机后的礼仪

登机后，乘客要根据飞机上座位的标号按秩序对号入座。飞机座位分为两个主要等级——头等舱和经济舱。经济舱的座位设在靠中间到机尾的地方，占机身的 3/4 空间或更多一些，座位安排较紧；头等舱的座位设在靠机头部分，较经济舱舒适，但票价较高。所以登机后购买经济舱票的人不要因头等舱人员稀少就抢坐头等舱的空位。找到自己的座位后，要将随身携带的物品放在座位头顶的行李架上，较贵重的东西放在座位下面，自己管好，注意不要在过道上停留太久以免影响他人。

飞机起飞前，乘务员通常给旅客示范表演如何使用降落伞和氧气面具等，以防意外。当飞机起飞和降落时要系好安全带。在飞机上要遵守“请勿吸烟”的信号，同时禁止使用移动电话、AM/FM 收音机、便携式电脑、游戏机等。

飞机起飞后，乘客可看书报或与邻座交谈。如果自己愿意交谈，可以“今天飞行的天气真好”等开场白来试探邻座是否愿意交谈，在谈话中不必互通姓名，只是一般谈谈而已。如果自己不愿交谈，对开话头的人只需“嗯哼”表示，或解释“我很疲倦”。飞机上的座椅可调整，但应考虑前后座位的人，不要突然放下座椅靠背，或突然推回原位，或跷起二郎腿摇摆颤动，这些行为都会引起他人的反感。

在飞机上使用盥洗室和卫生间的规则与其他交通工具上相同，要注意按次序等候，注意保持其清洁。同时，不要在供应饮食时到厕所去，因为有餐车放在通道中，行人不便穿过。如果晕机，可想办法分散注意力，如若呕吐，要吐在清洁袋内，如有问题，可打开头顶上的呼叫信号，求得乘务员的帮助。

3. 停机后的礼仪

停机后，乘客要带好随身携带的物品，按次序下飞机，不要抢先出门。国际航班上下飞机要办理入境手续，通过海关便可凭行李卡认领托运的行李。许多国际机场都有传送带设备，也有手推车以方便搬运行李，还有机场行李搬运员可协助乘客。下飞机后，如一时找不到自己的行李，可通过机场行李管理人员查寻，并可填写申报单交航空公司。如果行李确实丢失，航空公司会照章赔偿的。

3.4.5 乘客轮礼仪

人们出差、旅行经过江河湖海需乘坐客轮，有时观光游览还可乘坐专门的游览船或游艇。乘坐客轮较飞机、火车活动空间大，因而更舒适、自由。然而，乘客轮时人人都讲礼仪，才能使旅行更舒畅。

客轮的舱位是分等级的。我国的客轮舱位一般分特等舱、一等舱、二等舱、三等舱、四等舱、五等舱等几种。客轮实行提前售票，每人一个铺位，游船也实行对号入座。因船上的扶梯较陡，所以，上下船时大家应互相谦让，并照顾老年人、小孩和女士。

乘客轮时要注意安全，风浪大时要防止摔倒；到甲板上要小心；带孩子的乘客要看住自己的孩子；吸烟的乘客要避免造成火灾；不要在船头挥动丝巾或晚上拿手电乱晃，以免被其他船误认打旗语或灯光信号。

船上的服务设施齐全，有餐厅、阅览室、娱乐室、歌舞厅和录像厅等可供就餐或消闲，乘客也可以去甲板散步，享受浪漫的诗情画意。如邀请其他乘客一起娱乐，一定要两相情愿，不可强求。若房中其他乘客出门，也不要好奇去翻动同房乘客的物品。

乘船时要注意小节。如不要在船上四处追逐，忘乎所以；不要在甲板上将收录机放到很大声；不要在客房大吵大嚷；晕船呕吐要去卫生间；遇上景点拍照不要挤抢等。另外，要注意船上的忌讳，如不要谈及翻船、撞船之类的话题，不要在吃鱼时说“翻过来”或说“翻了”“沉了”之类的话语。

3.4.6 住店礼仪

客房是客人临时之家，是为客人提供休息的场所。在我国，客人的入住一般须出示居民身份证等有效证件，然后办理住宿登记等手续。在一些发达国家，大都是先预订房间，到达后，只要说出自己的姓名，然后在登记册上签名即可。根据工作需要，旅行人员也可在房间办公、举行小型会议、洽谈业务或会友。不论将客房作为休息场所还是临时办公地点，掌握入住的基本规定，对自己、对工作都是十分有益的。

1．内外有别

因为旅店既是休息的地方，又是工作的地方，所以，室内着装可相对随便些。但是，如果约好客人在下榻饭店的客厅或自己的房间洽谈业务，则要仪表端庄，注意自己的职业形象，同时也应遵守前面提到的待客礼仪和日常礼仪。此外还应为客人准备好相关的茶水和饮料。

2．文明入住

住店要处处体现文明。关房门时注意用力轻一些。深夜回来，如需洗澡，注意动作要轻一些，避免打扰到隔壁邻居，如可能最好等第二天早晨再洗。如果与别人合住一个房间，应该注意出门时随手将门关上，不要在房间里喧哗，以免影响他人休息。休息的时候可以按上“请勿打扰”的标志灯，或在门外挂上“请勿打扰”牌子。到别的房间找人，应该敲门，经主人许可再进入，不要擅自闯入。

3．安全第一

入住宾馆，进入客房后应先阅览门后的消防逃生路线图，熟悉所在房间的位置和逃生楼梯的方位。之后，要查看一下窗户和侧门是否锁好。如果宾馆员工无法将侧门锁好，可以要求换一个房间。旅行期间，只要可能就要将你所带的贵重物品随身携带，不要把钱或贵重物品留在房间里，要把珠宝、照相机、文件等都锁在宾馆的保险箱里。进入宾馆房间后，离开房间时，为了安全起见，如果条件允许，你可以让电视机开着。待在房间里的时候，把门关好并上好锁。除非你在等人，否则不要开着门；如有人敲门，开门前要先问一声，或从窥孔那儿查看一下来人是谁。如果对方宣称自己是宾馆员工，你可以给前台打电话进行核实。晚上睡觉前，应将防撬链扣好挂好。房门钥匙要随身携带，不要当众展示你的钥匙，也不要把它放在饭馆的餐桌上、健身房里或者其他容易丢失的地方。门厅的灯可以亮着，可以开夜灯睡觉，或者开着洗手间的灯睡觉，以便让自己感到安全，或者遇到紧急的情况时，可以照亮。

4．爱护设施

宾馆客房内备有供旅客生活使用的各种物品，如桌、椅、灯具、电视、空调以及洗刷和卫生洁具、浴具等设施，使用时应予以爱护，不许用力拧、砸、敲，如不慎损坏应主动赔偿。故意破坏房内物品或损坏了物品不声不响，甚至把房内的不属于自己的东西随意拿走等都是违背社会公德的不文明行为。

5．保持卫生

在客房内衣物和鞋袜不要乱扔乱放。废弃物应投入垃圾桶内，也可放到茶几上让服务员来收拾，千万不要扔进马桶里，以免堵塞。不要在客房内吸烟，以免引起火灾。出门擦鞋应用擦鞋器，用枕巾、床单擦鞋是不道德的行为。

3.5 接 访

拜访与接待是日常交际的重要内容，现代人必须掌握接待与拜访的基本礼节，赢得公众的信任和支持。

3.5.1 接待的礼仪

迎来送往，接待访客，是公关人员工作中常遇到的任务。接待工作的好坏，直接影响到组织的形象。随着经济的发展和对外交往的扩大，企业接待及拜访工作越来越频繁，正确地运用接待礼仪，对企业间建立联系、发展友谊、沟通合作有着极其重要的作用。

1. 接待前的准备

1) 接待前的心理准备

首先，要诚恳待客。公关人员在对待客人时，要以自己最大的诚心、热情和耐心面对一切问题。无论是预约的客人还是没有预约的，无论是通情达理的客人还是脾气暴躁的，都要让对方感到是受欢迎的、得到重视的。接待客人时要有一种“欢迎光临”“感谢惠顾”的心理。其次，要善于合作。当看到同事招待客人比较忙碌时，要主动帮助同事做一些力所能及的事情。另外，即使不是负责接待工作的部门员工，见到来客时也要态度诚恳，尽量帮忙，因为同是一家公司的员工，这样做能传递一种协作精神、一种真诚的友谊、一种企业的氛围，让客人感受到这是一个团结合作、奋发向上、有集体荣誉感的团队，有助于提升企业形象。

2) 接待前的物质准备

首先，是环境准备。为了使接待活动给来宾留下美好印象，要充分布置好活动地点及周边的环境。接待环境应该清洁、整齐、明亮、美观、无异味。可以在前台、走廊、会客室等地放置一些花束或绿色植物，使客人产生好感。其次，是办公用品准备。让客人站着是不礼貌的，所以，前厅要准备沙发或座椅，样式要线条简洁流畅，摆放要整齐舒适。会客室里桌椅要摆放整齐，桌面清洁。茶具、茶叶、饮料应该事先准备好，茶杯要干净，不可有污渍，不可有缺口。会议室墙上可以挂一些雅致的壁画，让人一进门就觉得清静雅致，身心愉悦。再次，是了解来宾的基本情况。公关人员在接待来宾之前，要准确地掌握对方的基本情况。对于对方的基本信息，如姓名、性别、年龄、籍贯、民族、单位、职务，以及文化程度、宗教信仰、生活习惯、家庭状况等，都应一清二楚。对来宾的具体人数、性别概况、组团情况也要给予一定的关注。对于来宾正式抵达的时间，如具体日期、具体时间，以及相关的航次、车次、地点等，接待人员必须充分掌握。

3) 制定接待流程

一般性的接待活动，特别是需要举行专门仪式的接待活动，都必须事先制定接待流程，以保证接待事务循序渐进、井井有条。

(1) 确定接待规格。接待人员要在接待之前确定接待规格，这关系到由哪位管理人员出面接待、陪同，以及接待用餐、用车、活动安排等一系列接待活动的规格。接待规格主要取决于接待方主陪人的身份。高规格接待，就是主陪人比主宾的职务高的接待方式；对等规格接待，就是主陪人与主宾的职务相当的接待方式；低规格接待，就是主陪人比主宾的职务低的接待方式。

(2) 拟定日程安排。为了让所有有关人员都准确地知道在此次接待活动中的任务，可制定两份表格，印发给各有关人员。①人员安排表，包括时间、地点、事项、主要人员、陪同人员；②日程安排表，包括日期、活动时间、地点、内容、陪同人员等。

(3) 注意细节。在接待宾客的具体活动中，接待人员既要事事从大局着眼，又要处处从小事着手，关注具体的细节问题。

在准备中，要时时关注天气的变化情况，掌握当地的天气变化规律，针对可能产生的天气变化，制定应急方案。同时，还要注意交通状况，树立“安全第一”的观念。

2. 接待的礼仪

1) 迎候礼仪

迎接宾客时，要体现出主人应有的主动和热情。对于远道而来的客人，要派专人提前到机场、码头或车站去等候迎接。在人声嘈杂的迎候地点迎接素不相识的客人时，为了方便客人识别，可试用以下方法。①使用接站牌。接站牌上可以写上“热烈欢迎某某同志”或者“某单位接待处”。②悬挂欢迎条幅。在迎接重要客人或众多客人时，这种方法最适合。③佩戴身份胸卡。迎宾人员佩戴供客人确认身份的标志性胸卡，其内容主要包括迎宾人员姓名、工作单位、所在部门及现任职务等。

2) 见面礼仪

在接待宾客时，要注意正确使用日常见面礼仪。接待人员要品貌端正，举止大方，服饰要整洁、得体、高雅。当宾客到达后，要主动迎上去，热情地与对方握手，并有礼貌地询问和确认对方的身份，如：“您好，请问您是从某某公司来的吗？”对方认可后，接待人员应作自我介绍，如：“您好，我是某某公司的秘书，我叫张某某。”然后把迎客方的成员按一定顺序一一介绍给客人。如果客人递送名片，应双手接住，认真仔细地看一看，然后很郑重地把名片放入名片夹中，或放进上衣的上部口袋中。

3) 乘车礼仪

对方如有行李，接待方应主动帮客人把行李提到车上。上车时，最好让客人从右侧门上，主人从左侧门上。安排座位要符合规范：轿车的座次尊卑一般是右高左低，前高后低；在公务接待中，轿车前排副驾驶座通常为“随员座”，唯独在主人亲自驾驶时，主宾应坐在副驾驶座上，与主人“平起平坐”。

4) 引导礼仪

当客人到达公司时，要引导客人进入会客室。引导时要注意以下一些礼仪：在走廊上时，引导人员应走在访客左前方 2～3 步；当访客走在走廊正中央时，接待人员要走在走廊的一旁，偶尔向后望，确认访客跟上了；当转弯时，接待人员要说“请往这边走”。

在楼梯上时，接待人员先说一声“在某某楼层”，然后引领访客到楼上。一般来说，高的位置代表尊贵。上楼时应该让访客先走，下楼时让客人后行。在上下楼梯时，不应并排行走，而应当右侧上行，左侧下行。

上电梯时，接待人员要先按电梯按钮，让客人先进。若客人不止一人时，接待人员可先进电梯，一手按住“开”按钮，对客人礼貌地说：“请进！”到达目的地后，接待人员要一手按“开”按钮，一手做请出的动作，并说道：“到了，您先请！”客人走出电梯后，接待人员应立即走出电梯，在客人前面引导方向。到达会客室开门时，接待人员要把住门把手，站在门旁让客人先进。

礼仪小故事 3-16：

不懂电梯礼仪的营销人员

营销人员王强要到工作室所在的办公大楼门口迎接前来体验产品的顾客张太太。这是王强第一次接待顾客，表现得极为热情，一见面就嘘寒问暖。进入电梯时，王强抢先踏入，紧靠着最里面站好，想把更多的空间留给顾客。

电梯里，除了王强和张太太还有其他乘梯者，王强为了不冷场，便充分发挥了他的口才，继续和张太太攀谈，问这问那、口若悬河，但是张太太只是礼貌地冲他微笑，偶尔轻声简单回答他的问题，并没有攀谈的意思。这让王强觉得非常尴尬。最终，张太太匆匆地参观了工作室，并表示有急事要先回去了。

后来，王强才知道，原来是上次在电梯里对顾客接待不周，顾客认为她没有得到应有的尊重。知道原委后，王强非常后悔自己的电梯失仪行为。

点评：电梯虽小，礼仪别有洞天，乘电梯尤其考验人的礼仪修养水平。通过得体的电梯礼仪，可以在短短的几十秒内给他人留下良好的印象。

(资料来源：http://www.paigu.com/a/30954/4895436.html)

5) 座次礼仪

客人进入会客室后，接待人员要请客人入座。招待客人入座时，要讲究座次礼仪。

(1) 面门为上。主客双方采用“相对式”就座时，依照惯例，通常以面对房门的座位为上座，应让客人就座；以背对房门的座位为下座，宜由主人就座。

(2) 以右为上。主客双方采用“并列式”就座时，以右侧为上，应请客人就座；以左侧为下，主人自己就座。若主客双方参与会见者不止一人，则双方的其他人员可分别按照各自身份的高低，由近而远在己方负责人两侧就座。

(3) 居中为上。如果客人较少，而主方接待者较多，往往可由主方的人员以一定的方式围坐在客人的两侧或者四周，而请客人居于中央。

(4) 以远为上。当主客双方并未面对房间的正门，而是居于房内左右两侧之中的一侧时，一般以距离房门较远的座位为上座，应请客人就座；而以距离房门较近的座位为下座，由主人就座。

6)　端茶倒水礼仪

当客人入座后，接待人员要主动及时地给客人斟茶。以茶待客是最具中国特色、最受中国人欢迎的待客方式。若来访的客人较多，上茶的顺序一定要慎重。合乎礼仪的做法是：先为客人上茶，后为主人上茶；先为主宾上茶，后为次宾上茶；先为女士上茶，后为男士上茶；先为长辈上茶，后为晚辈上茶。

标准的上茶步骤是：双手端着茶盘进入客厅，首先将茶盘放在临近客人的茶几上或备用桌上，然后右手拿着茶杯的杯托，左手附在杯托附近，从客人的左后侧双手将茶杯递上去，并置于客人右前方。茶杯放置到位后，杯耳应朝向右侧。有时，为了提醒客人注意，可在为之上茶的同时，轻声告之“您请用茶。”若对方向自己道谢，不要忘记答以“不客气”。如果自己的上茶打扰了客人，则应对其道一声“对不起”。

7)　送客礼仪

当接待人员与来访者交谈完毕或领导与来访客人会见结束时，接待人员一般都应礼貌地送别客人。“出迎三步，身送七步”是接待宾客最基本的礼仪。接待宾客要善始善终，所以，送别客人是必不可少的环节之一。接待工作是否圆满，在很大程度上体现在送别来宾这一环节上。

送别来宾时，有很多方面需要注意。首先，不要在客人面前看表，否则会给客人带来要下“逐客令”的感觉，所以，在会客的时候，接待人员不应该总是看时间。其次，当客人提出告辞时，要等客人起身后再站起来相送，切忌没等客人起身，自己先于客人起立相送。更不能嘴里说再见，而手中却还忙着自己的事，甚至连眼神也没有转到客人身上。最后，当客人起身告辞时，应马上站起来，主动为客人取下衣帽，与客人握手告别，同时选择最合适的言辞送别，如“希望下次再来”等礼貌用语。尤其对初次来访的客人更应热情、周到、细致。

(1)　送别本地客人。对本地客人，一般陪同送至单位楼下或大门口。客人带有较多或较重东西时，送客时要主动帮客人提重物。出办公室时，要轻轻关门，不可将门“砰”地关上，这样极不礼貌。在门口告别时，接待人员要与客人握手，帮客人拉开车门，待其上车后轻轻关上车门，挥手道别，目送客人离开。要以恭敬真诚的态度，笑容可掬地送客，不要急于返回，应挥手致意，待客人走出视线后，才可结束告别仪式。

(2)　送别外地客人。首先，要确定时间。对于远道而来的客人，负责送别来宾的接待人员必须重视，一定要提前与对方商定双方会合的时间和地点。对于送别的具体时间，双方不仅要事先商定，而且通常讲究主随客便。接待人员在安排有关送别活动的时间表时，要留有富余的时间。要在执行上留有适当的余地，即送别人员在执行送别任务时，应当提前到场、最后离场，并且在特殊情况发生时见机行事。

其次，要充分准备。在送别时，接待人员要注意以下两点：一是限制送别的规模。在组织活动时，应突出实效、体现热情，但在实际操作上则应务实从简，在参加人数、主人身份、车辆档次与数量上严格限制，不搞前呼后拥、人海战术。二是在力所能及的情况下，送别来宾所使用的交通工具应由迎宾方负责提供。对于迎宾方来说，一定要保证交通工具的数量能够满足要求，以备不时之需。

最后，要热情话别。为客人送行，应使对方感受到接待方的热情、诚恳、礼貌和修养。接待方应提前为客人订返程的车票、船票或机票。一般情况下，公务接待人员应专程陪同来宾乘车前往车站、码头或机场，亲自为来宾送行。有必要时，可在贵宾室与来宾稍叙友谊，或举行专门的欢送仪式。在宾客临上火车、轮船或飞机之前，送行人员应按一定顺序同来宾一一握手话别，祝愿客人旅途平安并欢迎再次光临。火车、轮船开动之时或飞机起飞之后，送行人员应向宾客挥手致意，直至他在视野中消失。

礼仪小故事 3-17：

李嘉诚送客

很多知名企业家很注意送人的礼节。一位内地企业家在接受电视采访时谈到了他去李嘉诚办公室拜访李嘉诚的经历。

那天，李嘉诚和儿子一起会见了这个企业家。会谈结束之后，李嘉诚起身从办公室陪这个企业家出来，送他到电梯口。更让人惊叹的是，李嘉诚不是送到即走，而是一直等到电梯上来，等这个企业家进去了，再举手告别，等到门合上。

身为亚洲首富的李嘉诚肯定是日理万机，可他依旧注重礼节，亲自送人，没有丝毫的怠慢。这位内地企业家面对着电视机前的亿万观众动情地说：“李嘉诚这么大年纪了，对我们晚辈如此尊重，他不成功都难。”

(资料来源：http://product.dangdang.com/21096682.html？ddclick_reco_recobar_product_1)

3.5.2 拜访的礼仪

拜访是公务、商务等社会活动中一件经常性的工作，是最常见的社交形式，也是联络感情、增进友谊的一种有效方法。要使拜访做得更得体、更有效，即更好地实现拜访的目的，就要重视和学习拜访的礼仪。

1. 约好时间

拜访前，应事先联络妥当，尽可能事先告知，最好是和对方约定一个时间，以免扑空或打乱对方的日程安排，即使是电话拜访也不例外，不告而访是非常失礼的。如果双方有约，应准时赴约，不能轻易失约或迟到。但如果因故不得不迟到或取消访问，一定要设法在事前立即通知对方，并表示歉意。拜访应选择适当的时间，选择一个对方方便的时间。做客拜访一般可在平时晚饭后或假日的下午，要避免在吃饭和休息的时间登门造访。

礼仪小故事 3-18：

守时的康德

德国著名古典哲学家康德是一个十分守时的人，他认为守时是一种美德，代表着礼貌和信誉。1779 年，他想要去一个名叫珀芬的小镇拜访老朋友威廉先生，事先写信告诉威廉，说自己将会于 3 月 5 日上午 11 时之前到达。康德 3 月 5 日一早就租了一辆马车上了去威廉先生家的路。途中经过一条河，需要从桥上穿过去。但马车来到河边时，车夫停了

下来，对车上的康德说：“先生，对不起，桥坏了，再往前走很危险。”康德只好从马车上下来，看看从中间断裂的桥，他知道确实不能走了。康德看看时间，已经 10 时多了，他焦急地问：“附近还有没有别的桥？”车夫回答：“有，在上游，如从那座桥上过去，最快也得 40 分钟才能到达目的地。”康德算了算时间，那就赶不上约好的时间了。于是，他跑到附近的一座破旧的农舍旁边，对主人说：“请问您这间房子肯不肯出售？”农妇听了很吃惊地问：“我的房子又破又旧，而且地段也不好，你买这座房子干什么？”“你不用管我有什么用，你只要告诉我你愿不愿意卖？”“当然愿意，200 法郎就可以。”康德毫不犹豫地付了钱，对农妇说：“如果您能够从房子上拆一些木头，在 20 分钟内修好这座桥，我就把房子还给你。”农妇再次感到吃惊，但还是立即把儿子叫来，及时修好了那座桥。马车终于平安地过去了。10 时 50 分的时候，康德准时来到了老朋友威廉家门前。这时，已等候在门口的老朋友看到康德，大笑着说：“亲爱的朋友，你还像原来一样准时啊！”可他哪里知道康德中间买房修桥的事。

(资料来源：http://www.kidblog.cn/space.php？uid=599866&do=blog&id=53423)

2．做好准备

1)　明确拜访目的

无论是初次拜访还是再次拜访，都要事先明确拜访的主要目的。

2)　准备有关资料

商务拜访，比如客户拜访，要准备的资料就包括公司及业界的资料、相关产品资料、客户的相关信息资料、销售资料及方案、针对可能出现的情况事先拟订的解决方案或应对方案、一些小礼品等。此外，名片、电话号码簿等也要事先准备好。

3)　设计拜访流程

要针对拜访环节准备好最稳妥、最得体的称呼和开场白，选择好话题材料，确定话题范围等。

4)　电话预约确认

出发前应致电被拜访者，再次确认本次拜访人员、时间和地点等事宜。

5)　注意礼仪细节

到达前，最好先稍事整理服装仪容。如果是重要的拜访对象，要事先关掉手机，这体现了对拜访对象的尊敬，对访问事宜的重视。

礼仪小故事 3-19：

有 备 无 患

王莉在某公司市场部工作，她准备去拜访顺达公司的市场部经理胡军先生。王莉预约的拜访时间是本周三下午三点。事前王莉准备好了有关的资料、名片，并对顺达公司及胡军先生进行了了解。拜访前王莉对自己的仪容、仪表进行了精心、得体的修饰。到了周三，王莉提前五分钟到达顺达公司。在与胡军先生的交谈过程中，王莉简明扼要地表达了拜访的来意，交谈中始终紧扣主题，给胡军先生留下了很好的印象，最终促成了合作。

(资料来源：http://3y.uu456.com/bp_3l6fv69yfc85bn78arf2570pk9t82300b2b_2.html)

3. 上门有礼

到达拜访地点后，如果对方因故不能马上接待，可以在对方接待人员的安排下在会客厅、会议室或在前台安静地等候。如果等待时间过久，可以向有关人员说明，并另定时间，不要显出不耐烦的样子。有抽烟习惯的人，要注意观察该场所是否有禁止吸烟的警示。即使没有，也要问问工作人员是否介意抽烟。如果接待人员没有说“请随便看看”之类的话，就不要随便东张西望，到处窥探，那是非常不礼貌的。到达被访人所在地时，一定要事先轻轻敲门，进屋后等主人安排后再坐下。后来的客人到达时，先到的客人应站起来，等待介绍或点头示意。对室内的人，无论认识与否，都应主动打招呼。如果与对方是第一次见面，应主动递上名片，或作自我介绍。对熟人可握手问候。如果你带其他人来，要介绍给主人。进门后，应把随身带来的外套、雨具等物品搁放到接待人员指定的地方，不可任意乱放。接茶水时，应从座位上欠身，双手捧接，并表示感谢。吸烟者应在主人敬烟或征得主人同意后，方可吸烟。和主人交谈时，应注意掌握时间。有要事必须要与主人商量或向对方请教时，应尽快表明来意，不要不着边际，浪费时间。

礼仪小故事 3-20：

如此拜访

小王和小李是大学同学。大学毕业后，各奔东西。如今，小王在A公司当业务员，小李在B公司当经理。A公司正好准备与B公司做一笔买卖(第一次)，而小王得知此事后，便自告奋勇，一来想去探望一下十多年没见的朋友，二来也想提升一下自己在公司的地位。这天下午，小王便去了B公司的经理室，结果在门口被秘书拦下。经过一番解释，秘书告诉他李经理不在，并将公司的电话号码给了他。

隔了几天，小王打电话给B公司，预约成功，定于星期三下午3:30见面。结果由于堵车，小王晚去了一个小时。到了以后，经打听，经理还在，就推门进去。老朋友相见，十分欢喜。小王马上冒出一句：“小李，这几年过得不错啊！”李经理感到有些尴尬。接着两人寒暄了几句。小王便在沙发上一坐，跷起了二郎腿，掏出一支烟递给小李，李经理不抽，小王便大口大口地抽起来，整个经理室顿时烟雾笼罩。李经理实在觉得不适，就打开窗户，说：“我这几天咽喉发炎，闻不得烟味儿。请原谅。”小王不情愿地掐灭了香烟。小王的这种拜访，不会收到好的效果，反而会适得其反，因为他太缺乏拜访礼仪了。

(资料来源：https://wenku.baidu.com/view/2484a00d763231126edb114a.html)

4. 礼貌告辞

拜访结束时彬彬有礼地告辞，可给对方留下良好的印象，同时也给下次的拜访创造良好氛围和机会。所以，及时告辞、礼貌告辞这一环节相当重要。拜访时间长短应根据拜访目的和主人意愿而定，通常宜短不宜长，适可而止。当主人有结束会见的表示时，应立即起身告辞。告辞时要同主人和其他客人一一告别。如果主人出门相送，应请主人留步并道谢，热情说声“再见”。中途因特殊情况不得不离开时，无论主人在场与否，都要主动告别，不能不辞而别。

5. 拜访过程应注意的礼仪

1)　准时到达

让被拜访者无故等候无论是何原因都是严重失礼的事情。如果是对方要晚点到，要安静等待，可充分利用剩余的时间，检查准备工作。

2)　控制时间

谈话时开门见山，不要海阔天空，浪费时间。最好在约定时间内完成访谈，如果被拜访者表现出有其他要事的样子，千万不要再拖延，如未完成工作，可约定下次拜访时间。

3)　注意言谈举止

要以优雅得体的言谈举止体现素质、涵养和职业精神，赢得对方的好感和敬重。即便与被拜访者的意见相左，也不要争论不休。要注意观察被拜访者的举止神情，当有不耐烦或有为难的表现时，应转换话题或口气。总之，要避免出现不愉快或尴尬的场面。

4)　处理好“握手”与“拥抱”的关系

必须事先搞清被拜访者的真实身份，根据主次或亲疏的关系，处理好见面时的礼仪关系。

5)　尊重对方习惯

被拜访者的国别、民族、年龄、性别以及爱好、兴趣、习惯各有不同，事先要了解清楚，并给予充分的尊重。

6)　讲究服饰

服饰事关拜访者自身的职业形象和所代表的机构形象，也体现对被拜访者的尊重，所以，拜访前对服饰的选择马虎不得。

7)　及时致谢

对拜访过程中被拜访者提供的帮助要及时适当地致以谢意。

8)　事后致谢

若是重要约会，拜访之后给对方寄一封谢函或留一条短信，会加深对方的好感。

3.6　宴　　请

宴请是在社交活动中，尤其是在商务场合中表示欢迎、庆贺、饯行、答谢，以增进友谊和融洽气氛的重要手段。招待宴请活动的形式多样，礼仪繁杂，掌握其礼仪规范是十分重要的。

3.6.1　宴请的种类

根据不同的交际目的、邀请对象以及经费开支，宴请的种类不同。交际场合常见的宴请种类见表 3-4。

表3-4　宴请的种类

宴请类型	宴的特点
国宴	以国家名义举行的最高规格的礼宴，有两种类型：①国家元首或政府首脑为国家庆典、新年贺喜招待各国使节或各界知名人士的宴会；②国家元首或政府首脑为来访的外国领导人或世界名人举行仪式的正式欢迎宴会
正式宴会	通常是政府有关部门、人民团体为欢迎邀请来访的宾客，或来访宾客为答谢主人而举行的宴会，其安排与服务程序大体与国宴相同，但规格和标准都稍低于国宴，并不挂国旗，不演奏国歌
便宴	用于非正式的宴请，多用于招待熟悉的宾朋好友。一般规模较小，菜式有多有少，质量可高可低，不拘严格的礼义、程序，随便、亲切
家宴	在家中以私人名义举行的宴请形式，通常是在节假日或其他喜庆日子与亲朋好友欢聚，在觥筹交错之间，共享快乐，庆祝喜悦，并借此交流感情，增进友谊，加强团结
茶话会	一种意在联络老朋友、结交新朋友的具有对外联络和进行招待性质的社交性集会。席间一般只摆放茶点、水果和一些风味小吃。宾主共聚一堂，饮茶尝点，慢话细叙，形式比较随便自由。有时席间还安排一些短小的文艺节目助兴，使气氛更加喜庆、热烈
冷餐会	目前国际上所通行的一种非正式的西式宴会，在大型的商务活动中尤为多见。其特点是菜点和餐具分别摆在菜台上，宾、主根据个人需要，自己取餐具后选取食物，并可多次取食，可以自由走动，任意选择座位，也可站着与别人边谈边用餐
鸡尾酒	以招待酒水为主，略备小吃。酒会不一定都备鸡尾酒，但酒水和饮料的品种应多一些，一般不用烈性酒。食物多为各色面包、三明治、炸春卷等，以牙签取食。酒水和小吃由招待员用盘端送，也可置于小桌上由客人自取。酒会不设座椅，宾主皆可随意走动，自由交往。这种形式比较灵活，便于广泛接触交谈。举行的时间亦较灵活，中午、下午、晚上均可，持续时间在两小时左右

3.6.2　宴请的组织

宴请对宾客而言是一种礼遇，必须按规定、按有关礼节礼仪要求组织。

1．确定宴会的目的与形式

宴会的目的一般很明确，如节庆日聚会、工作交流、贵宾来访等。根据目的决定邀请什么人、邀请多少人，并列出客人名单。宴请主宾身份应该对等，宴请范围包括哪些方面的人士，多边活动还要考虑政治因素、政治关系等。宴请形式很大程度上取决于当地的习惯做法。

2．确定宴请时间和地点

宴会的时间和地点，应当根据宴请的目的和主宾的情况而定。一般来说，宴会时间不应与宾客工作、生活安排发生冲突，通常安排在晚上 6～8 点。同时，还应注意宴请时间

上要尽量避开对方的禁忌日。例如，欧美人忌讳“十三”，日本人忌讳“四”“九”，宴请的地点，应依照交通、宴请规格和主宾喜好等情况而定。

3．邀请

当宴请对象、时间和地点确定后，应提前 1～2 周制作、分发请柬，以便被邀请的宾客有充分的时间对自己的行程进行安排。即使是便宴，也应提前用电话准确地通知。

4．确定宴会规格

宴会规格对礼仪效果的影响是十分明显的。宴会规格一般应考虑宴会出席者的最高身份、人数、目的、主人情况等因素。规格过低，会显得失礼；规格过高，则无必要。确定规格后，应与饭店(酒店、宾馆)共同拟订菜单。在拟订菜单时，应考虑宾客的口味、禁忌、健康等因素。对于个别宾客需要个别照顾的，应尽早做好安排。

礼仪小博士 3-11：

G20 杭州峰会晚宴菜单

2016 年 9 月万众瞩目的 G20 峰会在杭州成功举办。G20 峰会晚宴共 14 道菜，开胃菜 1 道，点心 1 道，蔬菜 2 道，果盘 1 道，甜汤 1 道，此外还有鸡肉、鱼肉、牛肉、虾肉、羊肉、鸭肉。以杭帮菜为主，菜名体现了团结合作与包容的力量。从晚宴菜单来看，可谓用心良苦。

1. 八方迎客(富贵八小碟)Appetizers combination
2. 大展宏图(鲜莲子炖老鸭)Double-boiled duck with lotus seed
3. 紧密合作(杏仁大明虾)Deep-fried prawn with almond
4. 共谋发展(黑椒澳洲牛柳)Pan-fried Australian beef with black pepper
5. 千秋盛世(孜然烤羊排)Roasted lamb chop with cumin
6. 众志成城(杭州笋干卷)Dried bamboo shoot roll，HangZhou style
7. 四海欢庆(西湖菊花鱼)West Lake fresh water fish
8. 名扬天下(新派叫花鸡)Beggars chicken
9. 包罗万象(鲜鲍菇扒时蔬)Braised vegetable with mushroom
10. 风景如画(京扒扇形蔬)Braised seasonal vegetable，Beijing style
11. 携手共赢(生炒牛松饭)Fried rice with minced beef
12. 共建和平(美点映双辉)Chinese petit fours
13. 潮涌钱塘(黑米露汤圆)Sweetened cream of black rice with dumplings
14. 承载梦想(环球鲜果盆)Seasonal fresh fruit platter

5．席位安排

这里着重说一下中餐宴会的席位排列，这是关系到来宾的身份和主人给予对方的礼遇，所以是一项重要的内容。它可以分为桌次和位次排列两方面。

1)　桌次排列

在中餐宴请活动中，往往采用圆桌布置菜肴、酒水。排列圆桌的尊卑次序，有以下两

种情况：

(1) 由两桌组成的小型宴请。这种情况，又可以分为两桌横排和两桌竖排的形式。两桌横排，桌次以右为尊，以左为卑。这里说的左和右，是由面对正门的位置来确定的。两桌竖排，座次讲究以远为上，以近为下。这里说的远近，是以距离正门的远近而言。

(2) 由三桌或三桌以上的桌数所组成的宴请。在安排多桌以上的桌次时，除了要注意“面门定位”“以右为尊”“以远为上”等规则外，还应兼顾其他各桌离主桌的远近。通常，距离主桌越近，桌次越高；距离主桌越远，桌次越低。中餐宴会三桌、六桌、八桌桌次排列分别如图 3-2、图 3-3 和图 3-4 所示。

在安排桌次时，所用餐桌的大小、形状要基本一致。除主桌可以略大外，其他餐桌都不要过大或过小。

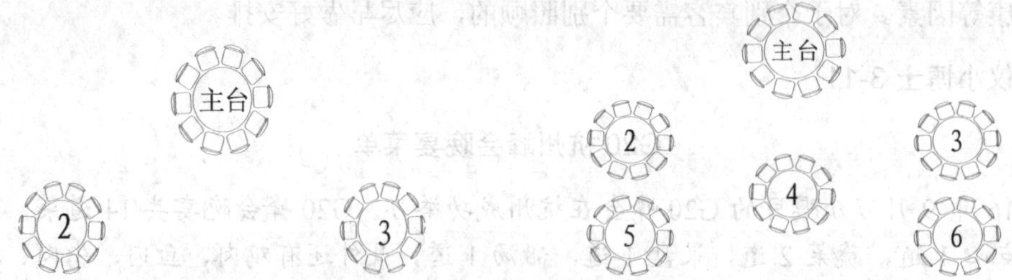

图 3-2 中餐宴会三桌桌次排列　　　图 3-3 中餐宴会六桌桌次排列

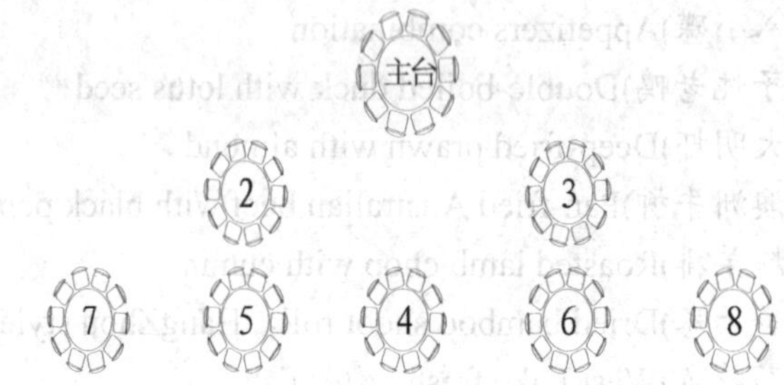

图 3-4 中餐宴会八桌桌次排列

为了确保在宴请中使赴宴者及时、准确地找到自己所在的桌次，可以在请柬上注明对方所在的桌次、在宴会厅入口悬挂宴会桌次排列示意图、安排引位员引导来宾来桌就座，或者在每张餐桌上摆放桌次牌(用阿拉伯数字书写)。

2) 位次排列

举办中餐宴会一般用圆桌。宴请时，每张餐桌上的具体位次也有主次尊卑的分别。排列位次的基本方法有四条，它们往往会同时发挥作用。

方法一：主人大都应面对正门而坐，并在主桌就座。

方法二：举行多桌宴请时，每桌都要有一位主桌主人的代表在座。位置一般和主桌主人同向，有时也可以面向主桌主人。

方法三：各桌位次的尊卑，应根据距离该桌主人的远近而定，以近为上，以远为下。

方法四：各桌距离该桌主人相同的位次，讲究以右为尊，即以该桌主人面向为准，右

为尊，左为卑。

另外，每张餐桌上所安排的用餐人数应限制在 10 人以内，最好是双数，比如 6 人、8 人、10 人。人数如果过多，不仅不容易照顾，而且也可能坐不下。

根据上面四个位次的排列方法，圆桌位次的具体排列可以分为两种具体情况，它们都和主位有关。

(1) 在每张桌上有一个主位的排列方法。每张餐桌上只有一个主人，主宾在其右首就座，形成一个谈话中心(见图 3-5)。

(2) 每张桌上有两个主位的排列方法。如主人夫妇就座于同一桌，以男主人为第一主人，女主人为第二主人，主宾和主宾夫人分别就座在男女主人右侧，形成两个谈话中心(见图 3-6)。

图 3-5　中餐宴会次位排列

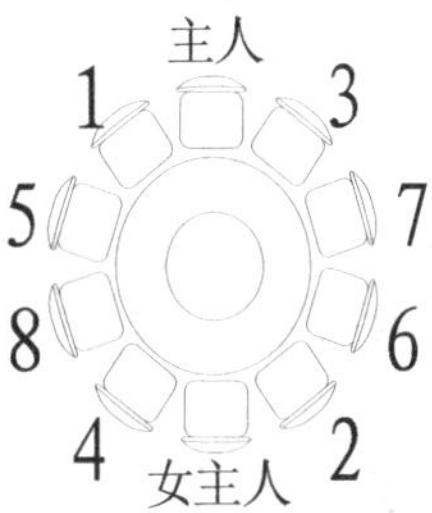

图 3-6　中餐宴会次位排列

如遇主宾的身份高于主人时，为表示对他的尊重，可安排主宾在主人位次上就座，而主人则坐在主宾位次上，第二主人坐在主宾的左侧。如果是本单位出席人员中有身份高于主人者，可请其在主位就座，主人坐在身份高者的左侧。这两种情况，也可以不作变动，按常规予以安排。

为便于宾客及时准确地找到自己的位次，除安排服务人员引导外，还要在桌子上事先放置座位卡。举办涉外宴会时，座位卡应以中外文两种文字书写，中文写在上面，外文写在下面，必要时，座位卡的正反面均应书写就餐者姓名。

排列便餐的席位时，位次的排列遵循以下四个原则：①右高左低原则。两人一同并排就座，通常以右为上座，以左为下座。这是因为中餐上菜时多以顺时针方向为上菜方向，居右座的因此要比居左座的优先受到照顾。②中座为尊原则。三人一同就座用餐，坐在中间的人在位次上高于两侧的人。③面门为上原则。用餐的时候，按照礼仪惯例，面对正门者是上座，背对正门者是下座。④特殊原则。高档餐厅里，室内外往往有优美的景致或高雅的演出，供用餐者欣赏，这时候，观赏角度最好的座位是上座；在某些中低档餐馆用餐时，通常以靠墙的位置为上座，靠过道的位置为下座。

6．餐具的准备

宴请餐具十分重要，考究的餐具是对客人的尊重。依据宴会人数和酒类、菜品的道数准备足够的餐具，是宴会的基本礼仪之一。餐桌上的一切物品都应十分卫生，桌布、餐巾都应浆洗洁白并熨平。玻璃杯、酒杯、筷子、刀叉、碗碟等餐具，在宴会之前都必须洗净

擦亮。

7. 宴请程序

迎客时，主人一般在门口迎接。官方活动除男女主人外，还有少数其他主要官员陪同主人排列成行迎宾，通常称为迎宾线，其位置一般在宾客进门存衣以后进入休息厅之前。与宾客握手后，由工作人员引入休息厅或直接进入宴会厅。主宾抵达后，由主人陪同进入休息厅与其他宾客见面。休息厅由相应身份的人员陪同宾客，服务员送饮料。

主人陪同主宾进入宴会厅，全体宾客入席，宴会开始。若宴会规模较大，则可请主桌以外的客人先就座，贵宾席后入座。若有正式讲话，一般安排在热菜之后甜食之前由主人讲话，接着由主宾讲话，也可以一入席双方即讲话。冷餐会及酒会讲话时间则更灵活。吃完水果，主人和主宾起立，宴请即告结束。

外国人的日常宴请在女主人作为第一主人时，往往以她的行动为准。入席时，女主人先坐下，并由女主人招呼开始进餐。餐毕，女主人起立，邀请女宾与其一起离席。然后男宾起立，随后进入休息厅或留下吸烟。男女宾客在休息厅会齐，即上茶或咖啡。主宾告辞时，主人把主宾送至门口。主宾离去后，原迎宾人员顺序排列，与其他宾客握手告别。

3.6.3 赴宴的礼仪

宾客参加宴会，无论是作为组织的代表，还是以私人身份出席，从入宴到告辞都应注重礼节规范。这既是个人素质与修养的表现，又是对主人的尊重。

1. 认真准备

接到邀请，能否出席应尽早答复对方，以便主人做出安排。接受邀请后不要随意改动，万一遇到特殊情况不能出席时，尤其是作为主宾，要尽早向主人解释、道歉，甚至亲自登门表示歉意。应邀出席一项活动之前，要核实宴请的主人，活动举办的时间、地点，是否邀请配偶以及主人对服饰的要求。

出席宴会前，一般应梳洗打扮，女士要化妆，男士应梳理头发并剃须。衣着要求整洁、大方、美观。这将给宴会增添隆重热烈的气氛。

若参加家庭宴会，可给女主人准备一定的礼品，在宴会开始前送给主人。礼品价值不一定很高，但要有意义。

2. 按时抵达

按时出席宴会是最基本的礼貌。出席宴请活动，抵达时间的迟早、逗留时间的长短，在一定程度上反映对主人的尊重，应根据活动的性质和当地习俗掌握。迟到、早退、逗留时间过短都被视为失礼或有意冷落。身份高者可略晚些到达，一般客人宜略早些到达。出席宴会要根据各地习惯，正点或晚一两分钟抵达。我国则是正点或提前一两分钟抵达。出席酒会可以在请柬注明的时间内到达。抵达宴会活动地点后，先到衣帽间脱下大衣和帽子，然后前往迎宾处，主动向主人问候。如果是庆祝活动，应表示祝贺。对在场的其他

人，均应点头示意，互致问候。

3. 礼貌入座

应邀出席宴会活动，应听从主人安排。若是宴会，进入宴会厅之前，先掌握自己的桌次和座位。入座时注意座位卡上是否写有自己的名字，不可随意入座。如邻座是长者或女士，应主动帮助他们先坐下。入座后坐姿要端正，不可用手托腮或将双臂肘放在桌上。坐时应把双脚放在本人座位下，不可随意伸出，影响他人。不可玩弄桌上的酒杯、盘碗、刀叉、筷子等餐具，不要用餐巾或口纸擦餐具，以免使人认为餐具不洁。

在社交场合，无论天气如何炎热，不可当众解开纽扣，脱下衣服。小型便宴时，若主人请宾客宽衣，男宾可脱下外衣搭在椅背上。

4. 注意交谈

坐定后，如已有茶，可慢慢饮用。作为宾客应与同桌的人交谈，特别是左邻右座，不可只与几位熟人或一两人交谈。若不相识，可作自我介绍。谈话要掌握时机，要视交谈对象而定。不可只顾自己一人夸夸其谈，或谈些荒诞离奇的事而引人不悦。

5. 文雅进餐

宴会开始时，一般是主人先致祝酒词，此时应停止谈话，不可吃东西，注意倾听。致辞完毕，主人招呼后，即可开始进餐。

进餐时要注意举止文雅，取菜时不可一次盛得过多。盘中食物吃完后如果不够，可以再取。

用餐前应先将餐巾打开铺在腿上。用餐完毕叠好放在盘子右侧，不可放在椅子上，也不可叠得方方正正而被误认为未使用过。餐巾只能擦嘴，用一只手捏住一面的上端，另一只手相助。餐巾不能用于擦面、擦汗。服务员送的香巾是用来擦面的，擦毕放回原盛器内。

若遇本人不能吃或不爱吃的菜品，当服务员或主人夹菜时，不可打手势，不可拒绝，可取少量放入盘中，并表示“谢谢，够了”。对不合口味的菜，勿显出难堪的表情。

冷餐酒会，服务员上菜时，不可抢着去取，待送至本人面前时再取。周围的人未取到第一份时，自己不可急于去取第二份。勿围在菜台旁，取完即离开，以便让别人取食。

吃食物要讲究文雅，要微闭着嘴咀嚼，不可发出声响。要将食物送进口中，不可伸口去迎食物。食物过热时，可稍凉后再吃，切勿用嘴吹。鱼刺、骨头、菜渣等不可直接往外吐，要用餐巾掩嘴，用筷子取出，或轻吐在叉匙上，放在碟中。嘴里有食物时不可谈话。剔牙时，要用手绢或餐巾遮口，不可边走动边剔牙。吃剩的菜，用过的餐具、牙签等应放在碟中，勿放置桌上。

礼仪小博士 3-12：

用 筷 十 忌

(1) 忌半途筷，就是把夹住的菜肴又放下，再夹另一种。

(2) 忌游动筷，就是举筷不定，东挑西拣。

(3) 忌窥筷，即手持筷子，东张西望。

(4) 忌碎筷，用嘴或手撕筷头上的菜肴。

(5) 忌刺筷，以筷代叉，插菜进食。

(6) 忌签筷，用筷子当牙签，挑剔牙缝。

(7) 忌泪筷，夹菜途中，筷头上的汤汁，像泪水一样滴个不停。

(8) 忌吮筷，用嘴吮舔筷头上的汤汁。

(9) 忌敲筷，用筷子敲打碗盆或桌面。

(10) 忌点筷，就是用筷子指点主人、客人或厨师。

(资料来源：http://japan1.etpass.com/jp_blog_detail.php？h=10997184&id=4143)

6. 学会祝酒

作为宾客参加外国人举行的宴请，应了解对方祝酒的习惯，如为何人何事祝酒等，以便做必要的准备。碰杯时主人和主宾先碰，人多时可同时举杯示意，不一定碰杯。祝酒时不可交叉碰杯。在主人和主宾致辞祝酒时应停止进餐，停止交谈。主人和主宾讲话完毕与贵宾席人员碰杯后，往往到其他席敬酒，此时应起立举杯。碰杯时要注视对方，以示敬重友好。宴会上相互敬酒表示热烈的气氛，但切忌饮酒过量，一般应控制在本人酒量的 1/3 以内，不可饮酒过量失言失态。不能喝酒时可以礼貌地声明，但不可把杯子倒置，应轻轻按着杯缘。正式场合敬酒一般上香槟酒，此时即使不会喝酒也要多少沾一点，不欲再喝时可轻轻再与对方碰一下杯缘，即表示已经喝够了。一般倒入杯中的酒要喝完，不然就不礼貌了。

礼仪小博士 3-13：

喝酒为什么要碰杯

喝酒为什么要碰杯？目前有两种说法。

(1) 古希腊人创造的。传说古希腊人注意到这样一个事实，在举杯饮酒之时，人的五官都可以分享到酒的乐趣：鼻子能嗅到酒的香味，眼睛能看到酒的颜色，舌头能够辨别酒味，而只有耳朵被排除在这一享受之外。怎么办呢？希腊人想出一个办法，在喝酒之前，互相碰一下杯子，杯子发出的清脆的响声传到耳朵中。这样，耳朵就和其他器官一样，也能享受到喝酒的乐趣了。

(2) 喝酒碰杯起源于古罗马。古代的罗马崇尚武功，常常开展“角力”竞技。竞技前选手们习惯于饮酒，以示相互勉励之意。由于酒是事先准备的，为了防止心术不正的人在给对方喝的酒中放毒药，人们想出一种防范的方法，即在角力前，双方各将自己的酒向对方的酒杯中倾注一些。后来，这种仪式逐渐发展成为一种碰杯礼仪。

(资料来源：https://zhidao.baidu.com/question/1643003.html)

7. 告辞致谢

正式宴会一般吃水果后即结束，此时，一般先由主人向主宾示意，请其做好离席的准

备，然后从座位上站起，这是请全体起立的信号。一般以女主人的行动为准，女主人先邀请女主宾离席退出宴会厅。告辞时应礼貌地向主人道谢，通常是男宾先向男主人告辞，女宾先向女主人告辞，然后交叉，再与其他人告辞。

席间一般不应提前退席。若确实有事需提前退席，应向主人打招呼后悄悄离去，也可事前打招呼到时离去。退席时要有礼貌，退席理由应当尽量不使主人难堪和心中不悦。从宴会结束到告辞前不可有任何不耐烦的表示。

对主人的致谢，除了在宴会结束告辞时表达谢意之外，若是正式宴会，还可在 2～3 天内将印有“致谢”字样的名片或便函送给主人以表示感谢。有时私人宴请也需致谢。名片可寄送或亲自送达。首先致谢女主人，但不必说过谦的话。

礼仪小博士 3-14：

就餐举止十忌

一忌在用餐时口中发出过大的声响，在国外用餐时不得发出声音，这是最为基本的一条餐桌礼仪。

二忌用餐时整理自己的服饰，或是化妆、补妆。

三忌用餐时吸烟。

四忌再三劝说，甚至强迫别人饮酒。

五忌乱挑、翻拣菜肴或其他食物。

六忌用自己的餐具为别人夹菜、舀汤或选取其他食物。

七忌用餐具对着别人指指点点，或者把餐具相互敲打出声。

八忌直接以手取用菜肴。

九忌毫无遮拦地当众剔牙。

十忌随口乱吐嘴里不宜下咽的食物。

(资料来源：http://news.ifeng.com/gundong/detail_2013_08/19/28764056_0.shtml)

3.6.4　西餐礼仪

礼仪小故事 3-21：

如何用西餐

老张的儿子留学归国，还带了位洋媳妇回来。为了讨好未来的公公，这位洋媳妇一回国就诚惶诚恐地张罗着请老张一家到当地最好的四星级饭店吃西餐。

用餐开始了，老张为在洋媳妇面前显示出自己也很讲究，就用桌上一块“很精致的布”仔细地擦了自己的刀、叉。吃的时候，学着他们的样子使用刀叉，既费劲又辛苦，但他觉得自己挺得体的，总算没丢脸。用餐快结束了，吃饭时喝惯了汤的老张盛了几勺精致小盆里的“汤”放到自己碗里，然后喝下。洋媳妇先是一愣，紧跟着也盛着喝了，而他的儿子早已是满脸通红。

老张闹了两个笑话，一是他不应该用“很精致的布”(餐巾)擦餐具，那只是用来擦嘴或手的；二是“精致小盆里的汤”是洗手的，而不是喝的。

(资料来源：https://wenku.baidu.com/view/a35d2879f61fb7360a4c6523.html)

随着我们对外交往越来越频繁，西餐也离我们越来越近。不论是否喜欢，很多人都经常遇到吃西餐的机会。西方人用餐，一是讲究吃饱，二是享受用餐的情趣和氛围。只有掌握一些西餐礼仪，在必要的场合，才不至于“出意外”。

西餐，是西式饭菜的一种约定俗成的统称，大致可分为欧美式和俄式两种。西餐菜肴主料突出、营养丰富、讲究色彩、味道鲜香。其烹饪和食用同中餐都有很大的不同，从而体现了一种西方文化。学习、了解西餐知识十分必要。

1．西餐宴会的席位和排列

同中餐相比，西餐的席位排列既有许多相同之处，也有不少区别。由于人们对席位的排列十分关注，排列时应多加注意。

1) 位次排列

在绝大多数情况下西餐宴会席位排列主要是位次的问题，除了极其盛大的宴会，一般不涉及桌次。了解西餐席位排列的常规及同中餐席位排列的差别，就能够较好地处理具体的席位排列问题。西餐席位排列的规则包括五点：一是女士优先。在西餐礼仪里，往往体现女士优先的原则。排定用餐席位时，一般女主人为第一主人，在主位就座，而男主人为第二主人，坐在第二主人的位置上。二是距离定位。西餐桌上席位的尊卑，是根据其距离主位的远近决定的，居主位近的位置要高于居主位远的位置。三是以右为尊。排定席位时，以右为尊是基本原则。就某一具体位置而言，按礼仪规范，右侧要高于左侧之位。在西餐排席时，男主宾要排在女主人的右侧，女主宾排在男主人的右侧，按此原则依次排列。四是面向门为上。在餐厅内，以餐厅门作为参照物时，按礼仪的要求，面对餐厅正门的座位要高于背对餐厅门的座位。五是交叉排列。西餐排列席位时，讲究交叉排列的原则，即男女应当交叉排列，熟人和生人也应当交叉排列。一个就餐者的对面和两侧往往是异性或不熟悉的人，这样可以广交朋友。

2) 席位排列

(1) 男女主人在长桌的中央相对而坐，餐桌的两端可以坐人，也可以不坐人，如图3-7所示。

(2) 男女主人分别坐在长桌的两端，如图3-8所示。

(3) 用餐人数较多时，可以把长桌拼成其他图案，以使大家能一道用餐。要注意的是，长桌两端尽可能安排举办方的男子就座，如图3-9所示。

2．西餐餐具的摆放

西餐的餐具主要有刀、叉、匙、盘、碟、杯等，讲究吃不同的菜肴用不同的刀叉，饮不同的酒要用不同的酒杯。其摆法为：正面放着汤盘，左手位放叉，右手位放刀，汤盘前方放着匙，右前方放着酒杯。餐巾放在汤盘上或插在水杯里，面包、奶油盘摆放在左前方。具体如图 3-10 所示。

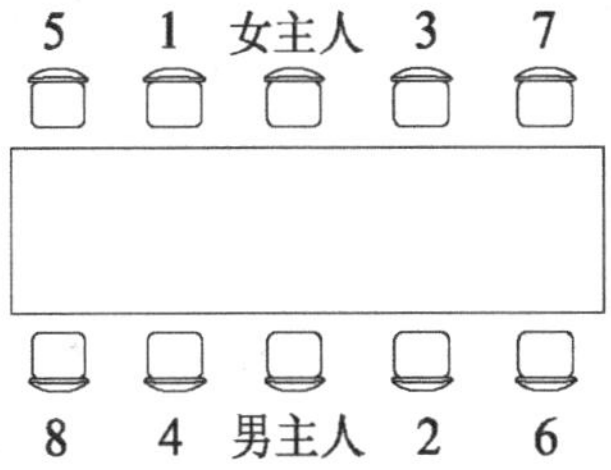

图 3-7　西餐席位排列

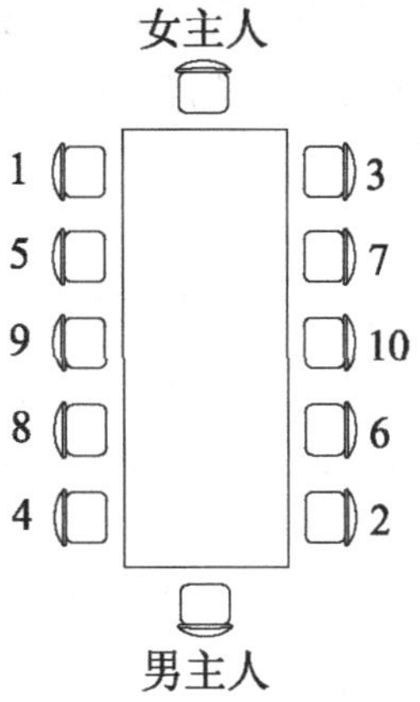

图 3-8　西餐席位排列

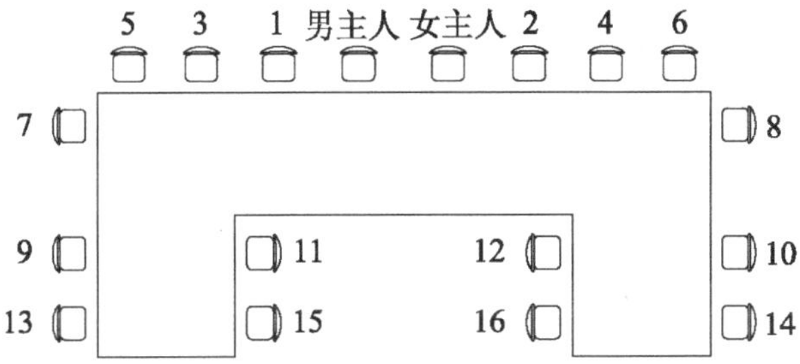

图 3-9　西餐席位排列

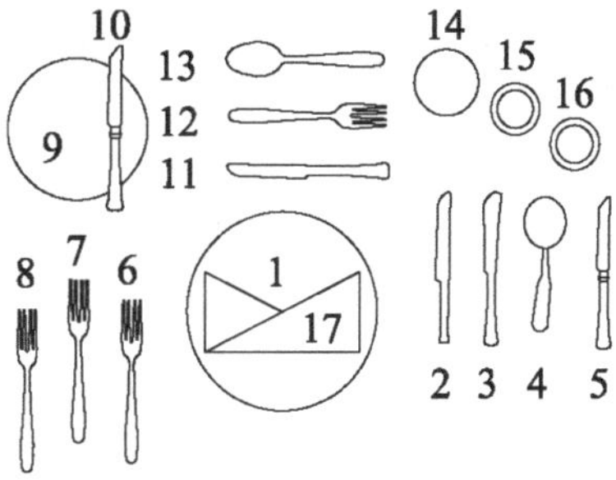

图 3-10　西餐餐具的摆放

3．西餐餐具的使用

用西餐时，特别要注意西餐刀叉、餐匙、餐巾等餐具的使用。

1)　刀叉

用刀、叉进餐是西餐的重要特征之一。正确使用刀叉要做到以下几点：

(1)　正确识别刀叉。在正规的西餐宴会上，讲究吃一道菜换一副刀叉。吃每道菜，都要使用专门的刀叉，既不能乱用，也不能从头到尾仅使用一副刀叉。吃正餐的时候，摆在每位就餐者面前的刀叉，有吃黄油的刀叉，吃鱼的刀叉，吃肉的刀叉，吃甜点、水果的刀叉，要注意识别。

(2)　正确使用刀叉。刀叉的使用方法有两种：一种是英国式的，要求在进餐时，始终是右手持刀，左手持叉，一边切割，一边用叉食用，叉背朝着嘴的方向进餐，这种方式比较文雅；另一种是美国式的，先右手刀左手叉，把餐盘的食物全部切割好，然后把右手的餐刀斜放在餐盘的前方，将左手的餐叉换到右手，再品尝，这种方式比较省事。

(3)　正确用手取食。西餐桌上的食物一般都是用刀叉进食，但小萝卜、青果、水果、点心、炸土豆片、田鸡腿及面包等可用手取食。吃有骨头的肉时，可以用手拿着吃。若想吃得更优雅，还是用刀较好，方法是：用叉子将整片肉固定(可将叉子朝上，用叉子背部压住肉)，再用刀沿骨头插入，把肉切开，最好是边切边吃。必须用手吃时，会附上洗手水。当洗手水和带骨头的肉一起端上来时，意味着“请用手吃”。用手指拿东西吃后，将手指放在装洗手水的碗里洗净。吃一般的菜时，如果把手指弄脏，也可请侍者端洗手水来，注意洗手时要轻轻地洗。

(4) 知道刀叉的暗示。如果就餐过程中，需要暂时离开一下或与人攀谈，应放下手中的刀叉，刀右、叉左，刀口向内、叉齿向下，刀刃朝向自身，呈“八”字形摆放在餐盘之上。它表示此菜尚未用毕，还要继续吃。如果吃完了，或者不想再吃了，可以刀口向内，叉齿向上，刀右、叉左并排放在餐盘上。它表示不再吃了，可以连盘一起收走，如图 3-11 所示。不用刀时，也可以用右手持叉，但若需要做手势时，就应放下刀叉，千万不可手执刀叉在空中挥舞摇晃；也不要一手拿刀或叉，而另一只手拿餐巾擦嘴；也不可一手拿酒杯，另一只手拿叉取菜。要记住，任何时候，都不可将刀叉的一端放在盘上，另一端放在桌上。注意不要把刀叉放在桌面上，尤其是不要将刀叉交叉放成十字形，这在西方人看来，是令人晦气的图案。

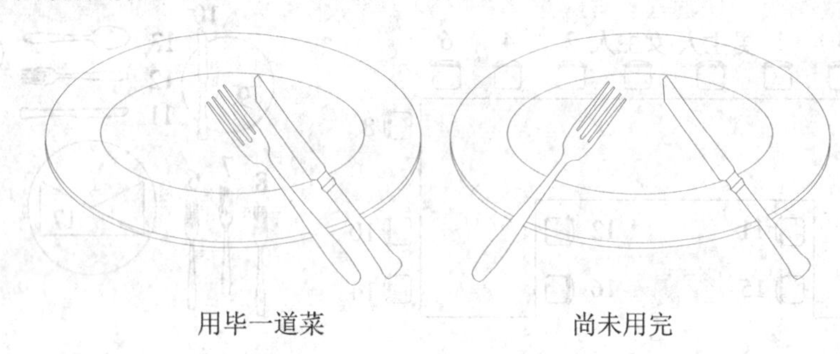

图 3-11　刀叉的暗示

2)　餐匙

一是要区分不同餐匙。汤匙应放在食盘右边；食盘上方放吃甜食用的匙和叉、咖啡匙。二是要正确使用餐匙。

3)　餐巾

(1) 餐巾的铺放。正规的晚餐，要等女宾将餐巾对折轻轻放在腿上后，男士再放餐巾。最好用双手打开餐巾，切忌来回抖动地打开餐巾。不要将餐巾别在领口上、皮带上或夹在衬衣的领口。

(2) 餐巾的用途。在西餐宴会中，餐巾是一个重要的道具，有诸多暗示作用。在正式宴会上，女主人把餐巾铺在腿上是宴会开始的标志。这就是餐巾的第一个作用，它可以暗示宴会的开始。西方讲究女士优先，西餐宴会上女主人是第一顺序，女主人不坐，别人是不能坐的，女主人把餐巾铺在腿上就说明大家可以开始用餐。倒过来说，女主人把餐巾放在桌子上了，就是宴会结束的标志。此外一定要注意，餐巾只能铺在腿上，不能放在别的地方。铺餐巾时，一般把它叠成长条形或者三角形铺在腿上，避免吃饭时菜肴、汤汁把裙子或裤子搞脏了。高档的餐厅餐巾往往叠得很漂亮，有的还系上小缎带。注意，别拿餐巾

擦鼻子或擦脸。弄脏嘴巴时，一定要用餐巾擦拭，避免用自己的手帕。用餐巾内侧擦拭，而不是弄脏其正面，是应有的礼貌。手指洗过后也是用餐巾擦的。若餐巾很脏，请侍者重新更换一条。

(3) 餐巾有暗示作用。就餐期间，如果暂时离开座位，可以把餐巾放在椅子上，千万不要放在桌上，否则就意味着你不想再吃，让服务员不再给你上菜。万不得已要中途离席时，最好在上菜的空当，向同桌的人打声招呼，把餐巾放在椅子上再走，别打乱了整个吃饭的程序和气氛。吃完饭后，只要将餐巾随意放在餐桌上即可，不必特意叠整齐。此外，餐巾可以擦嘴，但是不能擦刀叉，也不能擦汗。

4. 西餐上菜顺序

吃西餐在很大程度上讲是在吃情调：大理石的壁炉、熠熠闪光的水晶灯、银色的烛台、缤纷的美酒，再加上人们优雅迷人的举止，这本身就是一幅动人的油画。为了你在初尝西餐时举止更加娴熟，熟悉一下西餐的上菜顺序还是非常必要的。

正式的西餐宴会，一般有九至十道菜点，按上菜的顺序，吃什么菜用什么餐具，喝什么酒用什么酒杯，否则就是“外行”。

第一道面包、黄油。面包撕成小块，抹黄油，吃一块抹一块。

第二道冷小吃。用中刀叉。

第三道汤。饮舍利酒，用舍利杯。

第四道鱼。饮白葡萄酒，用白酒杯。

第五道副菜(小盘)。用中刀叉。

第六道主菜(大菜)。整只熏烤动物，如烤火鸡。用大刀叉，饮红葡萄酒，用红酒杯。

第七道甜点。用点心勺和中叉，饮香槟酒，用香槟杯。

第八道水果。用水果刀。

第九道咖啡。如加牛奶，用咖啡勺搅拌后饮用。

第十道立口酒(蜜酒)。用立口杯。

但在一般西餐中，餐具比较简单，菜点也比较简单。

5. 西餐用餐的具体方法

在西餐就座时，身体要端正，手肘不要放在桌面上，不可跷足，与餐桌的距离以便于使用餐具为佳。餐台上已摆好的餐具不要随意摆弄。将餐巾对折轻轻放在腿上。

1) 开胃菜

开胃菜一般有冷盘和热盘之分，既可以是沙拉，也可以有海鲜、蔬菜组成的拼盘。也有常见的鱼子酱、鹅肝酱、熏鲑鱼、奶油鸡酥盒、焗蜗牛等。

2) 面包

面包一般放在自己的左前方，在吃第一道菜时开始食用。正确的做法是：用左手撕下一块大小合适的面包，用黄油刀涂上黄油或果酱，送入口中。不要拿着整块面包，全部涂上黄油，双手托着吃；不能用叉子叉着面包吃，不能用刀叉切开吃。如盘内剩余少量菜肴时，不要用叉子刮盘底，更不要用手指相助食用，应以小块面包或叉子相助食用。如果是

烤面包就不要撕开。甜食上来后，最好就不要再吃面包了。吃面包可蘸调味汁，吃到连调味汁都不剩，是对厨师的礼貌。注意不要把面包盘子“舔”得很干净，而用叉子叉住已撕成小片的面包，再蘸一点调味汁来吃，是雅观的做法。

3) 汤

汤大致可分为清汤、奶油汤、蔬菜汤和冷汤等四类。喝汤时要用右手拇指和食指持汤匙，从汤盘靠近自己的一侧伸入汤中，向外侧将汤舀起。喝汤时不要端起盘子来喝；不要用嘴唇或咂嘴发出声音，吃东西时要闭嘴咀嚼；如汤菜过热，可待稍凉后再吃，不要用嘴吹，或用匙搅拌降温。汤盘中的汤快喝完时，用左手将汤盘的外侧稍稍翘起，用汤勺舀净即可。吃完汤菜时，将汤匙留在汤盘(碗)中，匙把指向自己。

4) 主菜

西餐的主菜花样品种繁多。肉、禽类菜肴是主菜，其中最有代表性的是牛肉或牛排。切肉时左手拿叉按住食物，右手执刀将其锯切成小块，然后用叉子送入口中。吃鱼、肉等带刺或骨的菜肴时，不要直接外吐，可用餐巾捂嘴轻轻吐在叉上放入盘内。吃鸡时，欧美人多以鸡胸脯肉为贵。吃鸡腿时应先用力将骨去掉，不要用手拿着吃。吃鱼时不要将鱼翻身，要吃完上层后用刀叉将鱼骨剔掉后再吃下层。吃肉时，要切一块吃一块，绝不能切得过大，或一次将肉都切成块。用餐时打嗝是最大的禁忌，万一发生此种情况，应立即向周围的人道歉。取食时不要站立起来，坐着拿不到的食物应请别人传递。就餐时不可狼吞虎咽。对自己不愿吃的食物也应要一点放在盘中，以示礼貌。每次送入口中的食物不宜过多，在咀嚼时不要说话，更不可主动与人谈话。有时主人劝客人添菜，如有胃口，添菜不算失礼，相反主人也许会引以为荣。肉类菜肴配用的调味汁主要有西班牙汁、浓烧汁精、蘑菇汁等。禽类菜肴的原料取自鸡、鸭、鹅；主要的调味汁有咖喱汁、奶油汁等。蔬菜类菜肴，可以安排在肉类菜肴之后，也可以与肉类菜肴同时上桌，蔬菜类菜肴在西餐中称为沙拉。

5) 点心甜品

西餐的甜品是主菜后食用的，它包括所有主菜后的食物，如布丁、冰淇淋、奶酪、水果等。吃水果时，不要拿着水果整个去咬，应先用水果刀切成四五瓣再用刀去掉皮、核，用叉子叉着吃。

6) 热饮

招待客人时不要把热水放在玻璃杯里，这样既不科学，又不安全，因为玻璃杯容易烫手。玻璃杯是用来装冰块或是冷水的，热水、热茶等，应该放在瓷杯里。西方喝茶的方式和中国也不一样。中国喝茶的方法一般都是把茶叶直接放在茶杯里用开水冲着喝，茶叶仍在杯子里；西方是用袋泡茶或把茶叶先放在茶壶里泡，然后把茶水倒出来喝，茶杯里不留茶叶。饮咖啡时一般要加糖和淡奶油。

6. 西餐就餐时的注意事项

1) 退席

不可在进餐时中途退席，如有事确需离开应向左右的客人小声打招呼。

2) 饮酒

饮酒干杯时，即使不喝，也应该将杯口在唇上碰一碰，以示敬意。当别人为你斟酒时，如不要，可简单地说一声“不，谢谢！”或以手稍盖酒杯，表示谢绝。

3) 与左右交谈

进餐时应与左右客人交谈，但应避免高声谈笑。不要只同几个熟人交谈。左右客人如不认识，可先自我介绍。别人讲话不可插嘴搭话。

4) 宽衣

进餐过程中，不要解开纽扣或当众脱衣。如主人请客人宽衣，男客人可将外衣脱下搭在椅背上，不要将外衣或随身携带的物品放在餐台上。

5) 侍者代劳

凡事由侍者代劳。在一流餐厅里，客人除了吃以外，诸如倒酒、整理餐具、捡起掉在地上的刀叉等事，都应让侍者去做。在国外，进餐时侍者会来问：“How is everything？”如果没有问题，可用“Good”来表达满意。侍者会经常注意客人的需要，若需要服务，可用眼神向他示意或微微把手抬高，侍者会马上过来。如果对服务满意，想付小费时，可用签账卡支付，即在账单上写下含小费在内的总额再签名。最后别忘记口头致谢。

6) 不大声喧哗

聊天切忌大声喧哗。在餐厅吃饭时就要享受美食和社交的乐趣，沉默地各吃各的会很奇怪。但旁若无人地大声喧哗，也是极失礼的行为。音量要适当，保持对方能听见的程度，别影响到邻桌。

7) 任意选择乳酪

高级餐厅上甜点之前，会送上一个大托盘，摆满数种乳酪、饼干和水果，挑多少种都可以，但以吃得下为准。

8) 用叉子和汤匙吃甜点

上甜点时大都会附上汤匙和叉子。冰淇淋之类的甜点容易滑动，可用叉子固定并集中，再放到汤匙里吃。大块的水果可以切成一口的大小，再用叉子叉着吃。

9) 女主人宣布开始用餐

当晚餐准备就绪，在没有助手的时候，第一道菜(如果不是热菜)应当提前摆在桌上，这样女主人就可以和客人一起入座。如果人不多，女主人可以高声宣布开始用餐；人比较多的时候，可以让来宾相互通告入座。

10) 安排客人入座

安排客人入座是很有学问的，男主人应引着最尊贵的女士走进餐厅，并让她坐在自己的右侧。特别尊贵的客人，可以是最年长的女士，或久违造访的朋友。次重要的女客人应该被安排在男主人的左侧。女主人通常坐在桌尾，重要的男客人应该坐在她的右侧。必须注意的是，男女客人要均匀地安排，并且尽量让夫妇分开坐。

11) 左撇子客人的安排

左撇子的客人，应安排在角落上，这样，当他和旁边的人一起举筷的时候，不会碰到对方的手臂。

礼仪小博士 3-15：

西方人六不吃

(1) 不吃动物的内脏。

(2) 不吃动物的头和脚。

(3) 不吃宠物(猫、狗和鸽子等)。

(4) 不吃珍稀动物。

(5) 不吃淡水鱼。

(6) 不吃无鳞无鳍的鱼(鳝、鳅、鲶等)以及蛇。

(资料来源：http://pigeon-5.blog.sohu.com/65278701.html)

3.6.5 喝咖啡与饮茶的礼仪

宴请活动中少不了要喝咖啡或饮茶，因此，掌握喝咖啡和饮茶的礼仪是十分必要的。

1．喝咖啡的礼仪

可以自己磨好咖啡豆以后用咖啡壶煮咖啡，也可以用开水冲饮速溶咖啡。人们一般认为自制的咖啡档次比较高，而速溶的咖啡不过是节省时间罢了。

在西餐中，饮用咖啡是大有讲究的。

1) 杯的持握

供饮用的咖啡，一般都是用袖珍型的杯子盛出。这种杯子的杯耳较小，手指无法穿过去。但即使用较大的杯子，也不要用手指穿过杯耳端杯子。正确的拿法应是用右手的拇指和食指握住杯耳，轻轻地端起杯子，慢慢品尝。不能双手握杯，也不能用手端起碟子去吸食杯子里的咖啡。用手握住杯身、杯口，托住杯底，也都是不正确的方法。

2) 杯碟的使用

盛放咖啡的杯碟都是特制的，它们应当放在饮用者的正面或右侧，杯耳应指向右方。咖啡都是盛入杯中，放在碟子上一起端上桌子的。碟子是用来放置咖啡匙，并接收溢出杯子的咖啡的。喝咖啡时，可以用右手拿着咖啡的杯耳，左手轻轻托着咖啡碟，慢慢地移向嘴边。不要满把握杯大口吞咽，也不要俯首去就咖啡杯。如果坐在远离桌子的沙发上，不便用双手端着咖啡饮用，此时可以做一些变通，可用左手将咖啡碟置于齐胸的位置，用右手端着咖啡饮用，饮毕应立即将咖啡杯置于咖啡碟中，不要让二者分家；如果离桌子近，只需端起杯子，不要端起碟子。添加咖啡时，不要把咖啡杯从咖啡碟上拿起来。

3) 匙的使用

咖啡匙是专门用来搅咖啡的，如果咖啡太热也可用匙轻轻搅动，使其变凉。饮用咖啡时应当把咖啡匙取出来，不要用咖啡匙舀着咖啡喝，也不要用咖啡匙来捣碎杯中的方糖。不用匙时，应将其平放在咖啡碟中。

4) 咖啡的饮用

饮用咖啡时，不能大口吞咽，更不可以一饮而尽，而是一小口一小口地细细品尝，切

记不要发出声响，这样才能显示出品味和高雅。如果咖啡太热，可以用咖啡匙在杯中轻轻搅拌使之冷却，或者等自然冷却后再饮用。用嘴试图去把咖啡吹凉，是很不文雅的动作。

5)　给咖啡加糖

给咖啡加糖时，砂糖可用咖啡匙舀取，直接加入杯内；也可先用糖夹子把方糖夹在咖啡碟的近身一侧，再用咖啡匙把方糖加入杯子里。如果直接用糖夹子或手把方糖放入杯内，有时可能会使咖啡溅出，从而弄脏衣服或台布。

6)　用甜点的要求

有时喝咖啡可以吃一些点心，但不要一手端着咖啡杯，一手拿着点心，吃一口、喝一口地交替进行，这样的行为是非常不雅观的。饮咖啡时应当放下点心，吃点心时则应放下咖啡杯。

在咖啡屋里，举止要文明，不要盯视他人。交谈的声音越轻越好，千万不要不顾场合，高谈阔论，破坏气氛。

礼仪小博士 3-16：

咖啡的种类

依据饮咖啡的添加配料不同，咖啡可被分为多个品种。其中最常见的有以下六种:

(1)　黑咖啡。它所指的是既不加糖，也不加牛奶的纯咖啡。

(2)　白咖啡。它是指饮用之前加入了牛奶、奶油或特制的植物粉末的咖啡。

(3)　浓黑咖啡。它的全名叫意大利式浓黑咖啡。它以特殊的蒸汽加压方法制作，极黑浓，不宜多饮。

(4)　浓白咖啡。它的全名叫意大利式浓白咖啡。其制作方法，基本上与浓黑咖啡相类似，只是加入了用牛奶打制出来的奶油或奶皮，故此显得又稠又浓，口味甚佳。

(5)　爱尔兰式咖啡。爱尔兰式咖啡的最大特点，是在饮用咖啡之前不加入牛奶，而是加入一定数量的威士忌酒。

(6)　土耳其式咖啡。土耳其式咖啡大致与白咖啡类似，在咖啡之中可以酌情加入适量的牛奶。但是与其他种类所不同的是，它的咖啡渣并未除去，而是被装入杯中与咖啡一起上桌，供人饮用。

(资料来源：http://www.xici.net/#d106130928.htm)

2．饮茶的礼仪

中国是茶的故乡，制茶、饮茶已有几千年的历史，名品荟萃，主要品种有绿茶、红茶、乌龙茶、花茶、白茶、黄茶。茶有健身、治疾之药物疗效，又富欣赏情趣，可陶冶情操。品茶待客是中国人高雅的娱乐和社交活动，坐茶馆、茶话会则是中国人社会性群体茶艺活动。中国茶艺在世界享有盛誉，在唐代就传入日本，形成日本茶道。

茶是中国人最喜欢的饮料之一，同时外宾也乐于接受。在商务交往中，经常有专门举行茶会招待来宾的。茶水虽然物美价廉，但饮茶却是一种文化。

为客人沏茶之前，首先要清洗双手，并洗净茶杯或茶碗。要特别注意茶杯或茶碗有无破损或裂缝，残破的茶杯或茶碗是不能用来招待客人的。还要注意茶杯或茶碗里面有无茶

渍，有的话一定要清洗掉。茶具以陶瓷制品为佳。不能用旧茶或剩茶待客，必须沏新茶。在为客人沏茶前可以先征求其意见。就接待外国客人而言，美国人喜欢喝袋泡茶，欧洲人喜欢喝红茶，日本人喜欢喝乌龙茶。

茶水不要沏得太浓或太淡，每一杯茶斟得七成满就可以了。主人在陪伴客人饮茶时，要注意客人杯、壶中的茶水残留量，一般用茶杯泡茶，如已喝去一半，就要添加开水，随喝随添，使茶水浓度基本保持前后一致，水温适宜。正规的饮茶讲究把茶杯放在茶托上，一同敬给客人。杯把要放在左边。要是饮用红茶可准备好方糖，请客人自取。喝茶时，不允许用茶匙舀着喝。

上茶时，可由主人向客人献茶，或由招待员给客人上茶。主人给客人献茶时，应起立，并用双手把茶杯递给客人，然后说："请"。客人也应起立，以双手接过茶杯，说："谢谢"。添茶水时，也应如此。

由接待员上茶时要先给客人上茶，而不允许先给主人上茶。如果客人较多，应先给主宾上茶。上茶的具体步骤是：先把茶盘放在茶几上，从客人的右侧递过茶杯，右手拿着茶托，左手扶在茶托旁边。要是茶托无处可放，应以左手拿着茶盘，用右手递茶。注意不要把手指搭在茶杯边上，也不要让茶杯撞击到客人的手上，或洒了客人一身。妨碍了客人的工作或交谈时，要说一声"对不起"。客人对接待员的服务应表示感谢。在往茶杯里倒水、续水时，如果不便或没有把握一并将杯子和杯盖拿在左手上，可把杯盖翻放在桌子或茶几上，只端起茶杯来倒水。服务员在倒、续完水后要把杯盖盖上。注意，切不可把杯盖扣放在桌面或茶几上，这样既不卫生，也不礼貌。如发现宾客将杯盖扣放在桌面或茶几上，服务员要立即更换，用托盘上，将杯盖盖好。

如果用茶水和点心待客人，应先上点心，点心应给每个人上一小盘，或几个人上一大盘。点心盘应用右手从客人的右侧送上。待其用毕，即从右侧撤下。

在饮茶中，不应大口吞咽茶水，或喝得咕咚咕咚直响，应当慢慢地一小口一小口地仔细品尝。遇到漂浮在水面上的茶叶，可用杯盖拂去，或轻轻吹开，切不可用手从杯里捞出来扔在地上，也不要吃茶叶。我国旧时有以再三请茶作为提醒客人应当告辞的做法，因此，在招待老年人或海外华人时要注意，不要一而再、再而三地劝其饮茶。西方常以茶会作为招待宾客的一种形式，茶会通常在下午 4 时左右开始，设在客厅之内，准备好座位和茶几就行了，不必安排座次。茶会上除饮茶之外，还可以上一些点心或风味小吃。

3.7 场　　所

现代人生活在各种场所中，如家庭、学校、办公室以及各类公共场所等，因此讲究场所礼仪十分必要。良好的场所礼仪不但反映出现代人的精神风貌和基本素养，而且还是和谐处理各类人际关系的重要前提。

3.7.1 公共场所礼仪

在各类公共场所，必须注重礼仪规范，维护公共场所的气氛，遵守公共场所的秩序。

1. 参观博物馆和美术馆礼仪

博物馆和美术馆是高雅的场所，人们前去参观可以增长知识和提高艺术修养，因而在这种场所更要讲礼仪。

进博物馆或美术馆时要将大衣、帽子及携带的杂物存放在衣帽间。不要戴着帽子进入展厅，也不要将食品带入展厅，一边参观一边吃零食是不文明的举止。喝饮料、吃东西可到休息室去。

在展厅内要保持安静的环境和良好的学术氛围，对讲解员的解说要专心倾听，遇到不懂的地方或问题，可向他(她)请教，当然也不要问个没完没了，惹人生厌。参观时不要对展品妄加评论。如果你很欣赏某件作品，在不妨碍他人的情况下可以多观赏一会儿；如果别人停住欣赏某件展品，而你不得不从他前面越过时，一定要说声“对不起”。

参观时要爱护展品，不要用手抚摸，以免损坏展品。注意看管好小孩，不要让孩子碰坏展品或展厅内的设施。博物馆和美术馆为了保护展品及维护自身的权益，一般都禁止参观者摄影，允许照相的，也禁止使用闪光灯。因此，参观时要注意遵守有关规定。

2. 参加学术报告会礼仪

参加学术报告会应衣着整洁、美观大方、准时入场、进出有序，依照会议安排落座。具体来说，要注意以下几点要求。

1)　遵守纪律，准时有序

参加学术报告，每个人都要有较强的时间观念，应提前几分钟到达报告会地点，保证集会准时开始。不能拖拖拉拉，延误报告会的时间和影响报告会的气氛。入场时，不要勾肩搭背、大声谈笑、东张西望或寻人打招呼。必要时要在最短的时间内整好队列，并以较快的速度进入会场。入场后要在指定地点入座。如事先没有设定座位，要听从会议组织者的安排，迅速就座，秩序井然。不要挤占位置好的座位，更不要坐贵宾席。报告会结束后，应让贵宾先离开会场，然后再按次序退场，切忌一哄而散。

2)　尊重报告人，表示敬意

报告人未入场前，与会者应端正地恭候报告人。当报告人出现在主席台上时，全场应立即安静下来，并报以热烈的掌声，这是一种基本的礼貌。这种礼貌是对报告人的尊重和鼓励，报告人也会因此把报告做得更好。

报告人做报告时，要端坐静听，不要交头接耳、窃窃私语，不要看报纸杂志、吃零食、打瞌睡、东张西望或左顾右盼，否则不仅会影响报告人的情绪，也会干扰其他人听报告。

在一般情况下，不要随意离开会场，如有特殊原因需出场，也应悄悄出场，以减少对报告人和听众的干扰。借故离场、扬长而去都是对报告人的不尊敬，是一种极不礼貌的行为。对报告中的精彩部分，可以鼓掌，以表示赞同和钦佩。报告结束时，为表谢意应报以热烈鼓掌。如果报告人离席先走，则应再一次鼓掌表示欢送。

此外，对报告中的某些观点不同意，或由于报告中的引例和数据不够准确而有不同看法时，与会者应采取正确而礼貌的方式予以处理，或通过向报告人递条子的办法指出报告

中的某些欠妥之处，或会议结束后向会议组织者提出意见。当场在下面议论、喊叫或当面责问，都是极不礼貌的行为。

3) 自由发言，注意礼貌

有的报告会允许发言。如果发言要先举手，得到报告人的同意后，方可发言。要认真听别人的发言，不要做出无所谓或不耐烦的样子，不要随便插话，更不能强行打断别人的发言。假如不同意发言人的观点，在他没有说完之前，不要立即反驳，更不能公然露出鄙夷的神色或拂袖而去。

发言要有观点，以理服人。发言不管是阐述自己的看法，还是反驳别人的论点，都应该注意观点明确，论据充分，以理服人。对不同的意见，不要乱扣帽子、乱打棍子，切忌出言不逊、恶语伤人。别人批评自己的观点或对自己的观点提出不同看法时，应虚心听取，要让别人把话说完，不要急躁，不要说出有损别人人格的话，而应互相切磋求同存异。

3．身处公共娱乐场所的礼仪

1) 戏院的礼仪

戏院的规模比较大，座位多，常分正厅、花楼、包厢，有的还有顶楼。入场券分多种价格，一般前排较贵，后排便宜，包厢较贵，顶楼最便宜。戏票可以去戏院或戏票代售处购买，也可以用电话订票。

看戏时的服饰没有严格的规定，但衣着要整洁、得体，一般票价高的座位上的观众衣着要更讲究、华丽一些。

进入戏院时，要尽可能不出声地走到自己的座位上去，即使戏未开演也要这样做。千万不要吵吵嚷嚷、前呼后拥地闯入，以免引起其他观众的反感。看戏时要安静，不要充内行地给别人介绍剧情，或对演员的表演妄加评价，不要打扰了他人看戏。看戏时不要打瞌睡、打哈欠，如不感兴趣可在幕间休息时间离开。幕间一般有 10～15 分钟的休息时间，可利用休息时间到休息室吸烟或喝饮料。台上的戏演到一幕结束时，观众应鼓掌，京戏唱到精彩处时，台下观众可以叫好喝彩。

2) 剧院的礼仪

歌剧、芭蕾舞剧院的礼仪与戏院礼仪略有差异。首先，开演后迟到者要等到幕间休息时才能进场，这期间只能在场外的闭路电视中看演出。其次，鼓掌应等歌声结束时、精彩唱段结束或舞蹈结束时。在一些国家，还伴有喝彩声，有时观众会激动地站起来，但这要看当时情况，如大家都不站起来，也不要一人站起来。演出片段后的鼓掌，也应视情况而定，应尽快止息，以免打断或影响后面的演出。几年前，意大利著名歌唱家帕瓦罗蒂来京演出，歌迷们为之倾倒，在演出大厅里，掌声和欢呼声甚至压倒了艺术家雄厚的嗓音。演出从始至终，观众无不站立，挥动手中节目单，这虽表示了观众的热情，但这种观赏方式也显得有些过火。在观赏传统的歌剧、芭蕾节目时，应考虑到这些传统艺术需要典雅的环境。这与看现代爵士乐、摇滚乐队的表演，可以吹口哨、发怪声，演员激动的情绪与疯狂观众配合的环境是截然不同的。

3)　音乐会礼仪

西方人士把出席音乐会视为一件高雅而庄重的事，因而出席音乐会的服饰很讲究，男士西装革履、打领带，女士则要穿上礼服并化妆。

听众应于音乐会开始前入座。一旦演奏开始，听众就将被禁止入内，而只能在门外静听，等候中场休息时方可入内。音乐会上不允许中途退场。

音乐会上要保持肃静。观众来到音乐厅入口处则应停止说话，脚步放轻，任何惊动场内观众的言行都是失礼的。因而在音乐会上不许交谈、打呵欠，甚至不允许咳嗽和翻动节目说明书。

每支乐曲演奏完毕，听众应以掌声向演奏者致谢。但一曲未了或乐章之间不应鼓掌，否则就如同中途打断别人的讲话一样，只会显示出自己的无知。如果某人或某组器乐演奏特别精彩，观众经久不息的掌声要求他再来一个是可以的，但不宜连续多次。

演出结束后可向演奏者献花，但在音乐会演出中途登台献花是不适宜的。演出结束后，听众应在座位上停留片刻，不要急于退场，待演奏者谢幕时，全场应起立鼓掌，以示尊敬，然后方可有秩序地退场。

4)　电影院的礼仪

在电影院看电影较在剧院、音乐会上的礼仪要求相对松一些，但仍要求言行举止文明。具体做到：一是在售票处购票时要排队；二是进入电影院时，主动出示票，并对号入座；三是影院中不准许穿背心、短裤、拖鞋；四是不要随地扔瓜果皮核，不要吸烟；五是情侣们不要过分亲热，这样既不雅又挡住他人视线；六是看电影过程中不要喧哗、交谈和叫好；七是应等影片结束，影院亮灯时才起身离开。

5)　歌舞厅的礼仪

改革开放后，中国的歌舞厅出现在大街小巷。如今，商业界晚上开展业务性应酬活动的地点多选择轻松自在的歌舞厅。在歌舞厅应注意的礼仪：①服饰上可更艳丽，化妆可采用浓妆；②男士应尽可能多邀请同去的女士跳舞；③对于别人的邀请，不管是否会跳，都应表现出乐于陪同，礼貌迎合；④对演员和服务员要用语文明、举止得体；⑤在客人尽兴时，提出结束玩乐。

4．身处体育运动场所的礼仪

1)　观看体育比赛的礼仪

(1)　衣着。体育场所中的衣着一般是非正式的，以穿着适时、舒适为主，尤其是秋冬季的室外赛场，优先考虑的应是保暖。在室内体育馆里，坐在包厢里的观众通常比坐在看台上的观众要穿得正式，如果着运动装，也要求整洁大方。场内观众着装更随意。

(2)　入座。应准时到场，以免入座时打扰别人。观看比赛时，不能因情绪激动而用脚踩着座位看。

(3)　遵守秩序。观看体育比赛时要注意讲文明。你可以在比赛中为你所喜爱、支持的运动员和运动队欢呼呐喊，但不要辱骂对抗的一队，以免和另一队的支持观众发生争执，或被警察“保护”出场，更不要因不满赛况而向比赛场中投掷杂物、攻击裁判等。

(4) 照顾他人。与在其他公共场所一样，在体育场所中若想吸烟，要注意场内是否允许并要取得周围人的同意。比赛期间不要频繁进进出出地买饮料、上厕所等，以免影响其他观众。啦啦队、球迷队的欢呼助威也要照顾他人的观看。

(5) 退场。如果赛后有要事，可在终场前几分钟悄悄离去。若等到赛完才离去，就要按顺序退场，不要互相拥挤，以免人多发生意外。

2) 观赏体育表演赛的礼仪

体育明星的表演赛类型较多，如田径赛、竞技、球类、武术等。由于比赛云集国内、国际高手，技艺超群，因而比赛颇为精彩，更容易调动人们的情绪。观赏表演赛应注意以下几点：

(1) 着装。观看体育表演赛同样是非正式的服饰要求，但在看一些国际性的表演赛时，应比看一般比赛要注意打扮，工作装、沙滩装和奇装异服一般是不适宜的。

(2) 入场。注意车辆要在指定地点存放，按时入场，不要在人群拥挤的入场处逗留，进场后尽快找到座位坐下。由于体育明星的表演赛入场券比较难买，如果想在入场口等退票，注意不要妨碍他人入场，不可纠缠他人。

(3) 文明观赏。观看表演赛要支持、鼓励运动员的表演，随着比赛高潮的出现，看台上的气氛也会热烈起来，可以鼓掌和文雅地加以赞扬。有时运动员表现反常，没有发挥应有水平，也要予以热情鼓励，不能吹口哨、怪叫，甚至喊带侮辱性的话。在观看国际性表演赛时，要注意表现出大国的胸怀来，坚持“友谊第一，比赛第二”。

(4) 退场。表演赛结束后要按秩序退场，但要注意退场时不要尾追、堵截体育明星和名人，不要拦住明星的汽车或纠缠明星签字留念。

3) 参加群众性体育活动的礼仪

目前我国群众性体育活动项目繁多，许多正式比赛项目和非正式比赛项目都成为体育爱好者参加的项目。参加体育活动时应注意以下几点：

(1) 遵守比赛规则。虽然体育活动不同于正式比赛，但大家仍应遵守种种比赛的规则，才能使活动有秩序。运动比赛瞬息万变，比赛中裁判员难免失误，对于这种情况，应支持裁判员的工作，不要起哄。

(2) 讲求运动道德。在以健身、娱乐、社交等增进友谊陶冶性情为目的体育活动中，如板球、网球、高尔夫球、台球、保龄球等，应讲求运动道德。进行活动时行为不可粗鲁，不可与对手起冲突，不可嘲笑、挖苦对方的技艺。赛前、赛后都要与对手握手、拥抱致意。

(3) 保证安全。对于以猎奇、惊险和一定程序的冒险为乐趣的活动，一定要事先准备充分，措施得当，以保证活动时的人身安全。例如在打猎活动中，要正确地使用枪支，保证参加者不受伤害。打猎的枪支管理要严格，打猎时要按组织者的计划与说明行动，只能向规定的方位射击，切记不能向其他猎手方向射击。另外对受到保护的野生动物不能猎取。

5. 商场购物礼仪

商店营业员的工作是服务性的，我们应当以平等的关系文明相待、互相尊重。

1) 考虑周详

如果到商店购物，应在确定欲购买商品后再招呼营业员去取。若无意购买，就不要随便地让营业员拿商品给自己。如果是营业员主动推荐某种商品，也应视情况礼貌地给予答复。

2) 态度友善

到柜台前购物，招呼营业员时语气应和蔼，说明自己的购物要求，不要“喂、喂”叫人，更不能盛气凌人，用命令式的语气说话。如果当时营业员正在为别的顾客服务，应在旁边稍候片刻，不要高声喊叫，更不应敲击柜台。选购商品时，不要说话尖刻，过分挑剔，浪费时间，影响营业员为其他顾客服务。挑选容易污损的商品要轻拿轻放，若不慎损坏，应主动赔偿。如实在难以选出满意商品，应向营业员打招呼交还，并表示歉意。顾客多时，要按顺序购买，并注意照顾老弱病残者，对于外宾也要礼让。

3) 排队购物

有时商场里顾客较多，特别是节假日或卖紧缺商品时，顾客更是拥挤，这时我们应注意礼貌，自觉遵守秩序排队购物，不要加塞或乱挤。如果自己有急事需要先买，应向营业员和排在前面的顾客说明，征得他们的同意后，方可购买。如遇外宾、老弱病残孕者，或有急事的旅客时，应该主动让他们先买。

4) 宽宏大量

当营业员出现差错时，顾客应给予谅解并善意提示，切忌争吵。如果遇到个别营业员态度不好，可找商店有关领导去解决，不要当场大吵大闹、出言不逊。如果需要退换商品，应向营业员耐心地说明原因，态度应平和，不要把对质量有问题的火气，冲营业员发泄。若按规定属于不能退换的商品则在购物前要仔细考虑，一旦买下，不应再退。

5) 真诚道谢

应理解和尊重营业员的工作，购买完物品，应向营业员道谢。尤其是营业员帮助解决特殊困难时，更要真诚致谢。

6) 爱护环境

在商店购物时，要自觉维护环境卫生，不要随地吐痰和乱扔果皮、包装纸，要使用环保购物袋购物，充分体现自己的文明修养。

此外还要注意超市购物礼仪。进入超市随身携带的较大的背包要寄放在卖场入口处。不要为货物“搬家”，这是自选式商场中最基本的规则。可以想见，成为“流浪儿”的货物将给商场带来巨大的麻烦，浪费了人力物力。要爱护超市中陈列的商品，不要为贪图小便宜违反规定抓紧“试吃”“试用”，这种行为更难登大雅之堂。

在超市，要学会为他人着想，当我们的购物车横在通道上的时候，要想到别人该怎么走过；当我们把价格牌弄倒的时候，要考虑到其他顾客怎样了解价格；当我们把毛巾一条条抖开的时候，要想到工作人员折叠的辛苦；当我们的孩子顽皮地乱跑的时候，要预见到

他可能会撞落商品或撞痛别人……

6. 就医探视礼仪

1) 在医院看病的礼仪

俗语说得好："走进医院声要轻，候诊不要围医生；有序就诊必要静，不能再得烦躁病。"人们到医院就医，就是为能得到良好、及时的治疗，早日康复。因此，应该遵守以下几点礼仪规范：

(1) 轻声说话，保持安静。医院是病人集中的场所，如果有人在医院旁若无人地说话、打电话，其他人会感到不舒服，感到烦躁。在医生身边大声喧哗或打电话，更会影响医生的诊治。同样，到病房探视病人，也不宜在病房内夸夸其谈，影响其他病人的休息。

(2) 遵守秩序，文明候诊。在医院，无论是病人还是病人家属，都要遵守公共场所的秩序。比如不能在候诊室内吸烟、随地吐痰，不能随地乱扔棉签、果皮、纸屑，也不能让孩子随地大小便。挂号应依次排队。不要大声喧哗和随意走动，保持一个安静、清洁和舒适的诊治环境，既有利于医务人员的工作，又可减少对候诊病人的不良刺激。如果有病人在看病，应在门外等候，当医务人员叫到自己的名字时，应该礼貌地回应，再到指定的位子坐下。

(3) 如实陈述病情。当医生询问病情时，要如实地陈述。对病情和症状，既不可缩小、隐瞒，也不可以夸大，更不允许弄虚作假和无中生有地编造。如果为了骗取病假，千方百计地欺骗医生，甚至不择手段伪造体温、心率、血压等检查结果，乱涂化验单等，不仅不道德，而且也会伤害自己，贻误对疾病的诊断和治疗。

(4) 妥善处理医疗纠纷。如果偶尔遇到不负责任的医生，对疾病做出了可疑的处理时，作为病人也切忌随便发火，而应该耐心地询问医生有关处理的依据，请医生采取必要的措施帮助解释疑虑。如果当时不能解决问题，可向其他医生或医院领导反映情况，请他们根据医务工作者的工作准则判断是非并做出处理。如果已肯定是医生失职，作为病人也不应随意吵闹，更不能纠集家属或同事、好友一起围攻医生，扩大事态，而应该通过正当途径来妥善地解决所存在的问题。

2) 到医院探视的礼仪

当亲友、同事、同学患病时，前往探望、慰问是人之常情，是一种礼节。但如果探望者言行举止失当，则会给病人造成不利影响。拜访是一门学问，看望病人更是一门艺术，在生活中，看望病人时需要注意以下几个方面的礼仪规范：

(1) 做好探望前的准备。在探视前，应先向其家属、友人了解一下病人的病情、心情以及饮食起居，以便到病房后做些针对性的安慰。送给病人的礼品要精心挑选，鲜花、水果、书刊是普遍受到欢迎的。如果送食品或营养品要先考虑病人的病情。

(2) 选择时机，提前预约。这一点在普通拜访时是一个基本礼仪，而在看望病人时则更显重要，探望病人应选择适当时机，尽量避开病人休息和医疗时间。由于病人的饮食和睡眠比常人更为重要，所以，不宜在早晨、中午、深夜以及病人吃饭或休息时间前往探视。若病人在家静养，一般以下午探望为宜，其他时间最好不要去打扰。如果是探望住院的病人，应在规定的探视时间内前往，特别是在一些传染病医院、妇产医院，更要严格按照医院规定探视。同时，探望病人一定要提前预约，在了解清楚探视时间和病人接受治疗的安排情况后再去探望，若病人正在休息，应不予打扰，可稍候或留言相告。

(3) 准时到达，举止文明。住院期间，病人的生活相当有规律，接受治疗和休息时间都安排得很规范。因此，在探望病人时，一定要准时到达，严格按照约定的时间去看望，避免影响病人休息或者耽误其接受治疗，否则，不仅失礼，也容易空跑一趟。在进入病房前要先轻轻敲门，然后再进去。到病床前，先把礼物放下，看到病人要同往常一样自然、平静、面带笑容，主动上前握手。不能握手时，可探身以示招呼，如有椅子，可在病人身旁坐下。不要大大咧咧，以免影响其他病人，或造成医疗设备损坏。

(4) 语言轻松自然，多鼓励病人。同病人交谈，语言要讲究分寸，说话时不可以兴高采烈，也不要表现出紧张、厌恶的表情，神情应该保持轻松和关切。一般应先询问病人身体状况及治疗效果。在病人讲述病情时，要认真地听，不要心不在焉、左顾右盼。不要详细地向病人询问其病情，或当着病人的面向主治医生询问医疗方法。不要向病人介绍道听途说的偏方、秘方，不推荐未经临床试验的药物。如病人的病情需要保密时，不要和病人一起去乱猜，已知道应保密的病情，更不能对病人进行暗示。要避免谈论可能刺激对方或有关忌讳的话题，而多说些安慰、开导的话，多说些以往的美好时光，也可以说一些逸闻趣事、社会新闻、战胜疾病的事例，让病人开心而暂时忘却病痛，安心休息，恢复自信，战胜病魔，早日康复。

(5) 适时结束访问。探望时间一般以十几分钟为宜，最多不超过半个小时，最好能够适时地、婉转地结束探望。一方面要避免因为自己探视时间过长影响了病房里的其他病人休息，另一方面也可以让病人早点休息，避免疲劳影响身体恢复。在离开时，询问一下病人有什么事情需要帮助，再嘱咐病人安心治疗，表示过两天再来探望。告别时，一般应谢绝病人送行，祝他(她)早日恢复健康。

7. 参加会议礼仪

会议是指人们集合在一起，有议题、有组织、有步骤、有针对性地探讨一些问题。在现代社会里，它已成为人们参与社会活动的主要方式之一。参加会议应遵守以下礼仪规范：

1) 提前准备，注意休息

参加会议前，要预备好必要的辅助工具，如纸、笔、录音机等，以便于记录。提前认真阅读会议下发的材料，以便全面了解会议情况，掌握会议主旨。另外，参会前要有充分的休息，避免开会时困乏、打瞌睡，以免无法集中精神，影响参会质量。

2) 准时到会，有始有终

严守会议时间，是保证会议顺利进行的基本条件之一。会议的成功不但要靠会议主持人、组织者的积极努力和得力的措施，同时也要靠全体与会人员的自觉和认真遵守。

参加任何会议，都不应当迟到或者缺席。参加者应当按照通知上规定的具体时间，准时出席会议。一般应提前 5 分钟以上进入会场，以便办理报到手续，寻找座位等。参加会

议必须自始至终，不能“半途而废”、不辞而别。在他人讲话期间当众退场，不仅自己失礼，而且也是对对方不尊重的表现。如果确实有急事，应当向主持人说明原因并请假。

3) 遵守会议纪律，认真聆听发言

在会议进行期间认真倾听他人的发言，是与会者对对方尊重的具体表现，同时也是自己掌握会议精神的主要途径。因此，全体与会者应当自觉维护会场秩序，保持会场安静，不影响发言人的讲话与听众的倾听。开会时不应当随意走动，或者与周围人交头接耳。要聚精会神、全神贯注，专心聆听别人的讲话，抓住要点，发现问题。在一般情况下，不要带孩子到会议现场。

在发言人或主持人讲话时，不允许有意起哄，不应当在会场上使用手机，不应当收听音乐或收音机，不准吃东西、制造噪音等。与讲话者意见相左时，不应当在对方发言时予以打断，或是大声斥责、议论，更不能起哄、吹口哨、拍打桌椅等，应当寻找适当的渠道进行表达。当别人发言结束时，应当礼貌地鼓掌。

8．洗手间礼仪

洗手间是日常使用极为频繁的地方，由于公共场所的洗手间是众人共用的，所以在使用时就必须遵守规则，以免影响了下一位使用者的情绪。洗手间的使用礼仪最能体现出文明程度的高低。

不论男女，在洗手间有人使用的情况下，后来者必须排队等待。一般是在入口处排队，按先来后到依序排成一排，一旦有其中某一间空出来时，排在第一的自然拥有优先使用权，这是国际惯例，而不是每个人分别排在某一间门外，以有点赌运气的方式等待。如果不按国际通用习惯排队，必定会得到其他人的怒目相视，甚至指责。

洗手间最忌讳肮脏，所以，在使用时应尽量注意，如果有污染也应尽可能加以清洁。有些人有不良习惯，不愿意去善后，那就会殃及下一位使用者。女性卫生用品千万不要顺手扔入马桶中，以免马桶堵塞。其他如踩在马桶上使用、大量浪费卫生纸导致后来者无纸可用等，都是相当不妥的行为。

有的地方的冲水手把位置与平常所见的有所不同，但一般都是在水箱旁，有的在顶用拉绳来拉，或在马桶后方用手拉，也有一些设置在地上用脚踩。实际上，用脚踩的方式应该是最符合卫生标准的。若是怕冲水时手被污染，则可用卫生纸包住冲水把再按冲水。在无人排队的情况下，用完洗手间不必把门关好，应该故意留下明显缝隙，让后来者不需猜测就知道里面是空的。

在飞机、轮船、游览车、火车等交通工具上，洗手间是不分男女的，大家共用，此时无须讲究“女士优先”。

每个地方男、女卫生间的标记各不相同，一般除各国不同的文字注明外，也有不少地方是用图案来标识的，如男厕多是烟斗、胡子、帽子、拐杖、男士头像等，女士则多以高跟鞋、裙子、洋伞、嘴唇、女士头像等来标识。

在欧洲的一些国家，上洗手间是须付小费的，客气一点的是在出口处的桌子上摆着一个浅碟子，使用完毕可以随意放一些硬币等当作清洁费。严格一点的，则在入门处清楚

标识使用卫生间的费用，有些要事先付费，若不付费，看守者就不打开锁着的厕门。还有一些用机械投币式，即在入口设有一自动投币机门，投下一个硬币，旋转栅门就可以开一次。

原则上，使用完洗手间必须洗手，洗手台会有擦手纸与干手机。一般习惯是先用擦手纸巾擦干手，把用完的纸扔入垃圾桶后，再用干手机把手吹干。干手机多为自动感应方式并有自动定时装置，所以，不用考虑如何关闭电源的问题。清洁工人会不断巡视各洗手间并进行清洁。在清洁时有时会拖地板，此时就可能会停止使用洗手间，并放上 Wet Floor 或“暂停使用”等黄色的明显告示牌。如果遇到此情形，不可坚持使用，以免影响正常工作，但可以询问最近的洗手间在何处。

礼仪小博士 3-17：

中国公民国内旅游文明行为公约

营造文明、和谐的旅游环境，关系到每位游客的切身利益。做文明游客是我们大家的义务，请遵守以下公约：

维护环境卫生。不随地吐痰和口香糖，不乱扔废弃物，不在禁烟场所吸烟。

遵守公共秩序。不喧哗吵闹，排队遵守秩序，不并行挡道，不在公众场所高声交谈。

保护生态环境。不踩踏绿地，不摘折花木和果实，不追捉、投打、乱喂动物。

保护文物古迹。不在文物古迹上涂刻，不攀爬触摸文物，拍照摄像遵守规定。

爱惜公共设施。不污损客房用品，不损坏公用设施，不贪占小便宜，节约用水用电，用餐不浪费。

尊重别人权利。不强行和外宾合影，不对着别人打喷嚏，不长期占用公共设施，尊重服务人员的劳动，尊重各民族宗教习俗。

讲究以礼待人。衣着整洁得体，不在公共场所袒胸赤膊；礼让老幼病残，礼让女士；不讲粗话。

提倡健康娱乐。抵制封建迷信活动，拒绝黄、赌、毒。

(资料来源：http://news.xinhuanet.com/poeitics/2006-10/.2/contert_5164830.html)

3.7.2　办公室礼仪

办公室礼仪最能体现一个人是否具备良好的素质和个人修养。因为办公室是日常工作的地方，同事们在这里朝夕相处，很多礼仪需要我们注意。良好的礼仪不仅能树立个人和组织的良好形象，也会关系到一个人的个人前程和事业发展。

1．办公室内的一般礼仪规范

1)　不要随便打电话

有些公司规定办公时间不要随便接听私人电话，一般在外国公司里用公司电话长时间地、经常性地打私人电话是不允许的。私人电话顾名思义只能私人听，但在办公室里打，则难免会被人听到。即使公司允许用公用电话谈私事，也应该尽量收敛一些，不要在电话里与自己的家人、孩子、恋人等说个没完，这样会让人感觉不舒服，有损于你的敬业形象。

2) 要守时，不迟到或早退

上班时间要按时报到，遵守午餐、上班、下班时间，不迟到早退，否则会给公司留下一个懒散、没有时间观念的印象。另外，要严格遵守上班时间，一般不能在上班时间随便出去办私事。

3) 做错了事勇于承认

如果有些小的事情办错了，当上司询问时，如果这事与自己有关，即使别的同事都有一些责任，你也可以直接替大家解释或道歉；如果是自己做错了事，更要勇于承担责任，绝不可以诿过于别人。

4) 主动帮助别人

当看到同事有需要帮忙的事情，一定要热心地帮助解决。在任何一个工作单位里，热心助人的人是有好人缘的。

5) 不要随便打扰别人

当你已经将手头的活儿干完时，一定不要打扰别人，不要与没有干完活的人交谈，这样做是不礼貌的。

6) 爱惜办公室公共用品

办公室的公用物品是大家在办公的时候用的，不要随便把它拿回家去，也不要浪费公用物品。

7) 中午午睡关好门

许多人有中午午睡的习惯，略休息一下，午睡要关好门。如果你有急事必须进出门时，记住每次进出门后必须带上门。不要怕有关门声而将门半开或虚掩着，这样不礼貌。因为关好门能给午睡者安全感，其心里更踏实，而关门声的吵扰相对可以忍受。

礼仪小博士 3-18：

使用复印机的礼仪

有很多复印工作(20页或以上)要完成的人应该让只复印2～3页的人首先使用复印机。如果你已调整好机器，并且需要复印40页甚至更多的打字稿，那么在这种情况下，告诉正在等候的人，估计需要多长时间。看到有人刚刚为大量工作调试好机器，晚来的人应当推迟自己的工作。

量大的工作最好在早晨做，或者在下班数小时之后做，因为在这些时候复印机往往是闲置的。另一提示：在大宗工作完成后，检查纸张抽屉，必要时添加纸张。

要遵守公司的规定，不要在公司的复印机上复印自己的私人资料。

(资料来源：http://blog.renren.com/share/275189475/2060042784)

2．办公室环境礼仪

当人们走进办公区的情绪是积极的、稳定的，就会很快进入工作角色，不仅工作效率高，而且质量好；反之，情绪低落，则工作效率低，质量差。在办公区内，整洁、明亮、舒适的工作环境，使员工产生积极的情绪，他们就会充满活力，工作卓有成效。

随着现代化进程的加快，人们的办公“硬件”水平逐渐提高，办公环境也在不断发展，人们的工作效率也随之相应提高。

1)　办公室桌面环境

办公室的桌椅及其他办公设施，都需要保持干净、整洁、井井有条。正如鲁迅先生所说：“几案精严见性情”，心理状态的好坏，必然在几案或其他方面体现出来。

从办公桌的状态可以看到当事人的状态，会整理自己桌面的人，做起事来肯定也是干净爽快。他们为了更有效地完成工作，桌面上只摆放目前正在进行的工作文件；在休息前应做好下一项工作的准备；用餐或去洗手间暂时离开座位时，应将文件覆盖起来；下班后的桌面上只能摆放计算机，而文件或是资料应该收放在抽屉或文件柜中。

随着办公室改革的推进，有的公司已废弃掉了个人的专用办公桌，而是用共享的大型办公桌，为了下一个使用者，对共享的办公桌应更加爱惜。

2)　办公室心理环境

“硬件”环境的发展仅仅是提高工作效率的一个方面，而更为重要的往往是“软件”条件，即办公室工作人员的心理素质。这个观点正在被越来越多的“白领”们所接受。

在日常工作中，人际关系是否融洽非常重要。互相之间点头微笑，体现友好、热情与温暖，就会和谐相处。工作人员在言谈举止、衣着打扮、表情动作的流露中，都可以体现是否拥有健康的心理素质。

总之，办公室内的软件建设非常重要的一个环节便是心理素质方面。因为“精神污染”从某种意义上说要比大气、水质、噪声的污染更为严重，它会涣散人们工作的积极性，乃至影响工作效率、工作质量。为此，在办公室内需要不断提高员工的心理素质，具体应从以下几个方面努力：学会选择适当的心理调节方式，使工作人员不被“精神污染”。领导应主动关心员工，了解员工的情绪周期变化规律，根据工作情况，采取放“情绪假”的办法。工作之余多组织一些文娱体育活动，既丰富了文化生活，又宣泄了不良情绪。有条件的可以建立员工心理档案，并定期组织“心理检查”，这样可以“防微杜渐”，避免严重心理问题的产生。经常组织一些“健心活动”，使工作人员经常保持积极向上、稳定的情绪，掌握协调与控制情绪的技巧与方法。

3)　办公室里谈话注意事项

(1)　一般不要谈薪金等问题。在美国、日本等国家一般最忌讳谈论薪金问题，不论是你问别人的薪水，还是别人问你，都会让人难以回答。因为在很多公司里，每一个人的工作不一样，得到的报酬也不一样。如果你说出你的薪水比别人高时，容易引起一些麻烦事。

(2)　不要谈私人生活和反映你个人不愉快的消极话题。不要谈论你的私人问题，也不要在办公室讨论你遇到的不好的事情和现在的不好心情，因为这会影响别人的情绪，或者引起别人对你不好的看法。不要将自己的私人生活全部暴露在同事的面前，保留一点神秘感对你是有好处的，让人认为你是一个有魅力的人，一个能处理好自己生活的人。因为一个连自己的生活都处理不好的人是没有可能将公司的重任担当起来的。如果不注意，不但会影响你的形象，还会影响你的前途。

(3) 不要评论别人。在办公室里最忌讳的是谈论别人的是是非非，正如中国那句古话：当面少说好话，背后莫议人非。当有人在评论别人时，你不要插嘴，也不要充当谣言的传播者。

(4) 在谈论自己和别人时注意别人的反应。在谈论自己和别人时不要滔滔不绝，而要观察别人的反应来决定谈话是不是继续进行。当别人对你所谈论的话题不感兴趣时，就应该转向别的话题。否则，这样的谈话就会成为大家的负担，而不是一种快乐。

3. 在同事办公室的礼仪

1) 提前预约，准时赴约

即使和同事是在同一个办公楼里办公，在见面之前，也一定要提前预约，而且要准时赴约，如果见面的是比你的职位更高的同事，那就更不能迟到了。如果约好在某人的办公室会面，而那人不在屋里，一般你就不宜再进去。如果没有等候室的话，可在门外等候。进他的办公室之前先敲门，以便让他知道你来了，即使门开着也要这样做，等他示意后，再进屋。如果对方正在打电话，可在门外等一会儿或过一会儿再来。

2) 尊重同事的办公室规则

我们所谈到的有关客人拜访的规则同样适用于你的同事：在别人的办公室里，要等人示意后才能入座。如果有电话打断了你们的谈话，应该通过手势示意是否回避。不要把文件、茶杯等随意放在桌子上，那是他人的领地，而应先征得同意。比如说："我把茶杯放这儿行吗？"同样，需主人同意后才能挪动椅子，并在离开前放回原处。

3) 爱护同事的办公室设备

如果确实需要使用某人的办公室或设备，应事先征得同意。如果主人同意了，给了你这项特权，也不可滥用。不要乱翻抽屉里的文件，不要偷看桌上的文件。如果需用什么东西，用完后应及时完璧归赵，并向主人致谢。如果用坏别人的办公工具，应该向人家说明，并征求是否需代为修理或买一个新的。

4) 及时撤离

在到别人办公室拜访时，无论是否达到拜访的目的，都不要停留过久，到了该走的时间就要离开，因为停留过久会影响被拜访人的工作。

礼仪小博士 3-19：

职场新人：办公室礼仪的"六要六不要"

(1) 上下班礼仪——不要吝惜一句基本的问候

早上到达办公室，向周围的同事点头致意，并且微笑着说一句："早上好。"下班离开时，清理好桌面，对还在办公桌上忙碌的同事说一句："我先回家了，明天见。"

不要：早上匆匆忙忙跑进办公室，不和任何人打招呼，一屁股坐到椅子上，边看电脑边吃早点。吃完的早点不及时处理，而是随手扔在了自己桌下的废纸篓里，散发出异味。

(2) 过道内的礼仪——低头不见抬头见

在办公室过道内遇见同事或者客户，就算不是很熟悉也请微微点头，微笑示意，并略

微侧身走过。遇见领导可以略微驻足，示意让领导先过。

不要：在过道里只和熟悉的同事交流，遇到不认识的马上收起笑脸，一言不发；遇到领导也是笔直冲过。

(3) 使用电脑和电话的礼仪——注意噪声污染

敲打键盘时请轻手轻脚，避免产生过大的键盘敲击声。在办公区域接听电话时请注意控制音量，并长话短说。

不要：好像和键盘有仇，打字时发出很大的响声，或者边打字边吃一些发出较大咀嚼声的零食。接听电话如同在自家客厅，恨不得办公室的同人都知道自己的精彩人生……

(4) 进入领导办公室礼仪——注意大方得体

门开着也请轻轻敲门，得到允许后方可进入。看到领导在打电话应该立刻退出。内容简短时请站着汇报，经领导示意后再坐下。

不要像一阵旋风一样横冲直撞，还自我感觉充满活力和高效。汇报工作时不要太随意，特别是女性员工在汇报工作时请不要倚靠在桌子上或者与领导太过亲密，极易造成误会。

(5) 同事间相处礼仪——互相尊重，保持适当距离

保持尊重和合作的态度即可。对于自己的上级或者比自己资深的员工，可以采用敬语称呼。多为同事分担些力所能及的小事，也是快速融入团队、建立信任感的有效方式。

不要过分亲密或者打听他人隐私；不要在办公室开过分玩笑或者给同事起绰号或小名。作为职场新人，提升自身能力是硬道理，更不要在成长初期就介入所谓的办公室是非。

(6) 电梯礼仪——举手之劳，能做就做

在高楼里面办公，每天进出电梯是“例行工作”之一。请自觉排队(这一点大家基本都做到了)，在电梯还有空间的情况下，请帮后进入的同事按住“开”按钮。如果自己站的位置正好在按钮附近，也请主动问一声挤在角落的朋友：“去几楼？”虽是小事，但是给人的印象是极为正面的。

不要：进入电梯之后，立刻狂按“关门”按钮；不要在电梯里面打电话，因为信号不好，你的音量必然提高；见到熟人或者同事不要低头不语，简单眼神问候即可。

(资料来源：https://www.jianshu.com/p/2f94b22b4fb3)

4．办公室工作中的交往艺术

1) 与上司的交往

在一个工作单位里，最重要的人际关系是与上级的交往，因为他(她)可以提拔自己也可能处分自己。为了自己的事业有良好的发展空间，员工一定要学会与上级交往的艺术。

(1) 日常交际礼仪。员工在日常工作中，见到上司要主动打招呼。距离较远，不方便呼叫，可注视之，目光相遇，点头示意即可。近距离时，则用礼貌用语问候上司，如“王经理，您好”。进上司办公室时，应先敲门，通报姓名，得到上司允许方可入内。与上司在一起时，言谈举止都要表现出应有的尊重和礼节。如与上司在谈话时，自己是坐着的，而上司是站着的，就应该站起来，请上司就座，而不应该毫不在乎地坐在那里。

(2) 工作方面礼仪。工作中与上司的交往礼仪主要表现在汇报工作与执行工作上。在汇报工作时要注意自己的仪态，表情应该自然，彬彬有礼，语速、音量都要适中，要让领导轻松而又清楚地听到自己的汇报内容，汇报的语气要充分表现出对上司的尊重。在上司发表意见时，不要插嘴，不要显得不屑一顾。

在听领导布置工作时，一定要专心致志，不能目无领导。当工作无法完成时，或出现比较棘手的任务时，要及时通报，并说明缘由。工作中做错了事，要学会自我检讨，不要找借口，推卸责任。

(3) 与上司沟通技巧。首先，要让上司认可。上级最信得过的下级是爱岗敬业、忠于职守、勤勤恳恳的人，所以，作为一个下级，要乐于“鞠躬尽瘁，死而后已”，要尽职尽责、积极主动、出色地做好本职工作，不可故作姿态，光说不练。要以自己的精明实干和出色的工作能力奠定和上司交往的基础。

其次，要虚心接受上司的批评，巧妙指出上司的错误。谁都可能出错，面对上司的批评，一定要调整好心态，虚心接受。要有一定的组织观念，上司并非是在找茬儿，他是在履行他的职责。要尊重上级的意见；上级的意见与自己的想法不一致时，如果他的意见没有失误，应按上级的安排去做；如果上级的意见确实不妥，也不要当面顶撞，这时应该巧妙地指正上级。

最后，要注意不要到处表现自己。在上司面前，下级应表现得谦虚、朴实。正如一位西方教授所说：人们最迫切的愿望就是希望自己受到重视。尊重上司就会赢得上司的重视。同时，不要忘记赞扬的作用，赞扬是对他人的一种尊重和肯定。真心地赞扬上司不但可以满足上司的自尊心，还能赢得上司的好感与信任。还要记住，当自己在工作中有了成绩，不要到处去宣扬，以免让上司感到你是个居功自傲的人。遇到棘手的问题时，要谦虚请教上司，不要越级去见别的上司。

2) 与同事交往的艺术

礼仪小故事 3-22：

“铁哥们”宋先生

“咱们的关系咋样？”是宋先生的一句口头禅。通常说完这句话，不等你回答，宋先生自己又接着说：“不错吧，是不是？”望着他那笑成两条缝的小眼睛，谁好意思否认呢？既然是关系不错的铁哥们儿，就得像个铁哥们儿的样子，比如说没有烟抽了，宋先生就挨桌子地搜寻，看到谁抽屉里有，不管半盒还是一盒，抓住就装到自己的口袋里；上班时渴了，不管谁的茶杯，端起就喝；最有失分寸的是，他连刮胡刀都没有，今天用这个的，明天用那个的。谁要是不高兴，那句口头禅就从笑成弥勒佛似的嘴里溜了出来，让你哭也不是，笑也不是。单位里的人，背地里谈起宋先生，都忍不住地摇头摆手。

(资料来源：http://lady.163.com/item/030417/030417_108885.html)

在一天的工作中，大部分时间是和同事在一起的，同事之间相处得如何，直接关系到自己的工作、事业的进步和发展。同事之间关系融洽、和谐，人们就会感到心情愉快，有利于工作的顺利进行。而同事之间既存在合作又有竞争的特点，使得同事关系微妙复杂，

学会同事间的交往艺术，对自己的工作和生活都有很大帮助。

(1) 互相尊重。孟子有云："爱人者，人恒爱之；敬人者，人恒敬之。"要处理好复杂的同事关系，必须要懂得尊重他人。尊重同事，就要尊重同事的隐私。隐私是关系到个人名誉的问题，背后议论同事的隐私，会损害其名誉，可能造成同事间关系的紧张。当同事在写东西、阅读书信或打电话时，应避开，做到目不斜视、耳不旁听。尊重同事，还在于不轻易翻动同事的东西。如果要找同事的东西，要请同事代找；如果他本人不在，要先征得同事的意见。

(2) 真诚待人，互相帮助。办公室是一个小社会，也是一个小集体，同事间要真诚相待，相互帮助，相互理解，相互宽容。这样的集体才能成为一个团结战斗的集体，才能成为一个有凝聚力、使人心情舒畅的大家庭。同事有困难时，应主动询问，伸出援助之手，给他以人力、物力的帮助；当某位同事受挫时，应给予诚恳的安慰，要热情地鼓励他，帮助他走出困境；当同事间发生误会时，要有度量，应主动道歉，说明情况，征得对方的谅解，这样才会增进双方的感情，使关系更加融洽。对同事的错误和误解要能容纳，"宰相肚里能撑船"，不可小肚鸡肠、耿耿于怀。

(3) 经济往来要一清二楚。同事之间可能有相互借钱、借物、馈赠礼品或请客吃饭的往来，但不能大意忘记，每一项都要清楚明白。即使是小款项也应记在备忘录上，以提醒自己及时归还。向同事借东西如不能及时归还，应每隔一段时间向对方说明一下情况。总之，同事间的物质经济往来要弄得清楚明白，无论是有意或无意地占人便宜都会令对方感到不快，也会影响同事之间的关系。

(4) 透明竞争，权责分明。同事之间既有合作也避免不了竞争，与同事共处应遵守尊重、配合的原则，明确权责，尽量施展自己的才华，绝不轻率地侵犯同事的业务领域。应在透明、公平竞争中，各自施展自己的才华并求得发展。不要过分表现自己，免得落得孤芳自赏的名声，最后只是孤家寡人一个。但是也不可组建自己的小团伙，制造流言蜚语中伤某位竞争对手。同时做事要尽力而为、量力而行，踏踏实实做好自己的本职工作，不让别人有诋毁自己的机会，努力创造更多与同事沟通的机会，以增进同事间的感情，消除彼此间的隔膜，在合作中良性竞争。

(5) 言谈要得体。与同事交谈时，一定要注意语言要有分寸、要得体。工作场合中要保持高昂的情绪，即使遇到挫折、饱受委屈、得不到上级的信任时，与同事交谈也不要牢骚满腹、怨气冲天。不要把痛苦的经历当作谈资一谈再谈，这样会让人退避三舍。谈论自己和别人时，不要滔滔不绝，要观察对方的反应来决定谈话应不应该继续进行。在工作场合中，不要说悄悄话，耳语就像噪音，影响人们的工作情绪，也会引起同事的反感。在与同事相处中，不要得理不饶人。有些人总喜欢嘴巴上占便宜，争上风。他们喜欢争辩，有理要争，没理也要争三分，这样会使同事们感到厌烦，不利于同事之间的交往。要知道，一个好的倾听者，就是一个好的谈话者。善于倾听别人，能表现出自己对对方的关心与尊重，使对方获得满足感，从而愿意与自己交流。同事之间，善于倾听的人能拥有很多的朋友。

3) 与下级交往的艺术

孔子认为："君使臣以礼"，领导对下属应以礼相待。礼贤下士在中国已经存在了近两千年，像中国古代的"管仲拜相""三顾茅庐"等，都是礼遇下属的体现。作为领导者，应该以礼对待员工，积极与员工进行有效的沟通。

(1) 待人要公平、公正。《孙子兵法》中所言："上下同欲者胜"。只有上下同心，企业才会有发展。要做到这一点，领导者必须尽力做到公平、公正。因此，上级应该坚持客观、公正地对待下级，不要受情绪的影响。要学会做一个好的倾听者，站在下属的角度去考虑问题。身为领导者，要能听出下属的弦外之音、言外之意，对于下属的情绪和处境要多加理解，抛开自己的情绪。

作为领导，待人不能受偏见的影响，应该平等待人。有些人对某人向来印象不好，无论那个人有多么好都会视而不见、听而不闻，领导者不应该被各种各样的偏见蒙蔽了心灵。同时，身为领导者也不应该太偏激独断，能够听取别人意见才会与员工建立融洽的关系。

"经营之神"松下幸之助就是一位善于倾听、待人公正的企业家。他经常问他的下属："说说看你对这件事是如何考虑的？""如果是你干的话，你会怎么办？"。他一有时间就到工厂里转转，以便听取工人的意见和建议。

(2) 尊重理解下属。一个成功的领导者应该尊重和理解他的下属，为工作营造一个良好的氛围。上级要尊重下属的人格，尊重他们的意见和建议，让每个人都感受到自己是团队的一员。当下属的工作没有按预定目标完成时，要学会换位思考，理解他们的难处，不能把责任都推到他们头上。领导者要有宽容人的度量，在与下属沟通时，不可分亲疏远近，也不能因顾及面子而冷落了才智之士奋发向上的心，而要以开阔的心胸容纳别人，原谅别人的过错。一个好的上司，要在尊重理解员工之时，宽以待人、严于律己，遇事先从自己身上找原因，这样才能博得下属的爱戴和敬重。

(3) 拿捏好批评的手段。批评是需要理由的，而很多领导会不知不觉地把批评下属当作发泄情绪或证明自己权威的一种手段。一个优秀的领导者应该在工作中建立明确的奖惩制度，并且贯彻落实、奖罚有度，这样才能树立自己的威信。

批评下属时可以先表扬后批评。因为想让别人顺从地听取批评的意见不是一件容易的事，所以，在进行批评时，可以先从正面肯定开始，这样才不会被看成是在搞个人针对，会让人更容易接受。同时，还可以提出一些好的建议和忠告来帮助他们改进自己的工作。

批评下属的时候要就事论事。在对员工进行批评的时候，要尽量避免使用一些会使问题扩大化的词语，注意就事论事。如男性主管不可以对女职员说"你们女人就是这样"。

批评下属的时候也要选对场合。一般情况下，不要在众人面前批评员工，这样虽然会起到杀一儆百的作用，但会伤害被批评者的自尊，同时对领导者的形象和涵养也会有不好的影响。尤其值得注意的是，不能当着某部门员工的面批评此部门的领导，这样会让这个受批评的领导尴尬，也会给他以后的工作带来不好的影响。

批评的态度要宽容。批评是帮助员工发现自己的缺点并加以改正和完善的一种手段，而不是彻底毁灭一个人的自信心。所以，领导者在批评下属的时候，语气要温和，不能大

动干戈、咄咄逼人。

4)　与异性交往的艺术

(1)　异性交往中女性的礼仪修养。女性在工作中，首先要注意自己的个人形象。职业女性的发型应以保守为佳，妆容以淡妆为好。办公室女性着装应该庄重、大方，能够体现职业女性的专业素质。同时，职业女性还要注意自己的举止应该是端庄、自然、优雅，不要风风火火、慌慌张张，也不要扭捏作态、装腔作势。

女职员在工作中要注意时间效率。尤其在打电话时，最好少打 5 分钟以上时间的电话，如果表述事件不够概括，交代事宜重复啰唆，会使人怀疑其工作能力。

女性要公私分明。在工作时间内应专心致志地办理公务，不要在工作时间处理私事，要不断提高自身的素质，培养事业心和责任感。

女性在与异性同事交往时得到男性的照顾是很自然的事情，但是要保持清醒的头脑，弄清楚男性是出于礼貌还是另有其他目的，再根据情况恰当处理。

(2)　异性交往中男性的礼仪修养。男性在工作交往中，不必过分追求外表的光鲜，给人以稳重干净的感觉就可以了。男性要讲信誉，说话算数，一言九鼎，正如俗话说“大丈夫一言既出，驷马难追”。男性只有言出必果，工作认真，办事负责，对女性谦虚和气、有礼貌，才能取得女性的信任。

在与异性交往中，男性要有度量，从大处着眼，目光远大，胸怀大志，不计较是非小事，宽厚待人，这样才能获得女性的赞赏。

(3)　异性交往的礼仪原则。首先，要坦然交往。工作中男女同事完全可以堂堂正正地交往。有些人在与异性交往时表现得过分矜持、紧张或扭扭捏捏，这是一种不自信的表现，更是对别人的一种伤害，因为这会让对方觉得受冷落。现代社会，尤其是女性应摈弃封建社会的陈规陋习，坦然、大方、开朗地与男性同事交往。

其次，要注意分寸。“男女授受不亲”的时代虽然已成历史，但是在办公室中，异性之间的交往无论国内国外，还是有一定限度的，这就是说要注意一定的分寸。彼此说话要注意分寸场合，不能含有挑逗性的语言，以免引起误会；女性在男性面前的动作也要有所注意，不能在男性面前梳理头发，抚摸自己的皮肤，不能过度地扭动自己的臀部和腰肢，以免发出错误的信号；异性同事之间最好不要过多倾诉婚姻上的不如意；女性与异性上司的交往中也应注意分寸，要保持适当的距离，这既是对上司的尊重，也是异性交往中必须做到的。女性在工作之余，不能参与到上司的私生活中，以免陷入工作之外的纷争。总之，保持适当的距离，出色完成本职工作，才是打动上司的最佳途径，也是保住自己工作岗位最得体的方法。

3.8　求　　职

现代社会在对每个人提出了种种挑战的同时，也提供了各种各样难得的机遇，如何在竞争激烈的人才市场中力挫群雄，一举应聘成功呢？实践证明：在具备良好的专业素养的

前提下，掌握必要的惯例与技巧也不容忽视，尤其是求职面试中的礼仪礼节，往往起着举足轻重的作用。

3.8.1 求职的准备

1. 心理准备

无论是刚从学校毕业的新人，还是等待谋求新职的人，都必须面临求职面试这一关。每一个求职的人，都希望在面试时留给主考官一个好印象，从而增大录取的可能性。所以，事先了解面试时的一些必要的礼节，是非常重要的。可以说，这是求职者迈向成功的第一步。中国有句古话："知己知彼，百战不殆。"面试就如同一场试探性的战斗，战斗的双方就是面试单位的主考官和参加面试的你。

1) 要研究主考官

应聘者要"研究主考官"，这里所说的"研究"是要试想一下主考官会从哪些方面来考察、评价面试者。综合起来，有以下几个方面：主考官可能会先评价一个应聘者的衣着、外表、仪态和行为举止；主考官会对应聘者的专业知识、口才、谈话技巧做整体的考核；主考官可能会从面谈中来了解应聘者的性格和人际关系，并从谈话过程中了解应聘者的情绪状况以及人格成熟的程度；主考官会在面试时，观察应聘者对工作的热情程度和责任心，了解应聘者的人生理想、抱负和上进心。

2) 要研究自己

这包括以下几个方面：①认识自己，了解自己的长处、兴趣、人生目标、就业倾向等。许多学校都会为毕业生就业求职开设一些辅导，帮助毕业生分析个人的专业和志向，作为毕业生的你，可以充分利用这个渠道，为求职预先做好准备。②听取家人和有社会经验的亲友的意见和建议，修正个人的志愿，也是很有必要的。③搜集招聘公司的相关资料，了解该公司目前的经营状况、企业文化、未来的发展等情况，这项工作可以使你更能把握现有情况，增强面试时的信心。④事前的演练可以帮你发现问题，放松紧张的精神。⑤参加面试一定要抱着谨慎的态度，不浪费每一次机会，并把每一次面试当作重要的经验积累起来，千万不要有随便或侥幸的心理。人与人的作用是相互的，你若是郑重其事，对方也自然会重视你。⑥了解并演练一下必要的面试礼仪。在平时，你可能是一个非常自由、无拘无束的人，对任何繁文缛节都不屑一顾，但在面试之前，你多少要了解一些面试的礼仪，它对你争取那个职位有很大帮助。在面试之前演练一下你并不熟悉的礼仪，会让你在面试中表现得轻松自如。⑦准备一套适合面试的服装。对于一个大学毕业生来说，毕业工作意味着社会角色的转变，求职是参加工作的第一步，你的穿着一定要符合你的新社会角色。对男士来讲，拥有一套合身、穿着舒服但不用很昂贵的西装是非常必要的；对女士来讲，暂时把时装收起来，身着职业套装会平添几分成熟和风韵。

2. 材料准备

在双向选择过程中，大部分用人单位安排面试的依据是有关反映毕业生情况的书面材

料，通过这些书面材料来判断和评价毕业生的学习成绩、工作潜力。毕业生要成功地向用人单位推销自己，拟订具有说服力和吸引力的求职面试材料是成功的第一步。

面试材料包括毕业生就业推荐表、简历、自荐信、成绩单及各式证书(获奖证书，英语、计算机等各类技能等级证书)、已发表的文章、论文、取得的成果等。

1)　毕业生就业推荐表

毕业生就业推荐表是反映毕业生综合情况并附有学校书面意见的推荐表。其主要内容一般包括毕业生基本资料、照片、学历、社会工作、获奖情况、科研情况、个人兴趣特长等，一般还应附有教务部门出具的成绩单。其中，该表的综合评定及推荐意见部分是由最了解毕业生全面情况的辅导员填写，并且是以组织负责的形式向用人单位推荐，具有较大的权威性和可靠性。所以，大部分用人单位历来把该表作为接收毕业生的主要依据。毕业生必须用正式的毕业推荐表签订就业协议。

2)　简历

简历主要是针对应聘的工作，将相关经验、业绩、能力、性格等简要地列举出来，以达到推荐自己的目的。由于毕业生就业推荐表栏目和篇幅限制，多数毕业生更希望有一份个性突出、设计精美、能给用人单位留下深刻印象的简历。

(1)　简历的设计原则。真实、简明、无错是简历设计的三个原则。

真实原则就是指简历从内容上讲必须真实，比如选了什么课，就写什么课；如果没有选，就不要写。兼职工作更是如此，做了什么，就写什么，不要做了一，却写了三或四。因为在面试时，你的简历就是面试官的靶子，他会就简历上的任何问题提出疑问。如果你学了或做了，你就能答上来，否则你和考官都会很尴尬，你在其眼里的信誉也就没有了，这是很不利的。讲真话，不要言过其实。如果你没有参加任何兼职工作，你可以不写，因为主考官知道你是刚刚毕业的学生，而学生的本职工作就是学习。或许你就是重点地学习了本专业，没有顾上其他；或许你在学习本专业的同时选择了第二专业或辅修专业；或许你虽然没有在校外兼职，但在校内、系里或班里做了大量实践工作。总之，你没有必要为没有兼职工作而苦恼或凭空捏造。请记住，主考官都是从学生过来的，他们会尊重你的选择。

简历简历，最好简单明了。这是简明原则的又一重要原则。如果简历内容过多，又缺乏层次感，会给人以琐碎的感觉。必要信息如姓名、性别、出生年月、联系电话和地址等一定要写上。相比之下，身高、体重、血型、父母甚至兄弟姐妹做什么工作并不是非常重要的，这些内容纯属辅助信息，可要可不要，至少不应占据重要位置。可以将自己认为重要的信息全部浓缩到第一页上，然后把认为次要的信息，诸如每学期成绩单、获奖证书复印件等信息都当作附件。这样的简历，主考官只看一页就清楚了，主次分明，非常有效，主考官如果感兴趣，可以继续看附件里的文件。

无错原则是指简历应该没有错误，尽可能在寄出简历之前，一个字一个字地检查一遍，标点符号也不能落下。否则会被认为是一个粗心的人，在激烈的竞争中就可能被淘汰。

(2)　简历的内容。简历并没有固定格式，对于社会经历较少的大学毕业生，一般包括

个人基本资料、学历、社会工作及课外活动、兴趣爱好等，其内容大体包括以下几方面：

个人基本材料。主要指姓名、性别、出生年月、家庭住址、政治面貌、身高、视力等，一般写在简历最前面。

学历。用人单位主要通过学历情况了解应聘者的智力及专业能力水平，一般应写在前面。习惯上书写学历的顺序是按时间的先后，但实际上用人单位更重视现在的学历，最好从现在开始往回写，写到中学即可。学习成绩优秀，获得奖学金或其他荣誉称号是学习生活中的闪光点，可一一列出，以加重分量。

生产实习、科研成果和毕业论文及发表的文章。这些材料能够反映你的工作经验，展示你的专业能力和学术水平，将是简历中一个有力的参考内容。

社会工作。近几年来，越来越多的用人单位渴望招聘到具有一定应变能力、能够从事不同性质工作的大学毕业生。学生干部和具备一定实际工作能力、管理能力的毕业生颇受青睐。

勤工助学经历。即使勤工助学的经历与应聘职业无直接关系，但是勤工助学能够显示你的意志，并给人留下能吃苦、勤奋、负责、积极的好印象。

特长、兴趣爱好与性格。是指你拥有的技能，特别是指中文写作、外语及计算机能力。兴趣爱好与性格特点能够展示你的品德、修养、社交能力及团队精神，它与工作性质关系密切，所以，用词要贴切。

联系方式。联系地址、电话、邮政编码千万不要忘记写，以免用人单位因联系不到你而失去机会。

在按要求完成上述简历的基础上，也可给自己的简历设计一个精美、醒目、悦人的封面。

礼仪小博士 3-20：

如何选择简历照片

(1) 首选可以选择展示自己气质的相片，但不要有太大差距，做到可以真实地表现自我。

(2) 照相时，梳理一个看起来比较大方得体、整洁的发型，不要把头发弄得古怪或张牙舞爪。

(3) 如果是女士，照相时，可以画个淡妆，使人看起来显得比较有精神，但切记不要化烟熏妆或者是浓妆。

(4) 照相时，服装的搭配很重要，你可以选择正规的职业套装，不可穿休闲服或者舞台装。

(5) 照相前一晚保证自己有充足的睡眠，才可以在照相时精神饱满，显得更加有气质。

(6) 照相时要记住，必须选择拍正面照或者是前侧面照，如果对方没有要求，最好不要放全身照或全侧面照。

(7) 面对镜头的时候，表情要自然，不要带着怒气或做些搞怪动作。

(8) 不要把以前照的相片放到简历上，最好选择最近半年照的相片，否则，照片与本

人不符也会让用人单位反感的。

(9) 照片的尺寸以 1 寸或者 2 寸的证件照为主，或者清晰的半身照也行。

(10) 照相馆的选择很重要，应选择正规的专业照相馆，不要去街上的大头贴或即时取相的那种地方照，那样会显得你很不专业，随便拍一张，还不如不拍。

(资料来源：http://www.sohu.com/a/138350697_189657)

3) 自荐信

自荐信即求职信，它的基本内容应该包括以下几个方面：

(1) 写明用人信息的来源及自己所希望从事的工作岗位，否则，用人单位将无法答复。

(2) 愿望动机。这是自荐信的核心内容，说明自己要求竞争所期望的职业的理由和今后的目标。

(3) 所学专业与特长。将大学所学的重要专业课程写入，但不要面面俱到，以免使主要的专业课程“淹没”在文字之中。对自己熟悉的、有兴趣的，特别是与期望单位所需人才职业关系密切的，可多写一些。

(4) 兴趣和特长，要写得具体真实。

(5) 最后应提醒用人单位留意你附带的简历，请求给予同意等。

求职信在毕业生求职过程中，是最常用的、最主要的方式。求职信由开头、正文、结尾和落款四部分组成。在开头，要有正确的称呼和格式，在第一行顶格书写，如“尊敬的人事处负责同志”“尊敬的张教授”等，加一句问候语“您好”以示尊敬和礼貌。正文部分主要是个人基本情况即个人所具备的条件。求职信的核心部分要从专业知识、社会实践能力、专业技能、性格特长等方面使用人单位确信，他们所需要的正是你所能胜任的。结尾部分可提醒用人单位回复，并且给予用人单位更为肯定的确认：“您给我一个机会，我会带给您无数个惊喜！”结束语后面，要写表示敬意的话，如“此致”“敬礼”。落款部分署名并附日期。如果有附件，可在信的左下角注明。

求职信的信封、信纸最好选用署有本学校的信封、信纸，忌讳选用带有外单位名字的信封、信纸，字迹要清晰工整。如果写一手漂亮的书法，最好手写，因为更多的人相信“字如其人”。如果字写得不好看，就不如用电脑打出来，篇幅要适中，不宜过长，1000 字左右较为合适。求职信是个人与单位的第一次接触，所以，文笔要流畅，可以有鲜明的个人风格，但不可过高地评价自己，也不可过于谦虚，要给用人单位留下较为深刻的印象。最后，要留下自己的联系方式。

在毕业就业推荐表、简历和自荐信后，还应附有成绩单及各式证书、已发表的文章复印件，论文说明、成果证明等。如果本专业是比较特殊的话，还应附一份本专业介绍。

以下是一个求职信范例，供读者参考。

自　荐　信

尊敬的经理先生：

您好！几天前，我从贵公司网站中了解到贵公司招聘两名产品推销员的消息，很愿意一试，故冒昧地给您写信。

我所学的专业是市场营销，今年7月将从××学院毕业。去年暑假我曾为贵公司做过一个月的商品促销工作。在此期间，贵公司产品的良好质量和优越性给我留下了深刻印象。由于我促销得力，受到有关人士好评。我希望能到贵公司工作，以自己微薄之力为公司扩大销售业务效劳。

我是专科生，自知自己的学识水平与贵公司的要求相差甚远，但本人相貌端庄，身体健康，能吃苦耐劳，爱好广泛，谦虚好学，乐于助人，有良好的环境适应能力和人际交往能力，这都是一名优秀推销员不可少的基本素质。我出身贫寒，为人朴实、正直，在小学、中学、大学多次获奖，多次被评为优秀团员、三好学生、优秀学生干部。本人学习成绩优良，外语和计算机操作能力较强(附上我在校期间的成绩记录及获奖情况，请参阅)。

以上这些都表达了我真诚希望成为贵公司一员的愿望。如贵公司能给我一次锻炼学习的机会，请拨电话×××××××或来函预约面谈时间，我自会准时拜见。

此致

敬礼!

自荐人：×××

××××年××月××日

(资料来源：https://wenku.baidu.com/view/d802b106ba1aa8114431d9e7.html)

3. 方法准备

求职面试的基本方法主要有电话自荐、考试录用、网上应聘等，在各种方法之中也有很多应试技巧，掌握下面一些方法和技巧，会有助于你求职面试取得成功。

1) 电话自荐

通过电话推荐自己，是常用的一种求职方式，如何充分地利用电话接通后的短暂时间，用最简洁明了的语言清楚地表达自己，给对方留下一个深刻清晰的印象，是同学们十分关心的问题。

打电话之前，一定要做好充分的准备工作。在谈话内容上，首先，要了解用人单位的有关情况，尽量做到心中有数；其次，要对自己有一个客观、公正的认识；最后，要根据用人单位的需求情况，结合自己的特长，列出一份简单的提纲，讲究条理并重点突出地介绍自己，力争给接听者留下深刻印象。另外还要调整好自己的心态，做好充分的心理准备，努力控制好说话的语音、语调、语速，在短暂的时间里，展现自己积极向上、有理有节的个人良好品质。

电话接通后应有礼貌地询问：“请问这是某单位人事处吗？”在得到对方单位的肯定答复后，应作简短的自我介绍，并说明来电意图。求职者一定要言简意赅，并着力表现自身特长与所求职位相互吻合。

2) 考试录用

笔试是常用的入职考核方法，一般限于对专业技术要求很强、对录用人员素质要求很

高的单位，如一些涉外部门或技术要求高的专业公司等。

参加笔试前，应了解笔试的大体内容。一般而言，用人单位的笔试包括以下几个方面的内容：一是对于知识面的考核，包括基础知识和专业知识；二是智力测试，主要测试受聘者的记忆力、分析观察力、综合归纳能力、思维反应能力；三是技能检测，主要是对其处理实际问题的速度与质量的测试，检验其对知识和智力运用的程序和能力。参加笔试要按要求准时到场，不能迟到。卷面要整洁、字迹要工整，才能给阅卷老师留下良好的印象。考试过程中，绝对不能作弊或搞小动作，对于这一点，用人单位是尤其看重的。

3)　网上应聘

网上求职，首先要准备一份既简洁又能吸引用人单位的求职信和简历。求职信的内容包括：求职目标——明确你所向往的职位；个人特点的小结——吸引人来阅读你的简历；表决心——简单有力地显示信心。

在准备求职信时还要注意控制篇幅，要让人事经理无须使用屏幕的滚动条就能读完；直接在篇内编辑，排版要工整；要做到既体现个人特点又不过分吹嘘。对于网上求职来讲，简历的准备相对比较简单，在"中华英才网"等人才网站上都提供标准的简历样本。需要注意的是，学历和工作经历要按时间顺序倒着填，也就是把最近的工作经历和学历写在最前面，以便招聘方了解你目前的状况。在填写工作经历时，很多求职者只是简单地列出工作单位和职位，没有详细描述工作的具体内容，而招聘方恰恰就是根据你做过什么来评估你的实际工作能力的。除非应聘美工职位，否则不要使用花哨的装饰或字体。

在网上填简历，要严格按照招聘方的要求填写，要求网上填写的就不要寄打印的简历；要求用中文填写的就不要用英文填写；有固定区域填写的就不要另加附件。发送简历是网上求职关键的一步，如果是自己在网上通过 E-mail 发简历，就应该以"应聘某某职位"作为邮件标题，把求职信作为邮件的正文，再把简历直接复制到邮件正文中，这样既方便对方阅读，又杜绝了附件带电脑病毒的可能性。如果通过人才网站求职，可以直接把填好的简历发送给招聘单位，网站的在线招聘管理系统还能把个人简历以数据库的方式存储起来，根据求职者的要求，供招聘单位检索和筛选。

3.8.2　面试的礼仪

面试时首先遇到的问题就是究竟应何时到达面谈地点较为恰当。是准时抵达还是提前到达？若是早到又应以几分钟为宜？在等待的时间中应该注意什么？由于目前的交通状况不甚良好，令人无法预计准确的车程时间，所以最好提早出门，比原定时间早 5～10 分钟到达面谈地点，所谓"赶早不赶晚"。早到可先熟悉这家公司附近的环境并整理仪容。但如果早到 10 分钟以上，千万别在接待区走来走去，因为这样会打扰公司上班的职员，有损他人对自己的第一印象，对后面的面试一点好处也没有。所以，此时可向别人询问盥洗室在哪儿，在那里可再一次检查自己的服装仪容。轮到自己上场面试时，需掌握以下要点。

1. 学会自我介绍

求职者自我介绍的根本目的，是使面试考官对自己有个初步的、大概的了解，并且尽可能留下好的印象以便使面试深入进行下去，最终赢得面试的成功。求职面试的自我介绍必须讲究技巧，成功的自我介绍往往会给面试考官留下深刻的印象，那样求职就成功了一半。在人的思想意识中，往往存在这样的误区：认为最了解自己的人一定是自己，把介绍自己当成是一件很容易的事。其实不然，说人易，说己难。在求职面试中，介绍自己是最难的部分，要成功地进行自我介绍，要从以下几个方面着手。

1) 礼貌地问候

在进行自我介绍之前，求职者先要跟面试考官打个招呼、道声谢，这是最起码的礼貌。比如："经理，您好，谢谢您给我这个机会，现在，我向您作个简单的自我介绍……"介绍完毕以后，要注意向面试考官致谢，并且还要向在场的其他面试人员致谢。

2) 主题要鲜明

求职面试中的自我介绍一般包括以下基本要素：姓名、年龄、籍贯、学历、学业情况、性格、特长、爱好、工作能力和工作经验等。在自我介绍时，不必面面俱全，而要主题鲜明，直截了当，切入正题，不拖泥带水，做到详略得当、重点突出。一般来说应按招聘方的要求来组织介绍材料，围绕中心说话。假如招聘单位对应聘的人的工作能力和工作经验很重视，那么，求职者就得从自己的工作能力及经验出发作详细的叙述，而且整个介绍都是以这个为中心。下面是某家工艺品总公司招聘业务员的一则对话。

面试考官：我公司主要是经营有地方特色或民族特色的工艺品，如北京的景泰蓝、景德镇的陶瓷和湖州的抽纱等。这次招聘的对象主要是能开拓海内外业务的湖州抽纱的业务员。现在，请你介绍一下自己的情况。

求职者：我叫李伟，今年24岁，是湖州市人，今年毕业于湖州市商业学校，读市场营销专业。我一直生活在湖州，小时候就经常帮妈妈和奶奶做抽纱活，对于传统的抽纱工艺可以说是比较了解的。在商校学习的两年中，我掌握了营销方面的专业知识，这是我将来搞好业务的资本。我的口才较好，曾参加省属中专学校的求职口才竞赛，获得了二等奖，并且还具备一定的英语口语能力。我这个人的特点是头脑灵活、反应快，平时喜欢看报纸，对国内外的经济发展动态很感兴趣，喜欢从事具有挑战性的工作。

(资料来源：http://xinfeiku.com/txt/4/4103/938221.shtm)

应聘的求职者一般应从最高学历讲起，只要面试考官不问，完全没有必要谈及小学、中学。谈所学的专业、课程时，不必说明成绩。谈求职的经历时，不要漫无边际、东拉西扯，最好在1～3分钟之内完成自我介绍，要简洁、明快、干脆、有力。

3) 让事实说话

在面试时，有的人为了能给面试考官留下深刻的印象，往往喜欢对自己进行过多的夸张，动辄就"我的业务水平是很高的""我的成绩是全年级最好的"，其实，这样反倒会给面试考官留下不好的印象。现在的用人单位往往更注重应聘者的真本事。"事实胜于雄辩"，虽然面试的时间很有限，不可能完全展示出求职者的才能，但是，求职者可以通过

实际的事例来证明自己的能力，把自己的才华展示给面试考官。

礼仪小故事 3-23：

小刘的独到之处

某大学中文系学生小刘，毕业后到报社应聘记者，面对着上百个新闻专业出身的应聘者，可以说小刘并没有什么优势。但小刘对此早有准备，他对面试考官介绍自己时是这样说的："我叫刘晓明，山西人，毕业于××大学中文系。虽然我不是新闻专业的，但我对记者这个行业却十分感兴趣。在大学期间我是学校校报的记者。4 年间，我进行了多次较为重大的校内外采访，积累了一定的采访经验，再加上我的中文功底，我相信我可以胜任贵社的工作。这是我在大学期间发表过的报道稿，请各位领导批评指正。"

面试考官们看过小刘的报道材料后，觉得眼光独到、语言深刻，都很满意。结果小刘击败了众多的竞争者，不久就收到了录用通知。

(资料来源：http://www.showtime.cc/blog/u/7947/6212.html)

4)　给自己留条退路

面试中的自我介绍既要坦诚，又要有所保留；既要介绍自己的能力，也不要把自己搞成事事皆能，使自己进退维谷。在自我介绍中，求职者要尽可能客观地显示自己的实力，但同时应尽可能地避免使用保证式或绝对式的语言，如："我非常熟悉这项业务，我保证让部门改变面貌！"这些话往往没有具体内容，反倒会引起面试考官的反感，如果遇到较为平和、内敛的面试考官，也许不会为难你，但是如果遇到个性较强的面试考官进行追问时，求职者会因无法回答而张口结舌、尴尬万分。

礼仪小故事 3-24：

教　训

小赵去面试一家国际旅行社的导游。他自我介绍说："我这个人喜欢旅游，熟悉各处的名胜古迹，全国的风景名胜几乎都去过。"面试考官很感兴趣，就问："那你去过云南大理吗？"因为面试考官就是大理人，对自己的家乡再熟悉不过了。可惜小赵根本就没去过大理，心想若说没去过这么有名的地方，刚才的话不就成了吹牛了吗？于是硬着头皮说："去过。"面试考官又问："你住的是哪家宾馆？"小张再也回答不上来，只好说："那时我是住在一个朋友家的。"面试考官又问："你的这位朋友在大理的什么地方啊？"小赵这下没词儿了，东拉西扯答非所问，结果自然是可想而知的。

(资料来源：http://book.forex.com.cn/html/802/16876.html)

2．掌握面试中问与答的技巧

在求职面试的过程中，如何与面试考官进行良性的双向沟通，是求职者能否求职成功的重要保证。因此，在面试过程中，要注意以答为基础、以问为辅助的沟通技巧。尽管不同的公司面试的程序和模式有所不同，面试考官的风格各异，但是有些问题是面试考官们比较喜欢问的，应聘者一定要对这些问题有所准备，知己知彼才能百战不殆。那么面试考官喜欢问哪些问题，又有哪些回答的技巧呢？

一般来说，招聘方提出的问题可分为两类：一类是规定性提问，也就是招聘方事先准备好的，对每一位招聘者都要发问的问题；另一类是自由性提问，即招聘方随意穿插的问题，这些问题往往是千变万化、涵盖宽泛。招聘方可以从应聘者不经意的对答中发现其闪光点或缺点。无论是哪类问题，应聘者在回答时都应当掌握以下基本技巧：①不要遗漏表现自己才能的重要资料；②保持高度敏锐和灵活的思维状态；③回答既要表现自己的个性气质，又要表现出对招聘方的尊重与服从；④认真倾听对方的提问，并注意对方的反应，以便及时调整自己不恰当的回答；⑤避免提到“倒霉”“晦气”“不幸”“疾病”之类可能招致对方忌讳的字眼。

礼仪小博士 3-21：

面试经典问题解答

1) 请你自我介绍一下

思路：(1)这是面试的必考题目：(2)介绍内容要与个人简历相一致；(3)表述方式上尽量口语化；(4)要切中要害，不谈无关、无用的内容；(5)条理要清晰，层次要分明；(6)事先最好以文字的形式写好背熟。

2) 谈谈你的家庭情况

思路：(1)这对于了解应聘者的性格、观念、心态等有一定的作用，这是招聘单位问该问题的主要原因；(2)简单地罗列家庭人口；(3)宜强调温馨和睦的家庭氛围；(4)宜强调父母对自己教育的重视；(5)宜强调各位家庭成员的良好状况；(6)宜强调家庭成员对自己工作的支持；(7)宜强调自己对家庭的责任感。

3) 你有什么业余爱好？

思路：(1)业余爱好能在一定程度上反映应聘者的性格、观念、心态，这是招聘单位问该问题的主要原因；(2)最好不要说自己没有业余爱好；(3)不要说自己有那些庸俗的、令人感觉不好的爱好；(4)最好不要说自己仅限于读书、听音乐、上网，否则可能令面试官怀疑应聘者性格孤僻；(5)最好能有一些户外的业余爱好来“点缀”你的形象。

4) 你最崇拜谁？

思路：(1)最崇拜的人能在一定程度上反映应聘者的性格、观念、心态，这是面试官问该问题的主要原因；(2)不宜说自己谁都不崇拜；(3)不宜说崇拜自己；(4)不宜说崇拜一个虚幻的或是不知名的人；(5)不宜说一个明显具有负面形象的人；(6)所崇拜的人最好与自己所应聘的工作能“搭”上关系；(7)最好能说出自己所崇拜的人的哪些品质、哪些思想感染着自己，鼓舞着自己。

5) 你的座右铭是什么？

思路：(1)座右铭能在一定程度上反映应聘者的性格、观念、心态，这是面试官问这个问题的主要原因；(2)不宜说那些会引起不好联想的座右铭；(3)不宜说那些太抽象的座右铭；(4)不宜说太长的座右铭；(5)座右铭最好能反映出自己某种优秀品质；(6)参考答案——“只为成功找方法，不为失败找借口”。

6)　谈谈你的缺点

思路：(1)不宜说自己没缺点；(2)不宜把那些明显的优点说成缺点；(3)不宜说出严重影响所招聘工作的缺点；(4)不宜说出令人不放心、不舒服的缺点；(5)可以说出一些对于所应聘工作“无关紧要”的缺点，甚至是一些表面上看是缺点，从工作的角度看却是优点的缺点。

7)　谈一谈你的一次失败经历

思路：(1)不宜说自己没有失败的经历；(2)不宜把那些明显的成功说成是失败；(3)不宜说出严重影响所应聘工作的失败经历；(4)所谈经历的结果应是失败的；(5)宜说明失败之前自己曾信心百倍，尽心尽力；(6)说明仅仅是由于外在客观原因导致失败；(7)失败后自己很快振作起来，以更加饱满的热情面对以后的工作。

8)　你为什么选择我们公司？

思路：(1)面试官试图从中了解你求职的动机、愿望以及对此项工作的态度；(2)建议从行业、企业和岗位这三个角度来回答；(3)参考答案——“我十分看好贵公司所在的行业，我认为贵公司十分重视人才，而且这份工作很适合我，我相信自己一定能做好。”

9)　对这份工作，你有哪些可预见的困难？

思路：(1)不宜直接说出具体困难，否则可能令对方怀疑应聘者不行；(2)可以尝试迂回战术，说出应聘者对困难所持有的态度——工作中出现一些困难是正常的，也是难免的，但是只要有坚韧不拔的毅力、良好的合作精神以及事前周密而充分的准备，任何困难都是可以克服的。

10)　如果我录用你，你将怎样开展工作？

思路：(1)如果应聘者对于应聘的职位缺乏足够的了解，最好不要直接说出自己开展工作的具体办法；(2)可以尝试采用迂回战术来回答，如“首先听取领导的指示和要求，然后就有关情况进行了解和熟悉，接下来制订一份近期的工作计划并报领导批准，最后根据计划开展工作。”

11)　与上级意见不一致，你将怎么办？

思路：(1)一般可以这样回答“我会给上级以必要的解释和提醒，在这种情况下，我会服从上级的意见”；(2)如果面试你的是总经理，而你所应聘的职位另有一位经理，且这位经理当时不在场，可以这样回答“对于非原则性问题，我会服从上级的意见，对于涉及公司利益的重大问题，我希望可以向更高级领导反映。”

12)　我们为什么要录用你？

思路：(1)应聘者最好站在招聘单位的角度来回答；(2)招聘单位一定会录用这样的应聘者，即基本符合条件、对这份工作感兴趣、有足够的信心的求职者；(3)如“我符合贵公司的招聘条件，凭我目前掌握的技能、高度的责任感和良好的适应能力及学习能力，完全能胜任这份工作。我十分希望能为贵公司服务，如果贵公司给我这个机会，我一定能成为贵公司的栋梁！”

13)　你能为我们做什么？

思路：(1)基本原则是“投其所好”；(2)回答这个问题前应聘者最好能“先发制人”，了解招聘单位期待这个职位所能发挥的作用；(3)应聘者可以根据自己的了解，结合自己在专业领域的优势来回答这个问题。

14) 你是应届毕业生，缺乏经验，如何能胜任这项工作？

思路：(1)如果招聘单位对应届毕业生的招聘提出这个问题，说明招聘单位并不真正在乎“经验”，关键看应聘者怎样回答；(2)对这个问题的回答最好要体现出应聘者的诚恳、机智、果敢及敬业；(3)如“作为应届毕业生，在工作经验方面的确会有所欠缺，因此在读书期间我一直利用各种机会在这个行业做兼职。我也发现，实际工作远比书本知识丰富、复杂。但我有较强的责任心、适应能力和学习能力，而且比较勤奋，所以在兼职中均能圆满完成这项工作，从中获取的经验也令我受益匪浅。请贵公司放心，学校所学及兼职的工作经验使我一定能胜任这份职位。”

15) 你希望与什么样的上级共事？

思路：(1)通过应聘者对上级的“希望”可以判断出应聘者对自我要求的意识，这既是一个陷阱，又是一个机会；(2)最好回避对上级的具体希望，多谈对自己的要求；(3)如“作为刚步入社会的新人，我应该多要求自己尽快熟悉环境、适应环境，而不应该对环境提什么要求，只要能发挥我的专长就可以了。”

16) 你在前一家公司的离职原因是什么？

思路：(1)最重要的是应聘者使招聘单位相信，应聘者在过往的单位的“离职原因”在此家招聘单位里不存在；(2)避免把“离职原因”说得太详细、太具体；(3)不能掺杂主观的负面感受，如“太辛苦”“人际关系复杂”“管理太混乱”“公司不重视人才”“公司排斥我们某某员工”等；(4)但也不能躲闪、回避，如“想换换环境”“个人原因”等；(5)不能涉及自己负面的人格特征，如不诚实、懒惰、缺乏责任感、不随和等；(6)尽量使解释的理由为应聘者个人形象添彩；(7)如“我离职是因为这家公司倒闭。我在公司工做了三年多，有较深的感情。从去年开始，由于市场形势突变，公司的局面急转直下。到眼下这一步我觉得很遗憾，但还要面对现实，重新寻找能发挥我能力的舞台。”

(资料来源：https://wenku.baidu.com/view/7636f68b5ebfc77da26925c52cc58bd630869375.html)

同一个面试问题并非只有一个答案，而同一个答案并不是在任何面试场合都有效，关键在于应聘者掌握了规律后，对面试的具体情况进行把握，有意识地揣摩面试官提出问题的心理背景，然后投其所好。

3. 得体的服饰打扮

求职面谈是一种正式场合，求职者的服饰穿戴关系到招聘人员对其的第一印象，因而应当认真对待。一般来说，求职者的服饰要同自己的身材、身份、年龄等相符合，做到大方得体、整洁明快。在着装时，一要关注细节，比如衣服不必太贵，但要烫得平整，色彩要协调，扣子要扣对，皮鞋要擦亮，不要佩戴款式夸张的首饰。二要注意求职者的装扮须与希望的职业身份相协调，比如你面试的职业是教师、会计、工程师等，打扮就不能过分时髦，而应该选择庄重、素雅的着装，以显示出稳重文雅的职业特性。另外，所选的服装不一定要最漂亮，而是要选能衬托你内在气质的、穿着舒服的，这样就不会因为服饰而产生潜意识的拘束和不自然。头发要梳理整齐、干净，头饰不宜过多。男士的胡须一般都要求刮净，女士可着淡妆。总之，在求职交际中，求职者要力求把内心的美和外表修饰的美都展现出来。

4. 拥有职业化的举止

一家医疗机构为了选拔护士长进行了一次面试。一位应试者在笔试中是佼佼者，但在面试过程中，她不但拍桌子，脚不断地敲打地板，身体还时不时地扭动。她认为自己很有希望，但结果却落选了。她为什么会落选呢？原因就是她缺乏职业化的举止。许多面试者往往只注重衣着和话语，而忽略了胜过有声语言的形体语言。职业化的举止，包括站姿、坐姿、走姿、手势和眼神等方面。

1）　站姿

站姿给人的印象非常重要。可人们往往认为其简单而忽略它的重要性。站立应当身体挺直、舒展、收腹，眼睛平视前方，手臂自然下垂。这样的站姿给人一种端正、庄重、稳定、朝气蓬勃的感觉。如果站立时歪头、扭腰、斜伸着腿，会给人留下轻浮、没有教养的印象。

2）　坐姿

进入面试房间之后应等主考官示意坐下才可就座。如果有指定座位，则坐在指定的位子；但如觉得座位不舒适或光线正好直射，可以对主考官说："有较强光线直接照射我的眼睛，令我感觉不舒服，如果主考官不介意，我是否可换个位置？"若无指定位置时，可以选择主考官对面的位子坐定，如此方便与主考官面对面交谈。

面试时的坐，不要贪图舒服。许多人养成了瘫坐的习惯，在面试中一下子就表现出来了。正确的坐姿从入座开始，入座的动作要轻而缓，不要随意拖拉椅子，身体不要前后左右晃动，背部要与椅背平行，沉着安静地坐下。落座后，上身要保持直立状态，既不前倾，也不后仰。双手自然下垂，肩部放松，五指并拢。男女的坐姿还有一定的区别：男士可以微分双脚，这样给人以自信、豁达的感觉，双手可以随意放置；女士一般要并拢双膝，或者小腿交叉端坐，这样，给人端庄、矜持的感觉，双手一般要放在膝盖上。

以下这些"坐"法是应该避免的：拖拉椅子，发出很大的声音；一屁股坐在椅子上；坐在椅子上，耷拉着肩膀，给人萎靡不振的感觉；半躺半坐，男的跷着二郎腿，女的双膝分开、叉开腿等，给人放肆和缺乏教养的感觉；坐在椅子上，脚或者腿自觉不自觉地颤动或晃动。

3）　走姿

对于求职面谈而言，展现走姿主要是指从进入面谈室到入座或站定和面谈结束后离开房间的两个过程。求职者要注意，步入面谈室前先轻轻敲门，听见"请进"后，再轻轻推开门，并主动向屋内的人打招呼，然后神态自然、步履稳健、面带微笑地走进房间。面谈结束后，不管自己对于面谈的预感是怎样的，步履仍然应该自信从容，到门口时再轻轻把门带一下，切记不可失去常态，慌慌张张地快步走出，也不能漫不经心、一步三晃地离开，这样可能会使招聘人员对你的整个面谈失去好感。

面试时重要的是自信，这种自信也是通过面试者的走姿表现出来的。自信的走姿应该是：身体重心稍微前倾，挺胸收腹，上身保持正直，双手自然前后摆动，脚步要轻而稳，两眼平视前方，步伐要稳健，步履自然，有节奏感。

4) 手势

面试者在运用手势时要注意紧密配合有声语言，做到协调一致“该出手时就出手”，不要“想出不敢出”，反倒给人胆小拘谨之感。手势还要大方自然，幅度适中。手势过大让人觉得性格不稳定，无节制地挥手或无规律地乱摆都会让人觉得说话者轻浮或狂妄；手势过小显得呆板，缺少风度。

一些下意识的举动，如揉眼睛、玩手指、双手交叉在胸前、拉耳掰手、扯衣挠发，甚至腿无意识地抖动，等等，这些都可能反映出求职者内心的不安、慌张、窘迫，并给面试考官留下不好的印象。所以，上述情形一定要在面试中加以杜绝。

5) 眼神

在求职面谈中，求职者要敢于和善于同招聘人员进行视线接触，这既是一种礼貌，又能帮助维持一种联系，使谈话在频频的视线接触中持续下去。一般情况下，视线接触的范围是双眼与嘴部之间的三角形区域，这样既保持了接触又避免了因直直地盯着对方而引起对方的不快。正确地运用眼神目视对方，体现了你的礼貌，说明你对话题有兴趣而且不怕挑战。有的求职者总习惯于低着头看地板，几乎不看招聘方，或者左顾右盼，还有的总是窥探招聘人员的桌子、稿纸或笔记本，这些行为会传递出求职者性格不稳定、不诚实、怯懦、缺乏自信心等信息，很不利于面谈。

此外，面试者在面试时还要注意微笑，这显得亲切自然，是充满自信心的又一表现。

总之，面试者要用无声的、职业化的举止，向招聘考官表明“我是最适合的人选”。

礼仪小博士 3-22：

消除过度紧张的小技巧

(1) 面试前可翻阅一本轻松活泼、有趣的杂志书籍。这时阅读书刊可以转移注意力，调整情绪，克服面试时的怯场心理。避免等待时紧张、焦虑情绪的产生。

(2) 面试过程中注意控制谈话节奏。进入面试房间致礼落座后，若感到紧张先不要急于讲话，而应集中精力听完提问，再从容应答。一般来说人们精神紧张的时候讲话速度会不自觉地加快，讲话速度过快，既不利于对方听清讲话内容，又会给人一种慌张的感觉。讲话速度过快，还往往容易出错，甚至张口结舌，进而强化自己的紧张情绪，导致思维混乱。当然，讲话速度过慢，缺乏激情，气氛沉闷，也会使人生厌。为了避免这一点，一般开始谈话时可以有意识地放慢讲话速度，等自己进入状态后再适当增加语气和语速。这样，既可以稳定自己的紧张情绪，又可以扭转面试的沉闷气氛。

(3) 回答问题时，目光可以对准提问者的额头。有的人在回答问题时眼睛不知道往哪儿看。经验证明，魂不守舍、目光不定的人，使人感到不诚实；眼睛下垂的人，给人一种缺乏自信的印象；两眼直盯着提问者，会被误解为向他挑战，给人以桀骜不驯的感觉。如果面试时把目光集中在对方的额头上，既可以给对方以诚恳、自信的印象，也可以鼓起自己的勇气，消除自己的紧张情绪。

(资料来源：http://www.sucaitianxia.com/Article/mianshi/200706/156_4.html)

5. 面试后的礼仪

如果面谈非常顺利，彼此都感到满意，你一定会非常想知道结果如何。到底什么时候询问进一步的消息比较合适呢？

首先，在面谈结束后，应写信给主考官致谢。这不仅体现出你对主考官的尊敬，而且还可以帮助主考官在决定雇用何人时想到你。在写信致谢后几天，就可以打电话询问了。如果对方还没有决定，可以再询问是否还有面试以及自己是否有希望。

如果你被几家公司同时录取，并决定接受其中一个职位，有必要向被你拒绝的公司写信表示感谢，也许将来会有一天换到那家公司工作。这封致谢信会给对方留下良好的印象。

表示拒绝的感谢信应该直接寄给最后决定录用你的人，在信中只要表达你的谢意和已经接受其他公司的工作就可以了，不必作任何解释，也不要提及那家公司的名字。

思考与练习

1. 交际中对交际对象应如何称呼？
2. 为他人作介绍的次序是什么？应注意哪些问题？
3. 握手的次序是什么？握手时应注意哪些问题？
4. 除握手外，常见的见面礼还有哪些？
5. 谈话中应注意的最重要的问题是什么？如何才能做一个好的听者？
6. 常用的礼貌用语有哪些？
7. 论述名片的制作、递接、保管等有关的礼仪内容。
8. 结合日常生活实际，说明人们在使用电话过程中经常出现的失礼行为以及纠正方法。使用手机应注意哪些礼仪？
9. 收发传真、电子邮件应注意哪些礼仪？
10. 微博的礼仪有哪些？
11. 微信的礼仪有哪些？
12. 若想给好朋友送一份礼品，你准备怎样按馈赠礼仪的要求进行设计和安排？
13. 四人一组设计一个见面情景，将接电话、称呼、介绍、握手、问候、递接名片等交际礼节连贯地演示下来，并对各组的表演进行评价。
14. 乘坐轿车和其他车辆的礼仪有哪些不同？
15. 乘坐飞机的过程中应注意哪些礼仪？
16. 接待和访问各有哪些礼仪规范？
17. 掌握各公共娱乐和体育活动场所的礼仪规范。
18. 办公室有哪些礼仪要求？
19. 使用公共卫生间应注意哪些礼仪？
20. 宴请有哪些礼仪规范？

21. 求职应做好哪些准备?

22. 面试时怎样进行自我介绍?

23. 面试后要做哪些事情?

24. 案例分析

一张回执，整整折腾了六次！

江梅从外语学院分配到 W 国使馆当翻译，上班第一天，大使就给她来了个下马威。

那天，江梅刚到办公桌前坐下，就接到了 F 国举办国庆招待会的请柬，让 W 国大使出席。大使让江梅回复：同意出席。江梅按请柬回执上的电话号码，打电话告诉了对方。过了一会儿，大使像不放心似的，把江梅叫过去，问刚才的事是怎样处理的。江梅老老实实地回答："已给对方打过电话。"大使不高兴了，说："仅仅打个电话是不够礼貌的，现在你处理的每一件公务，都关系到我们所在国家的声誉，你必须小心谨慎，严格遵守规定。你应该写一份正式的回执给地方。"于是江梅郑重其事地写了一份回执，送给大使过目，大使仍不满意，说光注明出席还不行，还要有一句颇为热烈的祝贺词。她照办了，满怀信心地又一次呈给大使，没想到大使仍挑出了毛病："你没有说清什么时间去。"江梅马上加上了"按原定时间到会"的字句，大使一看，连声"No，No"不止，并说："在外交文件上，不能用'原定时间'的说法，必须复述对方规定的时间、地点，以视正规和对该事务的重视。当江梅第五次修改后，长长地出了一口气，心想这回可是天衣无缝、尽善尽美了。谁知，没过 10 分钟，大使又一次叫她："鉴于前任大使与 F 国私交甚好，我准备提前 5 分钟到达，请按这个意思再发一张回执。"江梅心里暗暗叫苦：哇！一张回执，整整折腾了六次！

(资料来源：杨友苏，石达平. 品礼：中外礼仪故事选评[M]. 上海：学林出版社，2008.)

思考题:

(1) 一张回执，整整折腾了六次！请问有这个必要吗?

(2) 此案例对你有何启示?

25. 案例分析

面试得来的经验

用人单位在招聘人员时，除了对学历、年龄、性别有专门规定外，还对应聘者的工作经验作了相应的要求。我在刚刚毕业时对此很不屑，工作经验不就是工作中获得的实践知识吗？课本上枯燥、烦琐、复杂的理论知识都难不倒我，那些所谓的实践知识又会有多难掌握呢？但一次普通的面试却改变了我的看法。

2015 年 5 月，我前往一家有名的咨询公司应聘。从招聘信息上我得知，该公司的主要业务是为本市和外埠企业联系代理商和经销商，并提供办公场所搜寻、公司注册、办公事务代理和会务组织等服务。这家咨询公司面向社会招收业务人员时，对应聘者的实际工作经验没作专门规定。我在大学学的是企业管理，条件与公司的各项要求相符，就顺利通过了初试，对接下来的面试我也很有信心。

按照面试单上的地址，我提前来到了公司所在的富华大厦。大厦门口，两名精干的保安站在那里，立在他们前面的不锈钢牌上写着醒目大字：来客请登记。我问其中的一

位保安：“1616 房间怎么走？”保安抓起了电话，过了一会告诉我：“对不起，1616 房间没人。”不可能吧，我赶忙解释：“今天是 A 咨询公司面试的日子，我这儿有他们的面试通知。”

那位保安看后又拨了几次电话，然后告诉我：“对不起，1616 没人，我不能让你上去，这是大厦内部的规定。”我焦急地说：“我真的是来面试的，公司面试单上写的就是今天。”

“那我再帮你试试看。”时间一秒一秒地过去，我心里虽然着急，却也只有耐心等待，同时祈祷那该死的电话能够接通。

9 点 10 分，已经超过约定时间 10 分钟了，保安又一次礼貌地告诉我电话没通。“不可能，难道是我记错了？”我再次翻开面试单，用磁卡电话拨通了那个印在面试单上的电话号码……电话那头终于传来了久违的声音，对方请我速上 16 楼 1616 房，因为内线电话有误，他们还应我的要求告知了保安。

等我忐忑不安地推开经理室的门，已远远超过了面试的时间。

“年轻人，你迟到了 15 分钟。”

“但我真的很想加入你们公司，我相信我能够胜任相应的工作。”

“很好，我公司就需要有韧劲的业务人员，为达到目的，百折不回。刚才保安接不通电话，实际上就是我们面试的一部分，以考验你的应变能力，你完成得不错。不过面试还没有结束，我公司准备购置一批电脑，请你到大厦旁边的电脑市场了解一下最新的电脑行情。”

一刻钟后，我将从电脑市场要来的几份价目表交给了经理。经理问：“这是零售价，如果批发 15 台，价格是多少呢？”又过了一刻钟，等我把从销售商那里问到的电脑批发价格告诉经理后，他又问我：“电脑的 UPS 电源怎么卖？另外，打印机、电脑桌有没有优惠？”我一脸茫然，只得回答说：“那我再去电脑城了解一下。”

看到我疲于应付的样子，经理叫住了我，并让秘书递给我一杯茶。“你在面试的第一阶段做得不错，有闯劲，能够突破常规，遇事多想一步。但从后面完成市场调查的任务来看，还显稚嫩。”

“我们做业务必须有良好的观察和思考能力，想法要多、要深，能够快人一步。业务人员不仅要善于动手，还要善于动脑，如果不能做到这点，就不可能为客户提供有效的信息与咨询服务，为采购商提供质优、价廉、物美的产品，反而会造成人力、物力、财力的浪费。”

求职以失败告终，但我将那次宝贵的经验记在日记本上：工作中要注意锻炼自己的领悟力和洞察力，独立思考、多谋善断，凡事比别人多想几步，才能真正取得成功。

在以后的工作中，我及时调整了自己的思维方式，努力提高自己的应变能力和处理问题的水平。我告诫自己：不要一味地苦干蛮干，不要只埋头拉车而不抬头看路，否则就是原地踏步，明天重复昨天和今天的错误。最近一次同学聚会上，我把同样的话告诉了大家。这时的我，已是一个国际知名品牌的地区代理商了。

(资料来源：雪火. 面试得来的经验[J]. 大学时代，2005.)

思考题：

(1) 请仔细阅读这一案例，然后谈谈感受。

(2) 你认为企业招聘时最看中求职者的什么素质？

26. 案例分析

清朝官员出洋相

有个笑话，说的是在清朝，李鸿章请外国人吃饭。中午吃的是饺子。老外没用过筷子，不知道这两根小棍子怎么就能把饺子给夹起来。李鸿章心想：“这可怎么办呀？这外国人要是不高兴了，老佛爷一定会怪我办事不力的！唉！算了，丢下我的老脸，用手抓吧！”老外一看，哦，原来用手也可以吃的，于是一个个赶忙用手抓了起来！到了下午，改吃面条了！老外这回学得精了，都不急着吃，先看看李鸿章怎么办！李鸿章一看见老外现在的样子就想起了中午吃饺子时的情景，忍不住笑了起来。这一笑不好了，面条从鼻子里喷出了半根……老外全部惊呆了，这怎么学呀？这长长的东西是怎么从嘴里吃进去再从鼻子里出来半根的呀？

无独有偶。相传清朝时期有位官员出访外国。某日，该官员应该国首相之邀前往赴宴，餐桌上双方的交谈甚为融洽。中国官员学着外国人的样子使用刀叉，虽然既费劲又辛苦，但他觉自己挺得体的，总算没丢脸。临近晚宴尾声时，习惯喝汤的中国官员盛了几勺精致小盆里的“汤”放到自己碗里，然后喝下。当时该国首相还不了解中国虚实，为不使中国官员出丑，他也盛了精致小盆里的“汤”一饮而尽，见此情形，其他文武百官只得忍笑奉陪。

(资料来源：http://www.edulife.com.cn/News/200412/0120041210145988.html)

思考题：

谈谈你对这两个笑话的感想。

27. 案例分析

王先生乘车

某公司的王先生年轻肯干，点子又多，很快引起了总经理的注意并拟提拔为营销部经理。为了慎重起见，决定再进行一次考查。恰巧总经理要去省城参加一个商品交易会，需要带两名助手，总经理一是选择了公关部杜经理，二是选择了王先生。王先生自然同样看重这次机会，也想借机好好表现一下。

出发前，由于司机小王乘火车先行到省城安排一些事务，尚未回来，所以，他们临时改为搭乘董事长驾驶的轿车一同前往。上车时，王先生很麻利地打开了前车门，坐在驾车的董事长旁边的位置上，董事长看了他一眼，但王先生并没有在意。

车上路后，董事长驾车很少说话，总经理好像也没有兴致，似在闭目养神。为活跃气氛，王先生寻一个话题：“董事长驾车的技术不错，有机会也教教我们，如果都自己会开车，办事效率肯定会更高。”董事长专注地开车，不置可否，其他人均无应和，王先生感到没趣，便也不再说话。一路上，除董事长向总经理询问了几件事，总经理简单地作回答外，车内再也无人说话。到达省城后，王先生悄悄问杜经理：“董事长和总经理好像都有点不太高兴？”杜经理告诉他原委，他才恍然大悟：“噢，原来如此。”

会后从省城返回，车子改由司机小王驾驶，杜经理由于还有些事要处理，需在省城多住一天，同车返回的还是四人。这次不能再犯类似的错误了，王先生想。于是，他打开前车门，请总经理上车，总理坚持要与董事长一起坐在后排，王先生诚恳地说：“总经

理您如果不坐前面，就是不肯原谅来的时候我的失礼之处。”并坚持让总经理坐在前排才肯上车。

回到公司，同事们知道王先生这次是同董事长、总经理一道出差，猜测着肯定提拔他，都纷纷向他祝贺。然而，提拔之事却一直没有人提及。

(资料来源：https://www.zybang.com/question/3db84980d33e12010636b3563c2c7d55.html)

思考题:

(1) 请指出王先生的失礼之处。

(2) 本案例对你有何启示?

第 4 章　社交活动礼仪

有什么样的目的，就有什么样的礼仪。

——[古罗马]西塞罗

优优大哉！礼仪三百，威仪三千，待其人而后行。

——《礼记·中庸》

本章提要

- 仪式活动礼仪。
- 会务活动礼仪。
- 商务活动礼仪。
- 服务活动礼仪。

仪式活动、会务活动、商务活动、服务活动等各类社交活动是当今社会生活中不可缺少的一部分，每一个步骤都有着格外严格的要求。为了适应社会发展的需求，作为一个现代人，除了要掌握基本的现代社交生活礼仪之外，还要对各类社交活动礼仪规范有一定的认识。

4.1　仪式活动礼仪

仪式是指在社交中，特别是在一些比较重大、庄严、隆重、热烈的正式场合里，为了激发起出席者的某种情感，或者为了引起其重视，而郑重其事地参照合乎规范与管理的程序，按部就班地举行的某种活动的具体形式。

在现实生活中，我们可能接触到的仪式很多，诸如签字仪式、剪彩仪式、交接仪式、庆典仪式，等等。

从根本上讲，仪式是现代社会发展的产物。因为礼仪与仪式作为人们生活中的行为模式、行为规范，是属于社会的上层建筑，由社会经济基础决定的，并随着经济基础的变化而变化，随着社会实践的发展而不断地丰富发展。而社会生产力水平决定了一个社会的经济基础，所以，礼仪及仪式的产生和发展最终是由社会生产力水平所制约和决定的，礼仪与仪式的规格随着现代社会生产力水平的提高而提高。在人们物质文化水平提高的同时，社会所固有的仪式也在不断地发展和臻于完善。

当今社会，对组织而言仪式有着重要的作用，它有利于提高组织的知名度和美誉度，塑造组织形象；有利于鼓舞员工的士气，激发员工对本组织的热爱，培养组织员工的价值观念，增强组织的凝聚力；有利于传递组织的信息，使组织赢得更多的成功机会和合作伙伴；有利于沟通情感，传达意愿，增进友情。讲究仪式礼仪是现代社交的一项重要内容，

也是组织成功的关键。

4.1.1　迎送仪式

迎送是非常重要的仪式之一。迎来送往作为常见的社交礼节，在国际交往中和组织间交往中不可缺少，对来访客人，应视其身份、两国或两组织间的关系、活动的性质等因素，安排相应的迎送仪式。

礼仪小故事 4-1：

讲究仪式礼仪的刘备

据《三国演义》记载，三国时，张松代表西川的刘璋向曹操献西川地图，曹操怠慢张松。张松拜见曹操，等候了三日，方得通姓名，曹操认为“松有何能？”，不以礼迎送张松，并乱棒打出。张松回西川路上，碰到刘备派赵云远远迎接，驿门外关羽又迎接，次日，“玄德引着卧龙凤雏亲自来接，遥见张松，早先下马等候”。送张松时又深情厚谊，极尽隆重礼节，使张松感动之极，献上西川地图，才使刘备顺利占领西川。刘备的成功在于对张松一行的重要性认识深刻，并以隆重礼节迎送，感动了对方，从而达到了自己的目的。

(资料来源：https://wenku.baidu.com/view/76871cbf4028915f814dc23e.html)

1．迎送仪式前的准备

1)　确定迎送规格

确定迎送规格时要注意国际惯例。主要迎送人员通常与来宾身份相当或者相差不大，尽量做到对等、对口。主要迎送人不能出面时，应从礼貌出发向对方解释清楚，以免双方产生不必要的误会。其他的迎送人员不宜过多。有时，为发展双方关系和政治需要，也可破格接待。

2)　掌握迎送时间、地点

迎接客人必须在来宾乘坐的飞机(火车或轮船)抵达之前到机场(车站或码头)等候，送行则应在客人登机前到达机场(车站或码头)。因此，必须准确掌握客人乘坐的飞机(火车或轮船)抵达和离开的时间，及早通知全体迎送人员和有关单位，如有变化应及时通知。

3)　注意迎送的细节

应安排好迎送的车辆，准备献给客人的鲜花，了解对方的背景以及途中交谈的话题等。

2．正式迎送仪式的程序

在迎接重要客人时，要安排正式的迎送仪式，但迎送一般客人，可省去正式仪式，主要是做好各项安排。正式迎送仪式的程序如下：

(1)　迎送人员应提前到达。重大迎送仪式，可安排乐队，在客人抵达或离开时，乐队奏乐。

(2) 安排献花。如涉外迎送仪式等，通常由儿童或少女在迎送主要领导人士与客人握手之后，将鲜花献上。

(3) 相互介绍。双方行见面握手、拥抱或贴面等礼节之后，迎接人要与客人之间相互介绍，可由礼宾交际人员介绍，也可由欢迎人员中的身份最高的人士介绍。

(4) 陪车。客人抵达后，由机场(车站或码头)到安排好的住地，或访问结束由住地到机场(车站或码头)，有时需要安排主人陪同乘车。陪车时应请客人坐在主人的右侧，译员坐在司机旁边。上车时，最好客人从右侧门上，主人从左侧门上。如果客人先上车坐了主人的位置，则不必请客人挪动位置。

3. 迎送中应注意的礼仪

1) 迎宾礼仪

见到客人光临，应主动上前彬彬有礼地亲切问候，表示热烈欢迎。

宾客乘坐的车辆抵达时，要热情相助：车辆停稳后，接待人员先下车，应一手替客人拉开车门，一手遮挡车门框上沿，以免客人头部碰撞到车顶门框。

凡遇到老、弱、病、残、幼的客人，特别要主动搀扶、倍加关心。宾客的行李物品要轻拿轻放，以免损坏行李中的贵重物品和易碎物品。

接待团体宾客时，应连续向宾客点头致意，如遇宾客先致意，要及时还礼。

向每一位宾客致问候语，问候时要目视宾客，注意力集中，以示真诚。

下雨、下雪天要撑伞迎接，以防宾客被雨淋湿。

帮助宾客提携行李物品，要主动热情，但同时应尊重宾客的意愿。凡宾客坚持要自己提的物品，不要过分热情地强行帮助提携。

陪同客人步行，一般应在客人的左侧，以示尊重。如果是主陪陪同客人，那要与客人并行。如属随行人员，应走在客人和主陪人员的后边。负责引导时，应走在客人左前方一两步远的地方和客人的步伐一致，遇到路口或转弯处，应用手示意方向并加以提示。乘电梯时，如有专人服务，应请客人先进；如无专人服务，接待人员应先进去操作，到达时请客人先行。进房间时，如门朝外开，应请客人先进；如门朝里开，陪同人员应先进去，扶住门，然后再请客人进入。

2) 送宾礼仪

对于外来的客人，应提前为之预订返程的车票、船票或机票。客人离开前，主人应专程前往下榻处话别。

接待人员在问清宾客共有多少件行李物品后，小心地提携并负责运送到车上。

安置好行李后，不要立即转身离去，而应向宾客作一下交代，并施礼感谢光临和致告别语。

轻轻替顾客关上车门，注意不要让宾客的衣裙被车门夹住，门要关得恰到好处，不能太轻而关不上、太重而惊吓客人。

车辆启动后，不要立即结束送别，应面带笑容，向客人挥手告别，目送离去。

前往机场、码头或车站送别时应与客人一一握手，祝愿客人旅途顺利并欢迎再次光临。将客人送上车、船或飞机后，送行人员应面带微笑，挥手告别，待车、船或飞机离开后，直到看不见对方时，方可返回。

4.1.2　签字仪式

签字仪式是组织与对方经过会谈、协商，形成了某项协议或协定，再互换正式文本的仪式。它是一种比较隆重的活动，礼仪规范也比较严格。

1. 签字仪式的准备

签字仪式是组织具有“里程碑”意义的大事，组织应予以充分准备，做到万无一失。

1)　准备待签文本

洽谈或谈判结束后，双方应指定专人按谈判达成的协议做好待签文本的定稿、翻译、校对、印刷、装订、盖印等工作。文本一旦签字就具有法律效力，因此，对待文本的准备应当郑重严肃。

在准备文本的过程中，除了要核对谈判协议条件与文本的一致性以外，还要核对各种批件，主要是项目批件、许可证、设备分交文件、订货卡等是否完备，合同内容与批件内容是否相符，等等。审核文本必须对照原稿件，做到一字不漏，对审核中发现的问题要及时互相通报，通过再谈判达到谅解、一致，并相应调整签约时间。在协议或合同上签字的有几个单位，就要为签字仪式提供几份样本。如有必要，还应为各方提供一份副本。与外商签订有关的协议、合同时，按照国际惯例，待签文本应同时使用宾主双方的母语。

待签文本通常应装订成册，并以仿皮或其他高档质料作为封面，以示郑重。其规格一般为大八开，所用的纸张务必高档，印刷务必精美。作为主方应为文本的准备提供准确、周到、快速、精美的条件和服务。

2)　布置签字场地

签字场地有常设专用的签字厅，也有临时以会议厅、会客室来代替的。签字厅布置的总原则是要庄重、整洁、清净，如表 4-1 所示。

表 4-1　签字厅布置

项　目	操作说明
挂屏风式挂画	厅室正面挂屏风式挂画
布置签字桌	① 将长条桌摆放在离墙 2.5 米处，并居中； ② 在长条桌上均匀铺上深绿色台布：外侧长，距地面 10 厘米；内侧短，距地面 40 厘米
布置签字椅	将两张高背扶手椅摆放在签字桌后面，两椅相距 1.5 米
布置照相设备	① 在椅子背后 1.2 米处，根据人数多少摆上梯式照相脚架； ② 照相脚架两侧陈设常青树
摆放待签文本	在两个座位前的台面上摆放待签文本，右上方放置文具
摆放旗架	签署双方性涉外商务合同时，需摆放旗架，将旗架摆放在两个文本中间的前方位置上，注意“客右主左”
摆放沙发	两侧可布置少量沙发，供休息用

3) 安排签字人员

在举行签字仪式之前，有关各方应预先确定好参加签字仪式的人员，并向有关方面通报。客方尤其要将自己一方出席签字仪式的人数提前告知主方，以便主方安排。签字人要视文件的性质来确定，可由最高负责人签，但双方签字人的身份应该对等。参加签字的有关各方事先还要安排一名熟悉签字仪式详细程序的助签人，并商定好签字的有关细节。其他出席签字仪式的陪同人员，基本上是双方参加谈判的全体人员，按一般礼仪做法，人数最好大体相等。为了表示重视，双方也可对等邀请更高一层的领导人出席签字仪式。

由于签字仪式的礼仪性极强，签字人员的穿着也有具体要求。按照规定，签字人、助签人以及随员，在出席签字仪式时，应当穿着具有礼服性质的深色西装套装或西装套裙，并且配以白色衬衫与深色皮鞋。

参加签字仪式的服务人员(礼仪人员)，可以穿自己的工作制服，或是旗袍一类的礼仪性服装。签字服务人员应注意仪态、举止，要落落大方，得体自然，既不要严肃有余，也不要过分喜形于色。服务人员的具体礼仪如表 4-2 所示。

表 4-2 服务人员的礼仪

项 目	操作说明
门口候客	① 服务人员站立在门口，迎候签字人员； ② 签字人员到达时，敬语相迎，引领至签字桌旁，并拉椅让座； ③ 照应其他人员按顺序就位
双方仪式开始	服务人员手托摆有香槟杯的托盘(杯中酒约七分满)，站立两旁，在距签字桌两侧约 2 米远处
双方签字完毕	① 服务人员看到签字人员握手并交换文本时，迅速将签字椅撤除； ② 立即将酒杯送到双方签字人员面前，并讲“请”； ③ 从桌后站立者的中间处开始，向两边依次分让； ④ 等干杯后，立即上前用托盘接收酒杯
送客	① 签字仪式结束，为签字人员开门； ② 引领签字人员到电梯口，按电梯，用敬语送别

2. 签字仪式的程序

虽然签字仪式的时间不长，但它是合同、协议签署的高潮，其程序规范、庄重而热烈。主要有以下几项。

1) 签字仪式开始

有关各方人员进入签字厅后，在既定的位次上坐好。签字者按照主居左、客居右的位置入座，双方其他陪同人员分主客两方各自以职位、身份高低为序，自左向右(客方)或自右向左(主方)排列站于各签字人之后，或坐在己方签字者的对面。双方助签人分别站在己方签字者的外侧，协助翻揭文本，指明签字处。

2) 签字人签署文本

签字人签署文本通常的做法是先签署己方保存的合同文本，再签署他方保存的合同文

本，这一做法在礼仪上称为“轮换制”。它的含义，是在位次排列上，轮流使有关各方有机会居于首位一次，以显示机会均等，各方平等。

3)　交换合同文本

双方签字人，正式交换已经有关各方正式签署的文本。交换后，各方签字人应热烈握手，互致祝贺，并相互交换各自方才使用过的签字笔，以志纪念。这时全场人员应该鼓掌，表示祝贺。

4)　共同举杯庆贺

交换已签订的合同文本后，礼宾小姐会用托盘端上香槟酒，有关人员，尤其是签字人当场干上一杯香槟酒，这是国际上通用的旨在增添喜庆色彩的做法。

礼仪小博士 4-1：

香　槟　酒

香槟酒，是法文 champagne 的音译，一种富含二氧化碳的起泡白葡萄酒，原产于法国香槟省，故而得名。香槟酒与快乐、欢笑和高兴同义，是一种庆祝佳节用的酒，具有奢侈、诱惑、浪漫的色彩。

大约 1688 年，在法国的香槟省有位叫派里朗的修道士，他对酿酒有极浓厚的兴趣，可是由于香槟省地区偏北，阳光不足，天气较为寒冷，缺乏良好的气候条件，很难酿出好酒。有一次修道士发现他酿出的酒不够甜，于是往里加了些白糖。白糖不能完全溶解，他又将酒加热，不料加热后放出二氧化碳冒起小气泡，变成高级佐餐酒。为了纪念这位修道士对酒的贡献就以 Don Perigoon 作为高级香槟酒的名字了。

(资料来源：https://tieba.baidu.com/p/2928660280? red_tag=2111643241)

在历史上没有任何酒可比美香槟的神秘性，它给人一种纵酒高歌的豪放气氛。香槟酒的味道醇美，适合任何时刻饮用，配任何食物都好。如举行大的宴会，用香槟比其他混合酒更恰当。在婚礼和受洗仪式上，香槟也适合用来干杯。香槟还是第一流的调酒配料，而且价格也不太贵。

5)　有秩序退场

接着请双方最高领导者及客方先退场，然后东道主再退场。整个签字仪式以半小时为宜。

4.1.3　开业仪式

开业仪式，是指在单位创建、开业，项目完工、落成，某一建筑物正式启用，或是某工程正式开始之际，为了表示庆贺和纪念，而按照一定的程序所隆重举行的专门的仪式。筹备和举行开业仪式始终应按照“热烈、隆重、节约、缜密”的原则进行。

1．开业庆典的准备

1)　做好舆论宣传

举办开业仪式的主要目的是提高组织的知名度和美誉度，塑造良好的组织形象，吸引

社会各界对组织的重视与关心，因此必须运用传播媒介，广泛刊登广告，以引起公众的注意。这种广告的内容一般应包括：开业仪式举行的日期、地点，企业的经营特色，开业时对顾客的优惠等。同时别忘了邀请新闻界的记者光临开业仪式，对组织的开业仪式进行采访、报道，进一步扩大组织的影响。

2) 拟订宾客名单

开业仪式成功与否，在很大程度上与参加典礼的主要宾客的身份、人数有直接关系。因此，在开业典礼前应邀请上级领导、知名人士、有关职能部门、社区负责人、社团代表及新闻媒介等方面的人士参加。对邀请出席的来宾，应将请柬送达，以示对客人的敬重。请柬要精美、大方，一般用红、白、蓝色，填写好的请柬，应放入信封内，提前一周左右邮寄或派人送到有关单位和个人。

3) 布置现场环境

举行仪式的现场可以是正门之外的广场，也可以是正门之内的大厅。在现场应悬挂开业仪式的会标、庆祝词或欢迎词等。由于开业仪式一般是站着举行的，所以要在来宾站立处铺设红色地毯，以示尊敬和庄重。会场两边可放置来宾赠送的花篮，四周悬挂彩带和宫灯，还要准备好音响、照明设备，使整个场地显得隆重、热烈。对于音响、照明设备，以及开业仪式举行之时所需使用的用具、设备，必须事先认真进行检查、调试，以防其在使用时出现差错。

4) 安排接待服务

对来宾的接待服务工作一定要指派专人负责，重要来宾的接待应由组织负责人亲自完成。要安排专门的接待室，接待室要求茶杯洁净，茶几上放置烟灰缸，如不允许吸烟，应用礼貌标语标牌放置在接待室中，提示来宾；要准备好来宾的签到处，准备贵宾留言簿，最好是红色或金色锦缎面高级留言册，同时准备好毛笔、砚、墨等留言用的文具。为了便于来宾了解组织的情况，可以印刷一些材料，如庆典活动的内容、意义，来宾名单和致词，组织经营项目和政策等。

5) 拟订仪式程序

为了使开业仪式顺利进行，在筹备之时必须草拟具体程序，并选定好称职的主持人。开业仪式的程序包括：确定主持人、介绍重要来宾、组织负责人或重要来宾致词、剪彩或参观、座谈、联欢等。

6) 准备馈赠礼品

开业仪式上向来宾赠送的礼品是一种宣传性传播媒介，只要准备得当，往往能产生很好的效果。礼品要突出纪念性，具有一定的纪念意义，让人珍惜；同时也要突出其宣传性，可以在礼品的包装上印上组织标志、庆典开业日期、产品图案、企业口号和服务承诺等。

2. 开业仪式的种类

1) 开幕仪式

开幕仪式是开业仪式常见的形式之一，通常是指公司、企业、宾馆、商店、银行等正式启用前，或各类商品的展示会、博览会、订货会正式开始之前，所举行的相关仪式。每

当开幕仪式举行之后，公司、企业、宾馆、商店、银行等将正式营业，有关商品的展示会、博览会、订货会将正式接待顾客与观众。一般举行开幕式时要在比较宽敞的活动空间中进行，如门前广场、展厅门前、室内大厅等。

开幕式的主要程序如下：

(1) 宣布仪式开始，全体肃立，介绍来宾。

(2) 邀请专人揭幕或剪彩。揭幕时，揭幕人行至彩幕前恭敬地站立，礼仪小姐双手将开启彩幕的彩索递交给对方。揭幕人随之目视彩幕，双手拉起彩索，展开彩幕。全场目视彩幕，鼓掌并奏乐。

(3) 在主人的亲自引导下，全体到场者依次进入幕门。

(4) 主人致词答谢。

(5) 来宾代表发言祝贺。

(6) 主人陪同来宾参观，开始正式接待顾客或观众，对外营业或对外展览宣告开始。

2) 奠基仪式

奠基仪式，是指一些重要的建筑物，如大厦、场馆、亭台、纪念碑等，在动工修建前正式举行的庆贺性活动。其举行地点应选择在动工修建建筑物的施工现场，一般在建筑物的正门右侧。在奠基仪式的举行现场设有彩棚，安放该建筑物的模型、设计图、效果图，并使各种建筑机械就位待命。

用来奠基的奠基石应是一块完整无损、外观精美的长方形石料。在奠基石上文字应当竖写，在其右上款写上建筑物的名称，正中央应有“奠基”两个大字，左下款刻有奠基单位的全称以及举行奠基仪式的具体年月日。奠基石上的文字，大都用楷体字刻写，并且最好用白底金字或黑字。在奠基石的下方或一侧，还应安放一只密闭完好的铁盒，内装与该建筑物相关的各有关资料以及奠基人的姓名。届时，它将同奠基石一道被奠基人等培土掩埋于地下，以志纪念。

奠基仪式的程序如下。

(1) 仪式正式开始，介绍来宾，全体起立。

(2) 奏国歌。

(3) 主人对建筑物的功能、规划设计等进行介绍。

(4) 来宾致词道贺。

(5) 正式进行奠基。奠基人双手持握系有红绸的新锹为奠基石培土，再由主人与其他嘉宾依次为之培土，直至将其埋没为止。奠基时应演奏喜庆乐曲或敲锣打鼓，营造良好的气氛。

3) 开工仪式

开工仪式是指工厂准备正式开始生产产品、矿山准备正式开采矿石，所专门举行的庆祝性、纪念性活动。开工仪式大都在工厂的生产车间或矿山的主要矿井等生产现场举行，以使全体人员有身临其境的感觉。在仪式现场除了司仪人员可以穿礼仪性服装之外，其他人员均应穿着干净整洁的工作服出席仪式。

开工仪式的程序如下：

(1) 宣布仪式开始。全体起立，介绍各位来宾，奏乐。

(2) 开工单位领导讲话。

(3) 来宾致贺词。

(4) 在司仪的引导下，本单位的主要负责人陪同来宾行至开工现场机器开关或电闸附近等地肃立。

(5) 正式开工，届时应由本单位职工代表或来宾代表来到机器开关或电闸旁，动手启动机器或合上电闸。全体人员此时应鼓掌祝贺，并奏乐。

(6) 在主人的带领下，全体来宾参观生产现场。

4) 落成仪式

落成仪式也称竣工仪式，它是指本单位所属的某一建筑物或某项设施建设、安装工作完成之后，或是某一纪念性、标志性建筑物——诸如纪念碑、纪念塔、纪念堂等建成之后，以及某种意义特别大的产品生产成功之后，所专门举行的庆贺性活动。落成仪式一般应在现场举行，如新落成的建筑物之外，纪念碑、纪念塔的旁边等。参加落成仪式要注意情绪，如在庆贺工厂大厦落成、重要产品生产等时，应表现出欢乐和喜悦；在庆祝纪念碑、纪念塔等落成时，应表现出庄严而肃穆。

落成仪式的程序如下。

(1) 宣布仪式开始。全体起立，介绍各位来宾。

(2) 奏国歌，并演奏本单位标志性乐曲。

(3) 本单位负责人发言，以介绍、回顾、感谢为主要内容。

(4) 进行揭幕或剪彩。

(5) 全体人员向刚刚落成的建筑物行注目礼。

(6) 来宾致词。

(7) 全体人员进行参观。

5) 下水仪式

这是指新船建成下水之时所专门举行的仪式。一般造船厂在吨位较大的轮船建造完成、验收完毕、交付使用之际，为其正式下水起航而特意举行的庆祝性活动。下水仪式基本上都是在新船码头上举行，届时，应对现场进行一定的美化，如在船坞门口与干道两侧，应饰有彩旗、彩带。在新船所在码头附近，应设置专供来宾观礼或休息用的彩棚。对新船也应装扮，可在船头扎上由红绸结成的大红花，在船两侧船舷上扎上彩旗，系上彩带。

下水仪式的程序如下。

(1) 宣布仪式开始，介绍来宾，全体起立，乐队奏乐或敲锣打鼓。

(2) 奏国歌。

(3) 由主人简介新船的基本状况，如船名、吨位、马力、长度、高度、吃水、载重、用途、造价等。

(4) 由特邀掷瓶人行掷瓶礼，砍断缆绳，新船正式下水。行掷瓶礼，这是国外传入我国的一种下水仪式上独具特色的节目，旨在渲染喜庆气氛。其做法是：由身着礼服的特邀

嘉宾双手持握一瓶正宗的香槟酒，用力将瓶身向新船的船头投掷，使瓶破之后酒香四溢，酒沫飞溅。在嘉宾掷瓶之后，全体到场者面向新船行注目礼，并随即热烈鼓掌。此时，还可在现场再度奏乐或演奏锣鼓，放飞气球，放飞鸽子，并且在新船上撒彩花、落彩带等。

(5) 来宾代表致词祝贺。

6) 开通仪式

开通仪式是指在重要的交通建筑完工并验收合格之后，所正式举行的启用仪式。例如，公路、铁路、地铁、轻轨以及重要的桥梁、隧道等，在正式交付使用前，均应举行一次开通仪式表示庆贺。举行开通仪式的地点应在公路、铁路、地铁与轻轨新线路的某一端，新建桥梁的某一头，或者新建隧道的某一侧。在现场附近以及沿线两旁，应当适量地插上彩旗、挂上彩带。必要时，还应设置彩色牌楼，并悬挂横幅。对汽车、火车或地铁列车等要进行装饰，可在车头系上红花，在车身两侧插上彩旗，系上彩带，悬挂大幅醒目标语。

开通仪式的程序如下：

(1) 宣布仪式开始，介绍来宾。

(2) 全体起立，奏国歌。

(3) 主人致词。介绍即将通车的新线路、新桥梁、新隧道等的基本情况，并向有关方面表示谢意。

(4) 来宾代表致词祝贺。

(5) 正式剪彩。

4.1.4　交接仪式

交接仪式是指施工单位将业已建设完成的工程项目，如商厦、厂房、车站、码头等，经验收合格后正式移交给使用单位时所举行的庆祝典礼仪式。举行这种仪式，既是对与合作伙伴成功合作致谢，也是对关心、支持和帮助他们的社会各界的感谢。这一活动对提高组织的知名度、塑造良好的组织形象有重要作用。

1. 交接仪式的准备

1) 会场的布置

交接仪式的现场可以选择在工程项目的现场，也可在其他场所举行。不论仪式在何处举行，作为东道主均需指定专人或组织临时性的专门班子，具体负责会场的布置工作。会场布置不要铺张浪费、华而不实、劳民伤财，而要善于以适当的形式营造、渲染一种热烈、隆重和喜庆的气氛。会场正中应悬挂“某某工程交接仪式”或“热烈庆祝某某商厦正式交付使用”的巨型横幅。在会场的入口处或主席台前，可插置一定数量的彩旗，会场上空可悬放带有庆祝标志的气球，会场两侧摆放来宾赠送的花篮。

2) 人员的邀请

交接仪式的出席人员应当适宜，若太少，则显得冷冷清清，难有热烈的气氛；若太多，超出了组织者的接待能力和场地条件，也会使活动不尽人意。交接仪式出席人员由施工单位和接收单位协商确定，应包括：施工单位的有关人员、接收单位的有关人员、上级主管部门的负责人、协作单位的代表、当地政府官员、行业组织负责人及新闻记者等。

接到邀请的单位和负责人，不管能否出席，均应尽早向仪式的主办单位发出贺电或贺信，还可敬赠大型花篮，表示祝贺，并在花篮上挂上特制的缎带，花篮应提前送达会场。作为出席仪式的代表，均应身着正装，面带微笑，举止热情。在举行仪式之前，交接单位的负责人应提前到达会场，在门口恭迎来宾们的光临，并指定专人进行接待、迎送、引导、陪同等应酬。

3) 物品的准备

在交接仪式上，东道主一方应提前准备如下物品：作为交接象征之物的有关物品，如验收文件、一览表、钥匙等。验收文件是指已经工整地由交接双方正式签署的接收证明性文件；一览表是指交付给接收单位的全部物资、设备或其他物品的名称、数量明细表；钥匙是指用来开启被交接的建筑物或机械设备的钥匙，因其强烈的象征性，预备一把即可。交接仪式上，主办单位还要为来宾准备一份薄礼，这一礼品应突出纪念性、宣传性，如被交接的工程项目、大型设备的缩微模型，或有关的画册、明信片、纪念章、领带针、钥匙扣等。

2. 交接仪式的程序

不同类型的交接仪式，其程序各有不同，但大体内容是一致的，主要表现为以下几方面：

1) 交接仪式开始

主持人请有关负责人到主席台就座，并宣布交接仪式开始，全体与会者鼓掌祝贺。

2) 交换有关文件

主要由施工单位、安装单位的代表，将有关工程项目、大型设备的验收文件、一览表或者钥匙等象征性物品，递交给接收单位的代表。此时，双方应面带微笑，双手递交、接收有关物品。在此之后，还应热烈握手。该程序进行的过程中，可以播放、演奏节奏欢快的喜庆音乐。这一程序可由上级主管部门负责人或当地政府领导人为工程项目剪彩所取代。

3) 双方代表发言

施工或安装单位的代表、接收单位的代表、来宾代表等依次发言。发言是礼节性的，要简短而热情，点到为止，最好不要超过3分钟。

4) 宣布仪式结束

交接仪式在时间上贵短忌长，以半小时到一小时为宜。仪式结束应邀请来宾参观有关的工程项目或展览，东道主应为此安排专人接待、陪同和解说。参观之后，有的东道主还为各方来宾安排一些文娱活动助兴，并以便饭招待。

4.1.5 剪彩仪式

礼仪小博士4-2：

剪彩仪式的由来

剪彩仪式起源于开张。据说美国人做生意保留着一种习俗，即清早必须把店门打开，为了使人们知道这是一个新开张的店铺，还要特地在门前横系上一条布带。因为这样做既可以防止店铺未开张前闯入闲人，又可以起到引人注目、标新立异的作用。等店铺正式开张时才将布带取走。

1912年，美国的圣安东尼奥市的华狄密镇上有一家大百货公司将要开张，老板威尔斯(Wells)严格地按照当地的风俗办事，在早早开着的店门前横系着一条布带，万事俱备，只等开张。这时，老板威尔斯十岁的女儿牵着一只哈巴狗从店里匆匆跑出来，无意中碰断了这条布带。这时在门外等候的顾客及行人以为正式开张营业了，蜂拥而入，争先恐后地购买货物，真是生意兴隆。不久，当威尔斯的一个分公司又要开张时，想起第一次开张时的盛况，又如法炮制。这次是有意让小女把布带碰断，果然财运又不错。于是，人们认为让女孩碰断布带的做法是一个极好的兆头，因而争相效仿，广为推行。此后，凡是新开张的商店都要邀请年轻的姑娘来撕断布带。

后来，人们又用彩带取代色彩单调的布带，并用剪刀剪代替用手撕，有的讲究用金剪子。这样一来，人们就给这种正式做法取了个名——“剪彩”。剪彩的人也逐步被一些德高望重的社会名流甚至是国家元首代替。

(资料来源：http://www.ywnews.cn/content/200507/22/ywnews_7181.htm)

剪彩仪式是有关的组织为了庆贺其成立开业、大型建筑物落成、新造的车船和飞机出厂、道路桥梁落成首次通车、大型展销会和展览会的开幕而举行的一种庆祝活动。

剪彩作为一种庆典仪式，可以在开业典礼中举行，也可举行专门的剪彩仪式，以期引起社会各界的重视。剪彩仪式的礼仪规则包括如下几个方面：

1. 邀请参加者

参加剪彩仪式的人员主要分为：主办单位负责人和组织仪式的人员、上级领导、主管单位负责人、知名人士、记者等来宾；主办单位企业的员工；有关管理人员和技术人员。通过参加仪式，参加者身临其境，感受项目或展览的重要，从而形成深刻难忘的印象。对仪式的参加者应做好接待工作。当宾客到达时，接待人员要请宾客签到，然后引领他们到指定的位置。

2. 准备工作

剪彩仪式的主席台要事先布置好，主席台要蒙好台布，摆放茶水和就职人员的名牌。为了增添热烈而隆重的喜庆气氛，可以邀请礼仪小姐参加仪式。礼仪小姐可从组织方挑选，也可到礼仪公司聘请。对礼仪小姐要求仪容文雅、仪表大方、仪态端庄，着装宜选择西式套装或红色旗袍，穿高跟鞋，配长筒丝袜，化淡妆，并以盘起发髻的发型为佳。人员确定后，要进行必要的分工和演练。剪彩仪式的用品如剪刀、白纱手套、托盘应按剪彩者人数配齐，系有花结的大红缎带约2米，馈赠的纪念性小礼品也应准备好。

3. 剪彩者形象

剪彩者是剪彩仪式的主角，其仪表举止直接关系到剪彩仪式的效果和组织形象。因此作为剪彩者，要有荣誉感和责任感，衣着大方、整洁、挺括，容貌要适当修饰，剪彩过程中要保持稳重的姿态、洒脱的风度和优雅的举止。

4. 仪式开始

仪式主持人在宣布仪式开始时，声音要高亢响亮。然后，向到会者介绍参加剪彩仪式的领导人、负责人与知名人士，并对他们表示谢意，同时，也对在场的其他与会者表示感谢。感谢还要用掌声表示，主持人把两手高举一些，以作为对在场各位鼓掌引导的暗示。仪式上可以安排简短发言，言简意赅，充满热情，两三分钟即可。发言者一般为东道主的代表，以及向东道主表示祝贺的上级主管部门、地方政府及其他协作单位的代表。

礼仪小故事4-2:

“请张市长下台剪彩”

某公司举行新项目开工剪彩仪式，请来了张市长和当地各界名流嘉宾参加，请他们坐在主席台上。仪式开始时，主持人宣布：“请张市长下台剪彩！”却见张市长端坐没动。主持人很奇怪，重复了一遍：“请张市长下台剪彩！”张市长还是端坐没动，脸上还露出一丝恼怒。主持人又宣布了一遍：“请张市长剪彩！”张市长才很不情愿地勉强起来去剪彩。

点评：剪彩仪式的主持人口无遮拦，请张市长剪彩，他是得走下台去剪彩，但是作为主持人如此宣布，怎不叫张市长懊恼呢？身为市长，他是十分忌讳“下台”二字的。

(资料来源：https://zhidao.baidu.com/question/357928335.html)

5. 进行剪彩

主持人宣布正式剪彩之后，剪彩者应在礼仪小姐的引导下，步履稳健地走向剪彩位置，如有几位剪彩者时应让中间主剪者走在前面，其他剪彩者紧随其后走向自己的剪彩位置。主席台上的人员一般要尾随至剪彩者之后1～2米处站立。当礼仪小姐用托盘呈上白手套、新剪刀时，剪彩者可用微笑表示谢意并随即接过手套和剪刀。剪彩前要向手拉缎带的礼仪小姐点头示意，然后，全神贯注、表情庄重地将缎带一刀两断。如果几位剪彩者共同剪彩，要注意协调行动，处在外端的剪彩者应用眼睛余光注视处于中间位置的剪彩者的动作，力争同时剪断彩带。另外，剪彩者还应与礼仪小姐配合，让彩球落于托盘中。剪彩者在放下剪刀后，应转身向周围的人鼓掌致意，并与主人进行礼节性的谈话，然后在礼仪小姐的引导下退场。

6. 参观庆贺

剪彩后，一般要组织来宾参观工程、展览等，有时候要宴请宾客，共同举杯庆祝。

4.2 会务活动礼仪

会议是实现一定的目的，由主办或主持单位召集组织的、由不同层次和不同数量的人们参加的一种事务性活动。会议的目的多种多样：表扬批评、布置任务、解决问题、交流

经验、调查情况、沟通信息、纠正错误等。但是，无论什么目的，要想取得良好的效果，会议的组织、参加、进行就必须讲究礼仪，以便使与会者的思想感情能很好地进行沟通。因此，会务活动礼仪是会议取得成功的重要保证。

4.2.1 洽谈会礼仪

洽谈会又叫磋商会、谈判会，是指有关各方代表充分阐述己方的各种设想，听取他方的不同意见，并通过详细陈述己方的理由，反复同对方交换看法或做出某种让步，消除相互间的距离，最后各方取得一致，达成协议。

1. 洽谈会的准备

洽谈会前的准备如何是影响洽谈成败得失的关键。在准备过程中，人员的配备、信息的搜集、目标的选择、计划的拟订都很重要，必须认真对待。

1) 人员配备

为了使洽谈能顺利进行，必须按照对等原则配备相应的洽谈班子。洽谈班子中要有精通业务，有经济、法律头脑，能拍板成交的主谈人员，也要有懂业务、懂技术的人员和有洽谈经验的翻译人员。洽谈班子一般以 4 人为宜。一个精干的，具备 T 型知识结构而又注重仪表、谈吐自如、举止得体的洽谈班子，不仅会给洽谈创造有利条件，同时也是对对方的尊重。

2) 信息准备

“知己知彼，百战不殆”，为了取得洽谈的主动权，必须进行信息准备。要做好市场调研，了解对方的业务情况，对对方参与洽谈人员的基本情况、每个人的谈判风格、对己方的态度等要了如指掌，以便制定相应的策略。涉外谈判中还要对对方文化背景和礼仪习俗等有所把握，以便于更好地沟通。

3) 议程准备

洽谈议程是决定洽谈效率高低的重要一环。每次洽谈，谈什么、何时谈、何地谈、如何谈、达到什么目的，事前都要有周密安排，以免在礼仪上有不周之处。例如，洽谈地点的安排就很重要，因为它对洽谈效果会有一定影响。洽谈地点选择在己方进行，作为东道主必须注重礼貌待客，邀请、迎送、接待、洽谈的组织必须符合礼仪要求；洽谈地点如选择在洽谈对手所在地，到客场洽谈必须入乡随俗，了解当地的风俗人情，并要审时度势，灵活反应，争取主动。

2. 洽谈会上的礼仪规范

洽谈是一场知识、信息、心理、修养、口才乃至风度的较量，为了取得洽谈的成功，在洽谈会上要遵循一定的礼仪规范。

1) 座位安排

一般洽谈会以椭圆桌或长桌为宜，双方人员各自在桌子的一边就座。倘若将谈判桌横放，那么洽谈室正门的一侧为上座，应请客方就座；背对谈判室正门的另一侧则为下座，

应由主方就座。如果谈判桌是竖放的，进门时的右侧为上座，由客方就座；进门时的左侧为下座，由主方就座。双方主谈人员应各自坐在己方一侧的正中间，副手或翻译坐在主谈人员右边的第一个座位上，其他参谈人员以职位高低为序，依次右一个、左一个、右一个地分别坐在主谈人员的两侧。小规模的洽谈，可不放谈判桌，在室内摆放几把沙发或圈椅，按“以右为尊”的原则，客右主左就座即谈；也可以交叉而坐，以增添合作、轻松、友好的气氛。

2) 谈吐举止

洽谈人员的谈吐要轻松自如，举止文雅大方、谦虚有礼，不可拘谨慌张。见面后可略事寒暄，进入正题之前，宜谈些轻松的话题，如旅途经历、季节气候、文体表演、各自爱好或以往合作经历等。但开头的寒暄不宜太长，以免冲淡洽谈气氛。

3) 衣着打扮

参加洽谈者在衣着打扮上要正式一些，以表示对洽谈的重视和充分的准备；如果是非正式洽谈，也可以穿得随便一些，给人以轻松、随和的感觉，这样显得更容易接近，有助于交流，取得共识；一般到豪华宾馆去洽谈，西装革履能够证明自己的身份和气度，能够感到心灵与环境的和谐，而不是自惭形秽；在普通的办公场所进行洽谈，可以穿得和平时上班一样，不用刻意打扮。

4) 语言使用

洽谈人员在洽谈过程中要注意语言的规范性和灵活性，用语要清晰易懂，口语要尽可能标准，注意使用文明礼貌用语，体现自身的职业道德和商业形象。洽谈中无论出现什么情况，都不能使用粗鲁、污秽的语言或攻击性的语言。洽谈时应注意抑扬顿挫、轻重缓急，避免吐舌挤眼、语句不断、嗓音微弱或大吼大叫。

5) 提问方式

在洽谈中要礼貌地提问，问话方式要委婉，语气要亲切平和，用词要斟酌，不能把提问变成审问和责问。咄咄逼人的提问，容易给对方以居高临下的感觉，使其产生防范心理，不利于洽谈。对需要提问的问题，应事先列好提纲，越详细越好，如果不做准备，贸然提问，是不尊重对方的表现。一般提问的时机应选择在对方发言完毕之后、对方发言停顿间歇时、在自己发言前后及在议程规定的辩论时间等。当对方回答问题时，作为提问者应耐心倾听，不能因为对方的回答没有使自己满意就随便插话或任意打断对方的话。在一般情况下，插话应借助一些特定的套话来实现，如“对不起，我能打断您一下吗？”或“请停一下”等。

有提问就有回答，洽谈过程中，作为被提问者答话时，要本着真诚合作的态度，针对提问者的真实心理，实事求是地回答对方的提问，不能闪烁其词，态度暧昧，“顾左右而言他”。如果对方对某个问题不甚了解，应以浅显易懂的语言进行解释，切不可流露出不耐烦的神情。如有些问题涉及商业秘密和技术机密，则应委婉说明，避免出现令人尴尬和僵持的局面。

4.2.2　发布会礼仪

发布会一般指新闻发布会，又称记者招待会，政府、企业、社会团体或个人都可公开举行，邀请各新闻媒介的记者参加。举行发布会主要是为了把组织较为重要的成就以及信息报告给所有新闻机构，所以，在发布会上发布的消息对于产品和产品形象、组织和组织形象、个人形象等都具有较重要的价值。

1．发布会的准备

筹备发布会要做的准备工作很多，其中较重要的是做好时机的选择、人员的安排、记者的邀请、会场的布置和材料的准备等。

1)　时机的选择

在确定发布会的时机之前，应明确两点：一是确定新闻的价值，即对某一消息要论证其是否具有专门召集记者前来予以报道的新闻价值，要选择恰当的新闻“由头”；二是应确认新闻发表的最佳时机。以企业为例，新产品的开发、经营方针的改变或新举措、企业首脑或高级管理人员的更换、企业的合并、逢重大纪念日、发生重大伤亡事故等事件时，都可以举行发布会。

如果基于以上两点，确认要召开新闻发布会的话，要选择恰当的召开时机：要避开本地的重大活动，避开其他单位的发布会，还要避开与新闻界的宣传报道重点相左或撞车。恰当的时机选择是发布会取得成功的保障。

2)　人员的安排

发布会的人员安排关键是要选好主持人和发言人。发布会的主持人应由主办单位的公关部长、办公室主任或秘书长担任。其基本条件是仪表堂堂、年富力强、见多识广、反应灵活、语言流畅、幽默风趣、善于把握大局、引导提问和控制会场，具有丰富的主持会议的经验。

新闻发言人由本单位的主要负责人担任，除了在社会上口碑较好、与新闻界关系较为融洽之外，对其基本要求是修养良好、学识渊博、思维敏捷、能言善辩、彬彬有礼。

发布会还要精选一批负责会议现场工作的礼仪接待人员，一般由相貌端正、工作认真负责、善于交际应酬的年轻女性担任。

值得注意的是，所有出席发布会的人员均需在会上佩戴事先统一制作的胸卡，胸卡上面要写清姓名、单位、部门与职务。

3)　记者的邀请

对出席发布会的记者要事先确定其范围，具体应视发布会涉及的范围或事件发生的地点而定。一般情况下，与会者应是与特定事件相关的新闻界人士和相关公众代表。组织为了提高知名度、扩大影响而宣布某一消息时，邀请的新闻单位通常多多益善；而在说明某一活动、揭示某一事件，特别是本单位处于劣势而这样做时，邀请新闻单位的面则不宜过于宽泛。邀请时要尽可能地先邀请影响大、报道公正、口碑良好的新闻单位。如事件和消息只涉及某一城市，一般就只请当地的新闻记者参加即可。

另外，确定邀请的记者后，请柬最好提前一星期发出，会前还应用电话提醒。

4) 会场的布置

发布会的地点除了可考虑在本单位或事件所在地举行外，还可考虑租用大宾馆、大饭店举行，如果希望造成全国性影响的，则可在首都或某一大城市举行。发布会现场应交通便利，条件舒适，大小合适。会议地点确定后，应实地考察，在会议召开前应认真进行会场布置，会议的桌子最好不用长方形的，而要用圆形的，大家围成一个圆圈，显得气氛和谐，主宾平等，当然这只适用于小型会议。大型会议应设主席台席位、记者席位和来宾席位等。

5) 材料的准备

在举行发布会之前，主办单位要事先准备好如下材料：

(1) 发言提纲。它是发言人在发布会上进行正式发言时的发言提要，要紧扣主题，体现全面、准确、生动、真实的原则。

(2) 问答提纲。为了使发言人在现场正式回答提问时表现自如，可在对被提问的主要问题进行预测的基础上，形成问答提纲及相应答案，供发言人参考。

(3) 报道提纲。事先必须精心准备一份以有关数据、图片、资料为主的报道提纲，并打印出来，在发布会上提供给新闻记者。在报道提纲上应列出本单位的名称、联系方式等，便于日后联系。

(4) 形象化视听材料。这些材料供与会者利用，可增强发布会的效果。它包括图表、照片、实物、模型、录音、录像、影片、幻灯片、光碟等。

礼仪小故事4-3：

有备才能无患

海达公司的新产品发布会即将开始，总经理秘书小叶正站在会议大厅的入口处，她一边做着最后的检查，一边等着嘉宾的到来。她检查主席台上放置的名签时，发现有问题，一位嘉宾因故不能前来，名签却没有撤掉，而另一位嘉宾刚才来电话说要来参加新产品发布会，名签却没有准备。这时她的手机又响了，原来是接电视台记者的汽车在路上抛锚了，重新派车已经来不及了。同时，会议秘书组的人员来报，宣传材料不够了。此时嘉宾已经陆续到来。

(资料来源：http://3y.uu456.com/bp_978n60vh1e05ej21u7yr_1.html)

2. 发布会进行过程中的礼仪

1) 搞好会议签到

要搞好发布会的签到工作，让记者和来宾在事先准备好的签到簿上签下自己的姓名、单位、联系方式等内容。记者及来宾签到后按事先的安排把与会者引到会场就座。

2) 严格遵守程序

要严格遵守会议程序，主持人要充分发挥主持者和组织者的作用，宣布会议的主要内

容、提问范围以及会议进行的时间，一般不要超过两个小时。主持人、发言人讲话时间不宜过长，过长了则影响记者提问，对记者所提的问题应逐一回答，不可与记者发生冲突。会议主持人要始终把握会议主题，维护好会场秩序。主持人和发言人会前不要单独会见记者或提供任何信息。

3)　注意相互配合

在发布会上，主持人和发言人要相互配合。首先要明确分工，各司其职，不允许越俎代庖。在发布会进行期间，主持人和发言人通常要保持一致的口径，不允许公开顶牛、相互拆台。当新闻记者提出的某些问题过于尖锐难以回答时，主持人要想方设法转移话题，不使发言者难堪。而当主持人邀请某位记者提问之后，发言人一般要给予对方适当的回答，不然，对那位新闻记者和主持人都是不礼貌的。

4)　态度真诚主动

发布会自始至终都要注意对待记者的态度，因为接待记者的质量如何直接关系到新闻媒介发布消息的成败。作为普通人，记者希望接待人员对其尊重热情，并了解其所在的新闻媒介及其作品等；作为专业人士，记者希望他人能提供工作之便，如一条有发表价值的消息，一个有利于拍到照片的角度等，对记者的合理要求要尽量满足。对待记者千万不能趾高气扬、态度傲慢，一定要温文尔雅、彬彬有礼。

3．发布会的善后事宜

发布会举行完毕后，主办单位应在一定的时间内，对其进行一次认真的评估善后工作，主要包括以下内容。

1)　整理会议资料

整理会议资料有助于全面评估发布会效果，为今后举行类似会议提供借鉴。发布会后要尽快整理出会议记录材料，对发布会的组织、布置、主持和回答问题等方面的工作进行回顾和总结，从中吸取经验，找出不足。

2)　收集各方反映

首先，要收集与会者对会议的总体反映，检查在接待、安排、服务等方面的工作是否有欠妥之处，以便今后改进。

其次，要收集新闻界的反映，了解一下与会的新闻界人士有多少人为此次新闻发布会发表了稿件，并对其进行归类分析，找出舆论倾向。同时，对各种报道进行检查，若出现不利于本组织的报道，应做出良好的应对策略。若发现不正确或歪曲事实的报道，应立即采取行动，说明真相；如果是由于发布会的疏忽造成的问题，应通过新闻机构表示歉意，以挽回声誉。

4.2.3　展览会礼仪

组织通过举办展览会，运用真实可见的产品和热情周到的服务、全面透彻的资料、图片介绍和技术人员的现场操作，吸引大量的参观者，使其留下深刻的印象。它是组织重要的公共关系活动之一。

1．展览会的特点

1) 形象的传播方式

展览会是一种非常直观、形象、生动的传播方式。展览会通常以展出实物为主，并进行现场示范表演，如在产品展览会上，有专人讲解和示范产品的使用方法。这种直观、形象的活动，容易给参观者留下深刻的印象。

2) 极好的沟通机会

展览活动给组织提供了与公众直接沟通的极好机会，通常展览会上都有专人解答参观者的问题，并就他们感兴趣的问题进行深入讨论。这样的展览会让公众了解本组织的同时，还能及时了解公众对本组织传播内容的反映，可以根据公众反馈的信息进一步做好工作。

3) 多种传媒的运用

展览会是一种复合的传播方式，是同时使用多种媒介进行交叉混合传播的过程。它集多种传播媒介于一体，有声音媒介，如讲解、交谈和现场广播；有文字媒介，如印刷的宣传手册、资料；同时，还有图像媒介，如各种照片、录像、幻灯等。这种复合性的沟通效果是其他传播媒介无法比拟的。

2．展览会的组织

举办展览会要精心组织，做好以下细致全面的工作。

1) 明确展览会的主题

每一次或每种类型的展览会都应有明确的主题和目的。只有主题明确，才能提纲挈领，对所有展品进行有机的排列组合，充分展示展品的风采。若主题不明，眉毛胡子一把抓，则很难把展品、各类资料有机地结合起来，杂乱无章势必影响展览效果。

2) 搞好展览整体设计

任何一项展览都是一项系统工程，要求必须有一个详细的整体设计。这包括展览场地、标语口号、展览徽标、参展单位及项目、辅助设备、相关服务部门的设置和人员安排、信息的发布与新闻界的联络、对工作人员的培训等，这些方面都需要全面设计，周密安排，否则就会影响整个展览的效果。

3) 成立对外新闻发布机构

成立对外新闻发布的专门机构，负责与新闻界进行密切的联系。展览过程中往往会发现许多有新闻价值的东西，这就需要有关人员以敏锐的观察力去挖掘、去分析并写成各种新闻稿件发表，以扩大影响。同时，要组成专门的机构，负责新闻发布的计划，如确定发布内容、发布时机、发布形式等，这样，效果会更好些。

4) 进行展览的效果测定

展览的效果一般体现在观众对展品的反映，对组织形象的认识以及对整个展览会从内容到形式的总体看法等方面。为了检验展览会的效果，检验举办各类展览活动的目的是否达到，必须对展览效果进行检测。测定的方法很多，如设立观众留言簿、召开座谈会听取

反映、检验公众对展品的关注程度等。

3．展览会的礼仪

展览会的工作人员应当具备良好的素质，明确办展览的目的和主题，了解展览的知识和技能，具备与展览产品有关的专业素质。同时，还要懂得礼仪，从各自不同的角度影响公众，使公众满意。

1)　主持人礼仪

主持人是一个展览会的操纵者，应该表现出决定性人物的权威性。在着装上，要穿西服套装，系领带，拿一个真皮公文包，显示出气派的样子，由此使公众对其主持的展览会和产品产生信赖感。主持人的形象就是组织实力的一种体现。与宾客握手时，主持人应先伸出手去，等宾客先放手后再放手。

2)　讲解员礼仪

讲解员应热情礼貌地称呼公众，讲解流畅，不用冷僻字，让公众听懂。介绍的内容要实事求是，不弄虚作假，不愚弄听众。语调清晰流畅，声音洪亮悦耳，语速适中。解说完毕，应对听众表示谢意。讲解员着装要整洁大方，打扮自然得体，举止庄重，不要怪异和过于新奇而喧宾夺主。

3)　接待员礼仪

接待员站着迎接参观者时，双脚略开，与肩同宽，双手自然下垂或在身后交叉，这种站姿不仅大方而且有力。站立时切勿双脚不停地移动，表现出内心的不安稳、不耐烦；也不要一脚交叉于另一只脚前，因为这是不友善的表示。接待人员不可随心所欲地趴在展台上或跷着二郎腿，不可嚼口香糖。接待员要随时与参观者保持目光交流，目光要坚定，不可游移不定，也不可眼看别处，要表现得坦然和自信。

4.2.4　联欢会礼仪

联欢会是一个宽泛的概念，它包括各种组织举办的节日联欢会(如新年联欢会、春节联欢会)、各种文艺晚会(如歌舞晚会、电影晚会、戏曲晚会、相声小品晚会)和游艺晚会等。联欢会对于提高组织凝聚力、向心力，活跃员工的文化生活，加强与外部公众的文化沟通，提高组织形象都起着积极的作用。联欢会重在娱乐，但也不可忽视其礼仪，否则会事倍功半。

1．联欢会的准备

1)　确定主题

为了使联欢会起到“教人”和“娱人”的双重作用，要精心确定联欢会的主题，使其有明确的指导思想和预期的目标。在此基础上选择联欢会的形式，适宜的形式对联欢会的成功意义重大。联欢会的形式可以不拘一格，可以不断创新。

2)　确定时间、场地

联欢会的时间一般应选在晚上，有时也可根据情况选择在白天，其会议长度一般在两小时为宜。联欢会的场地选择非常重要，最好选择宽敞、明亮，有舞台、灯光、音响的场地。场地应加以布置，给人以温馨、和谐、喜庆、热烈之感。联欢会的座次要事先安排好，一般应将领导安排在醒目位置，其他公众最好穿插安排，以便于交流沟通。

3) 选定节目

要从主题出发来选定节目，尤其是开场和结尾的节目一定要精彩、有吸引力。节目应多种多样，健康而生动，各种形式穿插安排，不可头重脚轻，更不可千篇一律。正式的联欢会上，要把选定的节目整理编印成节目单发给观众，为观众提供方便。

4) 确定主持人

主持人是联欢会的关键人物，应选择仪表端庄，表达能力强，有一定的组织能力、应变能力，熟悉各项事务的人担当主持人。一场联欢会的主持人最好不少于两人(通常为一男一女)。主持人不可过多，以免给人以凌乱无序之感。

5) 彩排

正式的联欢会一定要事先进行彩排，这样有助于控制时间、堵塞漏洞，增强演职人员的信心。非正式的联欢会也要对具体事宜逐项落实，做到万无一失。

2．观众的礼仪规范

观众在参加联欢会、观看演出时应严守礼仪规范，这主要包括以下方面。

1) 提前入场

在一般情况下，在演出正式开始之前一刻钟左右，观众即应进入演出现场，注意不要迟到。入场后要对号入座，在自己的座位上就座时，要悄无声息，坐姿优雅。切勿使座椅声响过大，或坐姿不端。

2) 专心观看

参加联欢会观看节目时要专心致志、全神贯注，不能交头接耳、窃窃私语；不能进行通信联络，要自觉关闭手机等移动通信设备，或使之处于静音状态；不要吃东西，不要吸烟，更不能随意走动或大声讲话、起哄等。总之，要自觉维护全场的秩序，保持安静，使联欢会顺利进行。

3) 适时鼓掌

当主要领导、嘉宾入场或退场时，全场应有礼貌地鼓掌。演出至精彩处时也应即兴鼓掌，但时间不宜太长，演出结束时可鼓掌以示感谢。对可能表演不佳的演员，要予以谅解，不要鼓倒掌，更不能吹口哨、扔东西等，因为这些做法是非常没有修养的表现。演出结束，全体演员登台谢幕时，观众应起立鼓掌，再次感谢演员的表演，不能熟视无睹，扬长而去。

4.2.5 舞会礼仪

舞会是现代交往时的重要形式之一，是一种无声的世界语言，是不同国度、不同民族、不同肤色的人进行交流沟通的一种有益的工具。

高雅的舞会由于其优美的音乐、舒适典雅的布景、神秘变幻的灯光、清闲怡人的空气，而成为人们结交朋友、进行文化生活和休闲娱乐的好场所。人们可在舞会中听音乐、赏美景、踏舞步、谈友谊，获得听觉、视觉等方面的美感和轻松感，宣泄紧张的情绪，缓解疲乏的身体。健康的舞会，的确是培养性情、净化灵魂、提高修养、陶冶情操的好场所。

舞会除了休闲娱乐之外，还是培养感情、交流信息的极好场所。在舒适典雅的环境中，在轻松活泼的气氛中，人们往往最能以诚相见，最能理解和考虑对方的境遇和要求。因此，现在很多营销业务、商务谈判等并不一定都是在谈判桌上谈成的，不少是在舞会上跳出来的。这是有道理的，因为谈判活动虽然严肃正式，但未免有些枯燥乏味；舞会轻松而令人兴味盎然。其中的奥妙在于：舞会上人们愉快的心情、高昂的情绪是促使交际活动走向成功的重要条件。也正因为如此，中国人才早早地把舞会当作交际舞或交谊舞。

舞会作为高雅文明的场所也是最能表现一个人的道德水准、礼仪修养。因此，作为现代人必须懂得、了解并自觉遵守舞会礼仪规范。

礼仪小博士 4-3：

国标舞文化的来源与发展

国际标准交谊舞，原名为“社交舞”，也叫“交谊舞”，英文为 Ballroom Dancing。它最早起源于欧洲，由古老的民间舞蹈发展演变而成，盛行于当时欧洲贵族的宫廷中。法国大革命后，Ballroom Dancing 成为欧洲各国一种普遍的社交活动，故有“世界语言”之称。第二次世界大战后，美国人又将该舞蹈传播到全球各地，并形成一股跳舞热潮，至今不衰，所以又称它为“国标舞”。

经历 100 多年的发展，“社交舞”从单一的舞蹈发展为摩登舞、拉丁舞两大系列 10 个舞种，并由 1904 年成立的“英国皇家舞蹈教师协会”组织制定了有关舞蹈理论、技巧、音乐、服装的统一标准，并公布为“国际标准交谊舞”(简称“国标舞”)，为世界各国所遵循，英国的黑池甚至成为“国标舞”的圣地。

1)　拉丁舞

国标舞中的拉丁舞包括桑巴、伦巴、斗牛、恰恰、牛仔。这 5 种舞蹈在社交场合中都很盛行。拉丁舞是由来自拉美地区的三种舞蹈即欧洲人、黑人、本土人的舞蹈融合而成，舞蹈中也体现了三种古老的文化，到 17、18 世纪又逐渐融入了新的文化，产生了克立奥耳语、切分音节奏等拉丁舞的特征。

拉丁舞的音乐热情洋溢、奔放，特具节奏感，以淋漓尽致的脚法律动引导，自由流畅，展现了女性的优美线条，动人入情、气氛迷人、生动活泼、热情奔放，充分表达了青春欢乐的气息；男士则展现刚强、气势轩昂、威武雄壮的个性美。

2)　摩登舞

摩登舞是 1924 年由英国发起的。欧美舞蹈界人士在广泛研究宫廷舞、交谊舞及拉美国家的各式土风舞的基础上，进行规范和美化加工，于 1925 年正式发布了华尔兹、探戈、狐步、快步四种舞的步伐，总称摩登舞，并将此命名为“国际标准交谊舞”。同时摩登舞中还增加了“维也纳华尔兹”，继而推广到世界各国，受到许多国家的欢迎和喜爱。

摩登舞的音乐时而激情昂扬，时而缠绵性感；动作细腻严谨，穿着十分讲究，体现欧洲国家男士的绅士风度和女人们的妩媚。男士需身着燕尾服、白领结；女士则以飘逸、艳丽的长裙表现她们的华贵、美丽、高雅、闺秀之美。

舞会自 20 世纪 20 年代传入中国后，经历了曲折的发展历史。二十世纪三四十年代在东南沿海和长江沿岸城市掀起第一个高潮后，因地痞流氓、赌徒恶棍等利用舞会进行不正当的活动和利用舞场滋事，致使舞会蒙上了一层特殊的色彩。新中国成立后，舞会又在大陆特别是在校园里盛行，但是，随之而来的政治运动又把舞会视为“黄色”“下流”之地，于是舞会几乎绝迹。从 20 世纪 70 年代末开始，舞会从无到有，从“地下”到公开，很快在全国各大城市流行起来。

(资料来源：黄琳. 商务礼仪[M]. 北京：机械工业出版社，2005.)

1. 筹办舞会的注意事项

1) 确定舞会的时间、地点、规模、邀请对象的范围

组织舞会应尽早确定时间，尽早发出通知。舞会一般安排在晚餐后 7 点到 11 点为宜，时间一般不要超过三个小时，否则会使客人感到疲劳以致影响休息和工作。舞会的场地要宽敞、雅洁，舞场的选择应视舞会的规模来确定。舞会邀请的男女客人应大致相等。被邀请的对象一经确定，就应及时发出请帖。正式舞会的请帖至少要提前一个星期发出，以便于客人及早做出安排或回复。举办舞会，最好准备一些茶点、水果、饮料等，以备客人休息时取用。

2) 邀请乐队，布置舞场

舞会的音乐伴奏十分重要。节奏明快、旋律优美的音乐，会使人心旷神怡、陶然自得。因此，舞会最好请一个乐队伴奏，有条件的也可以请两个乐队轮流伴奏。若请一个乐队，可以准备一些唱片及音响设备，以便于乐师们休息时使用。如受条件限制，也可采用放音乐的形式，但应注意音响效果，这对舞会的成功与否有着直接的影响。舞场除了应有一个足够客人跳舞的舞池外，还应有衣帽间、饮料室以及场外停车场。舞场边应安放桌椅，供客人交谈、休息。舞场的灯光应柔和、暗淡，不宜明亮。

3) 确定主持人和接待服务人员

大型的较正式的舞会或有特定内容的舞会需要确定一名主持人，一般舞会可不设主持人，但必须有接待服务人员，做好迎送、接待、引导、协调等方面的服务工作。

2. 舞会的一般礼节

交际舞会会场是高雅文明的场所，是较能充分表现一个人的风采和修养的地方，所以也应该注意自己的行为举止。

1) 服装要整洁

参加舞会者，一定要注意着装。正式的较高级的舞会，若对方邀请时对着装有一定的要求，则一定按要求着装。即使没有特殊要求，也应注意服装整洁，颜色搭配协调。男士一般穿西装或中山装，穿皮鞋，女士穿长裙、西服或晚礼服。在舞会中，无论是天气热或是因跳舞过多而出汗，都不可随便脱去外衣。若是冬天，进入舞池前，应先到衣帽间脱去

大衣，摘去帽子、手套、口罩等，然后再进入舞池。

2)　言行举止彬彬有礼

参加舞会者应注意仪表美，讲究清洁卫生。舞会之前不要吃葱、蒜等带有刺激气味的食物，也不应喝酒、抽烟等。若正患病最好辞谢邀请，以免将病菌传染给其他客人。进入舞场后，说话尽量轻声，不可高声大叫，更不可嬉戏打闹、满口脏话。走路脚步要轻，不可在舞池穿行。一首舞曲完毕后，应有礼貌地让女士先就座。在舞场上坐姿要端正，不可跷起二郎腿或抖脚。舞场上禁止吸烟。参加舞会一般是男女成对前往，如果没有异性舞伴，也可以单独前往。一般情况下，在舞池中是不可以男士与男士、女士与女士跳舞的。

3)　邀舞的礼仪

在比较正式的舞会上，第一支舞曲响起时，往往是主人夫妇、主宾夫妇共舞。第二支舞曲响起时，往往是由主人邀请主宾夫人，主宾邀请主人夫人共舞。第三支舞曲响起时，参加舞会者可纷纷入场跳舞。在一般的交谊舞会上，则没有以上要求，音乐声响起，男士主动走到女士面前，点头或鞠躬，右手前伸，以示邀请；男士也可轻声问候并征求女士“请您跳舞可以吗？”或“您喜欢这支舞曲吗？”女士同意后起身离座，与男士一起步入舞池。女士一般不要邀请男士跳舞。女士若想和某位男士跳舞，可以用目光或语言暗示。男士邀请女士跳舞时，如果女士的丈夫和亲人在一旁，应向他们招手致意，以示礼貌和尊重。一般情况下，女士不应拒绝男士的邀请。如若女士确实累了或其他原因决定拒绝，应站起身来，委婉地说明原因并致歉；无所表示，让对方难堪是失礼行为。女士拒绝和男士跳舞之后，一般不可再与别人跳舞，即使再想跳，也须等到下一支舞曲开始才能接受他人的邀请。舞场上切忌争风吃醋，在舞会上抢舞伴是极不礼貌的。

4)　舞姿力求优美

跳舞时应注意舞姿。交谊舞的步法以男方为主轴，因此，男士必须熟悉舞步，否则不可贸然邀请，以免踩对方脚或碰撞他人。跳舞时的姿势是：女士的左手轻轻地搭在男士的右肩上，右手轻轻地放在男士的左手掌心上，男士的左手应与女士的右手轻轻相握，右手应轻放于女士的腰部。起舞时动作要轻松、柔和、自如，女士应尽量适应男士的舞步，不可过于主动，否则会使男士感到吃力，动作难以协调。如果一方由于不慎无意间踩了对方的脚，应立即道歉。男女双方之间应保持一定的距离，通常间距在 15～46 厘米之间为宜。即使是夫妇、恋人也不可靠得太近，以免给人以轻浮之感。跳舞时，眼睛不应目不转睛地盯着对方，这样会使对方感到拘谨、不自在。在舞场上，不要一味地邀请同一舞伴跳舞，以避免另有所图之嫌。

5)　礼貌地交谈、致谢

跳舞时，男女双方可以边跳边自由地交谈双方共同感兴趣的话题，但不可询问对方的年龄、收入、婚姻等隐私问题。当音乐结束时，舞步立即停止，男士应陪伴女士坐好后道谢，然后或交谈或离开。

舞会结束后，应邀者应主动向邀请者致谢，然后握手道别。

4.3 商务活动礼仪

随着市场竞争的日益激烈，商务礼仪已经成为商务人员从事商务活动的必备利器。在商务活动中，礼仪之所以重要，是因为它不仅代表一个人的形象和素养，还直接关系到商务合作的成败。对于一个商务人士来说，既精通业务，又能巧妙运用礼仪，那他必然会成为一位成功者。

4.3.1 产品推销礼仪

产品推销是促销的一种形式，它是推销人员与消费者直接接触的一种形式，目的在于运用一定的推销手段和技巧，将商品或劳务的信息传递给消费者，使消费者认识到商品或劳务的性能、特征，激发购买动机，实现购买行为的过程。实际上，每个人的一生都在自觉或不自觉地推销自己，在我们生命中的每一天，我们每一个人都是推销员，我们都在向我们所接触到的人推销我们的理念、计划、能力和热诚。

组织在特定环境中寻求潜在顾客，主动采取各种方式进行销售的业务活动是不可或缺的，在这一过程中推销礼仪运用是否得当，关系到组织推销结果的成败。

1. 推销的准备

当推销员具备了一定的素质后，进行推销还有一个准备的过程。俗话说“有备无患”，推销的成败与事前准备的工夫成正比。因此，在见客户之前，推销员应该做一系列的准备工作，包括以下几个方面：

1) 掌握客户的相关资料

客户的相关资料包括姓名、性别、年龄、职业、身份、教育背景、生活水平、购买能力、社交范围、个人喜好、业余生活等。因为客户是千差万别的，每个客户又都认为自己是最重要的，因此，推销员一定要尽可能地了解对方的信息。了解对方后，就要“投其所好”，采取恰当的方式接近对方，使对方觉得你很尊重他，很重视他。世界上最伟大的销售员乔·吉拉德的做法是建立客户档案，他认为，要使顾客相信你关心他、重视他，那就必须了解顾客，搜集顾客的各种有关资料。

2) 与客户见面要先预约

这种预约一般以客户的时间为主，可以事先打电话给对方或者给对方的秘书：“您什么时间方便？我想占用您 10 分钟左右的时间”，或者“早就听说过您，因此很想登门拜访，不知道您什么时候方便？”等，一般不要说“我某个时间有空，您方便吗？”等。如果对方答应的话，顺便约一下地点。推销员一定要提前几分钟到达约会的地点，这是对客户的尊重，同时可以整理一下服饰，稳定情绪，以免让客户等候，让局势变得被动。

3) 准备好产品的有关资料

产品的有关资料包括产品说明书、价目表、公司的介绍等。这些资料在推销过程中是

必不可少的，缺少其中的某一个资料都有可能使原本要成功的交易泡汤。有些推销员匆匆忙忙，粗心大意，经常会丢三落四，如价格表、合同、订货单、自己的名片等，就像一个忘带武器的士兵毫无准备地走向战场一样，连最基本的工作都做不好，客户一看就感觉“这人办事不可靠”，怎么能把自己的利益交于一个不可靠的人呢？因此，建议推销员在拜访客户前，一定要仔细检查资料是否备齐。

4)　讲究自身形象

客户第一眼见到的是推销员的外在形象，他们绝对不会把自己的利益交付于一个衣衫不整、精神颓废的推销员。相反，大方、自然、庄重的人才值得他们信赖。

2. 推销的主要方式

1)　外出登门推销礼仪

所谓外出登门推销是相对于企业来客推销而言的，是指企业派推销人员外出，主动上门寻找客户，亲自向顾客介绍商品、展示商品，促成顾客购买的一种推销方式。这里的“登门”意指走出企业、走向顾客，并非单指到顾客家中去，它还包括在公园里、道路旁、车厢中等公共场合。外出登门推销时，要注意的礼仪主要如下：

(1)　重视给顾客的第一印象。心理学调查表明：人们接触的最初两分钟，彼此印象最为深刻。因此，推销人员首先要特别注意自己的外貌，这是第一印象产生的最初原因，要热情开朗，诚恳自信，争取为顾客接纳而不产生排斥。其次要选择合适的服装。初次见面给人印象的 90%产生于服装。当然，并不是说服装要多么高档和华丽，但干净整洁、职业化是应当做到的。国外流行的 TPO(Time 时间、Place 地点、Occasion 场合)服装术，值得推销人员借鉴。只有在顾客心目中留下并保持良好的第一印象，才能为推销工作的进一步开展打下基础，赢得先机。

(2)　登门推销前，应尽量预约。生活中贸然出现的不速之客，尤其是陌生的推销人员，大多是不受欢迎的。这种情况下推销人员推销其产品，购买者大多不愿接待，更难得爽快购买。很少见到那种突如其来，一拍即合、相见恨晚的幸运推销。出于礼貌，如有可能，事先与对方预约一下，让双方都有所准备，再与顾客推荐洽谈，效果比贸然造访要好得多。预约时要注意：首先，注意约见的时间最好由顾客来定(这实际上已让顾客为主)，不只选择在见面的顾客家中，也可安排在顾客认为安全和方便的场所，还可以请顾客代为召集社区邻里或亲朋好友，选择大家熟悉、没有干扰、接待条件良好的地点，开展集中推销。最后，预约的方式要得当，如电话预约、信函预约等，可多提供几种方案让顾客自己挑选，这既是对顾客意见的尊重，又可防止其简单回绝。如果选用信函，时间上应放宽松一些，以防信函在邮寄过程中耽搁而失约。网上预约应留有顾客上网浏览的时间周期。不管如何约见，推销人员自己必须按时赴约。

(3)　推销中的礼仪要求。商品推销是个过程，其中每个阶段既有业务技巧上的要求，又有礼仪方面的规范，二者不可偏废。首先，是进门。如果是去顾客家中推销，一定要先轻声敲门，节奏应缓慢，经主人应允后方可进入。需特别注意，如果门原来就已开着或虚掩着，也必须先敲门，万万不可径直步入或推门就进。其次，是自我介绍。应谦和、准确

而有吸引力，切忌冗长、卖弄和自吹，或是讲了半天词不达意。因此，事前应打好腹稿，依不同对象灵活使用，以求明确简洁。再次，是开始推销。主要是介绍商品和展示商品。介绍商品要实事求是，具体讲清商品的性能、特点、质量价格以及给顾客带来的实际利益，必要时出具相应的证书、质检证明、报刊评介等资料和图片，以增强顾客的信任。展示商品要体现自己对商品的细心爱护，让顾客感受到商品的价值和分量。展示中，如果顾客有意，应鼓励他们亲自动手操作以刺激顾客的购买欲望。最后，要注意礼貌告别。特别要注意对那些最终没能成交的顾客，也要感谢他们的耐心听讲、支持工作，为今后可能再次登门推销留下良好的印象，打下稳固的基础。

礼仪小故事 4-4：

三句话销售伊爱

我做营销有个习惯，就是要销售一件东西前，先到目标单位应聘，这样做第一锻炼了我的口才，第二把自己的身价放低，容易沟通。

一次偶然的机会，我去了太原，看到大昌集团汽车租赁公司招聘人员，我想，是个机会(我兼职做 GPS 产品销售，就是汽车卫星定位系统)，因为租赁汽车最需要这个产品。我就以应聘者的身份接触了大昌集团的负责人。

按照应聘的程序谈完话，我就把话题转移，谈到 GPS，果然他们正为这个事情举棋不定，因为品牌太多。我就用三句话做成了这笔业务，使得伊爱和大昌成功合作。

对方问我："你为何要推荐伊爱品牌呢？"

我答："处于贵公司和伊爱的朋友的立场。因为选择伊爱，就选择了质量的保障。我的实践经验告诉我，伊爱品牌是我经历吃亏才选择的，经验教训很珍贵。给您推销高质量产品，是我的荣幸，也是您的荣幸。"

对方问我："价格是不是太贵了？"

我答："价格不是重要因素，这个产品最重要的是服务保障。试想，用了价格很低的产品，汽车丢了都找不到，那还用它吗？汽车的价值很高的呀！"

对方问我："有的产品很小巧，你的这么大，是不是不够精密？"

我答："小巧不一定就精密，合适才是最有效的。伊爱产品的大小是建立在合适基础上的。"

就这样，大昌集团通过考察，最终和伊爱建立了长期稳定的合作关系。

(资料来源：http://www.fx114.net/qa-87-49705.aspx)

2) 公司来客推销礼仪

如果说外出登门推销还可能让顾客感到有点突然，那么到公司来的顾客则是目的明确、有备而来的，公司推销人员应尽力做好接待，营造良好的购物环境，礼貌地满足顾客需要。在公司接待顾客时，推销人员要注意做到以下几点：

(1) 注意建立与来客的和谐关系。顾客来到公司，是对公司的信任，但是来到公司未必就一定能如愿购买成交，除去交易中一系列的技术因素、价格因素之外，推销人员与来客的关系是否和谐、投机融洽也是重要的因素之一。顾客只有先接受了推销员，才有可能

接受推销员推荐的商品。所以，公司业务员应发自内心地感谢顾客的光临，务必要求自己态度和蔼、举止得当、言辞讲究，尽力与来客建立起彼此信任的和谐关系。

(2) 热情向来客推介商品。顾客一般不会买自己不了解的商品，推销人员有义务向来客推荐、介绍自己的商品。要懂得推介商品的过程，既是帮助顾客了解商品的过程，也是推销员借此了解顾客需求的过程。既尊重顾客，又服务于顾客，才能使商品推介工作得心应手，真正让来客称心和放心。推介商品常用“FABE”说明术：“F”指商品特征；“A”指商品优点；“B”代表客方利益；“E”指证据。要根据不同类型的顾客及其不同的购买目的，来组合推介商品的重点，万不可无论对谁推介时都像背书似的千篇一律，讲完了事。推介必须实事求是，不能为一时“奏效”而败坏公司和自己的信誉。

(3) 成交时刻不忘记礼仪。接近成交时，推销人员当然是兴奋的，而此时推销员的礼仪做得如何，对促进成交至关重要。首先，认识上要清楚，即将到来的成功是顾客照顾了公司的生意，功劳归于顾客，不能以为是自己干得漂亮而沾沾自喜，更不能说什么“今天找到我算你走运”之类无礼的话。其次，行动上不要急躁，要多请顾客发表意见，使其有明确的参与决策感，否则在推销人员喋喋不休的推介声中购买，会令顾客产生“被劝购买”的被动感，进而产生不快、厌烦的情绪，甚至打起退堂鼓。最后，神情上要保持平和常态。推销人员此刻应谨防因为盼望快快成交而显得急不可待，也应防止因接近成交而喜形于色。这类不稳重的神情会让顾客疑虑顿生，失去对你的信任，打消购买的念头。因此，推销人员仍应一如初始、从容不迫地服务，恰到好处地促进成交。

(4) 礼貌地送别来客。推销完成后，推销人员还应与顾客轻松地谈点别的话题，使来客感到与你做交易是件非常愉快的事。相反，此时对顾客变脸或者哪怕有半点冷淡怠慢，都会让顾客觉得刚才你的热情都是为赚钱而装扮的假象，有了上当感的顾客是不会成为公司回头客的。成交后适当地招待一下公司来客，这不但有延续业务的需要，也有礼仪上的需要，在实践中常可见到，当然这要根据需要和可能相结合来考虑。告别时，可以把顾客送出公司大门，多讲一些祝福的话，表达愿意保持往来，以增进友谊，加强合作，别只说一句“走好”“再见”。

礼仪小故事 4-5：

推销的原则

美国有一位著名的女企业家，成名之前是个普通的女工，她一心盼望购买一辆福特牌小轿车，就省吃俭用，等积蓄到足够的钱之后，她选择在自己 24 岁生日那天，兴冲冲地走进一家福特轿车经销店，询问轿车情况。销售人员见其衣着普通，以为她只是问问而已，就应付了几句后借口用午餐，转身离开了。女工只得出门溜达，等待销售员用完午餐之后再登门。在闲逛时，她发现附近有另外一家轿车经销店，顺便入内询问。售货员非常热情，回答了她的所有询问，还和她拉家常。当销售员得知今天是女工 24 岁生日时，客气地说：“小姐，请稍候片刻。”转身出门。不一会儿，就拿着一束玫瑰花回来了。销售员真诚地说：“小姐，您在生日之际光临本店，是本店的荣幸，我代表本店赠您一束玫瑰花，祝您生日愉快。”女工非常感动，于是就进一步询问该店经销的轿车的品种、性能，问明之后，她虽然觉得价格还是稍微高了一点，但最终还是购买了轿车。并且她把这家店推荐给周围的好朋友，最终这家店内的 5 辆轿车因她卖出去了。

(资料来源：https://tieba.baidu.com/p/19278620)

3) 电话推销礼仪

(1) 选择推销对象。每个行业都有自己相应的消费对象，因此电话推销要处处留心，在选择时要有针对性。比如，针对曾经光顾过公司的人员进行推销时效果会更好，而利用报刊上的分类广告、工商企业名录以及信息网络单位刊载的会员名册等也会收到意想不到的良好效果。另外，还有一点值得注意的是不要打对方在接听时需要付费的电话。

(2) 选择推销时机。电话推销固然十分方便、不受地点的限制，但是在时间的选择上要十分注意千万不要在对方很忙或者休息的时间打扰对方。打到单位的电话最好是上午 10 点以后，打给私人住宅的电话最好选择在周末，同时尊重对方的午休习惯，不要在中午 12 点到下午 3 点之间进行电话推销。

(3) 建立声音形象。电话推销员给顾客的第一印象完全是由声音形成的，因此，当电话接通以后，应首先问候一句"您好"，然后再作自我介绍。介绍应简洁明了、准确无误，同时注意使用恰当的语音、语速、语调来建立一个亲切可信的电话形象。有人说，人有好几张脸：第一张脸是外表长相，第二张脸是一个人写的字，第三张脸是他的声音。作为一名电话推销人员，你的第一、第二张脸都不重要，而第三张脸却是至关重要的。你必须通过声音把这第三张脸做得非常完美，也就是要把你的表情、肢体语言在听筒这边表现出来，然后运用声音通过话筒传递给对方。

进行电话推销时，还要注意根据对方的需要，有针对性地介绍产品的特征、特点、功能、用途、价格的优惠政策等。要十分礼貌地询问对方的需要，态度要诚恳。在推销结束时无论结果如何都要向对方表示感谢，因为至少你占用了对方的时间。

(4) 建立长期联系。电话推销最重要的就是争取回头客，因此必须建立起与老顾客的长期良好的关系。建立顾客档案是一种行之有效的方法，同时要注意及时更新信息，通过经常给予问候、邮寄节日卡片等方式保持与顾客之间的联系，并建立起良好的私人关系，从而使得你的业务由老客户带动新客户不断地保持良性的发展。

礼仪小故事 4-6：

难做的贵金属电话营销

营销人员：先生，您好！我这里是农业银行投资理财合作单位银泰投资，我姓郑。

客户：什么事？

营销人员：是这样子的，由于目前 CPI 指数上升到 5.3%，导致通货膨胀非常严重，所以我们推出现货白银，可以抗通胀、保值增值，您有了解过吗？没了解过的话，我可以协助您了解。

客户：现货白银风险大，我不做的。

营销人员：现在银行也都在建议投资者持有黄金白银，将资金分散投资。有句话叫"股市基金有风险，建议长期持有黄金白银"。这是银行的广告语。但这正说明黄金白银

长期上涨行情明确的优势，再者黄金白银是买涨买跌双向交易，24 小时可以交易，T+O 的操作模式，并且是风险可控的单一理财品种，保证金像房产投资的首付款，交易无限制，方便简单。

客户：怎么交易的？黄金白银那么贵，哪有钱操作？

营销人员：先生，现货白银是可以买涨买跌双向交易的，所以不管白银价格怎样，只要有波动就有获利空间，而且是 T+O 的操作模式，24 小时可交易，时间灵活，交易不受限，而且风险可控，是中短线投资者的首项选择。关键是资金由银行托管，所以说它是比股票还要具有优势的投资！您可以先了解下，觉得可以的话，可以随时操作，并且也可以去银行咨询。

客户：喔，那好的！现在现货白银都那么高了，接下来是涨还是跌呢？

营销人员：黄金价格从每克 100 多元已经上涨到每克 300 元左右，最近几年黄金的价格几乎上涨了 130%。因为通货膨胀的影响，未来 2～3 年内，很多银行、专家机构都认为黄金的价格还要再翻番。这样的行情您有没有关注到？

营销人员：嗯，先生，您先给我留个 QQ 号码或邮箱，我将资料发给您，您先看下，后期我会教您模拟操作。我姓郑，您叫我小郑就可以了，请问先生怎么称呼？

客户：我姓……

(资料来源：http://www.wenku1.com/news/851D9EDB7DE2197D.html)

3. 推销语言艺术运用

1) 讲究语言形式

(1) 发音清晰、标准。只有发音清晰、标准，对方才能听清推销员说的是什么，而不至于只看见推销员嘴在动，却根本不知道说了些什么。我们提倡的是普通话，现在大多数的人在公共场合交际，运用的是普通话。很大程度上，一口流利的普通话已经成为高素质的象征，因此一般说来应用普通话交流；如果了解对方老家是某地，对方又以家乡为荣，而自己恰巧又会当地的方言，适当地运用方言跟对方交流也不错。

(2) 语调低沉、自然、明朗。低沉和抑扬顿挫的语调最吸引人，而语调偏高的人，让人感觉叽叽喳喳，听起来不舒服，而且有一种凌驾于客户之上的感觉。因为我们大家有体会，一般而言，领导与下属、长辈与晚辈之间谈话时，前者语调较高，后者语调较低，所以客户更喜欢稍低沉的语调；语调要自然，谁都不喜欢做作，尤其是女推销员更不要嗲声嗲气的，自然、大方才受大家的欢迎；语调要讲究抑扬顿挫，否则一个调子下来，客户听不出重点也容易厌烦。

(3) 说话的语速要恰如其分。有些推销员说话本身语速快，在客户面前又有些紧张，因此还没等客户有所反应，自顾自地讲了十几分钟，容不得对方插话，这样一则不尊重对方，二则自己讲得快了，思维跟不上，容易出错；语速也不应太慢，太慢了会让客户着急，不耐烦。一般来说，正常聊天的语速就可以。同时，语速要根据所说的内容而改变，一成不变的语速容易让人产生厌烦情绪，讲到重点的时候可以适当放慢语速，加强语气，以示强调。

(4) 懂得停顿的运用。在讲话过程中，恰当的停顿有多个好处：一则可以顾及客户的

反应，是喜欢还是厌恶，对哪一部分感兴趣，以便有针对性地调整说话的内容和语速。二则是让自己有思考的时间，选择更合适的语言来表达，不至于太紧张甚至出错。停顿的时间不要太短，要根据对方的反应灵活调整，一般来说，停顿会引起对方的好奇，有时不能使对方早下决定。

(5) 音量要注意控制。有的人音量本来就大，很多时候像在喊，就要控制一下。音量太大，往往容易给对方造成压迫感，使人反感。音量太小，一则对方听不清楚说的内容，容易不耐烦；二则显得自己信心不足，犹犹豫豫，自己都没有信心，还怎样影响客户？因此说服力不强。

(6) 在说话时配合恰当的表情。在说话时配合恰当的表情往往会起到比单纯的语言更明显的作用。比如，说到高兴处，可以微笑，或者配合一定的手势动作；说到伤心处，神情表现得悲伤，让情绪感染客户，让客户进入所创设的情境中，容易诱导客户。

此外，推销人员还要注意表达逻辑清晰，重点突出。在进行介绍时，要思路清晰，表达流畅，不能前言不搭后语，让听者不知所云。为了突出重点，可以适当地使用一些词语，如“首先，其次，再次，最后”或者“第一，第二，第三”等，以便客户能抓住重点，一般要把最突出的优点放在第一位，吸引住客户，稍弱的优点依次往后。

推销员可以把自己的声音录下来，找好朋友或者家人或者同事从内容、形式等方面提提建议和意见，以便提高说话水平。

2) 讲究语言艺术

(1) 避免以“我”为中心的推销，而应诱导顾客自己品味销售的主题。最能使人信服的是自我醒悟的道理，而非他人的说教，通过提问的方式给顾客一定程度的心理满足，诱导和激发顾客产生购买行为。比如，“我认为……”可改为“您是否认为……”，“您的想法对吗？”可改成“您是怎么想的？”，“我想您肯定会买的”可改成“您很内行，可不要错过机会”等。这些提问能使顾客顺从诱导，引起思考，品味推销员没有说出的销售主题。一旦悟出道理，大多数顾客就会陶醉于自己体会出的快乐心情之中，很少会产生是由推销员诱导出来的怀疑感觉。在公众自己品味出销售的主题以后，推销员还可以用赞美的语气强化诱导的结果。“您讲得很有道理”“我完全同意您的想法”“您真会核算，比我们还精通”等赞美，会使顾客油然产生一种兴奋的心情，这种情感体验能够升华为坚定不移的购买信念，导致顺利成交。

(2) 注意语言的精确性，提高对顾客说理的感染力。在推销中，推销人员的语言反映的是一种极其复杂的心理活动，推销员凭借某种语言来传递自己心理活动的信息，表达自己的思想、情感、愿望和要求，而顾客也是通过拜访的语言交流，接受推销员传递的商品信息，引起思想、感情的共鸣，采取积极的购买行为。因此，推销员要加强语言修养，提高语言的精确性，增强语言的感染力，给顾客以身临其境的感觉，强化说理的效果。推销时应注意以下三点：

① 多用肯定语言。这里所说的肯定是指对顾客态度的赞美肯定，对商品质量和价格的肯定，对售后服务的肯定，以坚定顾客的购买信念。对顾客态度的肯定，如“您现在这样看问题是很自然的事”“过去我也是这样想的”。对商品质地的肯定，如对服装可用质

地优良、做工考究、色泽华丽、款式新颖、老少皆宜的肯定语言；对水果可用果大、皮薄、肉厚、香甜、可口等质量可靠的语言。对价格的肯定，如“这个价值 50 元”“这个报价是最低价格”“您不能再削价了”等，这样，会使顾客消除还价的打算，觉得在价格上别无退路，只能按定价成交。对售后服务的肯定，如“本公司推销的商品一律实行三包——“包退、包换、包修”“本厂的产品一律送货上门”等。这里的“三包”和“送”都是肯定语言，能使顾客感到称心、方便，解除其后顾之忧，促使顾客下决心实施购买行为。

② 要用请求式的语句尊重顾客，尽量避免用命令式的语句同顾客交谈。请求式语句是以协商的态度征求顾客意见，由于推销员态度谦虚，说话和气，所以公众总是乐意接受的。而命令式语句，推销员居高临下，态度生硬，强制性地要求顾客实施购买行为，一般是不受顾客欢迎的。比如，客户问推销员：“××是否有货？”推销员回答：“没有货，到下个月再联系。”这是一种命令式回答客户问题的语句，它不仅要求客户等到下个月，而且命令客户主动来联系。这样就使推销员与客户的关系错位，变成客户求推销员。这种方式除了在商品供应紧张时能有短期效应外，对多数客户来讲，是不可取的。

③ 在推销中，刺激的或过于客套的语句都是不恰当的，它容易引起公众反感。

总之，推销员正确使用语言，通过礼貌语言的魅力，影响、感染、引导消费公众触发购买行为，这是有效地开展推销所必需的。

礼仪小故事 4-7：

口才拔高了“营销之神”

在日本有个叫原一平的人，身高只有 145 厘米，是个标准的“矮冬瓜”。他的工作业绩却是相当惊人，曾连续多年占据日本全国寿险销售业绩之冠，被人誉为“营销之神”。

原来，原一平的身材虽然低人一等，但他的口才却不止高人一筹。在营销寿险产品时他经常以独特的矮身材，配上刻意制造的表情和诙谐幽默的言辞逗得客户哈哈大笑。他面见客户时通常是这样开始的：

“您好，我是明治保险的原一平。”

“噢！是明治保险公司。你们公司的营销人员昨天才来过，我最讨厌保险了，所以被我拒绝啦！”

“是吗？不过我比昨天那位同事英俊潇洒吧？”原一平一脸正经地说。

“什么？昨天那位仁兄啊！长得瘦瘦高高的，哈哈，比你好看多了。”

“可是矮个儿没坏人啊。再说辣椒是越小越辣哟！俗话不也说‘人越矮俏姑娘越爱’吗？这句话可不是我发明的啊！”

“可也有人说‘十个矮子九个怪’哩！矮子太狡猾。”

“我更愿意把它看成是一句表扬我们聪明机灵的话。因为我们的脑袋离大地近，营养充分嘛！”

“哈哈，你这个人真有意思。”

凭着出色的口才，原一平与客户坦诚面谈，在轻松愉快的气氛中不知不觉拉近了自己与客户之间的距离，很快一笔业务就搞定了。

(资料来源：https://tieba.baidu.com/p/2184664203)

4.3.2 商务谈判礼仪

1. 谈判的准备

古人说凡事“预则立，不预则废”。谈判获得成功的先决条件是事先做好充分准备。在谈判的准备阶段，主要是分析形势，弄清对手的需要和目标，估计谈判双方的实力，最后确定自己的谈判目标，并制定具体的战略方针。谈判的准备工作主要包括收集信息资料、制订谈判计划、组织人员准备和环境物质准备等几个方面。

1) 资料准备

资料准备即收集、整理与谈判有关的信息、资料，具体包括以下几个方面：一是与谈判主题有关的背景材料。如在经贸谈判中，资料的内容包括己方和对方的财务计划、决策的优先顺序、成本分析、期限压力、组织结构、经营方向及宣传资料、报告书、公开声明等。二是有关谈判对手的各种情况。包括对手的个人详细资料：气质、性格、经历、家庭背景、生活习惯、兴趣爱好，甚至思维方式、行为特点和心理倾向等细节。三是谈判所涉及的党和国家的有关政策法令及其他相关资料。资料的掌握对谈判的成功起决定作用，因而它是谈判前最重要的准备工作。谈判决策对资料、信息的基本要求是及时、准确、适用，即信息传递要迅速、及时、准确无误且具有针对性和适用性，便于谈判者掌握有关决策的主要情况，避免纠缠于繁杂无关的资料而贻误时机。

礼仪小故事 4-8：

掌握历史情报，逼出谈判底牌

我国某企业与美国某公司谈判设备购买生意时，美商报价 218 万美元，我方不同意，美方降至 128 万美元，我方仍不同意。美方炸怒，扬言再降 10 万美元，118 美元不成交就回国。我方谈判代表因为掌握了美商交易的历史情报，所以不为美方的威胁所动，坚持再降。第二天，美商果真回国，我方毫不吃惊。果然，几天后美方代表又回到中国继续谈判。我方代表亮出在国外获取的情报——美方在两年前以 98 万美元将同样设备卖给了匈牙利客商。情报出示后，美方以物价上涨等理由狡辩了一番后将价格降至合理。

点评：从某种意义上讲，谈判中的价格竞争也是情报竞争，把握对手的精确情报就能在谈判中的价格竞争中取胜。

(资料来源：https://wenku.baidu.com/view/26805cfd02d276a201292e2a.html)

2) 计划准备

计划准备即根据己方的愿望和要求，结合信息资料分析、评估己方实力，了解对手情况预定出具有现实可能性的谈判目标，然后制订出关于谈判的计划，并且演习和检查这一计划。

(1) 确定谈判目标。目标是谈判决策的基础，目标选择的正确与否，直接关系到谈判

的成败。但是目标的确立不是随心所欲的，谈判目标是在预测基础上所期望的结果。富有经验的谈判人员将目标分为三个层次：在必要时可以放弃的最高目标；只有在万不得已的情况下才考虑放弃的具有现实可能性的目标；毫无讨价还价余地的必须达成的最低目标。对这些目标区分层次、权衡轻重，才能制定多种方案，力争好的结局。

(2) 评估己方实力。要本着实事求是的精神，公正、客观地评价自己的实力，既不要自卑，又不能轻敌。通过对有关信息的分析，弄清己方当前面临的形势是什么；打算通过谈判得到什么，得到多少；谈判成功会出现什么结果，不成功又会怎样，从而选择自己的谈判论据，在心理上做好充分调整，并制定出灵活的谈判策略。

(3) 了解对手情况。通过对手相关资料的分析，认清对手当前面临的形势，把握他们的需要和目标，谈判成功对他们意味着什么，失败又怎样，推测他们可能提出的方案等，并在此基础上，寻找谈判双方的共同利益。

撰写谈判计划：第一步是确定谈判主题或议题。主题是谈判目的的具体表现，应具体、简洁、明快；第二步是确定谈判的要点，包括谈判目的、程序等，其中谈判程序是最主要的环节；第三步是关于谈判策略的运用，特别是一些策略的运用，如是说服还是强迫，是协作还是争论，是速战速决还是故意拖延等。

(4) 演习——检查计划。谈判计划制订出来以后，可以通过演习即模拟谈判来检查。利用不同特征的人扮演谈判对手，尽可能提出谈判时可能出现的种种问题，以检查谈判计划是否存在弊端和漏洞。德国商人常常事先演练重要的谈判，使他们对谈判中可能遇到的每一个问题都做到心中有数，其结果是增强了谈判的实力，取得了理想的效果。

3) 组织准备

组织准备即组织谈判小组，选择谈判人员，确定谈判领导人，准备后援人员；明确各自职责范围，加强相互配合，使之成为一个相互协调、步调一致的整体。在谈判的组织准备中，谈判人的挑选是最关键的环节。在挑选谈判人员时，主要考虑以下几个因素：

(1) 谈判人员的知识水平和知识结构。谈判人员应具备谈判可能涉及的各方面的知识，且要求结构合理。

(2) 谈判人员的个人素质，包括知识能力、道德、心理等素质。具体而言，谈判人员应具备的个人素质有：追求高目标，具有吸引人的风度、个性和幽默感，观察力敏锐，表达能力强，善于倾听，正直、冷静、自信、灵活机智等。谈判人员相互间最好能做到性格互补。

(3) 谈判人员的年龄。年龄在一定程度上代表着谈判人员的知识、精力和经验，这些对谈判的成功都有一定的影响。英国谈判专家斯科特认为，谈判人员的最佳年龄在 33～35 岁。因为，在就业早期，人们热衷于竞争，具有理想主义色彩；在就业晚期，则具有容忍他人意见和社会责任感强烈的特点，但竞争性已显不足。而在就业的早期与晚期之间的人，则既有一定的经验，又精力充沛，富有进取心。对大多数人来说，这个年龄是在 33～35 岁。

4) 物质准备

谈判的物质准备包括谈判环境的布置和谈判人员的住宿安排等方面，由于其体现了作为东道主一方的诚意，对谈判气氛乃至整个谈判的发展方向都有着直接的影响，因此，它也是谈判准备工作中的一项重要内容。

2．谈判场所礼仪

谈判场所可以在主方会议室或客方下榻的宾馆租用会议室。若出差在外，宾馆的咖啡厅、套房的外间都可以作为谈判场所，甚至旅行途中、参观现场等实际上都可以。只是要注意不同的场合要用不同的谈判方式，比如在参观现场等场合较适宜交流、沟通，而在会议室则更适合相互讨价还价。

除了精心安排的正式谈判外，其他还有许多很容易让人忽略的非正式谈判。例如，在接机后前往宾馆的途中，可以借此机会向对方介绍当地的基本情况；在展览会上，可以适时地和对方探讨有关技术和市场方面的问题；在考察项目时，可以“现场办公”召开现场会议，尽量让对方多看一些对己方有利的东西；在用餐时，则不宜讨论太多的严肃话题，而主要是和对方“拉家常”，增进双方在文化、习俗甚至价值观方面的沟通和了解。经过精心安排和策划，这样一些非正式谈判也可以起到很好的沟通效果。无论如何，谈判不能只重视正式场合而忽略这些非正式场合，因为在这些非正式场合暴露更多的是真实的习惯素养。这种非正式场合是最容易“交朋友”的时候，一旦成为朋友，可以比较清楚地了解对方的想法，使谈判进程向有利于己方的方向发展。

在绝大多数正式场合，布置谈判场所应遵循实用、够用的原则，一定要使之和对方的身份、谈判规格以及谈判项目的重要性相一致。必要时可以制作一些简单大方的横幅或标语，准备好书写工具如白板、笔、幻灯机或多媒体投影仪以及记录用的纸张、签字笔或铅笔。只要谈判场所能做到整洁卫生、光线明亮、温度适宜、环境安静，基本就可以满足要求。如果接待单位的条件比较差，就更不要将谈判场所安排得过分豪华，以免和简陋的办公、生产环境形成巨大的反差，给人一种“打肿脸充胖子”、华而不实的印象，但保持整洁、布置有条理仍然是十分重要的。

3．谈判阶段礼仪

谈判是一场知识、信息、心理的较量，也是礼仪修养的竞赛。一场事关组织发展前途的谈判，谈判人员在谈判过程的任何阶段都需注意礼仪，以留给对方良好的印象。

1) 导入阶段

谈判的导入阶段时间不多，主要是通过介绍相互认识，自始至终保持轻松愉快的合作气氛。在介绍时，个人以自我介绍最为适宜；团体则可由团长或司仪介绍，把参加谈判的每一个成员的姓名、身份、职务简要介绍给对方。一般先由职务高的开始介绍，然后按顺序介绍下去，被介绍人在被介绍时可起立，也可坐在原来的位置上，面带微笑点头示意。在一方介绍时，另一方要认真倾听，注意力集中，切不可东张西望、心不在焉。

礼仪小故事 4-9：

和谐融洽的谈判气氛

1972 年 2 月，美国总统尼克松访华，中美双方将要展开一场具有重大历史意义的国际

谈判。为了创造一种融洽和谐的谈判环境和气氛，中国方面在周恩来总理的亲自领导下，对谈判过程中的各种环境都做了精心而又周密的准备和安排，甚至对宴会上要演奏的中美两国民间乐曲都进行了精心的挑选。在欢迎尼克松一行的国宴上，当军乐队熟练地演奏起由周总理亲自选定的《美丽的亚美利加》时，尼克松总统简直听呆了，他绝没有想到能在中国的北京听到他如此熟悉的乐曲，因为，这是他平生最喜爱的并且指定在他的就职典礼上演奏的家乡乐曲。敬酒时，尼克松特地到乐队前表示感谢。此时，国宴达到了高潮，一种融洽而热烈的气氛感染了美国客人。一个小小的精心安排，赢得了和谐融洽的谈判气氛，这不能不说是一种高超的谈判艺术。美国总统杰弗逊曾经针对谈判环境说过这样一句意味深长的话："在不舒适的环境下，人们可能会违背本意，言不由衷。"英国政界领袖欧内斯特·贝文则说，根据他平生参加的各种会谈的经验，他发现，在舒适明朗、色彩悦目的房间内举行的会谈，大多比较成功。

(资料来源：http://doc.mbalib.com/view/7054ea36eaa51ffacff7d05377cbf676.html)

2)　概说阶段

谈判概说阶段的目的是让对方了解自己的期望目标和谈判设想，同时隐藏不想让对方知道的其他资料、信息。这个阶段只需要单纯地说出基本想法、意图与目的，而不宜过早地把谈判意图全部提出。因此，概说阶段要注意以下两个要求：

(1)　保持愉快的气氛。发言的内容要简短，要能把握重点和表达情感。比如："很高兴来这里开会，今天有关引进设备的讨论，希望能有圆满的结果，使双方都满意。"发言时要面带笑容，以示诚恳。在得到对方首肯以后，也要以目光和点头致意，表示彼此意见相投，成功的可能性很大。

(2)　倾听对方的发言。在谈判的概说阶段应留出时间让对方发表看法，待认真听完对方的意见后，进一步思考分析，找出双方目的的差别。

3)　明示阶段

明示阶段，谈判双方不再隐瞒自己的真实意图，而把自己的谈判目的和盘托出，使对方明了自己的需求，为交锋阶段做好准备。但是在明示时要注意分寸，把握谈判内容的"度"，决不要流露自己迫切需要解决问题的心情，否则，就会被对方利用为施加压力的砝码；同时，对自己的真实实力，包括谈判"底线"等，应给予保密，否则在交锋时会使自己处在被动地位。

4)　交锋阶段

谈判的目的就是获得自己想得到的利益。谈判双方的对立状态是从交锋开始的。由于双方都想说服对方以获得更大的利益，因此，彼此都充满信心，运用计谋，斗智斗勇，使争论相当激烈。

在交锋阶段要有应付各种困难的思想准备，随时准备回答对方的质询，并表现出适当的强硬态度。但是高明的谈判者，又不是有勇无谋的人，因为交锋并不是为了证明一方强于另一方，而只是寻求双方利益一致的妥协范围，否则，谈判将导致破裂。因此，谈判者的态度应"硬中有软"，适时地"软硬兼施"。

5) 妥协阶段

妥协是交锋的结果，在相互僵持过程中总有一方主动做出让步，使另一方也相应退让，若双方都不让步就无法达成妥协。让步要选择时间，把握让步的幅度，讲究让步的艺术。谈判中不恰当的让步会让己方难以实现最终愿望。正确的让步是使双方都得益，互为补偿，如果是单方面的让步，就不是成功的谈判。这要注意两点：一是妥协不是目的，而是手段，妥协就其实质而言，是不得已而为之。因此，在谈判中要慎用妥协，一般在谈判前就应设定自己的妥协范围，并在谈判过程中依据双方情况的变化，寻找理想的妥协时机。妥协不是无限度地一味退让，而是有限度、有范围的，以不损害自己的根本利益为尺度，使对方能接受，从而达成互利互惠。二是让步要讲究方式。在谈判开始阶段，可做较大的让步，然后在长时间内再缓慢地一点一点地做小的让步。这样，一开始大的让步能取悦对方，建立好感再逐步做点小的让步，也就比较顺理成章，容易被对方所接受。当然，具体选择何种让步，还要视具体情况而定。

6) 协议阶段

谈判双方认为已基本上达到自己的谈判目标，共同以签订协议宣告谈判的结束。签订协议是很重要的仪式，双方除了出席谈判的代表外，还可请企业和政府的领导人出席，以示重视。谈判的双方代表在协议上签字后，要交换协议书，并握手祝贺。协议书签订的会场、服务、接待等各项工作都要由专人负责。最后，双方还要发表简短的祝词，以及摄影留念。协议签订的仪式结束后，还可组织招待会、新闻发布会、宴会、舞会等庆祝活动。

礼仪小博士 4-4：

谈判关键点总结

谈判者要牢记以下关键点：

(1) 为谈判做好准备，谈判结果就会大不相同；

(2) 除非创造了谈判的价值，否则任何出价都是过高的；

(3) 对自己的实质目标和关系目标要有决断力；

(4) 参与谈判的人比较多时，给每个参与者分配一个特定的角色；

(5) 情绪激动时要停止关注问题，转而关注人；

(6) 谈判是互动的行为，不可能事事都按严格的顺序进行；

(7) 讨论彼此的替代方案是双赢谈判的一种关键手段；

(8) 提一些与利益相关的问题，以此回应对方，表明己方的立场；

(9) 有效的谈判者倾听的不仅仅是话语，还有对方真正关注的东西；

(10) 要维护自己的利益，灵活对待自己的方案；

(11) 直面对方的最佳替代方案，没必要自我防御；

(12) 接近最终协议时，谈判者要为双方达成更好的交易而努力；

(13) 感到困惑时，要重新审视潜在的利益，只要保持教养、毅力和耐心，就能得到好的结果；

(14) 记得总结谈判达成的协议，为下次谈判提供经验。

(资料来源：http://club.jd.com/review/10909624-1-1.html)

4.4　服务活动礼仪

在市场经济条件下，商品的竞争就是服务的竞争。在与服务对象打交道的过程中，讲究服务礼仪，遵守服务规范，学会与顾客交往和沟通，能够展现一名服务行业从业人员的外在美和内在修养，拉近服务行业从业人员与顾客之间的距离，赢得顾客的满意和对企业的忠诚，提升企业的形象，实现品牌的增值。这里主要介绍酒店服务礼仪、旅游服务礼仪和银行服务礼仪。

4.4.1　酒店服务礼仪

1．前厅服务礼仪

1)　前厅部的主要工作任务

(1)　推销客房。前厅部的首要任务是推销客房。目前，我国有相当数量酒店的赢利，前厅部占整个酒店利润总额的 50%以上。前厅部推销客房数量的多与少，达成价格的高与低，直接影响着酒店的客房收入，而住店人数的多少和消费水平的高低也间接地影响着酒店餐厅、酒吧等收入。

(2)　正确显示房间状况。前厅部必须在任何时刻都正确地显示每个房间的状况——住客房、走客房、待打扫房、待售房等，为客房的推销和分配提供可靠的依据。

(3)　提供相关服务。前厅部必须向客人提供优质的订房、登记、邮件、问讯、电话、留言、行李、委托代办、换房、钥匙、退房等各项服务。

(4)　整理和保存业务资料。前厅部应随时保存最完整最准确的资料，并对各项资料进行记录、统计、分析、预测、整理和存档。

(5)　协调对客服务。前厅部要向有关部门下达各项业务指令，然后协调各部门解决执行指令过程中遇到的新问题，联络各部门为客人提供优质服务。

(6)　建立客账。建立客账是为了记录和监视客人与酒店间的财务关系，以保证酒店及时准确地得到营业收入。客人的账单可以在预订客房时建立(记入订金或预付款)或是在办理入住登记手续时建立。

(7)　建立客史档案。大部分酒店为住店一次以上的零星散客建立客史档案。按客人姓名的字母顺序排列客史档案，记录相关内容。

2)　客房预订服务礼仪

(1)　受理预订，要做到接待热情，报价准确，记录清楚，手续完善，处理快速，信息资料输入电脑或预订控制盘无误，订单资料分类摆放整齐规范，为后面的预订承诺、订房核对等提供准确的信息。

(2)　受理电话预订，要接听及时，主动问好和询问要求。若有客人要求的房间，应主动介绍设备，询问细节，帮助客人落实订房，并做好记录。若无客人要求的房间，应向客人致歉。

(3) 当前台接收到预订网站发来的预订传真时，应立刻根据客房情况迅速回复传真，并注意保留网站的传真底本。

(4) 当客人来到服务台预订房间时，应主动热情地接待客人，询问细节，根据客人要求迅速帮助客人落实订房。

3) 门厅服务礼仪

(1) 服饰挺括华丽，仪容端庄大方，精神饱满，恭候宾客的光临。

(2) 见到宾客抵达时，要立即主动迎上，引导车辆停妥，接着拉开车门；问候客人要面带微笑，热情地说“您好，欢迎光临”，并致 15 度鞠躬礼。

(3) 遇下雨天，事先准备好雨具，及时为客人遮雨；对年老体弱者给予必要的帮助，观察车内是否有遗留物品，帮有行李的客人整理行李，并呼唤大厅行李生将客人引领到总台办理入住登记手续。

(4) 客人离店时，要引领车开到客人容易上车的位置，并拉开车门请客人上车，在看清客人已坐好，衣裙不影响关门时，再轻关车门，并向客人致意道别，欢迎客人再次光临。

4) 行李部服务礼仪

(1) 着装整洁，仪容端庄，精神饱满，客人抵达时，热情相迎，微笑问候。

(2) 主动帮助客人提携行李，并问清行李件数，陪同客人到总服务台办理入住手续时，应站在客人身侧后两三步处等候，看管好客人行李并随时接受宾客的吩咐。

(3) 待客人办完手续后，应主动上前向客人或总台服务员取房间钥匙，提上行李引送客人到房间。在此过程中，行李员在客人右前方 1 米左右，遇到转弯应回头向客人示意，并注意根据客人情况介绍酒店设施。

(4) 引领客人至电梯，先将一只手按住电梯门，请客人先进电梯，进电梯后应靠近电梯按钮站立，以便于操作电梯。出电梯时自己携行李先出，然后继续在前方引领客人到房间。

(5) 随客人进入房间后，将行李放在行李架上或按客人吩咐将行李放好；根据客人情况向客人介绍房间设备的用法；房间介绍完毕后，征求客人是否还有吩咐，若客人无其他要求，即向客人道别，并祝客人住店期间愉快，将房门轻轻关上，迅速离开。

(6) 客人离开饭店时，行李员在接到搬运行李的通知后，进入客房之前无论房门是否关着，均要按门铃或敲门通报，听到“请进”声方可进入房间，并说：“您好，我是来运送行李的，请吩咐。”当双方共同点清行李件数后，即可提拿行李，并负责运送到车上。如客人跟行李一起走，客人离开房间时，行李员要将门轻轻关上，随客人到大门口。安放好行李后，行李员要与大门接应员一起向客人热情告别，方可离开。

5) 总台接待服务礼仪

(1) 当客人来到总台时，应面带微笑问候客人，确认客人是否有预订。如有预订，应复述客人的订房要求，并请客人填写入住登记表；如无预订，开房员应首先了解客人的用房要求，运用一定的客房推销技巧，促使客人选择一种类型的客房。

(2) 当客人确认某一种客房类型时，请客人填写登记表；验看、核对客人的证件与登记表时要注意礼貌，确认无误后，要迅速交还证件，并表示感谢；把住房钥匙或磁卡交给

客人时，应注意礼貌。

(3) 客人住下后要求换房，先询问原因，在房间允许、不和预订冲突的情况下，应同意客人换房。

(4) 客人住下后若有提前离店、延期住宿、人数变化等情况，应根据实际情况做妥善处理。

(5) 重要客人入住接待过程中，要根据接待规格在接待安排、房间准备、加摆鲜花水果、办理入住手续等方面给予特别照顾或适当优惠，以使客人亲身感受到贵宾服务的亲切感、自豪感。

(6) 总台接待服务用语。总台接待服务用语如下：

您好！

欢迎光临！

这里是接待处，可以为您效劳吗？

先生(女士)，请稍等一下。

对不起，让您久等了。

这里是××饭店，非常乐意为您效劳。

先生(女士)，您喜欢什么样的房间呢？

先生(女士)，请问您的尊姓大名？

您对这间房感到满意吗？

先生(女士)，您对我们的服务感到满意吗？

请慢走！

祝您好运！

欢迎您再次光临！

6) 问询服务礼仪

(1) 对大多数住店客人来说，酒店所在城市是陌生的，客人很可能会遇到很多麻烦，作为问询员，要耐心、热情地解答客人的任何疑问，做到有问必答、百问不厌。

(2) 了解客人通常要问的问题。类似问题主要有：离这里最近的教堂在什么地方？你能为我叫一辆出租车吗？这里最近的购物中心在什么地方？我要去最近的银行，怎么走？我要去看电影，怎么走？哪里有比较好的中国餐厅、墨西哥餐厅、法国餐厅？附近有旅游景点吗？

(3) 掌握有关店内设施及当地情况的业务知识。这包括：酒店所属星级；酒店各项服务的营业时间；车辆路线、车辆出租公司、价格等；航空公司的电话号码；所在城市地图；本地特产及名胜古迹；其他一些酒店、咖啡厅的营业时间，餐厅营业时间和商场的营业时间等。

7) 总机服务礼仪

(1) 话务员是酒店“看不见的服务员”，虽然不和客人直接见面，但通过声音传播，也是从另一侧面反映酒店服务的水平和质量。故话务员在服务中应做到：坚守岗位，集中精神，接电话时坚持用礼貌用语。接外线时，应立即问候并报出酒店的中外名称，切忌一开口就“喂”。为客人接线，动作要快而准，务必不出差错。

(2) 话务员的发音要准确、清晰，语速快慢要适中，保证客人听得懂、听得清，音质要甜润、轻柔，语调要婉转、亲切，语气要友好、诚恳。接线中语言要简练，用词要得当，避免使用“我现在很忙”“急什么”等不耐烦语句。

(3) 话务服务必须热心、耐心、细心。讲究职业道德，不偷听他人电话；通话结束后，应热情告别，待对方挂断电话后，才放下电话。

(4) 如遇到客人要求叫醒服务，应记录清楚，准确操纵自动叫醒机或准时用电话叫醒，不得耽误。无人接听时，可隔二三分钟叫一次，三次无人接听时，应通知客房服务员。

8) 大堂经理处理投诉的技巧

(1) 注意投诉处理的地点和场合。可根据投诉性质来选择地点，在办公室或现场，但不宜在大堂、餐厅等人流多的地方处理投诉。

(2) 认真听取客人的投诉。面对客人投诉，要保持头脑冷静，面带微笑，仔细倾听，并做好记录以表重视。要以自己谦和的态度感染客人，让客人的情绪渐趋平静。

(3) 对客人的投诉表示理解、同情和感谢。理解，就意味着尊重；同情，容易让客人觉得你值得信赖；感谢，让客人感觉到自己的投诉有望得到妥善解决。

(4) 及时处理好客人的投诉。听完投诉后，能够立刻判断出是酒店方面出错的，要立即向客人表示歉意，做出处理，并征求客人对解决投诉的意见，以示酒店对客人的重视。当投诉处理涉及酒店其他部门时，应立即通知部门经理，查清事实做出处理，大堂经理必须跟紧事件，妥善解决问题。

(5) 处理完客人的投诉后，要再次向客人表示关注、同情及歉意，以消除客人因该事引起的不快。

(6) 处理投诉应详细记录投诉客人的姓名、房号、投诉时间、投诉事由和处理结果。将重大投诉或重要意见整理成文，呈总经理批示。

2. 客房服务礼仪

1) 楼层迎宾服务礼仪

(1) 在客人到来之前，整理好房间，调节好客房空气和温度，掌握客情，准备好香巾和茶水。

(2) 仪表整洁大方，提前到达电梯口，主动问候客人，并说出自己的身份。

(3) 核对房卡，接过客人的房间钥匙，征求客人意见是否需要帮助其提行李。

(4) 引领客人到客房，帮助客人打开房门，退到门边，请客人进房，并根据客人要求摆放行李。

(5) 客人坐下后，及时送上香巾和茶水，根据客人的精神状态，详略得当地介绍房间设施和使用方法，以及相关服务项目。

(6) 在确认客人暂时无其他要求后，祝客人住宿愉快，礼貌地退出客房，面向客人轻轻关上房门，回到工作间写好工作记录，随时准备为客人提供服务。

2)　客房清洁服务礼仪

(1)　填写钥匙领取登记表，领取客房钥匙，了解客房状态，将自己负责的房间分成退房、住房、预走房、空房、维修房等几类，决定清扫顺序，清理好工作车，准备好吸尘器等清洁工具。

(2)　来到客房门前，用食指关节，力度适中、缓慢而有节奏地敲门，并通报“客房服务员”。若客人开门，要礼貌问好并说明来意，征得客人允许后方可进入；若房内无人，则用钥匙开门，并把“正在清洁”牌挂在门把手上，开始客房清洁工作。

(3)　按照客房清洁流程和质量标准，做好客房清洁工作，一般流程如下:

开——开门、开空调、开窗帘。

撤——撤出用过的用品、用具，倒去茶水。

扫——扫蛛网、尘污，清去所有垃圾杂物。

铺——铺设床上用品。

抹——抹家具、设备。

摆——按陈设布置的要求补充好摆设用品、用具。

洗——洗卫生间。

补——补充卫生间用品并摆好。

吸——吸尘。

看——看清洁卫生和陈设布置的效果。

关——关窗帘、关灯、关门。

填——填写客房清洁的日报表。

(4)　住房的清扫一般在客人外出时进行，要特别留意，客人房内的一切物品，应保持其原来位置，不要随便移动。不可随意翻阅客人的书刊、文件和其他材料，也不可动客人的录音机、照相机等物品，更不得拆阅其书信和电报。

(5)　房间整理完离开时，若客人不在要切断电源锁好门，若客人在房，要礼貌地向客人道歉：“对不起，打扰了。”然后退出房间，轻轻关上房门。

3)　客房日常服务礼仪

(1)　客人到达前，应了解其国籍、风俗习惯、生活特点、到达时间等情况，以便有针对性地搞好服务工作。工作前严禁吃葱、蒜等有浓烈气味的食物。工作中要热情诚恳、谦虚有礼、稳重大方，使客人感到亲切温暖。

(2)　日常工作中要保持环境的安静。搬动家具、开关门窗要避免发出过分的声响。禁止大声喧哗、开玩笑、哼唱歌曲。应客人呼唤也不可声音过高，若距离较远可点头示意，对扰乱室内安静的行为要婉言劝止。

(3)　在楼道与客人相遇，应主动问好和让路。同一方向行走时，如无急事不要超越客人，因急事超越时，要说“对不起”。

(4)　进入客人房间，先轻轻敲门，经允许方可进入。敲门时不要过急，应先轻敲一次，稍隔片刻再敲一次，如无人回答，就不要再敲，也不要开门进去。特别是夫妇房间，更不能擅自闯入。

(5) 凡客人赠送礼物、纪念品，应婉言谢绝，如不能谢绝时，接受后应立即上报。

(6) 要关心客人健康，对病员要多加照顾。对饮酒过度或精神反常的客人，除妥善照顾外，应及时向上级报告。

(7) 服务台要随时掌握来往人员的情况，发现不认识的人，要有礼貌地查问，防止无关人员进入客人房间。

(8) 客人到服务台办事，服务员要起立，热情接待。与客人说话，要自然大方，切忌态度生硬、语言粗鲁。

(9) 客人离开饭店后，应即刻清查房间，尤其是枕下、椅下等处，如果发现遗忘物品，若时间来得及，应追赶当面交给客人；如来不及，则速交接待单位。

4) 客房个性化服务礼仪

要使顾客高兴而来，满意而归，光凭标准的、严格的、规范化服务是不够的，只有在规范化的基础上，逐渐开发和提供个性化服务，才能给客人以惊喜，才能让客人感觉到"宾至如归"，才能使客人"流连忘返"。以下相关做法会给我们以启发。

(1) 服务员早上清扫房间时发现，客人将开夜床时已折叠好的床罩盖在床上的毛毯上，再看空调设定温度是 23℃。这时服务员应立即主动加一张毛毯给客人，并交代中班服务，夜床服务时将温度调到 26℃左右。

(2) 服务员为客人清扫房间时，发现客人的电动剃须刀放在卫生间的方石台面上，吱吱转个不停，而客人不在房间。分析客人可能因事情紧急外出，忘记关掉运转的剃须刀，这时，服务员要主动为客人关闭剃须刀开关。

(3) 服务员清扫房间时，发现一张靠背椅靠在床边，服务员不断地观察才发现床上垫着一块小塑料布，卫生间还晾着小孩衣裤，服务员这才明白，母亲怕婴儿睡觉时掉到地上。服务员应随即为客人准备好婴儿床放入房间。

(4) 服务员清扫房间时，发现暖水瓶盖开着，不知是客人倒完开水忘记盖好瓶塞，还是客人喜欢喝凉开水，故意打开瓶塞的。疑虑不解，难以断定。为满足客人的需要，服务员为客人送去了装满凉水瓶的凉开水，同时，暖水瓶照例又更换好了新的开水。

(5) 服务员发现客房中放有西瓜，想必是旅客想品尝一下本地的西瓜，绝对不会千里迢迢带个西瓜回家留个纪念。所以，服务员主动为客人准备好了一个托盘、水果刀和牙签。

5) 客房服务礼貌用语

您好！欢迎您光临我们酒店。

我是客房服务员，非常高兴能为您服务。

我可以帮您拿行李吗？

请往这边走。

这是您的房间，请进。

祝您节日愉快！

祝您玩得开心！

请好好休息，有事请打电话到服务台。

对不起，打扰您了。

我现在可以为您打扫房间吗？

您有衣服要洗吗？

先生(女士)，听说您不舒服，我们感到很不安。

我能为您做些什么事吗？

对不起，让您久等了。

对不起，等我弄清楚了再答复您好吗？

请告诉我您今天早上大概是什么时候走。

请对我们的工作提出宝贵意见。

欢迎您下次再来，请慢走！

3. 餐厅服务礼仪

1) 餐厅服务员的个人卫生

餐厅服务员经常要与食物、餐具打交道，所以对个人卫生要求非常严格。餐厅服务员平常要勤洗澡，勤理发，勤剪指甲，勤刮胡须，勤洗手，勤刷牙，工作前不吃有刺激气味的食品。上班时应穿着干净整洁的制服，不佩戴首饰，不浓妆艳抹，不梳披肩发。在宾客面前不掏耳朵，不抓头发，不剔牙，不打哈欠，不挖鼻孔。如不得已要打喷嚏、咳嗽，应背转身体，用手帕遮住口鼻，并向宾客致歉。

2) 餐厅领位服务礼仪

(1) 着装美观，仪容整洁，仪表大方，面带微笑，在餐厅门口恭候客人。

(2) 见到前来用餐的客人，要主动上前迎接问候，热情招呼客人。

(3) 有礼貌地问清客人基本情况，根据客人意愿合理安排餐位。若餐厅座位已满或客人需要等人，可先请客人在休息室或沙发上等候。

(4) 迎客走在前，送客走在后，客过要让路，同走不抢道。领位员引领宾客时，应在宾客左前方 1 米左右的距离行走，并不时回头示意宾客。

(5) 引导客人来到餐位后，应先问：“这个位置您满意吗？”，然后再按先女宾后男宾、先主宾后随从的顺序拉椅让座，并把值台服务员介绍给客人。

3) 中餐值台服务礼仪

(1) 仪表整洁大方，主动问候客人，为客人拉椅让座。

(2) 待客人入座后，先为客人递上香巾、斟好茶，再用双手递上菜单。

(3) 客人点菜时，不要催促客人，要耐心等候，并适当介绍菜谱，让客人有充分的时间考虑或商量决定。如宾客点的菜已经无货供应，应礼貌致歉，求得谅解。

(4) 斟酒时手指不能触摸酒杯杯口，应按酒的不同种类决定斟酒的程度。倒香槟或冰镇饮料时，酒瓶应用餐巾包好，以免酒水滴落到宾客身上。

(5) 上菜时要看准方向，摆放平稳，手指不能碰及菜肴，不可碰倒酒杯餐具等。上菜还要讲究艺术，服务员要根据菜的不同颜色摆成协调的图案。凡是花式冷盘，如孔雀、凤凰等冷盘，以及整鸡、鸭、鱼的头部要朝着主宾。上好菜后，服务员退后一步，站稳后报上菜名，并对特色菜肴略作介绍。

(6) 派菜服务时，应遵循先女宾后男宾、先主宾后主人的顺序，或者从主宾开始，按顺时针方向逐次派菜。

(7) 撤换餐具时要先征得客人同意，撤盘过程中如果菜汤不小心洒在同性客人的身上，可亲自为其揩净，如洒在异性客人身上，则只可递上毛巾，并表示歉意。

(8) 如宾客不慎掉落餐具，应迅速为其更换干净的餐具，不能在宾客面前一擦了事。

(9) 宾客的物品不慎落到地上，应主动上前帮助拾起，双手奉上。

(10) 如有宾客的电话，应走近宾客轻声提醒，不能在远处高喊。

(11) 对宾客应一视同仁，都应服务周到。

(12) 工作中必须随时应答宾客的召唤，不能擅离岗位或与他人聊天。

(13) 客人示意结账时，应把账单放在托盘中，正面朝下递给宾客。宾客付账后，要致谢。

(14) 宾客起身后，服务员应拉开座椅，并提醒宾客不要忘记随身携带的物品，帮助宾客穿大衣、戴帽子，在餐厅门口与宾客友好话别："欢迎您再次光临！"

4) 西餐服务礼仪

(1) 西餐服务流程。这包括如下步骤：①迎宾。先打招呼、问候，然后引客入座，要求 2 分钟内让客人落座。②餐前服务。服务面包和水：客人入座后 2 分钟内完成。客人点餐前饮料：客人入座后 2 分钟内完成。呈递菜单、酒单：客人入座后 5 分钟内完成。解释菜单：一般在客人入座后 10 分钟内，即在服务饮料时解释菜单。服务饮料：客人入座后 10 分钟内完成。点菜记录：客人入座 15 分钟内完成，或在服务饮料后进行，如果必要，可在呈递菜单时，即客人入座 5 分钟后进行。送点菜单到厨房：记录完点菜立即送到厨房。③开胃品服务。服务开胃品：客人入座 15 分钟后进行。服务开胃酒：应在上开胃品前服务到餐桌。开瓶、倒酒可在上开胃品前，也可在上开胃品后进行。清理开胃品盘：全桌客人用完后撤盘、杯。加冰水：清理完盘、杯后，主动为客人加满冰水，直到服务甜点。④汤或色拉(第二道菜)服务。服务汤或色拉：在清理完开胃品盘后 10 分钟内进行。服务第二道菜用酒：同第二道菜一起服务。清理第二道菜餐具：全桌客人用餐完毕，撤走餐具及酒杯，除非另有规定。加冰水：清理完盘、杯后，主动为客人加满冰水，直到服务甜点。⑤主菜服务。服务主菜：清理完第二道菜的餐具后 10 分钟内进行。服务主菜用酒：酒杯在上主菜前服务，上菜后递酒、开瓶、倒酒。清理主菜盘及餐具：客人用完主菜后清理主菜盘、旁碟、空杯等，只留水杯或饮料杯，撤换桌上的烟灰缸。清理调料：撤走所有调料，如盐、胡椒、番茄酱等。⑥清扫桌上面包屑。用刷子将桌上的面包屑扫进餐盘，而不是扫到地上。⑦餐后服务。布置甜点餐具：摆上甜点盘、甜点叉、甜点刀、茶匙。布置服务咖啡或茶的用品：摆上乳脂、糖、牛奶等以及热杯与杯碟。服务甜点：清理完主菜餐具后 15 分钟内进行。服务咖啡或茶：服务甜点后或与甜点同时服务。清理甜点盘：当全部客人用餐完毕后进行。服务餐后饮料：客人点完饮料后 10 分钟内进行。加满咖啡或茶：应主动问客人是要咖啡还是茶，并为客人加满咖啡或茶，不要等客人要求时再加。⑧收尾工作。呈递账单：闲暇用餐服务，要等客人要求时呈递，快速用餐服务，在上完主茶或

者加咖啡或加茶时呈递。收款：根据餐馆规定收取现金、信用卡、旅行支票、个人支票等。送客：当客人离开时要说“谢谢光临，很高兴为您服务”，并欢迎再次光临。

(2) 西餐上菜的具体流程：①头盘。西餐的第一道菜是头盘，也称开胃品。开胃品一般有冷头盘和热头盘之分，品种有鱼子酱、鹅肝酱、熏鲑鱼、鸡尾杯、奶油鸡等。开胃菜味道以咸和酸为主，风味独特，而且数量少，质量较高。②汤。西餐的第二道菜就是汤。西餐的汤大致可分为清汤、奶油汤、蔬菜汤和冷汤等四类，品种有牛尾汤、各式奶油汤、海鲜汤、美式蛤蜊汤、意式蔬菜汤、俄式罗宋汤、法式葱头汤。冷汤的品种较少，有德式冷汤、俄式冷汤等。③副菜。鱼类菜肴一般作为西餐的第三道菜，品种包括各种淡、海水鱼类，贝类及软体动物类。通常水产类菜肴与蛋类、面包类、酥盒菜肴品都称为副菜。因为鱼类等菜肴的肉质鲜嫩，比较容易消化，所以放在肉类菜肴的前面，叫法上也和肉类菜肴主菜有区别。西餐吃鱼菜肴讲究使用专用的调味汁，品种有鞑靼汁、荷兰汁、酒店汁、白奶油汁、大主教汁、美国汁和水手鱼汁等。④主菜。肉、禽类菜肴是西餐的第四道菜，也称为主菜。肉类菜肴的原料取自牛、羊、猪等各个部位的肉，其中，最有代表性的是牛肉或牛排。牛排按其部位又可分为沙朗牛排(也称西冷牛排)、菲利牛排、“T”骨型牛排、薄牛排等。其烹调方法常用烤、煎、铁扒等。肉类菜肴配用的调味汁主要有西班牙汁、浓烧汁、蘑菇汁、白尼斯汁等。禽类菜肴的原料取自鸡、鸭、鹅，通常将兔肉和鹿肉等野味也归入禽类菜肴。禽类菜肴品种最多的是鸡，有山鸡、火鸡、竹鸡，可煮、炸、烤、焖，主要的调味汁有黄肉汁、咖喱汁、奶油汁等。⑤蔬菜类菜肴。蔬菜类菜肴可以安排在肉类菜肴之后，也可以和肉类菜肴同时上桌，所以可以算作一道菜，或称为一种配菜。蔬菜类菜肴在西餐中称为沙拉。和主菜同时服务的沙拉，称为生蔬菜沙拉，一般用生菜、西红柿、黄瓜、芦笋等制作。沙拉的主要调味汁有醋油汁、法国汁、千岛汁、奶酪沙拉汁等。沙拉除了蔬菜之外，还有一类是用鱼类、肉类、蛋类制作的，这类沙拉一般不加调味汁，在进餐顺序上可以作为头盘。还有一些蔬菜是熟的，如花椰菜、煮菠菜、炸土豆条。熟食的蔬菜通常和主菜的肉食类菜肴一同摆放在餐盘中上桌，称为配菜。⑥甜品。西餐的甜品是主菜后食用的，可以算作是第六道菜。从真正意义上讲，它包括所有主菜后的食物，如布丁、煎饼、冰淇淋、奶酪、水果等。⑦咖啡、茶。西餐的最后一道是上饮料、咖啡或茶。喝咖啡一般要加糖和淡奶油。茶一般要加香桃片和糖。

5) 餐厅服务礼貌用语

您好！欢迎您光临我们餐厅。

请您稍等，我马上给您安排。

请往这边走。请跟我来。请坐。

对不起，现在可以点菜吗？

这是今天的特色菜，欢迎各位品尝！

真对不起，这个菜今天已经卖完了。

您喜欢喝点什么酒？

饭后您想吃点甜品吗？

请问还需要什么？

现在可以上菜了吗?

对不起，让您久等了，这是您的菜。

我可以撤掉这个盘子吗?

对不起，打扰您了。谢谢您的帮忙。

现在可以为您结账吗?

对不起，我们这里不可以签单，请付现款好吗?

希望您用餐愉快，谢谢，欢迎您再次光临!

4. 康乐服务礼仪

1) 康乐服务员的素质要求

(1) 性格气质：康乐服务员的性格最好是外向型，比较热情、乐观。

(2) 道德素养：为人正派，诚实可靠，待人热情，乐于助人，能吃苦耐劳，有奉献精神。

(3) 形体形象：身体健康，精力充沛；五官端正，身材适中。康乐服务员的形象最好能给人健康、阳光的感觉。

(4) 专业知识：熟悉饭店服务的基本知识，掌握某项和某几项康乐项目的专业知识，包括项目知识、运动知识、裁判知识、设备知识等。

(5) 业务能力：有较强的人际沟通能力和一定的专业技能，普通岗服务员应具备完成一般接待服务的工作能力；特殊岗的服务员除具备所在岗的服务能力外，应通过考试取得相应的专业合格证书，如按摩师、游泳救护员、教练员等。

2) 常见的康乐服务项目

(1) 健身房服务礼仪：①顾客到来，笑脸迎客，礼貌问候；②热情主动地介绍设备器材性能和操作方法，介绍健身项目的运动规则；③客人借用或租用物品，应以礼貌的态度示意客人此物完好，提醒用毕归还；④客人要求指导时，应立即示范，热情讲解；⑤客人健身完毕，要礼貌送客，热情告别。

(2) 游泳池服务礼仪：①检查游泳池水质、水温，做好迎客准备；②端庄站立在服务台旁，恭候客人的到来；③礼貌地递送衣柜钥匙和毛巾，引领客人到更衣室，并提醒客人妥善保管好自己的衣物；④客人游泳时，时刻注意观察水中情况，确保客人安全；⑤根据客人需要，适时提供酒水和饮料，提示客人在游泳时最好不要饮用烈性酒；⑥客人离开时，主动收回衣柜钥匙，并礼貌地提醒客人衣物是否遗忘；⑦送客到门口，向客人表示谢意，欢迎再次光临。

(3) 保龄球服务礼仪：①客人到来时，要热情问候，迅速为客人办理领鞋、开道等手续，并把干净完好的保龄球鞋双手递给客人；②对初次来的客人，要根据他们的性别、年龄、体重等，帮助选择重量适当的保龄球，详细介绍活动的步骤与方法，恭敬地分配好路道，并送上记分单，主动询问是否需要协助记分；③客人打保龄球期间，服务人员应认真巡视、查看球场，确保设备运行正常，并维护好球场秩序，及时为客人提供服务；④客人所购球局已满，服务台应立即关闭机器，并及时通知客人；⑤活动结束后，要礼貌地收回

保龄球鞋，恭请结账，礼貌告别。

(4) 台球室服务礼仪：①顾客到来，笑脸迎客，礼貌问候，迅速为客人办理相关手续；②引导客人到指定球台，挑选球杆，为客人码好球；③客人需要示范或陪练时，陪练人员应认真服务，根据客人心理要求掌握输赢尺度；④根据客人需要，适时提供酒水和饮料；⑤客人打完球后，要将球杆收好，球码放整齐，台面清理干净；⑥客人离开时，送客到门口，向客人表示谢意，欢迎再次光临。

(5) 桑拿浴服务礼仪：①客人来到桑拿浴服务台，要热情问候欢迎，并迅速为客人办理好相关手续；②对初次光临的客人，要根据情况适当介绍桑拿浴的方法与注意事项；③主动帮助客人寻找相应的更衣柜，并提示客人锁好更衣柜；④客人享用桑拿浴期间，每 10 分钟巡视一遍，确保客人的安全；⑤随时等候客人召唤，及时提供客人要求的各项服务；⑥客人离开时，要提醒是否遗忘物品，热情道别。

(6) 歌舞厅(KTV)服务礼仪：①客人来到舞厅，要热情欢迎，并引领客人到厅房内适当的位置上；②根据客人需要，迅速将酒水、食品送到客人的桌上，递送酒水时不要挡住客人的视线；③主动向客人介绍歌曲，帮助客人查找歌名；④在合适的时机为客人鼓掌，调动客人情绪；⑤结束后，全体服务员到门口欢送，礼貌道别。

3) 康乐服务礼貌用语

您好，欢迎光临！

对不起，让您久等了！

请问您贵姓？

很荣幸为您服务！

这边请，那边请。

请让我请示我的上级，看是否能够帮您解决。

请让我请教我的同事，看是否能够帮您解决。

××先生(女士)不在这里。

××先生(女士)马上出(下)来。

请问需要留言吗？

我马上帮您联系，请稍候。

感谢您提出宝贵意见，我们一定改正。

谢谢您，我们酒店不收小费。

您经常来就是我们最大的心愿！

谢谢您，欢迎再来！

礼仪小博士 4-5：

处理突发事件

(1) 客人将物品遗忘在房间时怎么办？

客人走后，客房服务员应迅速进入客房，检查客房。如果有客人遗忘的物品立即派人追送。如送不到，应详细记录物品的名称、数量、质量及自己的姓名和遗忘物一起交总台登记保管，待客人回来认领。

(2) 客人住店期间患病怎么办？

服务员得知客人患病后，应沉着冷静，做如下处理：

发现客人患病，服务员要表示关怀及乐意帮助；服务员不要随意翻动客人或私自拿药给客人吃；服务员应询问客人病情，是否看医生，对于重病、急病，服务员要报告主管领导，并尽快联系医院组织抢救病人；住院期间，应及时通知其家属；对客人住过的客房要严格消毒。

(3) 服务员清扫房间时，客人回来了怎么办？

服务员应主动向客人打招呼，征求客人意见是否继续打扫；在客人允许的情况下，才可打扫，否则，应停止清扫退出房间，待客人外出时继续清扫；如客人同意清扫，应迅速清理，离开房间时对客人表示歉意，如“对不起，打扰您了”并随手把门关上。

(资料来源：http://www.docin.com/p-943007775-f2.html)

4.4.2 旅游服务礼仪

1. 旅行社服务礼仪

1) 门市部接待礼仪

(1) 环境宜人，赏心悦目。门市是旅行社以销售为主要目的的部门，其实就是市场营销学的终端，是消费者能够和商品直接接触并做出购买行为的场所。门市选址要尽量接近有效消费市场，面积不需太大，应处于人流量多的街区，有良好的交通通达性，并辅以醒目的街边招牌以及橱窗招贴画。门店内部由办公桌设计改为柜台设计或休闲式设计，店内设施齐全，尽量增加顾客区域而减少员工区域。可以考虑选择旅行社门市相对集中的区域，这样既有利于借鉴同行的经验，取长补短，又有助于变竞争压力为动力，拓展经营，也符合顾客“货比三家”的购买心理。

门市柜台一般设有写字台、电话、传真机、复印机、办公电脑等物件，其摆放应整齐合理，以美观、方便、高效、安全为原则。门市柜台上不要堆放过多的书包、文件，常用的材料也要摆放整齐。若用玻璃台板，应注意玻璃下的整洁，不要横七竖八地压着各种车票、请柬、发票、文字报告等。应特别重视门市柜台的卫生。试想一下，客户来联系、洽谈业务，如果门市柜台里满地烟头、果皮，连找个干净点的沙发都难以如愿，这笔业务还能顺利做成吗？门市部的布置，应给人以宁静、整洁的印象。墙上可挂些各地的风景名胜、地图、旅行社的荣誉、旅行社徽标等物，显得清新大气；还可贴上工作计划表、经营图表、市场网络等，以示公司的业绩和员工的努力。此外，要注意室内空气清新，保持适宜的室温和湿度。

旅行社门市的 5S 管理可以提高工作效率，减少资源成本的浪费，提高员工士气，提升企业形象。旅行社门市的 5S 管理包括：整理(Seiri)——坚决清理不必要的东西，腾出有效使用空间，防止工作时误用或掩盖需要的物件；整顿(Seiton)——合理放置必要物品；清洁(Seiso)——彻底清洁工作场所内的物品，防止污染源(污迹、废物、噪声)的产生，达

到四无(无废物、无污迹、无灰尘、无死角)标准；清洁(Seiketsu)——制度化、规范化，并监督检查；素养(Shitsuke)——培养员工良好的职业习惯，积极向上的工作态度和状态。从小事做起，养成良好的习惯，从而创造一个干净、整洁、舒适、合理的工作场所和空间环境。

(2) 讲究礼仪，主动热情。一个旅行社员工的素质、待人接物的礼仪水平，是从每个员工的言谈举止中体现出来的，门市部虽然不大，但它既是工作的地方又是社交的场所，门市部的工作人员的礼仪如何，往往是客商评价公司的重要依据。

① 注重仪表。旅行社接待人员要仪容得体，服饰整洁大方，仪态大方，体现出良好的精神状态，给顾客端庄文雅、自尊自信的良好形象。

② 遵守制度。遵守旅游公司的管理制度，按时上下班，不迟到，不早退，不能无故不上班。在办公室里不拨打或接听私人电话，不占用工作时间上街买菜、逛商店，不在写字间打扑克等。在门市部工作，要注意保持安静，与同事谈工作时，声音不宜太高；不要在过道里、走廊上大声呼唤同事；拨打电话或接听电话时，语调要平和、文明。

③ 礼貌待人。旅游咨询者走进门市部后，门市部服务行业从业人员要仔细观察、判断旅游咨询者进入门市的意图，要转向旅游咨询者，用眼神来表达关注和欢迎，注目礼的距离以五步为宜；在距三步的时候就要面带微笑，热情地问候“您好，欢迎光临”，并用手势语言敬请旅游咨询者坐下。门市部服务行业从业人员要主动为旅游咨询者提供帮助，可通过接触搭话使旅游咨询者从无意注意转向有意注意，或者从对旅游产品的注意发展到对该产品的兴趣。在与旅游咨询者搭话以后，应尽快出示旅游产品，使旅游咨询者有事情可做，有东西可看，有引起兴趣、产生联想的对象。

门市部人员应实事求是地说明产品的有用信息，并列举旅游产品的一些卖点，根据旅游咨询者的情况，在旅游咨询者比较、判断的阶段刺激旅游咨询者的购物欲望，促成购买；促进旅游咨询者对打算购买的旅游产品的信任，坚定旅游咨询者的购买决心。当推销成功，旅行社门市部应当依法与旅游咨询者订立书面合同，其目的是维护旅游咨询者和旅游经营者的合法权益。旅游咨询者一旦签好旅游合同后，门市部服务行业从业人员就应该收取费用，并为旅游咨询者开好发票。核对款项时要认真仔细，避免发生错收错付情况。门市部服务行业从业人员在为旅游咨询者开好发票、结束销售时，还应询问旅游咨询者是否有亲人或者朋友一起去旅游，告知旅游咨询者出发前要注意哪些事项，什么时间、地点和导游或者全陪导游联系，并告知旅游途中要注意的事项。这可以使旅游咨询者体验到门市部是真心实意地为他们服务的，从而对门市部留下美好的回忆，起到良好的宣传效果。

(3) 散客代办，业务精到。办理散客代办业务要讲究流程，有条不紊地做好各项代办业务，不同的散客代办业务要区别对待。

① 门市接待人员办理散客来本地的委托代办业务。首先，了解对方旅游咨询者的有关情况，详细记录对方(委托方)旅行社名称、委托人姓名及通话时间等，以便有据可查，根据实际情况认真填写好任务通知书并立即按内容进行预订，若客人需提供导游服务，应及时落实导游人员。当委托的某些项目无法提供时，应在 24 小时内通知委托者，以便委托方随时准备。

② 代办散客赴外地的委托业务。当门市接待人员在接受和办理赴外地旅游的委托时，应热情周到，耐心询问客人的要求，并记录。认真检查其证件，并有礼貌地请旅游咨询者本人填写委托书等表格，对客人不明白的注意事项耐心解释。如果委托书中有旅行社不能办到的事情应事先向旅游咨询者说明，请其自行删除，并向其道歉。

③ 受理散客在本地的单项旅游委托业务。热情主动询问旅游咨询者的要求，微笑、耐心说明旅行社所能提供的各种服务项目和收费标准，拿出委托书请旅游咨询者自行填写。当旅游咨询者办妥单项委托服务手续后，礼貌地与旅游咨询者道别，并及时通知有关部门。

(4) 特殊团队，特别对待。特殊团队就是指有别于一般旅游、观光，具有其自身特点的旅游团队。在组织接待安排特殊团队时，不能等同于一般观光团的操作，应根据他们的自身特点，有针对性地组织操作和接待。参照洪美玉主编的《旅游接待礼仪》(人民邮电出版社，2006)，具体如下：

① 新闻记者或旅游代理商接待礼仪。旅行社组织接待代理商或新闻记者参与旅游，目的是介绍自己组合的旅游线路，使其通过观察了解并熟悉本社的业务和旅游目的地的旅游业情况，产生组团消费本社旅游产品的愿望，宣传并介绍本社的旅游业务。旅行社组织旅行代理商或新闻记者旅游时需注意以下几点：一是精心设计最佳的旅游线路。旅行社应派专人预先按线路采访一下，并落实各地的准备工作，每个地方突出什么，活动、交通、住宿、膳食怎样安排等，要反复检查确认。二是邀请团在考察过程的活动，尤其是交通、食宿、参观游览、文娱活动等，应与将来旅行社组团的活动基本一致。三是配备最佳导游。选择好导游是邀请团活动成功与否的关键。要选择有经验而又学识渊博的导游，讲解既深入浅出，又诙谐动听、妙趣横生，让代理商或记者感到是一次很好的艺术享受，回去后有助于更好地宣传，从而起到扩大影响、吸引游客的作用。

② 大型团队接待礼仪。接待大型团队的旅游活动，其难度及要求比一般旅游团队都要高。接待人员必须同时具备较高的业务水平、宏观的控制能力与严密的工作作风，才能够圆满完成接待任务。应注意与各有关单位确认活动日程和确切的时间，检查接待人员的精神准备和物质准备，通知每人车号、客人数、房号；部门经理亲临机场或码头察看迎接团队的场地、乐队站立的位置、停车点；事先安排专人下榻饭店，与饭店客房部经理等共同检查房间内各种设施是否完好可用；与车队联系好出车顺序，车上贴好醒目车号和标志。

③ 残疾人团队接待礼仪。接待残疾人旅游团队，最重要的是要有满腔热忱，随时注意维护残疾人的自尊心。在生活服务方面，一定要细心周到，想方设法为他们提供方便；在导游工作方面应尽量满足他们的要求；在日程安排方面，要考虑到他们的身体条件和特殊需要，时间应宽松些，所去景点应便于残疾人活动。

2) 旅游产品推销礼仪

同其他实物产品一样，旅游产品这种特殊的商品也需要宣传和推销。旅游产品推销礼仪，是指销售人员在推销过程中应遵循的行为规范与准则，它指导着销售人员的言行举止，是促成良好旅游商务关系的润滑剂。

(1) 约见客户礼仪。约见客户，是指推销人员事先征得客户同意，面对面协调接触的活动。总的来说，销售员约见客户时，要事先联系好客户，征求对方同意后再会面。约见时应从对方利益出发，多为客户着想，最好由客户决定约见的时间、地点等相关事宜。销售人员应视客户的具体情况，选择天气良好、对方时间宽裕、情绪好的时候进行约见，可以主动提出几种建议由客户定夺。约见时间一旦确定，销售人员就应按时到达，绝不可失约。约见地点的选择，最好尊重客户的意见，选择客户熟悉的地方，或者选择安全、轻松、无外界干扰、交通较为便利的场所，总之，由客户选择约见地点比较礼貌。约见的形式可以多种多样，如电话预约、信函预约，也可以当面约见等。不论口头预约还是书面预约，都要注意措辞的礼貌、得体。

(2) 拜访客户的礼仪。旅游产品的销售人员拜访客户时要注意以下礼仪：

① 重视给顾客的第一印象。心理学调查表明，人们接触的最初两分钟，彼此印象最为深刻。因此，推销人员首先要特别注意自己的外貌，这是第一印象产生的最初原因，要热情开朗，诚恳自信，争取为顾客接纳而不产生排斥。其次要选择合适的服装。据研究，初次见面给人印象的 90%产生于服装。当然，并不是说服装要多么高档和华丽，而是干净整洁，职业化是应当做到的。国外流行的“TPO”服装术，值得推销人员借鉴。只有在顾客心目中留下并保持良好的第一印象，才能为推销工作的进一步开展打下基础，赢得先机。

② 讲究见面礼节。旅行社的商务接洽人员，要时时保持饱满的精神和面带微笑，并持关心对方的态度。称呼对方要用尊称。与对方握手时姿势要端正，正视对方的眼睛，体现出礼貌和真诚。问候、说话要谦和亲切。

③ 讲究洽谈的礼仪。在旅行社的商务洽谈中，融洽友好的气氛是洽谈得以顺利进行的重要条件。旅行社业务人员必须使自己的语言表达文明礼貌、分寸得当，使洽谈双方始终处于一种尽可能友好的气氛中。出言不逊，恶语伤人，会引起对方的反感和不满，往往会给谈判造成障碍，甚至导致洽谈的破裂。要仔细倾听对方的发言，注意观察对方的举止、神情、仪态，以捕捉对方的思想、动机等，还可以通过适当的语言表达投石问路，探视对方的想法，获得必要的信息，这是更为直接有效的方法。在洽谈中说话一定要注意分寸，留有余地，不能说“满话”，要使说话具有一定的弹性，给自己留下可以进退的余地。洽谈中对某些复杂的事情或意料之外的事情不可能一下子做出准确的判断，可以运用模糊语言避其锋芒，做出有弹性的回答，以争取时间做必要的研究和制定应对方法。对一些很难一下子做出回答的要求和问题，可以说“我们将尽快给你们答复”“我们再考虑一下”“最近几天给你们回音”等。这样留有余地的说法，可使自己避免盲目地做出反应而陷入被动的局面。洽谈中不要急于求成，要始终保持一种平和心态，耐心等待；洽谈工作较为顺利时不要喜形于色，遇到客户推辞拒绝时，也不要垂头丧气。有涵养风度的接待人员，往往是先推销形象，再推销产品。

拜访结束，别忘记要礼貌地告别。

(3) 售后服务的礼仪。对旅行社而言，售后服务主要包括处理顾客投诉和回访游客两个方面。

① 处理投诉礼仪。当接到游客投诉后，无论投诉对象是谁，都要认真听取游客投诉，要头脑冷静，面带微笑，对宾客遇到的不快表示理解，并致歉意。接受客人投诉时，应尽量避开人群较多的地方，避免影响其他客人。无论游客投诉态度如何、投诉与事实有多大出入，都要虚心接受。对游客的投诉，旅行社是否有过错都不要申辩，尤其是对火气很大、脾气暴躁的游客先不要解释，可以先向客人说“对不起”，表示安慰，如事态较严重要立即上报主管经理。迅速了解游客投诉的具体内容、投诉对象，并立即将游客的投诉反映给被投诉对象的所在部门，请他们迅速调查，核实处理，并将调查处理结果尽快反馈给旅游者，若一时难以处理的也应将有关情况及时反馈给游客。如投诉对象是所在旅行社或者就是导游人员本人，导游人员更应微笑接待，认真倾听，最好当着游客的面认真做好记录，不可边听边反驳游客的投诉。对一些简单、易解决的投诉，要及时解决并征求游客对处理投诉的意见。对一些不易解决的投诉，首先要向游客道歉，并感谢游客对导游工作提出宝贵意见，向游客说明并及时向相关部门经理汇报，及时将处理结果通告游客，并再次道歉，以消除旅游者所遇到的不快。对于重大投诉或重要游客的投诉，要立即上报，及时处理，不得延误。一桩投诉处理完后，要注意详细记录投诉并写明处理结果，上报批示后归档。

② 游客回访礼仪。旅行社要高度重视游客的意见和建议，及时沟通、解释、感谢或补救。旅行社可以设立奖励制度，对提出合理化建议和意见者，给予适当的奖励。旅行社网址和旅游者意见箱，应该长期设置，并安排专人负责，及时查看，及时回复和处理，并且长期实施。游客意见表由客人填写，可由导游人员直接带回并交给门市。电话访问必须及时，应在行程结束后的两天内完成，要简洁明了，主题突出，有针对性。回访游客只针对重要客户，行程结束后三天之内完成，以不打扰游客为前提，要耐心、虚心听取他们的建议和意见。

2. 导游员接待服务礼仪

1) 导游员的素质要求

导游员通常都是独立工作，需要有较强的组织、协调、沟通、控制、调动情绪、处理突发事件的能力。导游员的素质要求主要包括以下几个方面：

(1) 热情友好、爱岗敬业。导游员应该性格开朗、待人热情、活泼睿智、富于幽默感。导游员在接待过程中应该热情地关心每一位游客，提供富有人情味的服务，使游客产生一种宾至如归的感觉。导游员应该具有强烈的敬业精神，热爱导游工作，真诚热情地为游客服务，精力充沛地投入旅游团的接待工作中。导游员应该积极发挥自己的聪明才智和主观能动性，不怕吃苦、任劳任怨，出色地完成旅游接待任务，让游客高兴而来，满意而归。

(2) 仪表端庄、仪容大方。导游员要以整洁的衣着、端庄的仪表和潇洒大方的言谈举止展示自身良好的形象。这样在为游客提供服务时，会给导游员增添几分气度。而衣着不整、形象邋遢的导游员则使人感到不可信任。因此，导游员的衣着必须整洁、得体；表情要自然、诚恳、稳重，让人看上去总是精神饱满、朝气蓬勃。

(3) 态度乐观、不惧困难。导游员在旅游接待过程中，经常会遇到各种意料不到的困难。例如飞机航班延误、旅游途中遇到车祸、旅游团内有人生病、旅游团内个别游客对旅行社的某些安排表示强烈不满等。在困难面前，导游员应该表现出乐观的态度，让游客觉得困难并不像原先想象的那么严重，增加克服的勇气。因此，导游员必须是一个乐观主义者，在任何困难面前都不应丧失信心。那种一遇困难就惊慌失措、怨天尤人的人，绝不会成为一名合格的导游员。

(4) 意志坚定、处事果断。坚定的意志和处事果断的工作作风，是导游员成功地带领游客完成旅游活动的重要因素。无论担任领队、全程陪同还是地方陪同，导游员都必须在游客面前表现出充分的自信心和抗干扰能力。导游员应该坚定不移地维护游客和旅行社的正当权益，坚持要求有关方面不折不扣地执行事先达成的旅游合同或其他合作协议。在遇到比较棘手的问题时，导游员应保持冷静，头脑清醒，善于透过纷乱复杂的表面现象，迅速找到问题的实质，果断地采取适当措施，尽快将问题解决好。

(5) 待人诚恳、讲求信誉。导游员必须具有待人诚恳的品质，无论对游客还是对旅行社，都必须讲求信誉，做到言必行、行必果，一切事情必须光明正大，不得背着旅行社同游客、旅游中间商或其他旅行社做私下交易。导游员不应做假账，虚报各种开支，也不能欺骗游客，损害游客的利益。导游员不得讲有关他所服务的旅行社或游客的坏话，这样既不公平又不明智，最终会让人对导游员产生恶劣的印象。

(6) 顾全大局、团结协作。导游员在接待过程中，不可避免地要同许多部门、单位、企业和个人进行合作，在合作的过程中，有时会因各种原因同这些部门、单位、企业和个人发生误会甚至冲突。当这种情况发生时，导游员应以大局为重，在一些非原则的问题上尽量向对方解释，设法取得谅解，以消除误会，加强合作。另外，导游员在接待过程中要经常注意游客的情绪，发现不和谐的苗头时，应及时加以调解，使整个旅游团在团结和睦的气氛中顺利度过旅游全行程，留下旅游活动的美好印象。

(7) 身体健康、性格开朗。导游员应该具有健康的身体和心理，精力旺盛、充满朝气。旅游接待工作既是一项十分繁重的脑力劳动，也是非常艰巨的体力劳动。导游员每天不仅要提供大量的导游讲解服务，还要从生活的各个方面照顾来自不同国家和地区具有不同文化传统和生活习惯的游客。在旅游过程中，导游员经常是全团中第一个起床和最后一个就寝的人，而且要经常面对各种意料不到的困难，需要不断地解决问题、调解各种纠纷、协调各方面的关系，这些工作会消耗导游员的大量脑力和体力，有时会弄得导游员心力交瘁。

(8) 遵纪守法、依法办事。导游员应该成为遵纪守法的模范，尊重游客的宗教信仰、民族风俗和生活习惯，并主动运用他们的礼节、礼仪，以表示对他们的友好和敬重。自觉维护国家的各种法律、法规，严格按照旅行社的各项规章制度办事。导游员应该熟悉有关旅游行业和消费者权利的各项法规，能够运用法律保护旅行社和游客的正当权益，并勇于同各种违反国家法律和旅行社规章制度的行为做斗争。

(9) 勤奋好学、不断进取。导游员应该具有强烈的进取精神，勤奋好学，不断用各种知识充实自己的头脑。导游员不仅要学习书本知识，还要通过实践进行学习和锻炼，将书

本知识同实践经验结合起来，提高自己的知识水平和业务能力。另外，导游员还应虚心地向他人学习，向同事学习，向游客学习，不仅学习他们的成功经验，还要吸取他们的失败教训，避免重蹈他人的覆辙。

2) 导游员讲解礼仪

(1) 讲解时控制好声音、语速，选择好讲解的地点。在导游过程中，导游员要熟悉业务，知识面广。讲解内容健康、规范，热情介绍、答复游客的提问或咨询，耐心细致；对游客的提问，尽量做到有问必答、有问能答；对回答不了的问题，致以歉意，表示下次再来时给予满意回答；与游客进行沟通时，说话态度诚恳谦逊，表达得体，如“请您随我参观”“请您抓紧时间，闭馆时间到了”“欢迎您下次再来”等。

同时，导游员讲解时音量过高会造成噪声，令人讨厌，说出外行话更让人瞧不起；音量过小，游客又听不清楚，“讲话的艺术在于适中”。导游员在讲解时音量不可过高或过低，要以游客听清为准。因此，导游员讲解的时间、位置都要注意选择。一般来说，导游员要站在游客围成的扇面中心，这样有利于声音传播，使客人都能听到导游员的讲解，导游员也能听清客人的议论和问题。导游员如果讲得过快，游客听不清楚，导游员的精神也高度紧张，容易引起疲劳；如果讲得过慢，又会耽误时间，影响游客观赏景物，让人感到不舒服。一般说来，需要特别强调的事情、容易招致疑惑误解的事情、重要的地名(人名、数字等)应放慢语速；众所周知的事情、不大重要的事情、故事进入高潮时要加快语速。当然，导游员语言要讲究变化。“所应遵循的原则，就是随时注意变化”，要根据讲解内容，做到宜徐则徐，宜疾则疾，徐疾有致，快慢相宜。

(2) 导游员语言表达符合要求。导游员讲解时语言要做到准确顺畅、生动自然、条理灵活。

① 准确流畅是导游员语言礼仪的核心。根据语言学的研究，导游语言是一种线性语言，讲解一定要流畅。一旦中断，就会影响意思表达，游客无法领会你想要表达的意思和感情，会产生诸如你准备不充分等其他不好想法，伴随而来的是对导游员的怀疑、不信任心理。因此，导游员语言表达准确流畅，对导游人员来说至关重要。同一导游材料，不同导游员去讲解，收到的效果会有所差别，甚至有天壤之别。导游员在讲解之前，一定要把有关景点材料记忆得滚瓜烂熟，并反复加以操练。同时，还要避免使用不良的习惯语，也就是我们平常所说的口头禅，诸如“这个……这个……这个……”“嗯……嗯……嗯……”之类，最影响讲解内容的连贯性。只有讲解流畅，才能达到“黄河之水天上来，奔流到海不复回”的境界，取得庐山瀑布“飞流直下三千尺”的效果。

② 生动自然是导游员语言礼仪的特色。导游员在内容讲解准确的基础上，应以生动、有趣且具感染力的语言活跃气氛，增添游客的游兴，以趣逗人。杜绝讲解中过度使用书面语言、照本宣科、死板老套等现象的发生，“黄色幽默”和低级趣味的笑话更应杜绝。例如，在介绍千佛山公园概况时有位导游员是这样讲的：“千佛山山脉来自岱麓，它翠峰连绵，树木蓊郁，松柏满谷，楼台高耸，殿宇错落，为济南天然屏障。”这段讲解由于玩弄美丽辞藻，过多使用书面语言而让人感到不自然，不能给游客以生动易懂、赏心悦目的感觉，无法实现导游员讲解的目的。正确的办法是应将其修改为通俗、生动的口头语

言。我们可以尝试着将上面一段文字修改如下："千佛山属于泰山的余脉，海拔 258 米。你看它东西横列，翠峰连绵，盘亘于济南市区的南面，被人形象地称为泉城的南部屏风。清朝著名文学家刘鹗在他的小说《老残游记》中，就有一段描述千佛山的话，他说从大明湖向南望千佛山，'仿佛宋人赵千里的一幅大画，做了一架数十里长的屏风'，形容得非常贴切。"导游员这样的讲解让游客如身临其境、回味无穷。

③　条理灵活是导游员语言礼仪的基本要求。条理清楚，是导游员与游客沟通的根本。特别是对于内容丰富、复杂的景点，讲解必须有条理。先讲什么、后讲什么、中间穿插什么，都要事先组织好，否则会让人不知所云。导游员要克服一些不良的口语习惯。有的导游员用语暧昧、含糊不清，有的解说反复啰唆、拖泥带水，这些不良习惯都会影响导游员的表达能力，是应当想方设法克服的。导游员语言运用要妥当、有分寸，以做到真正体现对游客的尊重。灵活强调的是导游员的语言表达应做到因人、因地、因时而异，导游员在讲解时必须充分考虑游客的文化背景、认知水平、兴趣爱好及职业特点等异同，并据此有针对性地决定内容的取舍和表达方式的选择，以提高游客的接受和理解能力。

3)　导游迎送礼仪

旅游团队接送礼仪是导游人员的一项十分重要的工作，接团工作的礼仪是否周全，直接影响着旅行社和导游本人在客人心目中的第一印象；而送团则是带团的最后一项工作，如果前面的工作客人都非常满意，但送团工作出现了礼貌不周的问题，同样会破坏旅行社和导游人员在客人心目中的整体形象，并使陪团前期的努力前功尽弃。为此，在导游服务工作程序中，迎送礼仪是十分重要的。

(1)　导游迎接过程的规范礼仪。这包括：①接站前导游人员到机场、车站、码头迎接游客，必须比预订的时间早到，等候客人，而不能让游客等候接团导游员。②接团应事先准备好足够旅游者乘坐的旅游车，并督促司机将车身和车内清洗、清扫干净。③导游员的导游证、旅行社的徽章，应佩戴在服装的左胸的正上方；制作好醒目的接团牌，要事先了解全陪的外貌特征、性别、装束等，当游客乘交通工具抵达后，举起接团的站牌，向到达游客挥手致意。④接到游客后，应说"各位辛苦了"，然后主动介绍自己的单位及姓名，尊重老人和妇女，爱护儿童，进出房门、上下车，要让老人和妇女先行，对老弱病残的人要上前搀扶，主动给予照顾。⑤介绍过后，迅速引导游客来到已安排妥当的交通车旁，指导游客有秩序地将行李放入行李箱后，再引导游客按次序上车；游客上车时，导游人员最好站在车门口，用手护住门顶以防游客碰头。⑥游客上车后，待游客稍作休息后，将旅游活动的日程表发到游客手上，以便让游客了解此行游程安排、活动项目及停留时间等。为帮助游客熟悉城市，可准备一些有关的出版物给游客阅读，如报纸、杂志、旅游指南等。⑦注意观察游客的精神状况，如游客精神状况较好，在前往酒店途中，可就沿途街景做一些介绍；如游客较为疲劳，则可让游客休息。⑧到达酒店后，协助游客登记入住，并借机熟悉游客情况，随后将每个游客安排妥帖。⑨游客进房前先简单介绍游程安排，并宣布第二天的日程细节。第二天活动如安排时间较早，应通知总台提供团队游客的叫早服务，并记住团员所住房号，再一次与领队进行细节问题的沟通协调。⑩不要忘记询问游客的健康状况，如团队中有人身体不适，首先应表示关心，若需要应想办法为游客提供必要

的药物，进行预防或治疗，以保证第二天游程计划的顺利实施。与游客告别，并将自己的房间号码告知游客。

(2) 导游送站过程的规范礼仪。导游送站过程的规范礼仪主要包括：①游客活动结束前，要提前为游客预订好下一站旅游或返回的机(车、船)票；游客乘坐的车厢、船舱尽量集中安排，以利于团队活动的统一协调。②为游客送行，应使对方感受到导游的热情、诚恳、有礼貌和有修养。临别之前应亲切询问游客有无来不及办理、需要导游代为解决的事情，应提醒游客是否有遗漏物品并及时帮助处理解决。③火车、轮船开动或飞机起飞以后，应向游客挥手致意，祝一路顺风，然后再离开。

4) 导游沟通协调礼仪

导游工作的性质与任务，不仅仅是景点介绍、讲解，还包括许多其他的工作，涵盖了旅游六大要素中吃、住、行、游、购、娱的方方面面。游客的兴趣、爱好、要求各不相同，素质参差不齐，要使每个团员满意确实相当不易。对于导游人员来说，要做好以下沟通协调工作：

(1) 善于回答疑难问题。回答疑难问题可以运用下列礼仪技巧：①原则问题是非分明。游客提出的某些问题若涉及一定的原则立场，一定要给予明确的回答。这些问题有些涉及民族尊严，有些涉及中国的国际形象，如香港的“一国两制”“台湾问题”等，要是非分明、毫不隐讳，并力求用正确的回答澄清对方的误解和模糊认识。例如，西方游客在游览河北承德时，有人问：“承德以前是蒙古人住的地方，因为它在长城以外，对吗？”导游员答：“是的，现在有些村落还是蒙古名字。”又问，“那么，是不是可以说，现在汉人侵略了蒙古人的地盘呢？”导游员答，“不应该这么说，应该叫民族融合。中国的北方有汉人，同样南方也有蒙古人。就像法国的阿拉伯人一样，是由于历史的原因形成的，并不是侵略。现在的中国不是哪一个民族的国家，而是一个统一的多民族国家。”游客听了都连连点头。②诱导否定。游客的性格各异，要求五花八门，有些合理要求作为导游人员应当尽量予以满足，而有些要求却不尽合理，按照礼貌服务的要求，导游不要轻易对客人说“不”。对方提出问题以后，不马上回答，而是讲一点理由，提出一些条件或反问一个问题，诱使对方自我否定，自我放弃原来提出的问题。③曲语回避。有些游客提出的问题很刁钻，使导游员在回答问题时肯定或否定都有漏洞，左右为难，此时应以静制动，或以曲折含蓄的语言予以回避。有一位美国人问导游员：“你认为是毛泽东好，还是邓小平好？”导游员巧妙地避开其话锋，反问道：“您能先告诉我是华盛顿好还是林肯好吗？”对方哑然。④微笑不语。遭人拒绝是最令人尴尬难堪的事，为了避免遭遇这种难堪，一般人通常选择不轻易求人。所以，不论是何种情况，导游员都不应直截了当地拒绝游客的要求。但有时游客提出的一些要求，导游员又不得不拒绝，此时，微笑不语可谓是最佳选择。满怀歉意地微笑不语，本身就向游客表达了一种“我真的想帮你，但是我无能为力”的信号。微笑不语有时含有不置可否的意味。⑤先是后非。在必须就某个问题向游客表示拒绝时，可采取先肯定对方的动机，或表明自己与对方主观一致的愿望，然后再以无可奈何的客观理由为借口予以回绝。例如，在故宫博物院，一批外国游客看到中国皇宫建筑的雄伟壮观，纷纷要求摄影拍照，而故宫的有些景点是不允许拍照的。此时，导游员诚恳地

对客人说：“从感情上讲，我真想帮助大家，但这里有规定不许拍照，所以，我无能为力。”这种先“是”后“非”的拒绝法，可以缓解对方的紧张情绪，使对方感到你并没有从情感上拒绝他(她)的愿望，而是出于无奈，这样他们在心理上容易接受。⑥婉言谢绝。婉言谢绝，是指以诚恳的态度、委婉的方式，回避他人所提出要求或问题的技巧。即运用模糊语言暗示游客，或从侧面提示客人，其要求虽然可以理解，但却由于某些客观原因不便答复。为此只能表示遗憾和歉意，感谢大家的理解和支持。拒绝游客的方法还有不少，如顺水推舟法，即拒绝对方时，以对方言语中的某一点作为拒绝的理由，顺其逻辑性得出拒绝的结果。顺水推舟式的拒绝，显得极有涵养，既能达到断然拒绝的目的，又不至于伤害对方的面子。

(2) 善于激发游客兴趣。游客游兴如何是导游工作成败的关键。游客的游兴可以激发导游的灵感，使导游在整个游程中和游客心灵相融，一路欢声笑语；相反，如果游客兴味索然，表情冷漠，尽管导游竭尽所能，也会毫无成效。激发游客游兴的礼仪包括两个方面：一是利用景观本身的吸引力，二是导游借助语言功能调动和引导的礼仪。

导游的景点介绍，一定要注意讲解的针对性、科学性和语言表达主动性的完美结合，应根据不同的景点(人文景观，如故宫、颐和园；自然景观，如桂林山水)进行详略不同的介绍；有的具体详尽，有的活泼流畅，有的构思严谨，有的通俗易懂。总之，景点介绍的风格特点和内容取舍，始终应以游客的兴趣为前提。

另外，在旅游过程中，要善于变换游客感兴趣的话题，可根据不同游客的心理特点，选择以下话题：满足求知欲的话题、刺激好奇心理的话题、决定行动的话题、满足优越感的话题、娱乐性话题等。

(3) 善于调节游客情绪。情绪是人对于客观事物是否符合本身需要而产生的一种态度和体验。旅游活动中，由于有相当多的不确定因素和不可控制因素，随时都会导致旅游计划的改变。例如有时由于客观原因游览景点要减少，游客感兴趣的景点停留时间要缩短；预订好的中餐因为某些不可控制的因素，临时改变吃西餐；订好的机票因大风、大雾停飞，只得临时改乘火车，类似事件在接团和陪团时会经常发生。这些都会直接或间接影响到游客的情绪。

礼仪小故事 4-10：

开　导

一个旅游团因订不到火车卧铺票而改乘轮船，游客十分不满，在情绪上与导游形成了强烈的对立。导游面带微笑，一方面向游客道歉，请大家谅解，由于旅游旺季火车的紧张状况导致了计划的临时改变；另一方面，耐心开导游客，乘轮船虽然速度慢一些，但提前一天上船，并未影响整个的游程，并且在船上能够欣赏到两岸的风光，相当于增加了一个旅游项目。导游成功地运用不同的分析方法，以诚恳、冷静的态度，幽默、风趣的语言，很快化解了游客的不满情绪。

(资料来源：http://www.canyin168.com/glyy/yg/ygpx/fwal/200707/7350_13.html)

调节游客情绪要注意以下几点：①避免以自我为话题中心。调节游客情绪时，最忌讳一方自以为是、夸夸其谈、炫耀自己，完全忽视他人。如果听者始终找不到机会参与谈话，心理上就会产生抵触情绪。为了促进双方情绪的沟通，在谈话中应尽量使对方多开口，借以了解对方，挖掘双方的共同点，找出双方共同的话题，不能一个人垄断话题，也不要放弃调节情绪的机会。②谈论游客感兴趣的内容。在交谈中，应随时注意游客的反应，观察游客的表情、体姿，判断其对谈话的关注程度，并经常征询游客的意见，给予对方谈话的机会。如果一旦发现游客对话题不感兴趣，应立即停住并转移话题，调整谈话的内容和方式。交谈中不要涉及个人隐私、敏感问题，否则谈话会陷入难堪的局面。③谈话内容应以友好为原则。在调节游客的情绪中，双方可能会因对问题的看法不同而发生争论。有时争论是有益的，但争论也容易导致友谊破裂、关系中断，因此，应防止或避免无意义的争论，尤其是不冷静的争论。一旦争执起来，如果对方无礼，不要以牙还牙、出言不逊、恶语伤人，也不要旁敲侧击、冷嘲热讽，而应宽容克制，尽可能地好言相劝，再寻找新的话题。

5) 处理突发事件的礼仪

由于旅游活动有较多的不确定因素，加之涉及需要协调、衔接的部门，环节较多，很难预料在组织游览过程中会发生怎样的突发事件。只有在服务的全过程中，具有预测和分析突发事件的能力，充分做好防范的准备，才能减少和杜绝那些影响服务正常运作的突发事件。导游员如何对突发事件做到防患于未然？常见的突发事件及其防范处置原则如下：

(1) 尽量在带团出游前对游览计划、线路设计、搭乘的交通工具、景点停留时间、沿途用餐地点等做出周密细致的安排，并根据以往的带团经验充分考虑容易出现问题的环节，准备好万一出现问题时所采取的对策及应急措施。

(2) 应准备一些常用的药品、针线及日常必需品，将应付突发事件需要联系的电话号码(如急救、报警、交通票务服务、旅行社负责人、车队调度等)随时带在身上。

(3) 出发前应亲切询问团队客人的身体健康状况，对老年团队成员尤其要细心。

(4) 游览有危险因素的景点或进行有危险的活动，如爬山、攀岩、游泳等，一定要特别强调安全问题，并备有应急措施。

(5) 事件发生以后要沉着冷静，既要安抚客人，稳定客人情绪，又要快速做出周密的处理方案和步骤，尽量减少事件带来的负面影响。

在做好了上述工作后，可针对突发事件的性质和种类采取补救、协调、缓和、赔偿、行政手段、法律手段等相应的对策。一旦突发事件发生，导游应该如何面对呢？

(1) 路线与日程变更。应对此类事件时一定要讲究处理程序，具体要从以下方面着手：①如果遇到特殊情况需要改变旅游路线，包括增减或变更参观景点、增减旅行的天数或改变交通工具等，必须由领队提出，经与接团社研究认为有可能变更，并提出意见请示组团社后，导游才可实施新的旅游计划；②如个别游客要求中途离团或全团旅行结束后延长在旅游地的时间，导游必须请示接团社、组团社后，方可同意；③如遇上接团社没有订上规定的航班、车次的机票、车票、船票，而更改了航班车次或日期，应向游客做好解释，并提醒接团社，及时通知下一站做好准备；④如因雨天或其他不可抗力的原因临时取

消航班，不能离开所在城市时，应注意争取领队、全陪的合作，稳定游客情绪，并立即与内勤联系，配合民航安排好游客当天的食宿。

(2) 行李丢失和损坏。其处理程序是：①在机场发生行李丢失，应凭机票及行李牌在机场行李查询处挂失，并保存好挂失单和行李单，与机场密切联系追查。②抵达饭店时才发现行李丢失，应按行李交接手续从最近环节查起。③行李损坏，应坚持谁损坏谁赔偿的原则。一时查不清责任，应答应给受损失者修理或赔偿，费用掌握在规定的标准内，请客人留下书面说明，发票由地陪签字，以便向保险公司办理索赔。

(3) 游客病危或死亡。其处理程序是：①游客发生病危时，全陪要及时向接团社汇报，积极组织抢救。如遇游客在乘火车途中发生急症，应及时与乘务员联系，进行抢救或通知前方站准备抢救。②如遇游客死亡，应立即报告接团社、组团社和保险公司，按照程序规定进行处理。

(4) 游客财物损失或被盗。其处理程序是：①游客丢失护照，领队应首先详细了解丢失情况，找出有关线索，努力寻找。如确实找不到，应尽快报告当地旅行社开具证明，由陪团协助游客速照快相，拿着照片去其护照国使领馆办理临时护照，没有使领馆的地区，到当地公安机关开具出境证明。②导游员迅速了解物品丢失的前后经过，做出正确判断，是失主不慎丢失，还是被盗，迅速报告公安部门，并协助查找。

(5) 交通事故。如果在旅途中发生交通事故，导游员不要惊慌，要稳定游客情绪，并在第一时间通知旅行社和当地交通部门。导游员要采取下列措施：①要立即将伤员送往距出事地点最近的医院抢救。全陪应立即向组团社和接团社汇报，并请示事后处理意见。②保护现场，并尽快报告交通警察和治安部门。③做好全团人员的安全工作，事故发生后，除有关人员留在医院外，应尽可能使其他团员按原定日程继续活动。④做好事故善后工作。交通事故处理就绪或该团接待工作结束后，导游应立即写出事故发生及处理的书面报告。

4.4.3　银行服务礼仪

1. 银行服务规范

1) 银行服务设施规范

银行的服务设施，一般是指在银行业的各个服务网点上，根据常规，所应当设置以备顾客使用的各种设备和用具等。关于银行的服务设施，规范的要求是完善、整洁、便民与安全。

(1) 银行的服务设施必须完善。银行为客户所提供的各项服务，既要注意周全，更要力臻完善。这一要求，首先应当体现在银行的服务设施方面。这方面的工作做好了，银行的良好形象才有可能真正地在社会上树立起来。

① 要有行名、行徽、所名以及对外营业的时间牌。

② 要悬挂经营金融业务的许可证以及正式的营业执照。

③ 要有标明年月日时分的时钟和办理各项业务的标示牌。

④ 要有储蓄利率牌(办理外汇业务者，也要有汇率牌)以及业务宣传牌。

⑤ 所有一线工作人员都要在上岗时佩戴标明本人姓名、职务的身份胸卡。

⑥ 营业柜台之外要有可供客户使用的书写台和休息场地，并配有各种便民用品。

⑦ 要设有专供客户使用的意见簿和服务监督电话。

⑧ 要在营业时间之内设有流动的保安人员。

以上这“八有”，是对银行各营业机构完善服务设施的基本要求。对于这些基本要求，不但一定要做到，而且必须努力做好。

(2) 银行的服务设施必须整洁。银行各营业机构的各种服务设施，必须注意整洁的问题。具体而言，就是要使之完整无缺，干净清洁。这是银行为自己塑造良好形象时绝对不容许丝毫疏忽的问题。

① 银行的服务设施一定要完整无缺。这不仅体现着银行的实力和银行工作人员工作的一丝不苟，也是为了更好地服务于客户。特别应当强调：银行的各营业机构必须做到门面庄严、标志醒目、外形美观。行名、行徽的字体、色彩、图案以及排列的方式，一定要严格依照各家银行总行的统一规定制作。行名要标准，行徽要醒目，文字要正确，色彩要和谐，图案要规范。行名牌、营业时间牌以及经办信用卡业务牌等，按惯例均应采用长方形铜质材料或其他金属质地的材料制作，并应当排列恰当地镶嵌在营业厅大门两侧。凡有条件者，均应装有晚间使用的灯光照明设施。但是，上述各种设施均不得出现错、乱、残、缺、坏等现象，否则，便如同是在替自己做反面宣传。

② 银行的服务设施一定要干净清洁。各银行营业机构均应量力而行，认真做好本单位的环境美化和周边绿化。各种服务设施不但布局要合理，而且摆放要有序。营业的大厅，要有一定的高度。采光要充足，灯光要明亮，空气要流通，色彩要和谐。各银行营业机构都要搞好本单位的环境卫生，要认真做到室内桌、椅、柜摆放有序，办公用具一律定位放置，墙上无积尘、无蛛网，窗上无灰垢、无污痕，地上无纸屑、无烟蒂，室内无杂物、无垃圾。不准在室内外乱贴广告、标语、通知。对此，要以经营性的检查、抽查来加以督促。

(3) 银行的服务设施必须便民。对于银行的全体从业人员而言，便民为本，不仅是一种指导性的原则，而且更应当成为自己的实际行动。

为方便客户起见，银行各营业机构在营业大厅内均应设立“两台”“一座”。有条件者，还须设立“一室”。

所谓“两台”，指的是咨询台与书写台。咨询台通常应设立在营业大厅入口处附近，并且配有业务熟练、口齿清晰、责任心强的工作人员，负责解答客户所提出的各类疑难问题，并引导客户办理各项有关的银行业务。书写台上则应当配有各种储蓄单、钢笔、墨水、印泥、别针以及计算器和老花镜，以方便客户填写储蓄单之用。

所谓“一座”，指的是供客户休息之用的座椅，它们应当宽大舒适，并且有一定的数量。在座椅附近，可摆放一些报刊，供客户休息、等候时阅读。

所谓“一室”，指的是贵宾接待室，俗称“大户室”，专供接待重要客户之用。

出于对客户的尊重，在各银行营业机构的营业大厅之内，应悬挂本单位的服务条约、

营业纪律、行为规范、文明用语与服务忌语，以供社会监督。

有条件的话，应在营业大厅之内安装空调、暖气，以便做到室内冬暖夏凉，为客户创造一个更为良好的环境。

对于各类常设性的便民设施以及自助式的存取款设备，应定期进行全面的检查与维修，并将有关的电话号码公告于社会，不要让其有名无实，甚至给客户增添烦恼。

银行各营业机构还需建立流动服务组，以便为存在业务需要的单位或个人，提供上门服务。为此，应将上门服务的电话对社会公开。

(4) 银行的服务设施必须安全。为了预防各类风险的发生，银行各营业机构必须采用保安设施，做好安全防护工具，防患于未然。不仅要防盗、防抢，而且也要防火、防水、防风。

一定要落实好银行的保卫值班制度与安全检查制度。事事要由专人负责、专人检查，处处不可轻心大意。

一定要认真建立预案制度，提前发现并堵塞各种隐患与漏洞。各营业机构必须认真安装好应急报警设施，备齐、备好各种安全防护工具和防火、防水、防风器材，并且要求全体有关人员都能够做到熟练使用。凡有条件的单位，还应当尽早安装闭路电视监控设备。

银行各营业机构的保安人员与值班人员，都要经过系统的安全教育和专业教育，以便使其能够应对各种突发性事件，否则便如同虚设。

在各营业机构的营业大厅之内，可放置一台验钞器，并在适当之处悬挂辨别人民币真伪的宣传性挂图。这样做，不仅可使客户舒心、放心，减少了客户与银行之间的矛盾、摩擦，而且也有利于杜绝伪钞的泛滥。

在有条件的银行营业机构里，要为客户提供“一米线”服务。所谓“一米线”即在个人储蓄窗口之外的地面上距离窗口一米处画线。当前一位客户在窗口办理业务时，后一位客户必须在一米之外的线外等候，以便令正在办理业务的客户真正地感受到保密与安全。

2) 银行的服务行为规范

银行的服务行为，通常指的是银行的全体从业人员在自己的工作岗位上的所作所为。换言之，它实际上所指的就是银行的全体工作人员的工作表现。在一般情况下，对银行业的服务行为规范的总体要求，主要集中地体现在改善服务态度、提高服务质量这两个方面。

(1) 改善服务态度，应当表现在银行全体从业人员的举止神情和言谈话语等各个方面。具体来讲，在下述四个方面尤须做好：

① 要自尊自爱。在自己的工作岗位上，全体银行从业人员都要对自己的仪表、服饰、举止按照有关的岗位规范，从严加以要求。要将这些方面的具体细节问题提升到个人与银行的整体形象的高度来认真加以对待，要将它们与自己爱岗敬业的工作态度联系在一起来予以关注。

在正常情况下，全体银行从业人员在上班时，必须自觉做到仪容清爽整洁、着装端庄得体、化妆自然大方，站、坐姿势端正，佩戴工号上岗，以实际行动做到自尊自爱。

② 要热忱服务。接待客户之时，全体银行从业人员一定要文明礼貌，热忱而主动地

为客户服务。与客户打交道时，要严格地执行本单位已经明文规定的文明用语与服务忌语。对于客户所提出来的各种疑问，要认真聆听，耐心解释，有问必答。为客户服务之时，态度必须主动、诚恳而热情。对待所有的客户，都要一视同仁，具体而言：存款取款要一样周到，业务大小要一样热情，定期活期要一样接待，零钱整钱要一样欢迎，新老客户要一样亲切，大人小孩要一样主动，工作忙闲要一样耐心，表扬批评要一样真诚。

③ 要客户至上。在工作中，银行的全体从业人员必须在思想上牢固地树立起“服务第一”“客户第一”的思想，并且将其认真地落实在自己的业务实践之中，处处急客户所急，处处想客户所想，勤勤恳恳、踏踏实实地为客户服务。接递客户手中的现金、单据、卡证时，应使用右手或双手，不允许抛掷，或不用手接递。有必要确认客户存款或取款的具体数额时，不宜高声喊叫，搞得“满城皆知”，而令客户战战兢兢。当客户前来办理某些较为琐碎而毫无利润可言的业务时，如大钞兑换小钞，兑换残钞、零币，等等，要有求必应，切不可推辞。当客户所取现金数额巨大时，为确保其安全，应安排专人护送。

④ 要任劳任怨。在工作之中，难免会与客户产生某些矛盾纠葛。在此种情况下，对客户的尊重、对工作的负责，都要一如既往。对于矛盾，要力求妥善解决。得理之时，必须让人一步；失礼之时，必须主动致歉。受到客户的表扬要谦虚，受到客户的批评要虚心，受到委屈要容忍。在任何情况下，都要自觉做到与客户不争不吵，始终笑脸相对，保持个人风度。对待批评要注意有则改之，无则加勉，并认真总结工作中的经验教训，不断完善本单位的各项制度、措施。万一在工作上因为个人的原因而出现了差错，要迅速予以纠正，不推不拖，绝不赖账。对于因工作环节、设备使用等原因而产生的不可抗的事故，例如电脑故障、临时停电、设备维修等，要及时对客户做出耐心解释，并采取一切可能采取的补救性措施。不论出现何种状况，都不允许议论、讽刺、刁难客户，尤其不允许辱骂客户，或者与客户动手打架、争吵。

(2) 提高服务质量，主要表现为银行的全体从业人员要在做好本职工作的基础上，对自己提出更高的标准、更严的要求，从而使自己为客户所提供的各项服务在质量方面“更上一层楼”。

就现状而言，要求银行的全体从业人员提高服务质量，特别需要将其具体贯彻落实到如下五个方面：

① 要提前到岗、按时营业。各银行营业机构均应严格本单位的上下班时间和营业时间，并且确保在营业时间之内要接待好每一位上门而来的客户，办理好每一笔金融业务。银行的全体从业人员，在每个工作日里，均必须在上班时间之前到岗，并按照本单位有关的员工个人形象规范的具体要求，做好营业前的各项准备工作，营业时间一到，必须准点开门营业，分秒不差。未到规定的对外营业结束时间，不得提前关门拒客，不得提早关门结账，不准擅自缩短时间。

② 要规范操作、准确认真。在本人的工作岗位上，银行的全体从业人员必须严守各项有关的规章制度，使自己的业务操作既规范标准又迅速及时。为客户提供服务时，要做到先外后内，先急后缓。如，现金收款业务，要先收款后记账；现金付款业务，要先记账后付款。在具体办理业务时，应当力争核算准确，快收快付。各基层机构的营业人员在办

理业务时，必须做到收付核算准确、办理业务迅速、向客户交点清楚，要争取做到速度快、质量好、无差错，努力缩短客户等候的时间。

办理业务之时，必须按规定使用统一印制、内容标准的凭证，联次要齐全，字迹要书写得清晰工整，印章要有效、齐全、清晰，并且一定要在规定之处加盖整齐。

③　要业务公开、社会监督。为了方便客户，更好地服务于社会，银行所经办的各项新老业务应当一律向社会公开，并且提倡主动接受社会监督，以促进本单位更好地开展工作。可能时，还应努力营造内外结合、纵横制约的社会服务监督网。

在目前情况下，各银行营业机构尤其应当做到下述“三公开”。

一是要将银行经办的业务种类，包括主要的服务项目对外公开。各银行营业机构应将自己所经办的各种金融业务和金融服务项目整理分类，设置简介牌，然后予以公布。

二是要将业务处理的手续对外公开。各银行营业机构将自己的主要业务，例如开户、存取款、办理信用卡、申请储蓄卡、储蓄挂失、提前支取等业务办理的手续和规定，汇编成文字材料，提供给客户查阅使用。

三是要将金融政策纪律对外公开。各银行营业机构还需将与本单位及客户相关的国家的各项金融政策纪律，如储蓄政策、结算原则、反假币措施、支票使用规定等，向客户进行公布。

④　要执行政策、遵守法纪。全体银行从业人员在工作岗位上处理业务时，均须时时刻刻自觉地、忠实地、始终不懈地严格贯彻执行党和国家有关的金融法规、政策和方针。违反政策的话坚持不说，违反规定的业务坚决不做。不仅如此，还要努力做好相互监督与制约，要敢于同一切违反党纪、国法和金融政策的行为进行坚决的斗争。要严守法纪，就要懂法、知法、守法，要自觉地做到有法必依、执法必严、违法必究。在工作岗位上，绝不能贪赃枉法、以身试法、目无法纪。要执行好国家各项有关的金融方针和金融政策，就要对其进行系统而认真的学习，并且仔细地进行领会。要在工作中处处以国家利益为重，在思想上、行动上自觉与党和国家保持一致。要严格地完善本单位的各项纪律与各项制度，全体员工严守规章制度，严守工作纪律，秉公办事，廉洁奉公，公私分明，严守秘密，拒腐防变，令行禁止。要不徇私情，不弄虚作假，不利用职权谋求个人私利，不收受客户的礼金或礼物。

⑤　要行为检点、自警自励。银行的全体从业人员，在工作岗位上皆应立足本职，顾全大局，自重自省，率先垂范。在个人的举止行为方面，特别应当多加检点。在上岗之前，一律不准饮酒。在工作岗位上，不准吸烟。在本单位之内，不允许接打私人电话、读书看报，或是忙于其他类型的个人私事。不准以任何借口擅离职守、串柜聊天，或是大声谈笑。在工作期间，与同事或者客户打、逗、闹、玩，也是应予严禁的。总之，一切与业务无关的事情，一切与本职工作相抵触的事情，都是不可以做的。

2. 银行岗位服务礼仪

1)　临柜业务活动礼仪

(1)　办理储蓄业务。办理储蓄业务时要注意，客户如有疑问，应耐心详细地为其解释

清楚。客户也许会提出一些与制度不相符的要求，对此，要坚持原则。不过同样也要本着“一切为客户”的理念，向客户解释清楚为什么要这样做，并为给客户带来的不便表示适当的歉意。客户的要求也许很没有必要，但又不违反制度，这就应顺着他的意愿去办，切不可不屑一顾。钱款要与客户当面点清。对大小客户应该一视同仁，对所有客户要热情周到。

(2) 办理委托业务。这一类业务因涉及的内容比较多，所以应该向客户简明、扼要地介绍办理过程中的所有要素，不要让他无谓地往返。对一些关键的要素，必要时可重复征询、核实，以求办理时就使客户清楚他的权利和义务，减少因交代不清楚造成的误解，以致日后发生不快。耐心回答客户的提问，作为专业人员为客户解释是义务，同时，也是一种荣耀。对客户容易疏漏的问题，要主动提醒，如“账户要保持一定的余额，以便扣款成功”等，不要等客户问起再回答。

(3) 办理银行卡业务。这类业务因为涉及的内容比较多，所以应该向客户简明、扼要地说清楚办理过程中的所有要素，不要让他无谓地往返。对一些关键的要素必要时可重复询问、证实，以求办理时就使客户清楚他的权利和义务，减少今后发生不快的可能。对客户容易疏漏的问题，要主动提醒，如“某某卡不要和密码袋放在一起”，不要等客户问起再回答。

(4) 办理存单(存折)挂失业务。因为客户办理存单(存折)挂失业务时比较着急，所以即使他们有过激的言行，也应本着体谅、理解的态度善待他们。正因为挂失对客户的利益有着直接的影响，所以应该详细、清楚地把有关要素都交代明确。要注意加快语言和动作的节奏，使客户感到你在尽力为他分忧，切忌漠不关心、慢慢吞吞。

(5) 没收假钞。对客户而言，假钞被没收意味着一笔损失，所以要体谅他们此时的不满甚至愤怒，对他们表示出足够的理解和同情，千万不要因为客户的喧哗而不恰当地提高自己的嗓门。虽然没收假钞是按规定办事，但切不可凭“规定”一词简单了事，因为客户也是受害者。我们要在坚持原则的基础上，尽可能地做好解释工作。要主动教给客户识别假钞的知识，使他们增强反假能力，以免再次上当。

(6) 大堂咨询。咨询员的责任之一是眼观八方，及时发现并帮助那些需要帮助但尚未提出或羞于开口的客户。老年人、小孩、孕妇都是需要帮助的，而对残疾人则要注意分寸，要在适当的地方以适当的方式关注，并在确实需要帮助时搭一下力，以维护其自尊心。咨询员的责任还有很多，像维护营业场所内的秩序，做好保洁工作，尤其是疏导客户。当柜台上人头攒动时，就应根据经验和同事的工作情况，主动分流客户，并对他们表示歉意。如果发现客户在柜台有问不完的问题，咨询人员也有责任帮助同事解答客户的问题，以减轻柜台上的压力。咨询员在营业场所内千万不要板着脸，要知道一位咨询员的冷若冰霜，有可能使柜台内几位同事的微笑化为乌有。

(7) 个人汇款业务。对大多数人来说，办理个人汇款往往是陌生的，因此需要耐心、详细地为他们解释其中的每一个要素。目前，银行的汇款方式有好几种，我们应该运用掌握的银行知识为客户做参谋，维护客户利益，让客户既省钱又方便安全地将资金汇至目的账户。

2)　其他岗位行为规范

(1)　大堂经警值班。对客户来说，只要是在银行工作的人员，就应该懂得银行业务。作为大堂值班经警，尽力为客户解答问题是应该的，但也不要太勉强，有时不妨把客户介绍到大堂咨询那儿去，由咨询人员为他们提供真正的专业服务。经警在大堂值班时，切忌把手插在裤袋里走来走去。接听无线话机时，不要在大厅里，而是在相对隐蔽的地方，一方面可以保密，另一方面也是出于维护营业场所秩序的需要。

(2)　接待来访客户。客户来访，起立、让座、倒茶、交谈、送客“五步曲”是必不可少的。而更重要的是，要为客户营造一个良好的交流氛围，每位员工为来访客户让个路，微笑一下，都是这种良好氛围的一部分。如果客户要找的人不在，别的同事要像办自己的事一样积极为他联系，不要漫不经心。每位银行员工都有义务让来到银行的客户感到满意。

(3)　二线为一线服务。二线为一线服务，即为自己的同事服务，同样要热心周到，否则，面向一线的服务可能受阻，继而影响到客户的情绪。不要以制度等冠冕堂皇的理由拒绝同事的求助，相反，除非有绝对的把握，否则也不要在常规之外另辟蹊径，更不要做出违反制度的歪点子。对临柜一线的求助，始终要以友好、认真、负责的态度给予答复。对能够立即解决的要立即解决，对一时不能解决的要给出承诺。

(4)　外勤外出。外勤也称客户经理，是展示银行形象的流动窗口，因此其一言一行要显得落落大方，文明优雅。穿着应整洁、得体，如穿银行统一服装，则应严格遵守有关规定；如不穿银行统一服装，则应穿职业装。可以有适当的时尚打扮，但不要太扎眼。过于随便的休闲服饰也不能穿，如砖头鞋、紧身衣等。夏天，女性工作人员要注意衣着的质地、厚薄和长短。外勤到有关单位要做到：事先与客户预约；无论门开着还是关着，进房间时要敲门；进出时要尽量和在场的每个人打招呼；要遵守该单位的安全保卫规定，进大门时登记；递接名片时用双手，等等。

思考与练习

1. 什么是仪式？
2. 迎送仪式的程序是什么？迎送中要注意哪些礼仪？
3. 如何布置签字场所？
4. 开业仪式有哪几种，各自的程序是什么？
5. 应如何准备交接仪式？
6. 剪彩的正确做法是什么？
7. 剪彩仪式的必备物品是什么？
8. 参加升旗仪式应注意哪些礼仪？
9. 参加颁奖仪式时，作为授奖者和受奖者各应注意哪些礼仪？
10. 就职仪式有哪些礼仪要求？
11. 如何准备洽谈会？

12. 洽谈会上有哪些礼仪规范？
13. 如何准备发布会？
14. 发布会结束后还有哪些工作要做？
15. 展览会的特点是什么？应注意哪些礼仪？
16. 赞助会有哪些礼仪？
17. 作为观众参加联欢会应注意哪些礼仪？
18. 茶话会有哪些礼仪？
19. 座谈会上有哪些礼仪？
20. 谈谈交际舞会应注意的礼仪。
21. 参加电视电话会议应注意哪些礼仪？
22. 推销活动中要注意哪些礼仪？
23. 谈判的礼仪有哪些？
24. 公众异议处理应注意哪些礼仪？
25. 酒店服务有哪些礼仪？
26. 旅游服务中应注意哪些礼仪？
27. 银行服务中应注意哪些礼仪？
28. 案例分析

谈　判

翻译林娟于上午 7:50 带领外方到达公司会议室。中国开发的陈总走上前去，和布朗先生一行一一握手，其他人则在谈判桌原地起立挥手致意。陈总请外方人员入座，服务员立即沏茶。下面是陈总(A)和布朗先生(B)在正式谈判之前的寒暄、介绍、致词。

A：昨天在现场跑了一天，一定很累吧？

B：不累。北京的城市面貌很美。来北京的第二天就开始“旅游”，这样的安排简直太好了。

A：北京是一座千年古都，有很多不同于西方的文化古迹和自然景观，如长城、故宫、颐和园、天坛。

B：东方文化对我们来讲的确十分神秘。有时间的话，我们首先想去参观长城，当一回好汉；然后去一趟故宫，体验一下中国的皇帝和美国的总统有什么不同的待遇。

A：好的。那我们就言归正传，尽早完成谈判。

首先，我代表中国开发的全体员工对美国机械代表全体成员表示热烈的欢迎。

参加今天技术交流的各位昨天都已经认识了，就用不着我一一介绍了。我方对技术交流十分重视，特地请我公司顾问、中国农业大学教授、乳制品机械专家张教授参加。

(张教授起立，点头致意)

中国是一个巨大的、正在高速增长的市场。随着人民生活水平的不断提高，普通百姓对高档乳制品的需求越来越大。我公司四年前引进的年产 4000 吨奶粉的生产线已经远远不能满足市场的需求，而且产品档次亟待提高，因此，我们决定在今年再引进一套年产 8000 吨奶粉的生产线。

美国机械是国际知名的食品机械生产厂家，其产品质量得到中国用户的一致好评。我们相信我们和美国机械的合作一定能够取得双赢的结果。

现在热烈欢迎布朗总经理讲话。

B：我们十分高兴来到美丽的、充满活力的北京。我们对你们为本次谈判所做的细致的准备工作表示感谢。特别是国际知名的张教授能在百忙之中参加今天的技术交流，我们感到十分的荣幸。

美国机械的主要产品为仪器机械，其中以乳制品设备尤为著名。从 1985 年开始，我们已经向中国境内的企业(包括一些外资企业)提供了 15 套乳制品生产线。随着我们在中国的客户越来越多，我们于 2004 年在上海建立了一个制造、维修中心，从而可以为中国的用户提供更加便利、经济的售后服务。和 20 年前相比，我们的产品不仅质量更加可靠，而且价格更加便宜，服务更加周到。我们相信有远见的中国开发商一定会选择我们的设备。

现在，请我公司的技术副总、技术专家史密斯(Smith)先生首先向大家介绍我公司产品的性能。

(资料来源：http://wenku.baidu.com/view/38960d1614791711cc791781.html)

思考题：

谈判应注意哪些礼仪？

29. 案例分析

失败的推销

一年夏天，推销员小刘浓妆艳抹、衣着时髦地来到顾客家上门推销产品。她敲开门后立即作自我介绍：“我是来推销××消毒液的。”当主人正在犹豫时，她已进入室内，拿出商品，说：“我厂的产品质量好，是×元一瓶。”顾客说：“我从来不用消毒液，请你介绍一下消毒液有何用途？”小刘随即往沙发上一坐，对顾客说：“天这么热，你先打开空调我再告诉你。”顾客不悦：“那算了，你走吧，我不要了。”小刘临走时说：“你真傻，这么好的东西都不要，你会后悔的!”

(资料来源：http://www.doc88.com/p-9099613225747.html)

思考题：

(1) 为什么顾客没有接受推销商品？小刘在推销商品时有哪些不足之处？

(2) 如果是你，你将会如何进行推销？

30. 案例分析

审　　视

南方某星级饭店，客人李先生急着赶飞机，提着旅行包从房间匆匆走出。他来到服务台，对值班服务员说：“小姐，房间钥匙交给您，我这就下楼去总台结账。”却不料服务员小王不冷不热地说：“先生，请您稍等，等查完您的房后再走。”一面即拨电话召唤同伴。李先生顿时很尴尬，心里很不高兴，只得无可奈何地说：“那就请便吧。”这时，另一位服务员小张从工作间出来，走到李先生跟前，将他上下打量一番，又扫视了一下那只

旅行包。李先生觉得受到了侮辱，气得脸色都变了，大声嚷道：“你们太不尊重人了!”小张也不理会，拿了钥匙，径直往房间走去。她打开房门，走进去仔细地清点：从床上用品到立柜内的衣架，从储物柜里的食品到盥洗室的毛巾，一一清查，还打开电视机开关看了看屏幕。然后，她来到服务台前，对李先生说：“先生，您现在可以走了。”李先生早就等得不耐烦了，听到了她放行的“关照”，非常气恼地离开了酒店。

(资料来源：http://www.360doc.com/content/10/1106/11/4424984_67054407.shtml)

思考题:

(1) 服务员小王、小张按程序办事，为何惹恼了客人?

(2) 本案例对你有何启示?

31. 案例分析

真的送礼人不怪吗

国内某家专门接待外国游客的旅行社，有一次准备在接待来华的意大利游客时送每人一件小礼品。于是，该旅行社订购制作了一批纯丝手帕，是杭州制作的，还是名厂名品，每个手帕上绣着花草图案，十分美观大方。手帕装在特制的纸盒内，盒上又有旅行社社徽，显得是很像样的小礼品。中国丝织品闻名于世，料想会受到客人的喜欢。

旅游接待人员带着盒装的纯丝手帕，到机场迎接来自意大利的游客。欢迎词致得热情、得体。在车上这位旅游接待人员代表旅行社赠送给每位游客两盒包装甚好的手帕，作为礼品。

没想到车上一片哗然，议论纷纷，游客显出很不高兴的样子。特别是一位夫人，大声叫喊，表现极为气愤，还有些伤感。旅游接待人员心慌了，好心好意送人家礼物，不但得不到感谢，还出现这般景象。中国人总以为送礼人不怪，这些外国人为什么怪起来了?

(资料来源：http://www.renrendoc.com/d-443446.html)

思考题:

(1) 外国游客接到礼物为何反应异常?

(2) 从本案例中服务行业从业人员学到了什么?

第5章　涉外民俗礼仪

入境而问禁，入国而问俗，入门而问讳。

——《礼记·曲礼》

海内存知己，天涯若比邻。

——[唐]王勃

本章提要

- 涉外交往的基本原则。
- 涉外的主要礼仪。
- 中国民俗礼仪。
- 国外礼俗风情。

随着我国改革开放的深化，以及现代交通和通信手段的发展，国与国之间的交往日益频繁。尤其是随着全球一体化进程的加快，我国加入世界贸易组织，从而使我国在国际社会中扮演着越来越重要的角色，国人与外宾的交往机会也越来越多。作为一个现代中国人，了解涉外的礼仪规范和各国民俗礼仪对于增进友谊、促进合作，维护国家形象和尊严，体现我国“礼仪之邦”的风采都具有重要意义。

5.1　涉外礼仪

涉外交往礼仪是指在对外交往活动中或不同文化背景的人们交往中，向交往对象表示尊重、友好的各种惯用交际礼宾形式及各种礼节、仪式和习惯的礼仪规范。

在社会交往活动中，到位的礼仪，会给外交活动增色不少；而欠妥的礼仪，则会给双方带来尴尬。外交礼仪既代表国家的形象，又能体现国与国之间外交关系的相互尊重和友好。掌握外事工作的原则、礼宾工作的基本要求，对我国开展对外交往、发展与各国的友好关系、增进友谊会产生积极作用。

随着国与国之间交往的日益频繁，跨文化交际已成为不可避免的现实。来自不同文化背景的人们走到一起，交际容易出现障碍，及时有效地克服这些交际障碍是跨文化交际取得成功的关键，这对促进国与国之间的文化、政治、经济交流有着极其重要的意义。

俗话说“外事无小事”。涉外交往若不讲规则，不讲礼仪，不尊重对方的风俗，是不可能取得良好的涉外交际效果的。

5.1.1 涉外交往的基本原则

涉外交往中我们应遵循的基本原则主要有以下几个。

1. 尊重对方

尊重对方就是不论对方的国家、民族大小，企业实力强弱，或者风俗习惯、宗教、法律等是否和我们相同，都不能歧视对方，要做到在人格上平等相待。尊重对方往往是通过举止言谈、服饰仪表表现出来的，因此，一些生活小节也是很重要的。小节上的疏忽是会带来不良后果的，因为他让人觉得不受尊重。

礼仪小故事 5-1：

外事无小事

我国有一家企业的厂长，天天忙于工作。有一次，一位外商应邀前来洽谈合作事宜，这位厂长正在车间检查工作而没有做好充分准备。当秘书跑来告诉他外宾已经到了的时候，他连工作服都没来得及更换，就去迎接外宾了。外宾一看他的衣服很随便，认为对方的合作态度不诚恳，就决定不再与这个厂合作了，而与另外一家签订了企业合作议定书。

(资料来源：http://hyy.wfu.edu.cn/bangongshiliyi/zixue_detail.asp？ID=220)

2. 捍卫自尊

相互尊重的另一方面是自尊，只有自尊才能得到对方对你个人、对你的组织，甚至对你的国家的尊重，才能谈得上真诚合作，平等合作。《中外管理》杂志(1996 年第四期)上登载了题为“中国企业家要有双星人的气魄”一文，文章介绍了青岛双星集团总经理汪海以出色的言谈举止维护尊严的过程。

礼仪小故事 5-2：

汪 海 脱 鞋

汪海有一次去美国考察，在一次新闻发布会上遇到了许多记者的提问。一位意大利记者问：“你们生产的运动鞋为什么叫‘双星’？是不是代表你们常讲的物质文明和精神文明？”汪海微笑者点了点头，说：“还可以这样理解，一颗星代表东半球，一颗星代表西半球，我们要让‘双星’牌运动鞋潇洒走世界。”对这番豪言壮语，一位美国记者却不以为然，问道：“请问先生您脚上穿的是什么鞋？”这一用意非常明了：如果你穿的是“双星”牌，那自然没话说，但如果穿的是洋货，意味着连自己都不愿穿“双星”牌，还谈什么潇洒走世界？不料，汪海十分沉着自信地答道：“在贵国这种场合脱鞋是不礼貌的，但是这位先生既然问起，我就破例了。”说着他把自己的鞋脱了，高高举起，指着商标处，大声说道“Double Star”(双星！双星！)这时，场上响起了热烈的掌声，不少记者争相拍下了这一镜头。第二天，美国纽约各大报纸在主要版面上纷纷刊登出这幅照片。《纽约时报》一位记者评述道：“在美国脱鞋的共产党国家有两个人，一个是苏联的领导人赫鲁晓

夫，他脱鞋敲桌子表明了一个共产党大国的傲慢无礼；一个是来自中国大陆的双星集团总经理，他脱鞋表明了中国的商品有征服美国市场的雄心！”

(资料来源：http://gb.cri.cn/1827/2004/05/31/405@178933.htm)

汪海维护自身尊严的言行，不仅表明了“双星”人奋发图强、勇于开拓、走向世界的雄心壮志，而且也表现了一个中国人可贵的民族气节，当然也赢得了外国人对“双星”人、对双星集团的极高赞誉。可见，在涉外交往中自尊也是非常重要的。

3．实事求是

实事求是是涉外交往中必须坚持的一个重要礼仪原则，应该有一说一，有二说二，不能浮夸；不能只讲优点、成绩，不讲缺点、不足之处，报喜不报忧。虽然对牵涉到对方的话题，为表示尊重可采用委婉的说法，但外国人特别是西方人往往喜欢直率的谈吐，而禁忌那些言不由衷的客套。例如，我们请人吃饭时，饭前饭后常常伴随一类自谦客套的话，这种习惯西方人很不适应。

礼仪小故事 5-3：

李鸿章客套惹麻烦

据说，清朝李鸿章有一次宴请美国官员，地点是在美国的一家饭店，备下的酒菜十分丰盛，而李鸿章却依照中国的惯例对来宾说：“粗茶淡饭，薄酒一杯，不成敬意，多多包涵。”来宾望着桌上琳琅满目的酒菜，对他说的话大惑不解。这倒不要紧，美国饭店的老板可大为不满了，这岂不是影响饭店的声誉？因此，非要李鸿章说出饭菜粗在哪里，酒薄在哪里。这虽说是一则逸闻趣话，却也说明了东西方礼仪习俗的不同。既然诚心诚意地邀请招待客人，当然希望其吃好，吃得满意，说是“粗茶淡饭”“薄酒”怎不使美国人大惑不解，使饭店老板“抗议”呢！西方人的习惯是：他认为饭菜很好，是他最喜欢的、最拿手的，请你多多品尝。所以，在外国人面前实事求是这一点是十分必要的。

(资料来源：http://blog.stnn.cc/frank119/Efp_Bl_1001128591.aspx)

4．入乡随俗

海外各国的文化传统与我国有很大不同，在礼仪习俗上与我国相比很自然地存在着差别，即使就欧美国家而言，不同的国度间、民族间，甚至同一个国家的不同区域间，礼仪习俗也有区别。这就要求我们在与外国客商进行交往时，首先了解和掌握对方的一些礼仪习惯，做到入乡随俗，因人施礼，才不至于造成误会甚至闹出笑话。

礼仪小故事 5-4：

费力不讨好

日本的饭店和旅馆，有一个招待客人的惯例，即待客人办完住宿手续走进房间时，服务员立刻拿来热毛巾、茶和日本点心，以表示旅馆对客人服务的周到热情。这一项特殊的服务长期以来受到了日本顾客的赞赏，但却遭到了美国人的白眼。一次，一对美国夫妇入

室后也同样享受到了上述服务，他们对此很不喜欢，所上的茶水与点心并非是他们亲自点的，而且茶也不热，点心又是“太甜了”。这对美国夫妇认为在他们进晚餐之前上不对口味的点心是“破坏了美味的晚餐”“这样做好像是在损害自己的生意”。结果使得旅馆老板的一片好心，不但未被接受，反而还落得个“不可思议”，费力不讨好。

(资料来源：http://3y.uu456.com/bp_2fno04jtht47ty60k2b7_8.html)

可见，只有了解外国礼仪礼节、风俗习惯，才能更好地进行国际交往和沟通。

5. 不卑不亢

不卑不亢，就是对对方表现出一种节制和礼节，热情时不殷勤，冷淡时不失礼，愤怒时不失控，这在涉外交往中是尤其需要重视的一个原则。例如，20 世纪 50 年代，美国对中国实行禁运、封锁，两国关系紧张，双方唯一保持对话和接触的渠道就是在华沙举行的中美大使级会谈。会谈开始时气氛很紧张，每次双方一见面，便问：“今天谁先发言？”于是双方便先后依据各自的讲稿阐述一番自己的立场，讲后便问：“下次会谈什么时间？”然后各自走路。后来，王炳南大使回国，与陈毅外长谈到会谈的气氛和场面，陈毅说道：“不一定老那么紧张嘛！”“我们不乞求谈判，也不排斥谈判。不卑不亢，有理有节，此乃泱泱大国之风也。”陈毅是这样说的，也是这样做的。

礼仪小故事 5-5：

不卑不亢的陈毅

1963 年 12 月，陈毅应邀参加肯尼亚的独立大典。在一次肯尼亚举行的国家舞会上，中国代表团和美国代表团的位置刚好安排在一起。在中美关系长期僵持的时期，这无疑是个极其微妙的场面。陈毅既没有主动凑过去套近乎，也没生气掉头而去，而是坐下，喝起咖啡来。

美国代表团有三个人：部长夫妇和美国劳联副主席。那位部长夫人首先向陈毅搭话：

“你们是中国代表团吗？”

“是的。”

“我是否可以与你谈谈天呢？”

“可以谈，怎么不能谈？”

于是，双方就开始聊了起来。那位部长一看夫人已开了头，便也过来，要与陈毅干杯，但又故作姿态地说：“过去米高扬访问美国，到我家做客，与我夫人谈了天。我为此受到了腊斯克(Rusk)的责备，希望我们这次干杯不要引起麻烦。”

听了这话，陈毅不是破口大骂、猛烈抨击，而是不软不硬地回了一句：“你怕麻烦，可以不要跟我干杯，我就不会有什么麻烦。”

那位部长又匆匆说：“我提议，为中美两国有一天能够改善关系干杯！”

听了此话，陈毅也不是赌气不干，说什么“先前你说的话呢”，而是端起酒杯说：“我希望，我相信，中美两国的关系总有一天能够前进一步的，但条件是美国的国务院要取消对中国的敌视侵略政策，只有这样才可能。”

(资料来源：http://www.chinababy365.com/zaojiaoziyuan.php？do=view&id=61827)

在这场交往中，陈毅以“不卑不亢、有理有节”的言行举止，树立了中国外长的良好形象，为我们树立了对外交流的光辉典范。

6. 保守机密

对外交往总要涉及党和国家、本组织的一些情况，作为组织的工作人员在对外交往时，一方面不要随意议论对方的礼遇与参观访问中遇到的问题，如有意见需向对方提出，应报代表团或所在组的领导，不要擅自对外表态。对外联系要统一领导，专人负责。另一方面，必须牢记保守党和国家、本组织的机密，绝不允许以友好、坦诚为借口，向外宾提供机密或在谈判时对己方不利的情况或者资料。在接待外国人参观和洽谈业务时，应从实际出发，划清机密与非机密的界限，不得泄露内部掌握的对外援助技术和接受外援的具体政策、规划数字、计划措施等机密事项。在国际通信中，严禁明、密电混用，传真通讯不得涉及秘密内容，严禁用电话传达密电，注意计算机信息保密。

7. 信守约定

在交际中，必须认真严格地遵守自己的所有承诺，说话务必要算数，许诺一定要兑现，约会必须要如约而至，尤其要恪守时间方面的约定。信守约定，讲求信用，从一点一滴做起，它事关信誉与形象。失实与失约的失礼行为，往往是使自己所做的工作走向失败的开端。

信守约定要做到以下三点。

1) 必须谨慎许诺

一切从自己的实际能力以及客观可能性出发，切勿草率从事，轻易承诺，凡承诺和约定必须慎之又慎，一定要字斟句酌，考虑周全。

2) 必须如约而行

承诺一旦做出，就必须要兑现，要如约而行，应尽可能地避免对已有的约定任意进行修正变动，随心所欲地乱作解释。做到“言必信，行必果”，只有这样才能赢得交往对象的好感与信任。

3) 必须失约致歉

如果由于遭受不可抗力，致使自己单方面失约，或是有约难行，需要尽早向有关各方通报，如实地解释，并且还要郑重其事地向对方致以歉意，并主动负担给对方造成的损失。

8. 讲究次序

社交中，对出席活动的国家、团体、人士的位次按某些规则和惯例进行排列，这种排列的先后次序被称为礼宾次序。为使交往顺利进行，必须讲究礼宾次序。

1) 礼宾次序的依据

在国际交往中，礼宾次序主要按宾客的身份与职务高低依次排列。在多边活动中，有的可按姓氏的顺序排列；有时可按参加国的字母顺序(一般以英文字母为准)排列；有时则可按代表团组成日期的先后排列；有时则可按代表团抵达活动地点的时间先后排列，等等。

2) 礼宾次序的具体要求

在社交中，大到政治磋商、商务往来、文化交流，小到私人接触、社交应酬，凡确定礼宾次序必须从其总的原则出发，这一总的原则就是“以右为尊”，即一般以右为大、为长、为尊；以左为小、为次、为卑。

按照惯例，在并排站立、行走或者就座的时候，为了表示礼貌，主人理应主动居左，而请客人居右。男士应当主动居左，而请女士居右。晚辈应当主动居左，而请长辈居右。未婚者应当主动居左，而请已婚者居右。职位、身份较低者应当主动居左，而请职位、身份较高者居右。

在不同场合也有特殊要求，具体如下：

两人同行，以前者、右者为尊。

三人行，并行以中者为尊；前后行，以前者为尊。

上楼时，尊者、妇女在前，下楼时则相反。

迎宾引路时，主人在前，送客时，则主人在后。

宴请排位，主人的右边是第一贵客，左边次之。

进门上车时，应让尊者先行。上车时，位低者应让尊者从右边车门上车，然后自己再从车后绕到左边上车；坐车(指轿车)时，以后排中间为大位，右边次之，左边又次之，前排最小。

9. 尊重隐私

所谓隐私，就是指一个人出于个人尊严和其他某些方面的考虑，因而不愿意公开，不希望外人了解或是打听的个人秘密、私人事宜。在社交中，人们普遍讲究尊重个人隐私，并且将尊重个人隐私与否视作一个人在待人接物方面有没有教养，能不能尊重和体谅交际对象的重要标志之一。

由于习俗不同，许多民族都有其忌讳的话题，如政治问题、宗教信仰问题、风俗习惯、个人好恶等。一般而言，在社交，尤其是涉外交往中，对于以上内容是不宜妄加非议的。还有个人隐私、他人的短长、令人不愉快的事物以及低级趣味，也是不应选择的话题。如果在社交中一旦发现自己选择的话题不受欢迎，应立即转移话题，不要毫不知趣地继续下去。如因自己疏忽而选择了令对方不快的话题，则应道歉，这也是对对方的尊重。

在涉外交际中，首先要避免与对方交谈时涉及个人隐私，一般要做到“八不问”。

1) 年龄不问

在国外，人们普遍将自己的实际年龄当作“核心机密”，不会轻易告之于人。这主要是因为外国人，尤其是英美人士对年龄都十分敏感，希望自己永远年轻，对“老”字则讳莫如深，对年龄守口如瓶。因而与外国人交往时，打听对方的年龄属于不礼貌的行为。我国的传统向来对年龄比较随意，不仅如此，社会交往中还习惯于拔高对方的辈分，以示尊重。比如年轻男子相聚，彼此之间总喜欢以“老李”“老张”“老赵”相称，为了表示对对方的尊敬，人们会使用“老人家”“老先生”“老夫人”等一类尊称，实际上，这一类尊称在外国人听起来却似诅咒漫骂一般。在对外交往中，按照我国的传统，会使对方十分难堪。

礼仪小故事 5-6：

对“老”的忌讳

有位从事外事工作的小姐曾经接待过一位 82 岁高龄的美国加州老太太，她是来华旅游并参加短期汉语学习班的。见面时这位小姐对老太太说：“您这么大年纪了，还到外国旅游、学习，可真不容易呀！”这话要换了同样高龄的中国老太太听了，准会眉开眼笑，高兴一番。可是那位美国老太太一听，脸色即刻晴转多云，冷冷地应了一句：“噢，是吗？你认为老人出国旅游是奇怪的事情吗？”弄得中国姑娘十分尴尬。姑娘的本意是表示礼貌尊重，结果却事与愿违，原因在于西方人对年龄、对“老”的忌讳。

(资料来源：http://www.rxyj.org/html/2010/0528/1389716.php)

在外国，人们最不希望他人了解自己的年龄，所以有这样一种说法：一位真正的绅士，应当永远“记住女士的生日，忘却女士的年龄”。

2)　收入不问

在国际社会里，人们普遍认为，任何一个人的实际收入，均与其个人能力和实际地位有直接的因果关系。所以，个人收入的多寡，一向被外国人看作自己的脸面，十分忌讳他人进行直接、间接的打听。如果一位中国人问一位外国人：“您一个月挣多少钱？”那位外国人会觉得：“这个中国人真没有教养，干吗问我的工资呀！”

除去工资收入以外，那些可以反映个人经济状况的问题，例如，纳税数额、银行存款、股票收益、私宅面积、汽车型号、服饰品牌、娱乐方式、度假地点等，因与个人收入相关，所以在与外国人交谈时也不宜提及。

3)　婚姻不问

中国人的习惯，是把亲友、晚辈的恋爱、婚姻、家庭生活等时时牵挂在心，但是绝大多数外国人却对此不以为然。西方人将此视为纯粹的个人隐私，向他人询问婚姻状况是不礼貌的。

在一些国家，跟异性谈论此类问题，会被对方视为无聊之举，甚至还会因此被对方控告为“性骚扰”，从而吃官司。

4)　工作不问

在我国人们相见时，会询问对方“您正在忙些什么”“上哪里去”“怎么好久不见你了”等问题，其实这只是些问题，回答不回答并不重要。但你若拿这些问题问外国人，他们会觉得你不是好奇心过盛，不是不懂得尊重别人，就是别有用心，因为这些问题在外国人看来都属个人隐私，“不足为外人道哉”。

5)　住址不问

对于家庭住址、私宅电话，中国人在人际交往中，都是愿意告之于人的，是不保密的。但在外国，却恰恰相反，外国人大都视自己的私人居所为私生活领地，非常忌讳别人无端干扰其宁静。西方人认为，留给他人自己的住址，就该邀请其上门做客，在一般情况下，他们一般不大可能邀请外人前往其居所做客。为此他们都不喜欢轻易地将个人住址、住宅电话号码等纯私人信息“泄密”。在他们常用的名片上，也没有此项内容。

6) 经历不问

初次见面，中国人之间往往喜欢打听一下交往对象“是哪里人”“哪一所学校毕业的”“以前干过什么”，总之是想了解一下对方的“出处”，打探一下对方的“背景”。然而外国人大都将此项内容视为自己的“底牌”，不愿意轻易让人去摸。外国人甚至认为一个人动辄对初次交往的对象“忆往昔峥嵘岁月稠”，并不见得是坦诚相见，相反却大有可能是别有用心。

7) 信仰不问

在国际交往中，由于人们所处的社会制度、政治体系和意识形态多有不同，所以要真正实现交往的顺利、合作的成功，就不能以社会制度画线，而应以友谊为重，以信仰为重。不要动辄对交往对象的宗教信仰、政治见解评头品足，更不要将自己的政治观点、见解强加于人，否则对交往对象来说，就是不友好、不礼貌、不尊重的表现。所以对宗教信仰、政治见解，这些在外国人看来非常严肃的话题，还是避而不谈为好。

8) 健康不问

中国人彼此相见，人们会问候“身体好吗”。如果已知对方身体曾经一度欠安，还会问“病好了没有”。如果彼此双方关系密切的话，还会询问：“吃了些什么药”“怎么治疗的”，并且还会向对方推荐名医或偏方。可是在国外，人们在闲聊时一般都是“讳疾忌医”的，非常反感其他人对自己的健康状况关注过多，对他人的这种过分关心，外国人是会觉得不自在的。

随着我国现代化建设的不断深入，许多青年人也接受了这些观念。在社交中，我们应注意观察，假如对方对这些话题较敏感，那我们就应避免谈论这些话题。

10．女士优先

我们在听演说时，演讲者总是这样称呼“女士们，先生们”，从没有人称呼“先生们，女士们”，为什么这样呢？原来这与国际社会公认的一条重要礼仪原则——“女士优先”有直接的关系。

“女士优先”主要是指成年异性间进行社交活动时的一个礼仪规范和礼仪原则。其含义是：在一切社交场合，每一位成年男子，都有义务主动自觉地去尊重、照顾、体谅、关心、保护女性，并且想方设法为女士排忧解难，只有这样才能体现出绅士风度。强调“女士优先”并非因为女士被视为弱者，值得同情、怜悯，最重要的原因是，人们将女士视为“人类的母亲”，处处对女士给予礼遇，是对“人类母亲”的感恩之意。

在社交中，讲究“女士优先”时，作为男士要注意对所有的女士应一视同仁，不仅对待同一种族的女士要如此，对待其他种族的女士也要如此；不仅对待熟悉的女士要如此，对待陌生的女士也要如此；不仅对待年轻貌美的女士要如此，对待年老色衰的女士也要如此；不仅对待有权势的女士要如此，对待一般的女士也要如此……具体地要从以下几个方面做起：

1) 行走

在室外行走时，如果是男女并排走，则男士应当自觉地“把墙让给女士”，即请女士走在人行道的内侧，而自己主动行走在外侧。这样做既可以防止女士因疾驶的车辆而感到

不安全，担惊受怕，还可避免汽车飞驶溅起的污泥浊水弄脏女士的衣裙。

当具体条件不允许男女并行时，男士通常应该请女士先行，而自己随行其后，并与之保持大约一步的距离。当男士与女士“狭路相逢”时，前者不论与后者相识与否，均应礼让，闪到路边，请女士率先通过。男士在路上遇到认识的女士时，应点头致意，并把手抽出衣袋，也不要嘴里叼着烟。

当男士与女士走到门边时，男士应赶紧上前几步，打开屋门，让女士先进，自己随后。

2)　乘车

陪伴女士或同乘火车、电车时，男士应设法给女士找一个较为舒适、安全的座位，然后再给自己找一个尽可能靠近她的座位；如果找不到的话，应站在她面前，尽可能离其近一些。

乘出租车时，男士应首先走近汽车，把右侧的车门打开，让女人先坐进去，男士再绕到车左边，坐到左边的座位上。有时，为了在马路上上下车安全起见，出租车左侧车门用安全装置封闭了，那么男士只好随女士其后从右侧上车，坐在本应由女士坐的尊贵的右边座位上，这种情况不算失礼。

当男士自己驾驶汽车时，他应先协助女士坐到汽车副驾的座位上，而后绕到另一侧坐到驾驶座上。抵达目的地后，男士要先下车，然后绕到汽车的另一侧，打开车门，协助女士下车。

3)　见面

参加社交聚会时，男宾在见到男、女主人后，应当先行向女主人问好，然后方可问候男主人。男宾进入室内后，需主动向先行抵达的女士问候。女士们如果已经就座，则此时不必起身回礼。

而在女宾进入室内时，先到的男士均应率先起身向其致以问候，已入座的男士也应起身相迎。不允许男士坐着同站立的女士交谈，而女士坐着同站立的男士交谈则是允许的。

当女士在场时，男士不得吸烟，在女士吸烟时，则不准男士加以阻止，不仅如此，男士还要为女士点烟。

主人为不相识的来宾进行介绍时，通常应当首先把男士介绍给女士，以示对女士的尊重。当男女双方进行握手时，只有当女士伸过手来之后，男士才能与之相握，否则就是违背“女士优先”的原则。为了表示对女士的尊重，男士还必须与女士握手时摘下帽子，脱下手套，而女士在一般情况下则没有必要这样做。

4)　上下楼

在上楼梯时，男士要跟随在女士的后面，相隔一两级台阶的距离；下楼梯时，男士应该先下。如果是乘电梯上下楼，进电梯时，男士应请女士先进去，然后自己再进入。在电梯里，男士负责按电钮，礼貌地询问女士所上的楼层。

5)　进餐馆

如果男士预定了餐桌，则应走在前面为女士引路，如果不是这样，行进的顺序应该是：侍者——女士——男士。在餐桌旁，男士应协助女士就座，把椅子从桌边拉开，等女士即将坐下时再把椅子移近桌子。坐定后，男士应把菜单递给女士，把选择菜单的权利先交给女性。一般餐毕也应是由男士付账的。

若出席宴会，女主人是宴会上“法定”的第一顺序。也就是说，其他人在用餐时的一切举动，均应跟随女主人而行，不得贸然先行。按惯例女主人打开餐巾，意味着宣布宴会开始，女主人将餐巾放在桌上，则表示宴会到此结束。

6) 观看影剧

进影剧院或是听音乐会时，应由男士拿着入场券给检票员检票。在存衣室，男士应先协助女士脱下大衣、披风，然后自己再脱去外套。如果没有专人引导入座，男士就应走前几步为女士引路。从两排之间穿行，走向自己的座位时，应面向就座的观众，并且女士走在男士的前面。如果是几个男士和几个女士一起去观看影剧或听音乐会，那么最先和最后穿过就座观众的应是男士，女士夹在中间进去，这样，可以使女士不与陌生人坐在一起。散场人多拥挤时，男士应走在女士前面；不挤时，女士稍前或并排与男士同行。

7) 助臂

男士应该帮助他所陪伴的女士携带属于她的较重的或拿着不方便的物品，如购物袋、旅行包、伞等。女士携带的东西掉在了地上，男士不论相识与否，都应帮她拾起。在女士可能失足、滑倒的时候，男士应该以臂相助。

值得说明的是，以上“女士优先”的具体做法主要适用于社交场合，在商务场合，人们强调的是“男女平等”，或是“忽略性别”，因而是不太讲究“女士优先”的。

5.1.2 涉外交往主要礼仪

涉外交往中必须重视交际对象的特殊性，努力掌握如下涉外交往的礼仪：

1. 称呼

在涉外交往中，一般对男子称先生，对女子称夫人、女士或小姐。对已婚女子称夫人，对未婚女子称小姐，对婚姻状况不明的女子称“小姐”或“女士”。在西方国家，凡是举行宗教结婚仪式的人，都习惯在无名指上戴一枚戒指，男子戴在左手，女子戴在右手。所以对外宾的称呼可以此而定。以上是根据性别和婚姻状况来称呼，使用起来具有普遍性。在交际中还可根据不同身份来称呼。

1) 称“阁下”

称“阁下”一般是指对地位高的官方人士(一般为部长级以上的高级官员)的称呼，如“部长阁下”“总统阁下”“总理先生阁下”“大使先生阁下”等。对有高级官衔的妇女、主教以上的神职人员，有公、侯、伯、子、男等爵位的人士，也可称“阁下”。君主制国家按习惯可称国王、王后为“陛下”，对王子、公主和亲王等可称“殿下”。

2) 称身份

对医生、教授、法官、律师所从事的令人尊敬的职业的人士，可单独称其为“医生”“法官”等；对有博士学位的可称呼“博士”；对教会的神职人员，可称教会的任职，如“福特神父”“传教士先生”。

3) 称军衔

对军人一般称军衔，或军衔加先生，知道姓名的可冠以姓名。例如：“卡特少校”

“上校先生”“比尔上尉先生”等。有的国家对将军、元帅等高级军官称“阁下”。

4)　称同志

凡与我国有同志相称的国家(如朝鲜等)，对各种人员都可称“同志”，有职衔的也可另加职衔。例如，“主席同志”“书记同志”“委员长同志”“省长同志”“大使同志”“秘书同志”“服务员同志”“司机同志”等。

2. 语言习惯

外国人具有其特有的语言习惯，在涉外交际中我们应多加注意。

1)　礼貌用语

外国人日常使用的礼貌用语很多，诸如“您好(你好)”“请”“谢谢”“对不起”“打扰了”“再见”“见到你很高兴”等，都是很平常、不离口的礼貌用语。

2)　不要问“你吃了吗”

中国人见面时，常问“你吃了吗？”以此表示问候致意，不管什么时间，对方回答了“吃了”或是“还没吃”，双方便点头而过。这个习惯，西方人很不理解，他们不但不用这些话来问候别人，而且认为这样说是很不礼貌的。

西方人认为，如果你问对方吃了没有，就意味着你想邀请他去就餐或吃点东西。如果他回答“没吃”却又得不到邀请，他便会因此生气。

3)　说话先后次序

中国人往往先说明请求的原因，然后才提出正题，这与西方人的习惯恰恰相反。由于这个差异，中国人的请求在西方人看来往往十分啰唆，不着边际。例如，英美人接电话时，先自报家门：“这里是某某公司，我们能帮你什么忙？”待对方说明要与谁对话时才问：“我可以知道你的姓名吗？”而中国人接电话往往先问：“喂，哪里？”接下来可能才会问：“你是谁？”或“你要找谁？”。因此在与英美人电话交谈时，切忌这种开场白，否则英美人会觉得你不礼貌而挂断电话。

4)　文明的上厕所用语

中国人上厕所时，习惯说“上厕所”“上茅房”“方便一下”等。但在国外，人们却不这样说。在美国，男厕所叫“男士室”，女厕所叫“女士室”。上厕所有很多说法，但都忌讳“厕所”二字，而是用“我想洗洗手”“请稍候”“请原谅我耽误您几分钟”之类的话来代替。话语一出口，大家彼此心照不宣，毫不见怪。

3. 涉外迎送

迎送是涉外交往中最常见的社交礼节，它不仅是整个社交活动的开始，也是对不同身份外宾表示相应尊重的重要仪式。它在给外宾留下良好的第一印象、加深双方的友谊与合作等方面都发挥着重要作用。

1)　迎送的安排

迎送活动的安排主要有两种不同档次：一是举行隆重的欢迎仪式，这主要适用于对外国国家元首、政府首脑、军方高级领导人的访问，以示对他们访问的欢迎与重视。二是一般迎送，适用于一般来访者。无论是官方人士、专业代表团的来访，还是长期在我国工作

的外交使节，常驻我国的外国人士、记者和专家等，当他们到任或离任时，都可安排相应的人员前往迎送，以示尊重和友谊。

2) 迎送规格的确定

关于迎送规格，各国的规定不尽相同。在确定迎送规格时，主要是依据来访者的身份、访问的性质和目的，并且适当考虑两国之间的关系，同时还要注意国际惯例，综合平衡。一般按照国际惯例的"对等原则"，主要迎送人员应与来宾的身份相当。如果由于各种原因而不能完全对等时，可灵活变通，由职位相当的人士或副职出面，并向对方做出解释。

3) 成立接待班子

为了接待重要的贵宾和代表团、队，东道主一般组成一个接待班子来履行接待任务。接待班子的工作人员由外事、翻译、安全警卫、后勤、医疗、交通、通讯等方面的工作人员组成。

4) 收集信息资料

接待班子要注意收集来访者的有关信息和资料，了解其本次访问的目的，对会谈、参观访问、签订合同等事项的具体要求，前来的路线、交通工具，抵离时间，来访者的宗教信仰、生活习惯、饮食爱好与禁忌等。

据报载：一位英国商人应邀前来我国与某地区洽谈投资项目。该地领导为了图个吉利，准备了一辆车号为"666"(六六大顺)的轿车前去机场迎接。谁知这位英国商人下了飞机，一看轿车后，直皱眉头，随即又乘机离去。后来我方人员才知道这位英国商人信教，十分崇拜《圣经》，在《圣经》中"666"表示"魔鬼"。在英国，司机、乘客对带有这种号码的车辆退避三舍，英国警察部门已做出决定，逐步取消这个号码。由此可见，多了解来访者的情况是十分重要的。

5) 拟订接待方案

接待方案包括各项活动的项目、日程及详细时间表，项目负责人和接待规格，安全保卫措施等。日程确定后，应翻译成客方使用的文字，并打印好，发给客方，以便及时与客方进行沟通。

拟订接待方案重点要落实好食、宿、行，并制定合理的费用预算，保证接待隆重得体又不铺张浪费。

6) 掌握抵离时间

必须准确掌握外宾乘坐的飞机(火车、船舶)抵达及离开的时间，迎送人员应在来宾抵达之前到达机场(车站、码头)。送行人员应在外宾离行前抵达送行地点，切勿迟到、早退。

7) 献花

献花是常见的迎送外宾时用来表达敬意的礼仪之一。一般在参加迎送的主要领导人与客人握手之后，由青年女子或儿童将花献上，也有的由女主人向女宾献花，献花者献花后要向来宾行礼。献花须用鲜花，并注意保持花束整洁、鲜艳，一般忌用菊花、杜鹃花、石竹花以及黄色花卉(黄色具有断交之意)等。有的国家习惯送花环，或者送一两支名贵兰

花、玫瑰花等。在接待信仰伊斯兰教的人士时，不宜由女子献花。

8)　介绍

主宾见面应互相介绍其随从人员。主要的迎送人员在与来宾见面致意(如握手等)后，还可以担负起介绍其他迎送人员的任务。一般迎送人员是在客人的内侧引领客人与各位迎送人员见面，并把他们介绍给来宾，然后再由主宾将客人按一定身份一一介绍给主人。若主宾早已相识，则不必介绍，双方直接行见面礼即可。

9)　陪车

来宾抵达后，在前往住地或临行时由住地前往机场(码头、车站)时，一般都安排迎送人员陪同乘车。陪车时应请宾客坐在主人右侧。两排座轿车，译员坐在司机旁；三排座轿车，译员坐在主人前面的加座上。当代表团 9 人以上乘大轿车时，原则上低位者先上车，下车顺序则相反，但前座者可先下车开门。大轿车以前排为最尊位置，自右向左，按序排列。上车时应当请客人首先上车，客人从右侧门上；如果外宾先上车坐到了左侧座位上，则不要再请外宾移动位置。陪同人员在替客人关门时，应先看车内人是否坐好，确保安全地将门关好。

10)　具体事项

迎送中一些具体事项要引起我们的注意，它主要包括以下内容：

(1)　在客人到达之前最好将客房号、乘车号码等通知客人，如果做不到，可印好住房、乘车表，在客人刚到达时，及时发到客人手里。

(2)　指派专人协助客人办理入出境手续及机票(车票、船票)和行李提取或托运手续等事宜。客人到达后，应尽快进行清点并将行李取出运送到住处，以便客人更衣。

(3)　客人到达后，一般不要立刻安排活动，应让客人稍事休息，倒换时差。可在房间中适当放些新鲜水果或鲜花等。

(4)　迎送的整个活动安排要热情、周到、无微不至、有条不紊，使宾客有宾至如归的感觉。接待人员要始终面带微笑、彬彬有礼，不能表现得冷漠、粗心、怠慢，或使客人感到紧张、不便。

(5)　陪同人员应尽力安排好客人的食、住、行，对客人的要求作出反应，给予答复。

(6)　在为外宾送行时，送行人员应在外宾临上飞机(火车、轮船)之前，按一定顺序同外宾一一握手话别。飞机起飞(火车、轮船开动)之后，送行人员应向外宾挥手致意，直至各交通工具在视野中消失方可离去。否则，是很失礼的。

4. 会见会谈

会见和会谈都是涉外交往活动的重要方式。会见，国际上通称接见或拜会。凡身份高的人士会见身份低的人士、主人会见客人，人们通常称其为接见或召见；凡身份低的人士会见身份高的人士、客人会见主人，人们通常称其为拜会或拜见。接见和拜会后回访，通常称为回拜。我国通常对此不作细分，统称会见。

会谈是指双方或多方就某些重大的政治、经济、科技、文化、军事、宗教以及其他共同关心的问题交换意见，洽谈协商。会谈一般专业性、政策性较强，形式比较正规。会见

多是礼节性的，而会谈多为解决实质性问题。有时会见、会谈也难以区分，因为会见时双方也常谈专业性或政治性问题，以上区分只是相对而言。

1) 会见的礼仪

会见就其内容来说，多为礼节性的，也有政治性、事务性的会见，或兼而有之。礼节性会见一般时间短，话题较为广泛。政治性会见一般涉及国与国之间的双边关系、国际局势及一些重大国际问题的看法或意见等。事务性会见一般涉及贸易争端、业务交流与合作等。会见的礼仪主要包括以下内容：

(1) 确定参加会见的人员。会见来访者，一般情况下应遵循“对等”的原则，但有时由于某些政治或业务的需要，上级领导或下级人士也可会见来访者。参加会见的人员不宜过多。

(2) 确定会见的时间、地点。会见的时间一般安排在来访者抵达的第二天或举行欢迎宴会之前。会见的具体时间不宜过长，一般以半小时左右为宜。会见的地点多安排在客人住地的会客室、会议室或办公室，也可在国宾馆等正式的会客场所。

(3) 做好会见的座位安排。会见时座位的安排必须依据参加会见人数的多少，房间的大小、形状，房门的位置等情况来确定。会见的座位安排有多种形式，宾主可以穿插坐，也可分开坐，通常是将主宾席、主人席安排在面对正门位置，客人坐在主人的右边。其他客人按照礼宾顺序在主人、主宾两侧就座。译员、记录员通常安排在主宾和主人的后面。座位不够时可在后面加座。整个会见场所的座位形状有弧形、方形(长椅和单椅两种)，如图5-1所示。

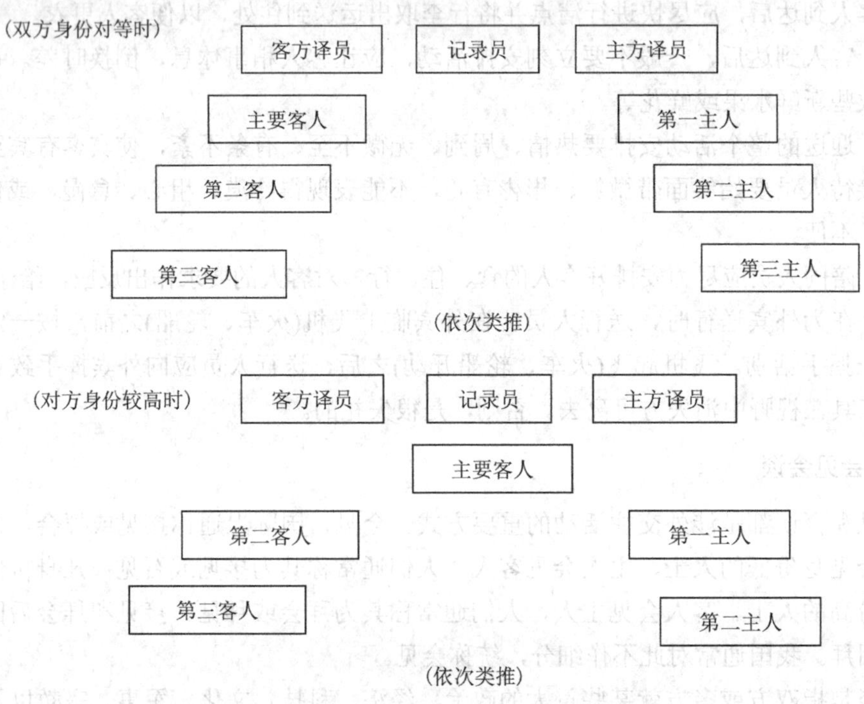

图5-1 会见场所的座位安排

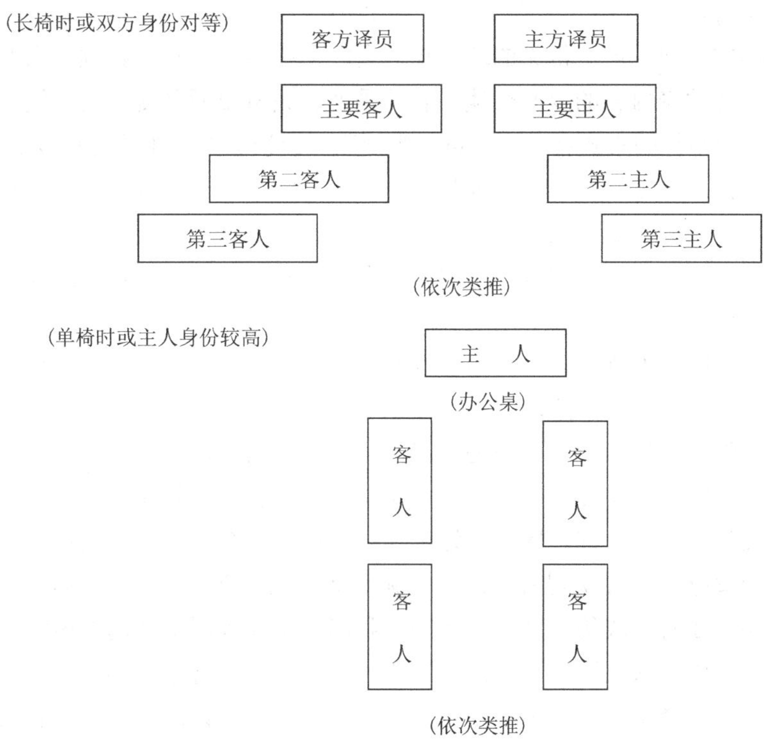

图 5-1　会见场所的座位安排(续)

(4)　掌握会见的一般礼节。会客时间到来之时，主人应在门口迎候客人，问候并同客人一一握手，宾主互相介绍双方参加会见的人员，然后引宾入座。主人应主动发言，创造一种良好的气氛。双方可自由交谈，就共同感兴趣的话题发表自己的看法。交谈时应注意坐姿，不要跷二郎腿，不可左顾右盼、漫不经心。主人与主宾交谈时，旁人不可随意插话，外人也不可随意进出。会见时可备饮料招待客人。主人应控制会见时间，最好以合影留念为理由结束会见。合影后，主人将客人送至门口，目送客人离去。

(5)　注意合影的礼宾次序。合影时，一般主人居中，男主宾在主人右边，主宾夫人在主人左边，主人夫人在男主宾右边，其他人员穿插排列，但应注意，最好不要把客人安排在靠边位置，应让主人陪同人员在边上，如图 5-2 所示。

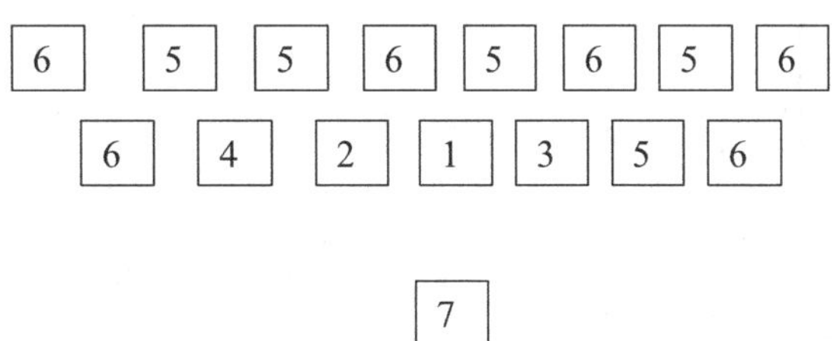

图 5-2　合影时的礼宾次序

注：图中的主宾次序是 1 为主人；2 为男主宾；3 为主宾夫人；4 为主人夫人；5 为主宾陪同人员；6 为主人陪同人员；7 为摄影师。

2) 会谈的礼仪

会谈的形式多种多样，常见的有领导人之间单独会谈，有少数领导人及其助手与来访者进行的不公开发表内容的秘密会谈，有的是就有关重要而又复杂的问题，有关官员进行预备性问题等而举行的正式会谈，也可称为谈判。会谈的礼仪主要包括以下内容：

(1) 确定会谈的时间、地点、人员。会谈的时间、地点由双方协商确定。会谈的人员应慎重选择，会谈的专业性较强，一方面要求有专业特长，另一方面还要考虑专业互补和群体智慧。会谈人员既要懂得政策法律，又要能言善辩，善于交际，应变能力强，并确定主谈人和首席代表。

(2) 会谈的座位安排。涉外双边会谈通常采用长方形或椭圆形会谈桌。多边会谈或小型会谈可采用圆形或正方形会谈桌。

不管什么形式，均以面对正门为上座，宾主相对而坐，主人背向门落座，而让客人面向大门。其中主要会谈人员居中，其他人按着礼宾次序左右排列。

这里需要说明的是，许多国家把译员和记录员安排在主要会谈人员的后面就座。我国习惯上把译员安排在主要谈判人座位的右侧就座，这主要取决于主人的安排。说到这个习惯上的小差别，还有一段历史背景。当初，我国也是按国际上通用的做法把译员安排在后面就座的，但新中国成立不久，中国总理兼外交部部长周恩来认为这个惯例不符合中国的情况，因为西方的译员大多是临时雇用的，不属于参加会谈的人员，而我国的译员却是参加会谈的重要人员之一，理应受到尊重。所以，周总理在出访时坚决要求对方允许我方译员坐在主要会谈人员的右侧。从那时起，我国就有了这个做法并一直沿用至今。

以下是几种常见的会谈座位安排(见图5-3～图5-5)。

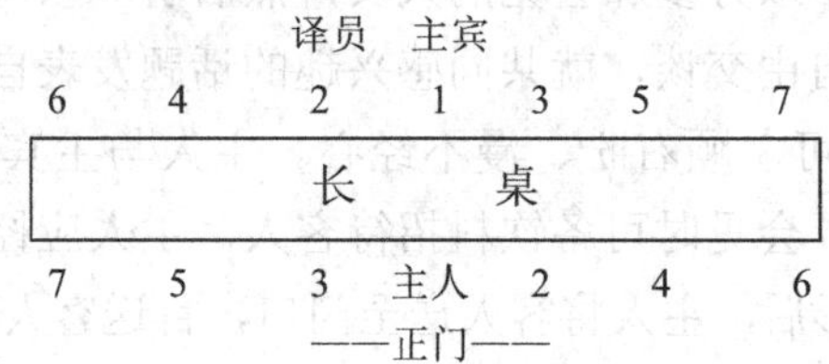

图5-3 会谈座位安排

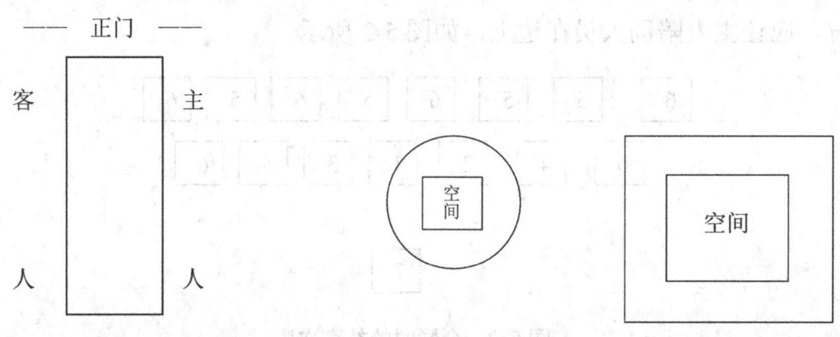

图5-4 会谈座位安排　　图5-5 会谈座位安排

如果长方桌的一端向着正门，则以入门的方向为准，右为客，左为主。

如果是多边会谈，可将座位摆成圆形或正方形。

此外，小范围的会谈，也可像会见一样，只设沙发，不摆长桌，按礼宾顺序安排。

5．涉外参观游览

涉外参观游览，是指外国客人在访问或旅游期间对一些风景名胜、单位设施等进行实地游览、观看和欣赏。来访的外国人以及我国出访人员，为了了解出访国家情况，达到出访目的，都应组织一些参观游览活动。参观游览应注意以下礼仪。

1)　选定项目

选择参观游览项目，应根据访问目的、性质和客人的意愿、兴趣、特点以及我方当地实际条件来确定。对于外国政府官员、大财团、大企业家一般应安排参观反映我国经济发展情况的部门单位和经济开发区，以及重点招商项目；对于一般企业家、商人和有关专业人员可安排参观与其有关的部门、单位，同时安排一些有地方特色的游览项目。

对年老体弱者不宜安排长时间步行的项目，心脏病患者不宜登高。一般来说，对身份高的代表团，事前可了解其要求；对一般代表团，可在其到达后提出方案，如果确有困难，可如实告知，并作适当解释。

2)　安排日程

当参观游览项目确定后，应制订详细活动计划和日程，包括参观线路、座谈内容、交通工具等，并及时通知有关接待单位和人员，以便各方密切配合。

3)　陪同参观

按国际惯例，外宾前往参观时，一般都安排相应身份的人员陪同。如有身份高的主人陪同，宜提前通知对方。接待单位要配备精干人员出面接待，并安排解说介绍人员，切忌前呼后拥。参观现场的在岗人员，不要围观客人。遇客人问话，可有礼貌地回答。

4)　解说介绍

参观游览的重头戏是解说介绍。有条件的可先播放一段有关情况纪录片，这样既可节省时间，又可事先让客人对情况有所知晓，经过实地参观，效果会更好。我方陪同人员应对有关情况有所准备，介绍情况要实事求是，运用材料、数据要确切，不可一问三不知，也不可含糊其辞。确实回答不了的，可表示自己不清楚，待咨询有关人员后再答复。遇较大团组，宜用扩音话筒。另外，遇有保密部分的，则不能介绍，如客人提出要求，应予婉拒。

5)　乘车、用餐和摄影

在出发之前，要及时检查车况，分析行车路线，预先安排好用餐。路远的还要预先安排好中途休息室，要把出发、集合和用餐的时间地点及时通知客人和全体工作人员。一般地方均允许客人摄影。如有不能摄影处，应事先说明，现场要竖中英文“禁止摄影”标志牌。

6)　在国外参观游览的礼节

出访人员、团组要求参观，可通过书面、电话或面谈方式向接待单位提出，经允许后方能成行。参观内容要符合访问目的和实际，要注意客随主便，不要强人所难。在商定之

后，要核实时间、地点和路线。

参观过程中应专心听取介绍，不可因介绍枯燥或不对口味而显露出不耐烦和漫不经心状，这是极不礼貌的。同时，应广泛接触、交谈，以增进了解，加深友谊。注意尊重对方的风俗和宗教习俗。如要摄影，事先要向接待人员了解有无禁止摄影的规定。参观游览，对服装要求不严格，不必穿礼服，穿西装可以不打领带，但应注意整洁整齐，仪容也宜修整。参观完毕，应向主人表示感谢，上车离开时应在车上向主人挥手道别。

6. 国旗悬挂

国旗是国家的一种标志，是国家的象征。悬挂国旗是一种外交礼遇与外交特权。人们往往通过悬挂国旗，表示对本国的热爱或对他国的尊重。在国际交往中，悬挂国旗要遵循以下惯例：

1) 悬挂国旗的场合

按照国际关系准则，国家元首、政府首脑在他国领土上访问，在其住所和交通工具上悬挂国旗(有的是元首旗)是一种外交特权。

东道国接待来访的外国元首、政府首脑的隆重场合，在贵宾下榻的宾馆，乘坐的汽车上悬挂对方(或双方)的国旗(或元首旗)，是一种礼遇。

在国际会议上，除会场悬挂与会国国旗外，各国政府代表团团长也按会议组织者的有关规定，在一些场所或车辆上悬挂本国国旗(也有不挂国旗的)。

有些展览会、体育比赛等国际活动，也往往悬挂有关国家的国旗。在大型国际比赛中，还往往为获前三名的运动员升起其所代表国家的国旗。

伴随着我国加入 WTO，双边、多边的经贸往来必将日趋频繁，在谈判、签字仪式上也应悬挂代表国的国旗。

2) 悬挂国旗的要求

在建筑物上或室外悬挂国旗，一般应在日出升旗、日落降旗。当遇到外国元首逝世时需要降半旗致哀，具体做法是：先将旗升起来至杆顶，再下降至距杆顶相当于杆长 1/3 的地方。降旗时，也应先将旗升至杆顶，然后再下降。

升降国旗时，服装要整齐，要立正脱帽行注目礼。不能使用污损的国旗。升国旗一定要升至杆顶。

悬挂双方国旗时，按照国际惯例，以右为上，左为下。但这是以旗面本身为准的，搞不好会弄错。所以还应记住以挂旗人为准，“面对墙壁左为上，右为下”。挂旗时，挂旗人必然面对墙壁，这时左为上，悬挂客方国旗；右为下，挂主方国旗。乘车时应记住“面对车头左为上”，左边挂客方国旗，右边挂主方国旗(有时以汽车行进方向为准，驾驶员右手为上)。所谓主客标准，不以在哪国举行活动为依据，而以举办活动的主方为依据。如外国代表团来访，东道国举办欢迎宴会，东道国是主人；外国代表团答谢宴会，来访国是主人。

由于国旗是一个国家的标志与象征，代表一个国家的尊严，所以，挂国旗时，一定不能将国旗挂倒。

常见的挂旗方法如图 5-6～图 5-10 所示。

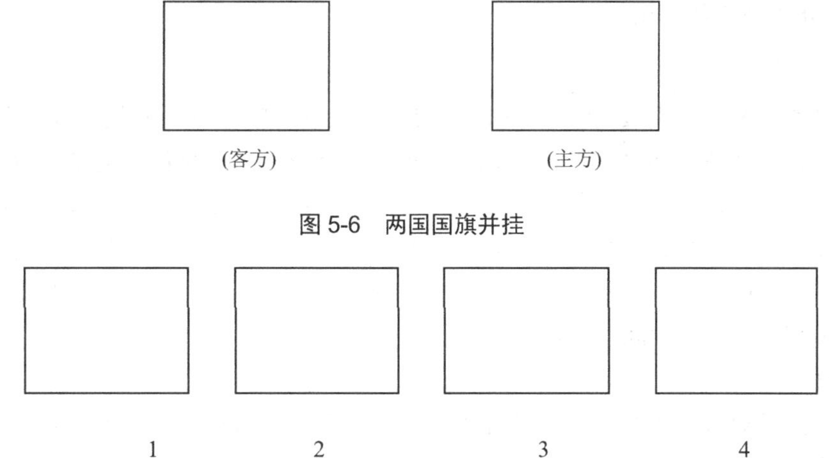

图 5-6　两国国旗并挂

图 5-7　三面以上国旗并挂

注：多面并列，主方在最后。如系国际会议，无主客之分，则按会议规定之礼宾顺序排列。

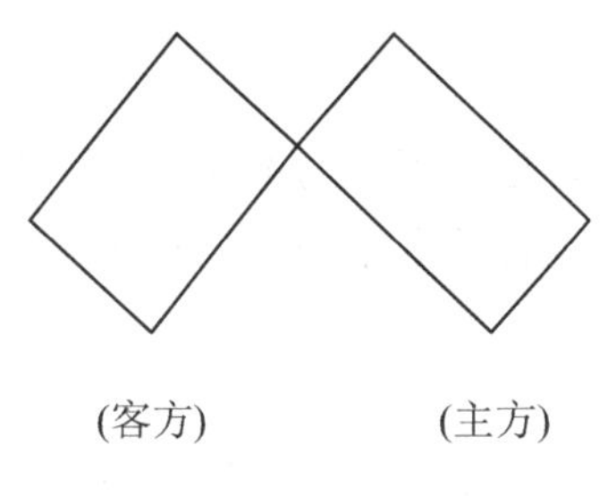

图 5-8　交叉挂

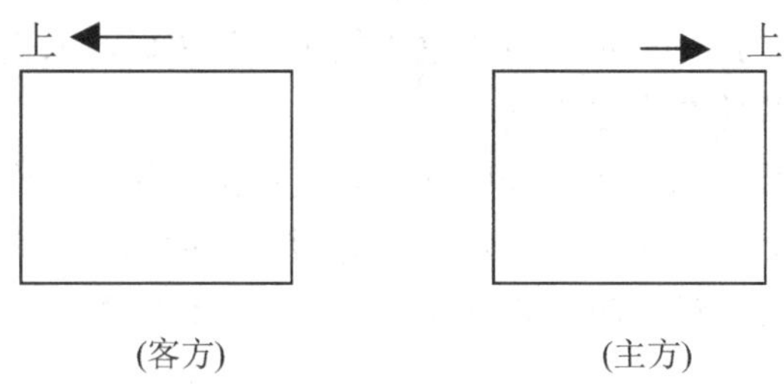

图 5-9　竖排(客方为反面，主方为正面)

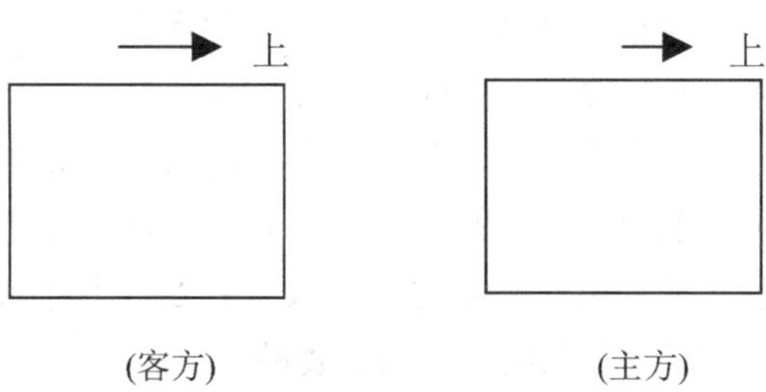

图 5-10　竖挂(双方均为正面)

7. 国外办公室拜访礼仪

1) 事先预约

在国外访问外商，务必事先预约，切勿在没有预约的情况下不邀而至。按照国际惯例，在出国进行商务访问之前，出访人员的正式名单一般都按身份头衔排序后传真给东道主，以便东道主写邀请函和安排访问日程。访问日程通常详细列明出访时间、出访地点、出访活动安排等。如果日程安排表里安排了商务访谈，要按日程安排表的约定时间进行拜访，但即使是按照日程表的约定拜访，也要在拜访前电话核准，以防意外改变。约定时间最好避开节假日、用餐时间、过早或过晚的时间。

2) 准时赴约

准时到达是对拜访人员最起码的要求，是注重个人信用和形象、提高办事效率和尊重外方的表现，通常以提前几分钟或准时到达为宜。为避免迟到，可采取提前出发、事先准备好资料或计划好路线等办法。万一因故不能赴约，一定要及时通知对方，解释原因，并告诉对方最后的到达时间，必要时另行约定再拜访的时间。再拜访时，务必记住当面向外方表示郑重的道歉。

3) 等待通报

正规的外商办公室都设有接待处，抵达约定地点后，如拜访对象未直接迎接，应在进入办公室之前先告诉接待员或助理你的名字和约见时间，说明来意后递上名片，以便接待员或助理向拜访对象通报。

4) 到访谈办公室

约见活动得到确认后，通常会由接待人员引领到约见办公室，在接待员或助理的引领下走过办公区域时，不要大声喧哗或左顾右盼，以免打扰他人工作。如拜访对象因故不能马上接待的，应在接待员或助理的引领下进入指定房间等候，入室后应按照接待人员的指示将帽子、手套和外套等挂在指定位置。

等待时要安静，不要以谈话来消磨时间，以免打扰其他人工作。有抽烟习惯的，要注意观察该场所是否有禁止吸烟的警示，或经允许后方可抽烟，最好克制一下，不抽烟。如等待时间过久，可向有关人员说明，并另行约定时间，不要显现出不耐烦的表情。

5) 问候、介绍

第一次见到拜访对象的，应主动向拜访对象问好，并按照拜访国家的礼仪习惯行见面礼。拜访对象不止一人时，应按先尊后卑、由近而远的惯例一一问候和行礼。对于已经认识的，可直接问好并行礼。大多数国家的见面礼以握手为主。

行礼后要等待拜访对象安排座位，与拜访对象一起入座。如果和上司一起去访问，自己不能坐上座，要让上司坐上座，自己坐下座。只有在拜访对象允许或邀请的情况下才可以挪动椅子，如果移动了椅子，离开时应把椅子放回原处。坐好后把手提袋或公文包放在地上，不应放在桌上，也不应自行取用桌上的小食品。

双方入座后，先要相互介绍并互换名片。先由被拜访一方主动介绍并给客人名片，如果主人没有主动给名片，应向其索要，同时也递给主人一张。

6)　访谈

介绍完毕后，通常主人会先闲谈三四分钟后才转入正题。作为客人这时应以主人为主，除非访谈是自己的要求。

访谈过程中语言要客气，避免滔滔不绝，提出问题后要给对方讲解和答复的时间。对方发言时要注意倾听，有不同意见不要中途打断，也不要辩解不休，而应在对方讲完后再补充。另外还要注意控制访谈时间，不宜逗留过长时间。

要有良好的时间观念。商务拜访的时间长短应按事先的约定进行，要尽可能快地进入正题，避免闲谈不完而影响办事效率，且绝不可单方面延长拜访时间。如是初次见面，访谈时间以一小时以内为宜。最长的访谈时间也不宜超过两小时。

事先未约定访谈时间长短的，应对拜访对象的举动反应敏锐，一旦拜访对象有结束访谈的意思，要立即起身告辞。

7)　告辞

访谈结束后，无论访谈结果如何，都要对拜访对象致谢，并站起来握手道别。必要时过后可根据情况写致谢信。

8. 国外私人住所拜访礼仪

1)　应邀后准备礼品

在国外进行商务访问期间，如有热情好客的外商邀请出访人员到其私人住所拜访，出访人员应邀后，要准备礼品。准备礼品时要了解友人的文化背景和兴趣爱好，考虑精神价值和纪念意义，尽量选择体现民族性而有品位的礼品，如茶叶、丝巾、CD、书画等，并配上精美的包装，同时要注意受礼者的禁忌。

2)　准时赴约

应邀到外商家中拜访、做客的，应按主人提议的时间准时或提前几分钟到达，过早或过晚都是不礼貌的行为。拜访时间一般在上午 10:00 或下午 4:00 左右。若因故迟到，应郑重道歉。

到达主人住所后，应先敲门或按门铃，经主人允许后方可进入，切忌擅自闯入。敲门时要用食指，力度要适中，间隔有序，等待回音。无人回应时，可适当加大力度。如有回应，应侧身立于门框右侧，待门开时再向前迈步。按门铃的时间不宜过长。

3)　问候、行礼、赠送礼品

进门见到主人后要问好，按其民族习俗行礼，在主人的指示下入座，主人不让座不能随便入座。如果主人年长，主人不坐，客人不能先坐。主人让座后要道谢，坐姿要规矩。入座后将礼品赠送给对方，必要时对礼品进行说明。

对主人准备的小吃，不要拒绝，应适当品尝；对主人准备的饮料，则应尽可能喝掉。

主人递过来的食品要双手接下，并表示感谢。如果主人没有抽烟的习惯，要克制自己的烟瘾，以示对主人的尊重。

没有主人的邀请和允许，不得擅自参观主人的住房和庭院。由主人引领参观其住所时，不得随意触动除书籍、花草以外的室内摆设和个人用品。即使是非常熟悉的朋友，也不应随意脱衣、脱鞋、脱袜，动作不要过于随便或放肆无礼。

对主人的家人，尤其是夫人或丈夫和孩子，应礼貌问候。对于在主人家遇到的其他客人也要表示尊重，友好相待，客人较多时，要一视同仁，切勿明显表现出厚此薄彼，或将主人冷落一旁。对主人家的宠物不应表示害怕或讨厌，更不能踢它或打它。

4) 交谈

到外国友人的私宅拜访，是以朋友的身份相见，交谈时多以双方共同的兴趣爱好为话题，交谈的内容也不必像商务访谈那么正规，但要注意语气，且要避免敏感的政治话题，再熟悉的朋友也不能表现得太随意。

5) 告辞

要注意访谈的时间，礼貌性的拜访一般不宜超过半个小时。拜访期间如遇到其他重要客人，或主人表现出送客之意，要知趣告退。自己提出告辞，虽主人表示挽留，但仍须执意离开，要向主人道谢，并请主人留步，不必远送。

9. 国外住店礼仪

1) 饮用房间内饮料的礼节

国外旅店一般都不供应开水，往往会提供一瓶免费的矿泉水。有的旅店，酒或饮料一拿出冰箱即自动记账；也有的旅店，房间设有自动出售各种饮料或小食品的装置，只要按动开关，食品、饮料便自动出来，同时自动记账，结算时统一付款；旅客如要喝热饮料，可向服务员索取，但要付现金及小费。找服务员可在室内按电铃或打电话呼叫，服务员一旦上门服务，一定要致谢，并付小费。

2) 正确使用房间内的设备

房间和卫生间里的某些设备，如自己不会使用，应先请教他人。特别是外国旅店房间内的电气设备和洗澡用的开关，形式多种多样，应注意其不同的使用方法。使用旅店卫生间内的用品只要打开封条即可。旅店房间内提供的用品仅供在旅店内使用，除交费物品外，都不能带出旅店。

礼仪小博士 5-1：

中国公民出境旅游文明行为指南

中国公民，出境旅游，注重礼仪，保持尊严。
讲究卫生，爱护环境；衣着得体，请勿喧哗。
尊老爱幼，助人为乐；女士优先，礼貌谦让。
出行办事，遵守时间；排队有序，不越黄线。
文明住宿，不损物品；安静用餐，请勿浪费。
健康娱乐，有益身心；赌博色情，坚决拒绝。
参观游览，遵守规定；习俗禁忌，切勿冒犯。
遇有疑难，咨询领馆；文明出行，一路平安。

(资料来源：http://www.cncdt.com/zhengwu/2010/201001/1307.html)

5.1.3　涉外工作人员的礼仪

在涉外交往活动中，各国对服务工作都极为重视，对服务工作人员的要求也很高，通常都要经过专门的培训和正规训练。

1．涉外接待人员的礼仪要求

接待外宾应谦虚有礼、朴实大方、不卑不亢，不要过分拘谨，也不要傲慢。

仪容、服饰要整洁，头发、胡须、指甲、鼻毛等应加以修整；衣扣、裤扣、裤带要系好，衣袋里不可放过多东西；衣服应洗净、熨平整，皮鞋要擦亮；穿西装应系领带，衬衫应塞在裤腰内，袖口不要卷起，内衣裤、衬衣不要露出来；着装应注意场合，参加正式活动一般应穿深色服装，参加丧葬吊唁活动一般应穿黑色服装，并注意服装颜色的搭配；进入室内应脱大衣、帽子、手套、围巾、雨衣等，存放于衣帽间，但应注意取走重要文件、笔记本、钱等贵重物品；在公开场所不能穿背心、拖鞋。

参加外事活动要严守时间，不能迟到早退，有特殊事情应事先请假。

尊重外宾的生活习惯，不可评头论足，更不可讥笑嘲讽。

讲究礼节礼貌，注意礼宾次序，不可轻举妄动。

举止言行应十分考究。坐姿要端正，不要跷二郎腿或摇晃双腿，也不要靠在椅背或沙发背上伸直双腿，更不可把脚或腿搭在椅子上，女士坐时不可叉开双腿，站立时不要倚靠墙或柱；在外宾面前，不要修指甲、剔牙齿、掏鼻孔、揩鼻涕、伸懒腰等，打喷嚏、打呵欠时要用手巾捂住嘴、鼻，朝向另一侧，避免发出声音；在外宾面前讲话应文雅，不可争吵或争论，不可大声呼喊、喧哗或大笑。

在公共场所应注意保持环境卫生，不吸烟，不随地吐痰、乱扔杂物。参加活动前，不吃葱、蒜等带刺激味道的食物。

不私自收受外宾礼品，更不可向外宾暗示、索要礼品。

服务要热情周到。遇到自己解决不了的问题时，应主动及时向有关部门和领导汇报。谈话要实事求是，不要允诺或答应没有把握的事，但已经答应的事应说到做到。

不要打听外宾的隐私，尊重其隐私权。要注意内外有别，严守国家机密。

2．翻译人员的礼仪

在涉外活动中，由于语言障碍，交际双方需要通过翻译来进行交流、沟通。翻译工作是涉外交往中的重要环节。翻译工作人员的业务水平、政治素质、文明素养等是涉外服务工作水平的最直接体现。作为翻译工作人员，一定要忠于职守、尽职尽责。

1)　会谈或谈判口译人员的注意事项

除遵守一般谈判人员守则外，要特别注意政治时事政策和业务学习，提高对谈判种种问题的了解和理解。

在态度上要始终保持热情、愉快、谨慎、诚恳，一方面使外宾充分感到翻译人员的友好真诚；另一方面应该坚定立场，坚决捍卫国家或组织利益。

在谈判前，应做好准备工作，尽可能向主谈人了解谈判内容、己方意图和可能发生的问题，对必要的技术名词、问题也应做好准备。

在谈判时，应全神贯注，充分体会谈判精神，做到正确踏实，不擅自增减或改变谈话内容或掺杂个人意见。对谈话要点应做必要笔记，不得主动直接与外宾谈话、询问或解答问题；遇有未听清时，应提出问明；翻译有困难时，应向谈话人说明，做到绝不不懂装懂、主观臆断。对己方主谈人谈话内容有意见时，可向主谈人提出请其考虑，但必须以主谈人意见为最后意见，忠实翻译，绝不可向外宾表达自己的意见。

对主谈人以外其他参加谈判人员的谈话，除系主谈人指定发言外，应取得主谈人同意后，再进行翻译。

外宾有不正确言论时，应详告主谈人考虑解决。若外宾单独向翻译人员提出问题，如系外宾不了解的情况，判明并无恶意者，可实事求是作一定解释；如系恶意，应坚持立场，义正词严地表明态度；如自己解释有困难时，可暂不答复，所有情况应迅速向领导汇报解决。

外宾提出任何要求，都应详告主谈人考虑解决，不能擅自允许或做出否定答复；在己方不能满足对方要求时，可照主谈人意见详告对方，避免生硬机械，但应抱着实事求是的态度，防止产生媚外情绪。

外宾询及翻译个人问题时，应适当地告知主谈人决定是否答复，但应灵活掌握，以免造成外宾错觉，要坚决克服个人虚荣心。

2) 生活翻译注意事项

接待外宾是体现国家对外政策的一项重要工作，要时刻提高警惕，谨慎从事，决不可麻痹大意、粗枝大叶或轻视这项工作为单纯的事务工作。

严格执行请示报告制度，事事从组织利益出发，不掺入个人的兴趣和感情，严格遵照上级意图和政策办事。宁可不说、少说、慢说，也不可乱说，尽可能避免发表不必要的个人意见。

事事争取主动，一言一行要考虑后果，工作应有计划，对情况应有充分估计，对对方可能提出的问题，要事先作必要请示，做到心中有数。

注意口头和书面保密，务必做到不回答与自己业务无关的问题，不在外宾面前谈内部问题。文件资料、工作日记本等非因公不得随身携带。

外宾的馈赠，未经上级批准，不得自行接受。但如外宾坚持赠送小纪念品时，可先收下，并立即报告组织，礼品要提交组织处理。

充分了解外宾工作情况和生活要求以及对每种活动与事件的反应，并及时向上级汇报。汇报务须准确可靠，不可夸大或冲淡。对外宾反映搁置不理、隐匿不报，是无组织无纪律现象。

周密布置，随时随地保证外宾的安全，以免发生意外。

虚心谨慎，切忌自以为是，擅作主张。

加强政治、时事、政策、业务学习，丰富和提高个人学识修养。

3．涉外车辆驾驶人员的礼仪

在涉外交往活动中，车辆是重要的交通工具。作为车辆驾驶员，除了应掌握涉外人员守则外，还应注意以下几个方面：

必须具有高度的政治责任感和过硬的驾驶技术，自觉遵守交通规则，牢记自己肩负的使命，根据接待计划，按时正点出车服务。

每次参加涉外活动前，都要对车辆进行检修、试车，以确保车辆安全行驶；驾驶人员应事先弄清行驶路线，必要时可事先熟悉路线，仔细观察路上情况，做到心中有数，以免误时误事。

驾驶人员应主动热情，礼貌待客，优质服务。外宾准备乘车时，驾驶员应将车门打开，并用手示意，防止客人头部碰撞车门上端。待外宾坐好后再关车门，注意防止夹客人的手足。如果接待外国代表团，在主宾车上的人员上齐后，前卫车即可开始缓行，以免主宾车等候过久，防止后面的车辆掉队。车辆之间要保持一定的距离。

驾驶人员一律禁止喝酒，行车期间不准吸烟，不准使用手机或与他人交谈。

参加外事活动时，无论是出发前，还是到达目的地后，一要将车辆按顺序排列整齐，关上车门；二要在未结束当天活动前，人不离车，确保安全，也便于随时听从调遣。

车辆要及时擦洗，保持车辆内外整洁。

5.1.4　出入境礼节与规范

1．出入境制度

出入境管理制度是世界各国普遍实行的一种法律制度。出入境是指一国公民经本国政府主管机关批准和前往国家或地区以及途经国家或地区的许可，持规定有效的证件和签证，通过对外开放或指定的口岸从本国出境进入其他国家或地区，或者从其他国家或地区返回本国境内。出入境的概念包括两个方面，一是指一国公民经本国政府批准，持用合法证件出入本国国(边)境；二是指外国人持用合法的证件，经一国政府批准入出该国国境。

对于大多数国家，“出入境”就是指出入国境，而在中国有着较为广泛的含义，因为特殊历史原因而存在的中国香港、中国澳门、中国台湾问题，决定中国公民往来中国香港、中国澳门、中国台湾地区应属于国内旅行，但根据目前的实际情况，往来中国香港、中国澳门、中国台湾地区仍要按照出入境来办理手续。

出入境管理是在现代国家体系逐渐完善的基础上建立起来的一种法律制度，它实际上也是现代国际关系的一种体现。可以认为，出入境管理就是国家行政机关根据国际法、国内法的有关规定，对出入本国国境的本国公民或外国人行使主权的行政行为。中国的出入境管理是指国家主管机关依据法律法规，对中国公民和外国人出入境活动及与之相关的事务行使管辖权的一种法律行为，是国家涉外管辖的一个重要组成部分。作为公安机关一项重要的行政职能，在保障中外公民合法权益、维护国家利益等方面发挥重要作用。

我国现行的出入境的法律是《中华人民共和国出境入境管理法》。

2. 出入境手续的办理和途径

1) 出境手续的办理和途径

在我国，出境分为两种情况:因公出境和因私出境。

(1) 居住国内的中国公民因私出国。因私出国是指出国定居、探亲、访友、继承财产、留学、就业、旅游和其他非公务活动。

① 办理中华人民共和国护照(普通护照)。护照是一个国家的公民出入本国国境和到国外旅行或居留时，由本国发给的一种证明该公民国籍和身份的合法证件。护照(passport)一词在英文中是口岸通行证的意思。也就是说，护照是公民旅行通过各国国际口岸的一种通行证明。所以，世界上一些国家通常也颁发代替护照的通行证件。

首次申请护照必须本人到户籍所在地的公安局出入境管理处办理，提出申请并填写申请表，并履行相关手续，具体可在户口所在地的出入境管理政务服务网详细了解。军人在部队或工作单位驻地的公安局出入境管理处办理。关于在外地上学、工作是否可就近在学校、工作单位所在地办理，可向当地公安局出入境管理处咨询办理方法。

② 办理前往国签证或者其他入境许可证明。签证，是一个国家的主权机关在本国或外国公民所持的护照或其他旅行证件上的签注、盖印，以表示允许其出入本国国境或者经过国境的手续。概括地说，签证是一个国家的出入境管理机构(例如移民局或其驻外使领馆)，对外国公民表示批准入境所签发的一种文件。

办理外国签证，无论是中国人办理外国签证，还是外国人办理其他国家签证，无论采取哪一种方式，是委托代办，还是自己直接办理，一般需要经过下列几个程序：

第一，递交有效的护照。

第二，递交与申请事由相关的各种证件，例如有关自己出生、婚姻状况、学历、工作经历等的证明。

第三，填写并递交签证申请表格。签证不同，表格也不同，多数要用外文填写，同时提供本人照片。

第四，前往国驻该国大使馆或领事馆官员会见。有的国家规定，凡移民申请者必须面谈后，才能决定；也有的国家规定，申请非移民签证也必须面谈。

第五，大使馆或者领事馆，将填妥的各种签证申请表格和必要的证明材料，呈报国内主管部门审查批准。有少数国家的使领馆有权直接发给签证，但仍须转报国内备案。

第六，前往国家的主管部门进行必要的审核后，将审批意见通知驻该国使领馆。如果同意，即发给签证。如果拒绝，也会通知申请者(对于拒签，使领馆方面也是不退签证费的)。

第七，缴纳签证费用。一般来说，递交签证申请的时候就要先缴纳费用，也有个别国家是签证申请成功的时候才收取费用。一般而言，移民签证费用略高，非移民签证费用略低。也有些国家和地区的签证是免费的。

(2) 中国公民因公出国。因公出国是指中国国家工作人员由于工作需要出国执行公务的活动，中国公民因公出国，可申请外交护照或者公务护照。

外交护照主要颁发给中国党、政、军高级官员，全国人民代表大会、政治协商会议和各民主党派的主要领导人，外交官员、领事官员及其随行配偶、未成年子女和外交信使以及其他经外交部批准可持用外交护照人员等。

公务护照主要颁发给各级政府部门县(处)级以上官员、派驻国外的外交代表机关、领事机关和驻联合国组织系统及其专门机构的工作人员及其随行配偶、未成年子女等。

因公普通护照颁发给上述人员以外的其他公务员和参照公务员标准管理机构中的其他人员，以及国有(控股)企事业单位的因公出国人员。

办理因公护照程序:由派遣部门向外交部或者外交部授权的地方外事部门申请办理出境证件。

2)　外国人出入中国国境

(1)　外国人入境，应当向中国的外交代表机关、领事机关或者外交部授权的其他驻外机关申请办理签证。如果外国人持有中国国内被授权单位函电并持有与中国有外交关系或者官方贸易往来国家的普通护照，也可以向公安部授权的口岸签证机关申请办理签证。外国人抵达口岸，必须向边防检查站缴验有效护照和中国的签证、证件，填写入出境卡，经边防检查站查验核准加盖章后入境。

另外，外国人有联程客票并已定妥联程座位搭乘国际航班从中国直接过境，在过境城市停留不超过 24 小时，不出机场的，免办过境签证；要求离开机场的，须向边防检查站申请办理停留许可手续。国际航行船舶在中国港口停泊期间，外国船员及其随行家属要求登陆，不出港口城市的，向边防检查站申请登陆证；要求在陆地住宿的，申请住宿证；有正当理由需要前往港口城市以外的地区，或者不能随原船出境的，须向当地公安局申请办理相应的签证。

(2)　外国人来中国居住的，必须自入境之日起 30 日内到居住地市、县公安局办理外国人居留证或者外国人临时居留证，居留证件的有效期即为准许持证人在中国居留的期限。在中国定居的外国人必须每年一次在指定的时间到居住地的公安局缴验外国人居留证。另外，外国人在签证或者居留证件有效期满后需要继续在中国停留或者居留，须于期满前延期。

(3)　外国人来中国旅行并前往不对外国人开放的市、县旅行，须事先向所在市、县公安局申请旅行证，获准后方可前往。外国人旅行证的有效期最长为 1 年，但不得超过外国人所持签证或者居留证件的有效期限。外国人领取旅行证后，如要求延长旅行证有效期、增加不对外国人开放的旅行地点、增加陪行人，必须向公安局申请延期或者变更。外国人未经允许，不得进入不对外开放的场所。

5.2　民 俗 礼 仪

民俗礼仪是指人们在社会生活中靠口头传播和行为方式传承的风俗习惯、爱好等富有特色的文化礼仪的总和。民俗礼仪是一种复杂的由历史传承下来的文化现象。生活在全球各个角落的 2000 多个民族，70 多亿人民，用自己勤劳的双手和聪明才智，在创造了物质

财富的同时，也形成了各自独特的生活方式，绚丽多彩的民族文化礼仪。随着社会的发展，政治、经济、文化、科技、宗教等各方面交流的逐步增多，各民族的文化礼仪便在相互冲突中交融。尊重各国家、各民族的风俗习惯，已成为国际交往的基本原则。

5.2.1 民俗礼仪的内容与特征

民俗，作为一种社会文化现象早已存在。在我国古籍记载中，早就出现了“俗”“风俗”“习俗”“民风”等词汇，其含义主要是指“民众的知识”。民俗的英文为folklore，于 1945 年由英国考古学家威廉·汤姆斯(Willian Thomas)提出来，意为“民众的知识”或“民俗的学问”。这一术语已为国际学术界通用。

民俗礼仪的产生和发展源远流长。可以说，人类社会产生，民俗便开始产生。民俗也是一种文化。各民族在漫长的历史发展过程中，以各种不同的方式，生成累积了各种不同的风俗习惯，并且经由一代又一代的传播，加之兄弟民族的文化交融，使民俗文化礼仪丰富多彩，且千差万别。从亚当、夏娃拾起树叶遮羞到今天眼花缭乱的民族服饰，从茹毛饮血的生活方式到今天的酒文化、茶文化、饮食文化；从穴居、茅草屋到今天的豪华住宅、星级宾馆，从生儿育女、母系氏族、父系氏族到婚恋嫁娶、成年仪式乃至火葬、土葬、海葬等各种葬礼；从原始的图腾崇拜、封建迷信到宗教神学、无神论、信仰自由、唯物哲学等，人类以自己独有的方式，创造出无数奇风异俗，让人眼花缭乱，目不暇接。

民俗礼仪是各民族共同创造的一种多元文化，其内容纷繁杂陈，其数量不可胜数。其实，从广义上看，所有的礼节、礼貌、仪式等都可以看作是民俗礼仪，它们也是各民族人民在长期的社会实践中逐步累积、传承下来的行为规范。但通常意义上的民俗礼仪一般是指狭义上的，指的是风俗、习惯等。

1. 民俗礼仪的基本内容

民俗礼仪的基本内容包括以下三个方面。

1) 物质民俗礼仪

物质民俗礼仪包括居住(建筑)礼仪、服饰礼仪、饮食礼仪、生产礼仪、技术礼仪等。

2) 精神民俗礼仪

精神民俗礼仪包括宗教礼仪、信仰礼仪、礼仪禁忌、民间文学、民间艺术、体育活动中的礼仪等。

3) 社会民俗礼仪

社会民俗礼仪包括家庭礼仪、节日礼仪、人生礼仪、组织礼仪、社会活动礼仪等。

2. 民俗礼仪的基本特征

民俗礼仪是各民族在长期的社会生活实践中逐步形成，由群体共同认可、约定俗成的各种风俗、习惯、行为规范等。民俗礼仪由于受民族的不同、阶级的差别，以及人类文化的共通性等影响，其基本特征主要表现为多样性、变异性、传承性和群体性等。

1) 多样性

民族文化的多样性，决定了民俗礼仪的多样性。世界各国家地区都居住着众多不同的民族，仅中国就有 56 个民族。这些民族由于其自然环境、生产生活条件等各不相同，因而在居住、饮食、服饰、爱好、婚丧嫁娶、宗教信仰等方面都形成了各自不同的、多样化的民俗礼仪。正是这种多姿多彩的民俗礼仪，才使得我们这个星球异彩纷呈、热闹非凡。

2) 变异性

民俗礼仪大多是约定俗成的，靠口头和行为方式传承，加之它受到社会、环境、生产、生活、政治、经济、文化、宗教等诸多因素的影响，因而总是处于一种动态的发展变化之中，俗随时变。随着社会的发展和进步，许多旧的民俗礼仪已经消失殆尽，大多数的民俗礼仪都在不断变异中完善和发展，一些新颖的符合时代潮流的民俗礼仪正在逐渐形成。民俗礼仪的变异性是社会进步的晴雨表。

3) 传承性

民俗礼仪一旦形成，便受到民族心理、地域观念等延缓性因素的影响或制约，它不仅会在本民族内得以延缓传承和发扬光大，而且还可能超越时空的界限，向外传播，使各民族的民俗文化礼仪得以交融。民俗礼仪的传承并非是盲目地、不折不扣地照搬继承，而是有所取舍，其主流或核心内容及形式一般是不会轻易改变的。这些正是民俗文化及其礼仪的特色和精华所在。

4) 群体性

民俗礼仪是各民族的公众集体创造的文明成果，并非个人行为。一方面，民俗礼仪只有得到群体的共同认可才得以形成。另一方面，民俗礼仪也必须依靠群体的共同行为才得以继承、维系和发展。比如节日，各民族都有各自的节日，尽管其名称、内容、形式有所不同，但节日是大家共有的。只有当节日得到大家的共同认可、共同行为，才能使之得以继承和延续。

民俗礼仪是人类文明的重要组成部分。透过多姿多彩的民俗礼仪，我们可以看到各民族所创造的灿烂文化，可以了解到各民族的文化习俗、心理状态，并且可以开阔我们的视野。在了解、尊重各民族的风俗习惯的同时，应汲取民俗礼仪中的优秀成果，以便相互交流、学习与合作。

5.2.2 中国民俗礼仪

1. 汉族传统节日与习俗

传统节日是按照历法时序排列而形成的、周期性的、约定俗成的社会民俗活动日。节日民俗是民俗的一种独特的表现形式，并渗入人们生活方式的细枝末节中，带有强烈的人文因素和浓厚的民间礼仪色彩。

中国是一个多民族的国家，在几千年的发展历程中，各民族虽然形成了各具特色的丰富多彩的民族传统节日与习俗，但从历史悠久、流传广泛的普及性和群众性来看，汉族的传统节日与习俗占据着主导地位。

现按时序先后，介绍影响比较大、至今仍广泛流传的主要节日。

1) 春节习俗

春节俗称“年节”，是我国一个古老的节日，是中华民族最隆重的传统佳节。传统的春节是从腊月二十四的扫尘开始的。

礼仪小博士 5-2：

春节的由来

相传，在古时候，有个名叫万年的青年，看到当时节令混乱，就有了想把节令定准的打算。一天，他上山砍柴累了，坐在树下休息，树影的移动启发了他，便设计了一个测日影计天时的晷仪，测定一天的时间。后来，山崖上的滴泉启发了他的灵感，他就动手做了一个五层漏壶来计算时间。天长日久，他发现每隔三百六十多天，四季就轮回一次，天时的长短就重复一遍。当时的国君叫祖乙，也常为天气风云的不测感到苦恼。万年知道后，就带着日晷和漏壶去拜见国君，对祖乙讲清了日月运行的道理。祖乙听后龙颜大悦，于是把万年留下，希望能创建历法，为天下的黎民百姓造福。过了一段时间，祖乙知道万年创建历法已成，亲自去看望万年。万年指着天象，对祖乙说：“现在正是十二个月满，旧岁已完，新春复始，祈请国君定个节吧。”祖乙说：“春为岁首，就叫春节吧。”据说这就是春节的来历。

(资料来源：http://www.kdbag.com/show/23784.html)

(1) 扫尘。“腊月二十四，掸尘扫房子。”据《吕氏春秋》记载，我国在尧舜时代就有春节扫尘的风俗。按民间的说法，因“尘”与“陈”谐音，新春扫尘有“除陈布新”的含义，其用意是要把一切穷运、晦气统统扫出门。这一习俗寄托着人们破旧立新的愿望和辞旧迎新的祈求。

(2) 贴春联。春联也叫门对、春贴、对联、对子、桃符等，它以工整、对偶、简洁、精巧的文字描绘时代背景，抒发美好愿望，是我国特有的文学形式。每逢春节，无论城市还是农村，家家户户都要精选一副大红春联贴于门上，为节日增添喜庆气氛。

(3) 贴窗花和倒贴“福”字。在民间，人们还喜欢在窗户上贴上各种剪纸——窗花。窗花不仅烘托了喜庆的节日气氛，还以其特有的概括和夸张的手法将吉事祥物、美好愿望表现得淋漓尽致，将节日装点得红火富丽。

在贴春联的同时，一些人家要在屋门上、墙壁上、门楣上贴上大大小小的“福”字。春节贴“福”字，是我国民间由来已久的风俗。“福”字指福气、福运，寄托了人们对幸福生活的向往，对美好未来的祝愿。为了更充分地体现这种向往和祝愿，有的人干脆将“福”字倒过来贴，表示“幸福已到”“福气已到”。

(4) 年画。春节在城乡挂贴年画也很普遍，浓墨重彩的年画给千家万户平添了许多兴旺欢乐的喜庆气氛。年画是我国的一种古老的民间艺术，反映了人民朴素的风俗和信仰，寄托着人们对未来的希望。

(5) 包饺子。新年的前一夜叫团圆夜，离家在外的游子都要不远千里万里赶回家来，全家人要围坐在一起包饺子过年。因为和面的“和”就是“合”的意思，饺子的“饺”和

“交”谐音，“合”和“交”又有相聚之意，所以用饺子象征团聚合欢；又取更岁交子之意，非常吉利；此外，饺子因为形似元宝，过年时吃饺子，也带有“招财进宝”的吉祥含义。一家人聚在一起包饺子，话新春，其乐融融。春节过年包饺子是我国北方最普遍的习俗。

(6) 守岁。除夕守岁是最重要的年俗活动之一，守岁之俗由来已久。“一夜连双岁，五更分二天”，除夕之夜，全家团聚在一起，吃过年夜饭，点起蜡烛或油灯，围坐炉旁闲聊，等着辞旧迎新的时刻，通宵守夜，象征着把一切邪瘟病疫赶跑驱走，期待着新的一年吉祥如意。

古时守岁有两种含义：年长者守岁为“辞旧岁”，有珍爱光阴的意思；年轻人守岁，是为延长父母寿命。自汉代以来，新旧年交替的时刻一般为夜半时分。

(7) 燃放爆竹。中国民间有“开门爆竹”一说，即在新的一年到来之际，家家户户开门的第一件事就是燃放爆竹，以噼噼啪啪的爆竹声辞旧迎新。放爆竹可以创造出喜庆热闹的气氛，是节日的一种娱乐活动，可以给人们带来欢愉和吉利。

(8) 拜年。新年的初一，人们都早早起来，穿上最漂亮的衣服，打扮得整整齐齐，出门去走亲访友，相互拜年，恭祝来年大吉大利。拜年的次序是：首拜天地神祇，次拜祖先，再拜高堂尊长，最后全家依次序互拜。拜亲朋的次序是：初一拜本家，初二、初三拜母舅、姑丈、岳父等，直至初五，有的一直延续到正月十六。

春节拜年时，晚辈要先给长辈拜年，祝长辈长寿安康，长辈可将事先准备好的压岁钱分给晚辈。据说压岁钱可以压住邪祟，因为“岁”与“祟”谐音，晚辈得到压岁钱就可以平平安安度过一岁。

(9) 蒸年糕。年糕因为谐音为“年高”，再加上有着变化多端的口味，几乎成了家家必备的应景食品。年糕的式样有方块状的黄、白年糕，象征着黄金、白银，寄寓新年发财的意思。

2) 元宵节习俗

元宵节是我国主要的传统节日，也叫元夕、元夜，又称上元节，因为这是新年的第一个月圆夜。因历代这一节日有观灯习俗，故又称灯节。

礼仪小博士 5-3：

元宵节的由来

汉高祖刘邦死后，吕后之子刘盈登基为汉惠帝。惠帝生性懦弱，优柔寡断，大权渐渐落在吕后手中。吕后病死后，诸臣惶惶不安害怕遭到伤害和排挤，于是，在上将军吕禄家中秘密集合，共谋作乱之事，以便彻底夺取刘氏江山。此事传至刘氏宗室齐王刘襄耳中，刘襄为保刘氏江山，在众臣的帮助下，设计解除了吕禄的兵权，“诸吕之乱”终于被彻底平定。平乱之后，众臣拥立刘邦的第二个儿子刘恒登基，称汉文帝。文帝深感太平盛世来之不易，便把平息“诸吕之乱”的正月十五定为与民同乐日，京城里家家张灯结彩，以示庆祝。从此，正月十五便成了一个普天同庆的民间节日——元宵节。

(资料来源：http://www.welcome.org.cn/zhongguojieri/2008-2-10/YuanXiaoJieDeYouLai.html)

(1) 吃元宵。正月十五吃元宵。“元宵”作为食品，最早叫“浮元子”，后称“元宵”“汤圆”。生意人还美其名曰“元宝”，有团圆美满之意。

(2) 观灯。汉明帝永平年间(公元 58—75 年)，适逢蔡谙从印度求得佛法归来，汉明帝为了弘扬佛法，下令正月十五夜在宫中和寺院“燃灯表佛”。此后，元宵放灯的习俗就由原来只在宫廷中举行而流传到民间。即每到正月十五，无论士族还是庶民都要挂灯，城乡通宵灯火辉煌。

元宵放灯的习俗，在唐代发展成为盛况空前的灯市，中唐以后，已发展成为全民性的狂欢节。唐玄宗(公元 713—741 年)时的开元盛世，长安(今陕西西安)的灯市规模盛大。燃灯五万盏，灯笼花样繁多，唐玄宗命人做巨型的灯楼，多达 20 间，高 150 尺，金光璀璨，极为壮观。宋代，元宵灯会无论在规模还是灯饰的奇幻精美上都胜过唐代，而且活动更为民间化，民族特色更强。以后历代的元宵灯会不断发展，许多地方还举行玩龙灯、舞狮子、猜灯谜、踩高跷、划旱船、扭秧歌、打太平鼓等群众性的娱乐活动。

(3) 中国的情人节。元宵节也是一个浪漫的节日，元宵灯会在封建的传统社会中，也给未婚男女的相识提供了一个机会。传统社会的年轻女孩不允许出外自由活动，但是过节却可以结伴出来游玩，元宵节赏花灯正好是一个交谊的机会，未婚男女借着赏花灯也顺便可以为自己物色对象。元宵灯节期间，便是男女青年与情人相会的时机。

3) 清明节习俗

清明节是中国历法中的二十四节气之一，标志着春耕时节的到来，节期在公历每年 4 月 5 日左右。

礼仪小博士 5-4：

清明节的由来

据历史记载，在 2000 多年以前的春秋时代，晋国公子重耳逃亡在外，生活艰苦，跟随他的介子推不惜从自己的腿上割下一块肉让他充饥。后来，重耳回到晋国，做了国君(即晋文公，春秋五霸之一)，封赏所有跟随他流亡在外的随从，唯独介子推拒绝接受封赏，带了母亲隐居绵山，不肯出来。晋文公无计可施，只好放火烧山，他想，介子推孝顺母亲，一定会带着老母出来。谁知这场大火却把介子推母子烧死了。为了纪念介子推，晋文公下令每年的这一天，禁止生火，家家户户只能吃生冷的食物，这就是寒食节的由来。寒食节是在清明节的前一天，古人常把寒食节的活动延续到清明，久而久之，人们便将寒食与清明合二为一。现在，清明节取代了寒食节，拜介子推的习俗也变成清明扫墓的习俗了。

(资料来源：http://www.welcome.org.cn/zhongguojieri/2008-3-1/QingMingJieDeYouLai.html)

(1) 扫墓。清明节是一个纪念祖先的节日，主要的纪念仪式是扫墓。扫墓是慎终追远、敦亲睦族及行孝的具体表现，基于上述意义，清明节因此成为华人的重要节日。扫墓是清明节最早的一种习俗，这种习俗延续到今天，已随着社会的进步而逐渐简化。扫墓当天，子孙们把先人的坟墓及周围的杂草修整和清理干净，然后供上食品、鲜花等。由于火化遗体越来越普遍，因此，前往骨灰置放地拜祭先人的方式正在逐渐取代扫墓的习俗。

(2) 踏青。踏青又叫春游，古时叫探春、寻春等。清明时节，春回大地，自然界到处

呈现一派生机勃勃的景象，正是郊游的大好时光。我国民间长期保持着清明踏青的习惯。

(3) 植树。清明前后，春阳照临，春雨飞洒，种植树苗成活率高，生长快。因此，自古以来，我国就有清明植树的习惯。有人还把清明节叫作“植树节”，植树风俗一直流传至今。1979 年 2 月 23 日，第五届全国人民代表大会常务委员会第六次会议做出决定，每年的 3 月 12 日为我国的植树节。这对动员全国各族人民积极开展绿化祖国活动，有着十分重要的意义。

4) 端午节习俗

农历五月初五，是我国传统的端午节，又称端阳节、重五节。这是中国民间夏季最重要的传统节日。

礼仪小博士 5-5：

端午节的由来

据《史记·屈原贾生列传》记载，屈原是春秋时期楚怀王的大臣。他倡导举贤孝能，富国强兵，力主联齐抗秦，遭到贵族子兰等人的强烈反对。屈原遭谗去职，被赶出都城，流放到沅湘流域。公元前 278 年，秦军攻破楚国都城。屈原眼看自己的祖国被侵略，心如刀割，但是始终不忍舍弃自己的祖国，于五月五日，在写下了绝笔作《怀沙》之后，抱石投汨罗江身亡，以自己的生命谱写了一曲壮丽的爱国主义乐章。传说屈原死后，楚国百姓哀痛异常，纷纷涌到汨罗江边去凭吊屈原。渔夫们划着船只，在江上来回打捞他的真身。有位渔夫拿出为屈原准备的饭团、鸡蛋等食物，“扑通、扑通”地丢进江里，说是让鱼龙虾蟹吃饱了，就不会去咬屈大夫的身体了。人们见后纷纷仿效。一位老医师则拿来一坛雄黄酒倒进江里，说是要药晕蛟龙水兽，以免伤害屈大夫。后来人们想出用芦苇叶包饭团，外缠彩丝，从而发展成粽子。以后，在每年的五月初五，就有了赛龙舟、吃粽子、喝雄黄酒的风俗，以此来纪念爱国诗人屈原。

(资料来源：http://www.china.com.cn/ch-jieri/duanwu/2.htm)

(1) 赛龙舟。赛龙舟是端午节的主要习俗，相传起源于古时楚国人因舍不得贤臣屈原投江死去，许多人借划龙舟驱散江中之鱼，以免鱼吃掉屈原的身体。之后每年五月五日划龙舟以纪念之。后来，赛龙舟除纪念屈原之外，在各地，人们还赋予了不同的寓意。江浙地区划龙舟，兼有纪念当地出生的近代女民主革命家秋瑾的意义。龙船上张灯结彩，来往穿梭，水上水下，情景动人，别具情趣。贵州苗族人民在农历五月二十五日至二十八日举行“龙船节”，以庆祝插秧顺利和预祝五谷丰登。云南傣族同胞则在泼水节赛龙舟，纪念古代英雄岩红窝。不同民族、不同地区，划龙舟的传说有所不同。直到今天，在南方的不少临江、河、湖、海的地区，每年端午节都要举行富有自己地方特色的龙舟竞赛活动。

(2) 吃粽子。端午节吃粽子，这是中国人民的又一传统习俗。粽子，又叫“角黍”“筒粽”，其由来已久，花样繁多。

(3) 佩香囊。端午节小孩佩香囊，传说有避邪驱瘟之意，实际是用于胸前点缀的装饰。香囊内有朱砂、雄黄、香药，外包以丝布，清香四溢，再以五色丝线编织，做成各种不同形状，结成一串，形形色色，玲珑可爱。

(4) 悬艾叶、菖蒲。民谚说：“清明插柳，端午插艾。”在端午节，人们把插艾叶、菖蒲作为重要内容之一。家家都打扫庭院，以菖蒲、艾条插于门楣，悬于堂中，并用菖蒲、艾叶、榴花、蒜头、龙船花，制成人形或虎形，称为艾人、艾虎；制成花环、佩饰，美丽芬芳，妇人争相佩戴，用以驱瘴。

5) 中秋节习俗

每年的农历八月十五日，在中国人的心目中，是一个象征团圆的传统佳节，历来有“花好月圆人团聚”的说法。

礼仪小博士 5-6：

中秋节的由来

相传，远古时候，射日的后羿从王母娘娘处求得一包长生不老药。据说服下此药，能即刻升天成仙。然而，后羿舍不得扔下妻子，只好将长生不老药交给妻子嫦娥珍藏。不料，此事被后羿的门客蓬蒙看见，蓬蒙等后羿外出后便威逼嫦娥交出长生不老药。嫦娥知道不是蓬蒙的对手，危急之时当机立断，取出长生不老药一口吞了下去。嫦娥吞下药后，身体立刻飞离地面，向天上飞去。由于嫦娥牵挂丈夫，便飞落到离人间最近的月亮上成了仙。后羿回来后，侍女们哭诉了一切。悲痛欲绝的后羿仰望夜空呼唤爱妻的名字，这时，他惊奇地发现，当天晚上的月亮特别圆，特别皎洁明亮，而且有个晃动的身影酷似嫦娥。后羿忙命人摆上香案，放上嫦娥最爱吃的蜜食鲜果，遥祭在月宫里的嫦娥。百姓们闻知嫦娥奔月成仙的消息后，纷纷在月下摆上香案，向善良的嫦娥祈求吉祥平安。从此，中秋节拜月的风俗便在民间传开了。

(资料来源：http://weather.news.sina.com.cn/news/2010/0915/59489.html)

(1) 赏月。在中秋节，我国自古就有赏月的习俗，《礼记》中就记载有“秋暮夕月”，即祭拜月神。到了周代，每逢中秋夜都要举行迎寒和祭月，设大香案，摆上月饼、西瓜、苹果、李子、葡萄等时令水果，其中月饼和西瓜是绝对不能少的，西瓜还要切成莲花状。全家团圆，共同赏月叙谈。

(2) 吃月饼。我国城乡群众过中秋都有吃月饼的习俗，民间有“八月十五月正圆，中秋月饼香又甜”的民谣。月饼最初是用来祭奉月神的祭品，后来人们逐渐把中秋赏月与品尝月饼结合在一起，寓意家人团圆的象征。

6) 重阳节习俗

每年农历九月初九，为两个最大的阳数相重，故称重阳节，也叫重九节、登高节，现又称敬老节。

礼仪小博士 5-7：

重阳节的由来

东汉时期，汝河有个瘟魔，只要它一出现，家家就有人病倒，天天有人丧命，这一带的百姓受尽了瘟魔的蹂躏。一场瘟疫夺走了恒景的父母，他自己也差点丧了命。恒景病愈后辞别了妻子和乡亲，决心拜仙学艺，为民除掉瘟魔。恒景访遍名山高士，求师学艺。一

个仙长送给恒景一包茱萸叶和一盅菊花酒，并且密授避邪用法。恒景回到家乡，初九的早晨，他按仙长的叮嘱把乡亲们领到了附近的一座山上，然后发给每人一片茱萸叶，一盅菊花酒。中午时分，随着几声怪叫瘟魔冲出汝河，瘟魔刚扑到山下，突然吹来阵阵茱萸奇香和菊花酒气。瘟魔戛然止步，脸色突变，恒景手持降妖剑追下山来，几个回合就把瘟魔刺死于剑下，从此九月初九登高避疫的风俗年复一年地传了下来。

(资料来源：http://www.hongxiu.com/diary/view/view.asp？id=1072533)

(1) 登高。在古代，民间在重阳有登高的风俗，故重阳节又叫“登高节”。重阳节秋高气爽，登高一望，草木山川，尽收眼底。这实际上是一种野游，为我国人民传统的体育活动。

(2) 吃重阳糕。据史料记载，重阳糕又称花糕、菊糕、五色糕，制无定法，较为随意。古时，九月九日天明时，以片糕搭儿女头额，口中念念有词，祝愿子女百事俱高，是古人九月做糕的本意。讲究的重阳糕要做成九层，像座宝塔，上面还做成两只小羊，以符合重阳(羊)之义。

(3) 赏菊并饮菊花酒。重阳节正是一年的金秋时节，菊花盛开，民间还把农历九月称为“菊月”，在菊花傲放的重阳节里，观赏菊花成了节日的一项重要内容。清代以后，赏菊的习俗尤为昌盛，且不限于九月九日，但仍然是以重阳节前后最为繁盛。菊花酒由菊花加糯米、酒曲酿制而成，古称“长寿酒”，其味清凉甜美，有养肝、明目、健脑、延缓衰老等功效。

(4) 插茱萸和簪菊花。重阳节插茱萸和簪菊花的风俗，在唐代就已经很普遍。古人认为在重阳节这一天插茱萸可以避难消灾，或佩戴于臂，或做香袋把茱萸放在里面佩戴，还有插在头上的。

2. 我国少数民族习俗与礼仪

1) 壮族习俗与礼仪

壮族是中国人口最多的少数民族之一，其中绝大多数分布在广西壮族自治区，另有少部分生活在云南、广东、贵州和湖南等省境内。

壮族以大米、玉米、糯米为主食，喜欢吃清淡食物和粽子，其风味食品有色、香、味俱全的五色饭、沙糕，鲜美可口、略带甜味的白斩鸡，以及色泽金黄、脆嫩香酥的烤乳猪等。

壮族婚姻一般是一夫一妻制。男女青年可以自由参加社交活动，谈情说爱，结婚则需要事先征得父母的同意。壮族盛行入赘的习俗，即男子上女家门，婚礼在女家举行。在婚礼上有一项特别的仪式，就是女家请本族德高望重的长者为新女婿改姓换名。姓从妻，名只保留后一个字，中间的字表示辈分，参加女方家的排行。入赘后的男子，在家庭中、社会上与其他男子享有同等的地位，不受歧视。不过，少数地方认为上门不光彩。

壮族人素有尊老敬老的传统美德，平时尊敬老人，细心赡养老人，为老人祝寿时唱的《祝寿歌》：祝贺啊祝贺，祝你老人家，寿如清溪白鹤鸟，坚似高山香樟心。祝你七十好高龄，祝你八十好诞辰，祝你九十好高寿，祝你百岁抱玄孙。

壮族是一个善于歌唱的民族。农历三月初三，是壮族富有特色的歌节。相传三月三是壮族歌仙刘三姐去世的日子，人们为了纪念她，便在她的忌日唱歌怀念她。每逢三月三歌节，人们做五色饭和彩蛋，姑娘们精心赶制绣球。该日，小伙子们打扮得英俊潇洒，姑娘们穿戴如花似锦。人们先抬歌仙刘三姐的神像游行，然后汇集在风景秀丽的河边、山谷，进行交流和对歌。小伙子和他中意的姑娘对歌，姑娘把绣球抛向意中人，小伙子若中意抛绣球的姑娘，就把礼品绑在绣球上，抛还女方。歌节里歌声动人，笑声朗朗，充满了诗情画意。

2) 回族习俗与礼仪

回族是回回民族的简称。回族是中国少数民族中人口较多、分布地区最广的一个民族。据 1990 年统计，全国共有回族居民 860 万人。根据 2000 年第五次全国人口普查统计，回族人口数为9816802。全国2000多个县、市中，几乎都有回族居民。回族相对集中在宁夏回族自治区，以及甘肃、河南、新疆、青海、云南、河北、山东、安徽、辽宁、陕西、天津、北京等地。

回族因长期和汉族杂居，基本使用汉语言，但在宗教生活中使用一些阿拉伯语词汇。回族人一般都用汉名汉姓，再另起一个阿拉伯语名字，称“经名”。例如，现代著名回族学者马坚，其经名为穆罕默德。

回族的衣着与汉族差别不大，其主要不同之处是，回族男士头戴白色平顶圆帽、妇女戴头巾(盖头)较普遍。通常老年妇女戴白色盖头，已婚妇女戴黑色盖头，未婚女子戴绿色盖头。

回族信奉伊斯兰教。依据伊斯兰教义，回族在肉食上以牛、羊肉为主，禁食猪、狗、猫、骡、驴等肉，禁食自死动物，禁食血液和禁止饮酒。回族的风味食品有油香、馓子等。

回族一般是族内通婚，也有少量回族人与外族人结婚。回族青年男女成亲，需要具备下列条件：一是双方必须情愿；二是需要得到双方父母的允许；三是要有证婚人；四是男方赠送女方一件礼品信物或一个钱包，钱包中一般只有几枚硬币。婚礼通常在男方家举行。教长先问女方是否同意嫁给男方，再问男方是否同意娶女方为妻。当教长写完婚书并当众宣读后，女方家长和男方家长相继对这门亲事发表意见，众人鼓掌祝贺。

回族的民族节日主要有开斋节(伊斯兰教教历 10 月 1 日)、宰牲节(伊斯兰教教历 12 月 10 日)和圣纪(伊斯兰教教历 3 月 12 日)三大节。每逢这三大节，回族和其他信奉伊斯兰教的中国少数民族特放假一天，以便欢度伊斯兰教节日。

3) 维吾尔族习俗与礼仪

维吾尔族是中国古老的少数民族之一，主要聚居于新疆维吾尔自治区，其中 88%住在天山以南的新疆南部地区。另有少数维吾尔族人居住在湖南省的桃源、常德等县。

维吾尔族有本民族的语言和文字。

维吾尔族的服饰丰富多彩。维吾尔族人戴的四棱绣花帽图案精美、鲜艳夺目，富有特色。维吾尔族妇女喜爱穿用鲜艳绸缎制作的连衣裙。

维吾尔族人喜欢吃面食、牛羊肉及酸奶，其特色食品有烤全羊、香脆的圆形烤饼和色

香味俱全的“抓饭”等。在节日或喜庆日子里，或者贵客光临，维吾尔族人要吃抓饭或以抓饭招待客人。汉族是先上酒菜后上饭，而维吾尔族是先上饭菜后上酒，饭菜分几道上。维吾尔族在居家进餐时，讲究长辈坐上席，长辈先动筷。年轻人在长辈面前不得吸烟、喝酒。汉族喜欢纯清茶，回族喜欢盖碗茶，哈萨克族喜欢奶茶，而维吾尔族人则喜欢喝药茶。维吾尔族人素有“歌舞民族”之称，男女老少人人能歌善舞。

维吾尔族信奉伊斯兰教，禁食猪肉等。

维吾尔族最盛大的民族节日是古尔邦节(即宰牲节，伊斯兰教教历 12 月 10 日)。节日期间，维吾尔族人穿新衣，宰牛羊，唱歌跳舞，喜气洋洋。

4) 蒙古族习俗与礼仪

蒙古族是中国人口较多的少数民族之一，大多数聚居在内蒙古自治区，其余分布在辽宁、吉林、黑龙江、甘肃、青海等省以及新疆维吾尔自治区境内。

蒙古族有自己的语言和文字。

蒙古族男女老幼都喜欢穿长袍，束腰带，穿马靴。

蒙古族以肉食、奶食为主，爱吃羊肉、炒米，爱喝奶酒、奶茶(砖茶熬好后加牛奶和盐)。饮茶可以提神，解除疲劳，又可消化油腻食物，补充维生素。

挡风御寒、易于搬迁的蒙古包，是生活在大草原上的蒙古族人民喜爱的居所。

蒙古族热情好客，讲究礼貌。蒙古族有句谚语：“没有羽毛，有多大的翅膀也不能飞翔；没有礼貌，再好看的容颜也被人耻笑。”蒙古族人民对来客，不论熟人还是生人，总是热情问候，殷勤招待。他们把客人请进蒙古包，先煮奶茶招待，再请客人吃酥脆的油炸果子以及独具草原风味的“手扒羊肉”等。

蒙古族同辈相遇要互相问好，遇到长辈则首先请安。走路、上车、进门、落座、喝茶、吃饭、喝酒，一定要让老人或长辈领先。

一年一度的“那达慕”大会是蒙古族传统的节日盛会。“那达慕”系蒙古语音译，意为“娱乐”“欢聚”或“游戏”。那达慕大会上除了“好汉的三种竞赛”——摔跤、射箭、赛马外，还有各种歌舞游艺和物资交流活动，热闹非凡。

5) 藏族习俗与礼仪

藏族是中国历史悠久的少数民族之一，主要分布在西藏自治区以及与之相邻接的四川、青海、甘肃和云南等省的部分地区。

藏族有自己的语言和文字。

藏族的服饰美观大方。男子普遍头戴镶边皮帽或毡帽，身穿长袍，束腰带，穿长靴，腰佩藏刀。女子头梳小辫，再戴帽或包布帕，穿藏袍。

藏族人爱吃糌粑、肉食、奶制品，爱喝酥油茶。

藏族青年的恋爱方式颇具特色，抢帽子就是其中之一。当小伙子看中了一位姑娘，他不是先向姑娘表白，而是设法抢走她的帽子，过几天再奉还。倘若姑娘喜欢这个小伙子，就会高兴地收回帽子；如果不喜欢，就不要这顶帽子了。藏族姑娘向小伙子表达爱情的方式则是赠送自己随身佩戴的耳环或者项珠之类的饰物。倘若正合小伙子的心意，他就会乐意接受，否则就不得收取姑娘的信物。

藏族人民有尊老爱幼的优良习俗。每年藏历新年(藏历正月初一，与汉族的春节相近)的黎明，家里的女儿或儿媳，要出去背回当年的第一罐水，即“吉祥水”，煮好酥油茶敬献给老人。

献“哈达”是藏族最常见的一种礼节。藏族人民在迎送宾客或与亲朋交往中，把哈达赠送给对方，表示敬意和祝福。

藏族是一个能歌善舞的民族，歌声悠扬、嘹亮。男性的舞蹈动作粗犷、奔放，女性的动作优美、轻柔。

5.2.3 国外礼俗风情

礼俗风情是某一国家、民族长期形成的，是具有相对稳定的礼节、人情、风尚、行为习惯、心理倾向等的总和，是一个民族区别于另一个民族的重要特征。

礼俗风情是一个历史范畴，随着社会的变迁、经济和文化的发展，它还会出现新的内容与形式。由于各国、各民族和各地区文化背景、礼仪传统和行为习惯不同，所以，形成的礼俗风情存在很大的差异。因此，我们在交往，尤其是涉外交往中必须了解和掌握礼俗风情，以此作为入国问俗、入国随俗的依据，从而成功地与交际对象建立良好的关系。

1. 韩国

韩国也称大韩民国，古称高丽，具有璀璨的文化遗产和美丽的风光。韩国夏季多雨，气候湿润，经济发达。韩国的主要宗教是佛教，除此之外，一些韩国人也信奉儒教、天主教或天道教。

1) 交际习俗

韩国男子见面时习惯微微鞠躬后握手，并彼此问候。当晚辈、下属与长辈、上级握手时，后者伸出手后，前者须以右手握手，随后再将自己的左手轻置于后者的右手之上。韩国人的这种做法，是为了表示自己对对方的特殊尊重。

韩国妇女一般情况下不与男子握手。女士之间习惯鞠躬问候，社交时则握手。韩国人与外国人交往时，可能会问及一些私人的问题，对此不必介意。韩国人有敬老的习惯，任何场合都应先向长者问候。

在一般情况下，韩国人在称呼他人时爱用尊称和敬语，很少直接叫出对方的名字。要是交往对象拥有能够反映其社会地位的头衔，那么韩国人在称呼时一定会屡用不止。

在社交场合，韩国人，特别是年青一代的韩国人，大部分都会讲英语，并且将此视为有教养、受过良好教育的标志之一。由于迄今为止仍对日本昔日的侵略占领耿耿于怀，韩国人对讲日语的人普遍没有好感。

2) 主要禁忌

韩国人大都珍爱白色，对熊和虎十分崇拜。

在韩国，人们以木槿花为国花，以松树为国树，以喜鹊为国鸟，以老虎为国兽，对此，不要妄加评论。

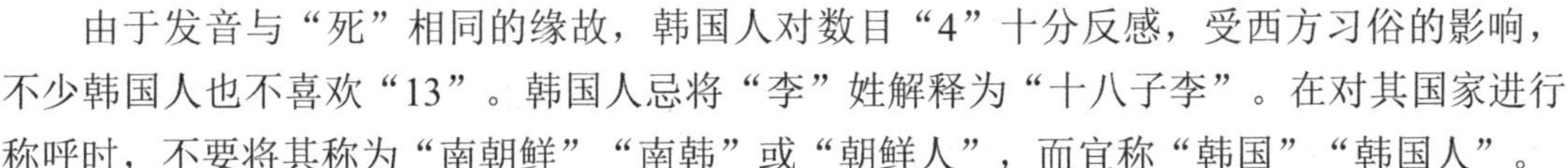

由于发音与“死”相同的缘故，韩国人对数目“4”十分反感，受西方习俗的影响，不少韩国人也不喜欢“13”。韩国人忌将“李”姓解释为“十八子李”。在对其国家进行称呼时，不要将其称为“南朝鲜”“南韩”或“朝鲜人”，而宜称“韩国”“韩国人”。

韩国人的民族自尊心很强，反对崇洋媚外，提倡使用国货。在韩国穿一身外国名牌的人，往往会被人看不起。

在韩国，忌谈的话题有政治腐败、经济危机、意识形态、南北分裂、韩美关系、韩日关系及日本之长等。

3)　饮食特点

韩国人的饮食，在一般情况下以辣和酸为主要特点。韩国人以大米为主食，主要是米饭和冷面。他们喜欢中国的川菜，爱吃牛肉、瘦猪肉、海味、狗肉和卷心菜等。“韩国烧烤”很有特色。

韩国人的饮料很多。韩国男子通常酒量都不错，对烧酒、清酒、啤酒往往来者不拒。韩国妇女多不饮酒。韩国人喜欢喝茶和咖啡。但是韩国人不喜欢喝稀粥和清汤，他们认为穷人才会如此。

在用餐时韩国人用筷子。近年来，出于环保的考虑，韩国的餐馆里往往只向用餐者提供铁筷子。关于筷子，韩国人的讲究是，与长辈同桌就餐时不许先动筷子，不可用筷子对别人指指点点，在用餐完毕后要将筷子整齐地放在餐桌的桌面上。

在宴会上，韩国人一般不把菜夹到客人盘里，而由女服务员替客人夹菜，各道菜陆续端上，每道菜都须尝一尝才会使主人高兴。

2. 日本

日本古称大和，后来正式定名为日本国，具有“日出之国”的意思。日本人酷爱樱花，以其象征民族精神，因为樱花看起来平凡，可是汇集起来却很有气势。每年三月末、四月初，当春风从赤道纬线北上，樱花便由南向北顺势铺开，成林成片，如火如荼。日本人像过节一样，聚集在樱花树下，饮酒赏花，摄影留念。日本在世界上享有“樱花之国”的美称。日本人多信仰神道和佛教。

1)　交际习俗

日本是以注重礼节而闻名的国家，讲究言谈举止的礼貌。日本人见面时，要互相问候致意，鞠躬礼是日本最普遍的施礼致意方式，一般初次见面时的鞠躬礼是30度，告别时是45度，而遇到长辈和重要交际对象时是90度，以示尊敬。妻子送丈夫、晚辈送长辈外出时，弯腰行礼至看不见其背影后才直起身。在较正式的场合，递物和接物都用双手。在国际交往时，一般行握手礼。

日本人在谈话时，常使用自谦语，贬己抬人。与人交谈时总是面带微笑，尤其是妇女。

日本人与他人初次见面时，通常会互换名片，否则即被理解为是不愿与对方交往。在一般情况下，日本人外出时身上往往会带上自己的好几种印有不同头衔的名片，以便在交换名片时可以因人而异。

称呼日本人时，可称之为“先生”“小姐”“夫人”，也可在其姓氏之后加上一个

“君”字，将其尊称为“某某君”。

日本人见面时除了行问候礼之外，还要问好致意，见面时多用“您早”“您好”“请多关照”，分手时则用“再见”“请休息”“晚安”“打扰了”等话语。

日本的经济发达与日本人努力勤奋的工作精神分不开。日本的工作节奏非常快，而且讲究礼节。他们工作时严格按日程执行计划，麻利地处理一切事务；对公众对象“唯命是从”，开展微笑服务；公私分明；对待上司与同事十分谦虚，并善于克制忍耐；下班后对公司的事不乱加评论。

2) 主要禁忌

日本人的忌讳礼俗很多。日本人忌紫色和绿色，认为它们是悲伤和不祥之色。

日本人忌讳“4”和“9”，因为它们分别与“死”和“苦”发音相似。日本人喜欢奇数，不喜欢偶数，对“3”“5”“7”数字特别喜欢。

日本人有三人不合影的习俗。因为，他们认为在中间被左右两人夹着是不幸的预兆，很不吉利。

他们对狐狸和獾的图案很反感，认为这两种动物图案是晦气、狡猾、贪婪的象征。菊花和菊花图案是皇族的象征，送人的礼品上不能使用这一图案。

日本人喜欢仙鹤和乌龟，认为它们是长寿的象征。

日本人使用筷子有许多禁忌，如忌将筷子直插饭中，不能用一双筷子依次给每个人夹、拨菜肴。还有忌用半途筷、游动筷等。

3) 衣食特点

在商务、政务活动中，日本人要穿西式服装；在民间交往中，有时也会穿自己的国服——和服。与日本人交往时穿着不宜过分随便，因为他们认为衣着不整是没有教养的表现。

“日本料理”的特点是以鱼、虾、贝等海鲜为烹调原料，可热吃、冷吃、生吃或熟吃。主食为大米，逢年节和生日喜欢吃红豆饭，喜欢吃酱和喝大酱汤。餐前餐后一杯清茶。方便食品有“便当”(盒饭)和“寿司”等。

在日本，人们普遍喜欢喝茶，久而久之，形成了“和、敬、清、寂”四规的茶道。茶道具有参禅的意味，重在陶冶人们的情趣，它不仅要求幽雅自然的环境，而且还有一整套的点心、泡茶、献茶、饮茶的具体方法。

3. 沙特阿拉伯

沙特阿拉伯的正式名称是沙特阿拉伯王国，其得名来自其统治该国的沙特家族之名。在阿拉伯语里，“沙特”意为“幸福”，而“阿拉伯”含有“沙漠”的意思，因此，“沙特阿拉伯”意即“幸福的沙漠”。由于其石油储量丰富，因此被誉为“石油王国”。沙特阿拉伯的国教是伊斯兰教，国家实行政教合一制度，全国居民的 98%信仰伊斯兰教。沙特阿拉伯的麦加，是伊斯兰教创始人穆罕默德的诞生地，故此它被人们称为该国的“宗教之都”。在阿拉伯文里，“麦加”意思是“吸吮”。

1)　交际习俗

在交际中，沙特阿拉伯人大都表现得热情友好、落落大方。同别人相见时，沙特阿拉伯人一般都会互问对方“您好”，随后，他们还会同对方握手，并且接着问候对方“身体好”；见面时习惯相互问候，或伸出左手放在对方右肩并吻双颊。

沙特阿拉伯的男子习惯拉着朋友的手在路上走，认为这是双方关系亲密友好的表示。

由于受伊斯兰教教规的限制，沙特阿拉伯的妇女很少有人在外面抛头露面，并且不允许与异性进行接触。在遇到沙特阿拉伯的妇女时，自己如果是一位男士的话，要注意不要主动上前对其问候和行礼，与沙特阿拉伯男子打交道时，也不要问候其妻子或恋人，更不要向她们赠送礼物。

作为客人，在沙特阿拉伯人家里主人劝你喝咖啡是不可不喝的，而且喝咖啡最好一饮而尽，才是礼貌之举。如不想再喝，可将杯子左右一摇，主人便知。

在公共场合，沙特阿拉伯人主张“男女授受不亲”。不论坐车、乘电梯，还是上银行，男女往往是需要各自分开的。

在与沙特阿拉伯人交谈时，不要谈及中东政治、宗教矛盾、女权运动和石油政策等。

2)　主要禁忌

沙特阿拉伯人认为，娱乐会令人堕落。所以，不要与其谈论休闲、娱乐，或是邀请其参加舞会、去夜总会玩乐。

不要在沙特阿拉伯人面前对以色列加以评论。

按照伊斯兰教教规，沙特阿拉伯严禁崇拜真主以外的任何偶像。所以，那里的人不喜欢看电影，不喜欢拍照、录像，并且对雕塑、洋娃娃等礼品是十分忌讳的。

沙特阿拉伯人忌用左手递送东西，厌恶别人用眼睛盯着自己。

沙特阿拉伯人是不下国际象棋的，因为他们认为那种玩法对国王有失恭敬。

沙特阿拉伯人崇拜蓝色和绿色，认为它们分别代表生命和希望，是吉祥之色。

3)　饮食特点

沙特阿拉伯人忌吃猪肉及异形食物。每日习惯两餐，平时以玉米、大饼和手抓饭为主食，上层人士则常吃西餐。羊眼对他们来说是最珍贵的食品，他们喜欢喝红茶和咖啡，喜欢品尝中餐。

4．泰国

泰国的正式名称是泰王国，自称孟泰。泰语中“孟”是国家的意思，“泰”是自由的意思，“泰国”即自由之国。

1)　宗教信仰

佛教是泰国的国教，全国人口的 90%以上信奉佛教。在社会各方面，佛教都对泰国人发挥着重要作用和影响。泰国的历法采用的是佛历。泰国男子年满 20 岁后，都要出家一次，当 3 个月的僧侣，即使国王也不例外，否则会被人看不起。几乎所有泰国人的脖子上，都佩戴有佛饰，用来趋吉避邪。

2)　交际习俗

由于信奉佛教，泰国人在一般交际应酬时不喜欢握手，而是带有佛门色彩行合十礼。

行合十礼时，需站好立正，低眉欠身，双手十指相互并拢，并且同时问候对方“您好”，合十的双手举得越高表示对对方越尊重。行合十礼时，晚辈要先向长辈行礼，身份、地位低的先向身份、地位高的人行礼，对方随后还之以合十礼，否则是失礼的。

泰国人很有涵养，总喜欢面带微笑，所以泰国也有“微笑之国”的美称。在交谈时，泰国人总是低声细语。在其看来，跟旁人打交道时面无表情、愁眉苦脸，或是高声喧哗、大喊大叫，是不礼貌的。与泰国人交往不要信口开河，非议佛教，或是对佛门弟子有失敬意，特别是不要对佛祖释迦牟尼表示不恭。

3) 主要禁忌

泰国人认为头是智慧所在，神圣不可侵犯，不能用手去触摸佛像的头部，这将被视为极大的侮辱；若打了小孩的头部，认为此举触犯了藏在小孩头中的精灵，孩子会生病的。别人坐着的时候，切勿让物品超越其头顶。见面时，若有长者在座，晚辈应坐下或蹲跪以免高于长者的头部，否则就是对长者的不恭。所以，在泰国，当人们走过或坐或站着的人面前时，都得躬身而行，表示不得已而为之。

泰国人认为用左手拿东西给别人是鄙视对方的行为，所以，给人递东西时都用右手，切忌用左手。

在泰国民间，狗的图案是被禁止的。泰国人的家里大都不种茉莉花，因为在泰语里，它与“伤心”发音相似。

在泰国，睡莲是国花，桂树是国树，白象是国兽，对于这些东西，千万不要表示轻蔑，或是予以非议。

泰国宪法规定，国王是神圣不可侵犯的，对泰国国王和王室成员，绝不允许任意评说。

4) 饮食特点

泰国人不爱吃过甜或过咸的食物，也不吃红烧的菜肴；喜食辛辣、新鲜之食物，最爱吃的是体现其民族特色的“咖喱饭”。

泰国人是不喝热茶的，他们的做法是，在茶里加上冰块，令其成为冻茶。他们绝不喝开水，而习惯直接饮用冷水。在喝果汁时要加少许盐末。

5. 新加坡

新加坡的全称是新加坡共和国。“新加”在梵文中是“狮子”的意思，“坡”在梵文中是“城”，因此新加坡又被称为“狮城”。由于新加坡是一个岛国，面积极小，华侨普遍称其为“星洲”“星岛”。新加坡气候宜人，环境优美，是一个城市国家，故又有“花园城市”的美誉。新加坡是世界第二大港口。

1) 交际习俗

在社交场合，新加坡人与他人见面的礼节多为握手。其礼仪习俗呈现多元化的特点，如在社交活动中，华人往往习惯于拱手作揖，或行鞠躬礼；马来人则大多数采用本民族的“摸手礼”。所以与新加坡人打交道要遇人问俗。

新加坡特别强调笑脸迎客，彬彬有礼。交际中讲究礼貌、以礼待人，不但是每个人应具备的基本素养，而且也已成为国家和社会对每一个人所提出的一项基本行为规则。

新加坡十分注重“礼治”。政府专门制定了《礼貌手册》，对于人们的各种不同场合的所作所为都做出了严格的规定，在新加坡不讲礼貌会寸步难行。

新加坡人崇尚清爽卫生，对于蓬头垢面、衣冠不整、胡子拉碴的人，都会侧目而视。

2)　主要禁忌

新加坡人喜欢红的，认为红色是庄严、热烈、喜庆、吉祥的象征，会激励人们奋发向上。在一般情况下，过多地采用紫色、黑色不受人们欢迎，因为他们认为紫色、黑色是不吉利的。

新加坡人不喜欢“4”和“7”这两个数字，因为华语中“4”的发音与“死”相仿，而“7”被认为是消极的数字。在新加坡人看来“3”是“升”，“6”是“顺”，“8”表示“发”，“9”则表示“久”，都是吉祥的数字。

在新加坡是不能说“恭喜发财”的，因为在他们看来，“发财”有“横财”之意，祝愿对方发财无疑是鼓动他去发“不义之财”，是一种损人利己的行为。

在新加坡乱扔果皮、废纸、吐痰，在公共场所吸烟、嚼口香糖，过马路闯红灯都会被罚款，罚款额之高相当于一个普通工人一个月的工资，搞不好还会吃官司，甚至被鞭打。

3)　饮食特点

中餐是新加坡人的最佳选择，粤菜、闽菜等十分受欢迎。新加坡人喜欢清淡，偏好甜食，讲究营养，平日爱吃米饭和各种生猛海鲜，对于面食不太喜欢。

新加坡人大都喜欢喝茶，他们经常在清茶中放橄榄之后饮用，称之为“元宝茶”，认为喝这种茶可以令人财运亨通。新加坡人还喜欢喝鹿茸酒、人参酒等补酒。

6. 美国

美国的全称为美利坚合众国，地处北美洲中部，美国人主要信奉基督教、天主教。美国的绰号是“山姆大叔”，也有“世界霸主”“超级大国”“国际警察”“金元帝国”“车轮上的国家”等代称。

1)　交际习俗

美国人是“自来熟”，他们为人诚挚、乐观大方、天性浪漫、性格开朗、善于攀谈、喜欢社交，似乎与任何人都能交上朋友。他们与人交往时讲究礼仪，但没有过多的客套。朋友见面，说声“Hello”就算打招呼。每个人热情开朗，不拘小节，讲究效率，不搞形式主义。

美国人在社交场合一般行握手礼，熟人则施亲吻礼。较熟的朋友常直呼其名，以示亲热，不喜欢称官衔，对于能反映对方成就与地位的学衔、职称，如“博士”“教授”“律师”“法官”“医生”等却乐于称呼。人们经常说“请原谅”等礼貌用语。

交谈时，他们经常以手势助兴，与对方保持半米左右的距离；不愿被问及年龄、收入、所购物品的价钱，不喜欢被恭维其“胖”。对妇女不能赠送香水、衣物和化妆品。交往时必须遵循“女士优先”的原则。

2)　主要禁忌

美国人忌“13”和“星期五”。他们不喜欢黑色，偏爱白色和黄色，喜欢蓝色和红

色，崇尚白头鹰，将其敬为国鸟。在动物中，美国人最爱狗，认为狗是人类的忠实朋友，对于那些自称爱吃狗肉的人，美国人是非常厌恶的。在美国人眼里，驴代表坚强，象代表稳重，它们分别是共和党和民主党的标志。

在美国，成年同性共居于一室之中、在公共场合携手而行或是勾肩搭背、在舞厅里相邀共舞，都有同性恋之嫌。

美国人认为个人空间不可侵犯，所以与美国人相处要保持适当的距离，碰了别人要及时道歉，坐在他人身边应征得对方认可，谈话时不要距离对方过近。

美国人大都喜欢用体态语表达情感，但忌讳盯视别人、冲别人伸舌头、用食指指点交往对象等体态语。

3) 饮食特点

美国人喜欢咸中带甜的菜肴。他们重视营养，爱吃海味和蔬菜。美国人早、午餐比较简单，晚餐较丰富，偏爱蛙肉和火鸡，饭后喜欢喝咖啡或茶。

7. 加拿大

加拿大作为国名，出自当地土著居民的语言，本意是“棚屋”。也有人讲它来自葡萄牙语，意思是“荒凉”。它位于北美洲北部，除极少数印第安人和因纽特人外，国民多是英、法移民的后裔，多数信奉天主教。加拿大境内多枫树，素有“枫叶之国”的美誉。长期以来加拿大人民对枫叶有深厚的感情，加拿大国旗正中绘有三片红色枫叶，国歌也是《枫叶，万岁》。加拿大有“移民之国”“粮仓”“万湖之国”等美称。

1) 交际习俗

加拿大人讲究礼貌，但又喜欢无拘无束，不爱搞繁文缛节。加拿大人性格开朗热情，对人朴实友好，容易接近。人们相遇时，都会主动打招呼、问好，握手是其见面礼，拥抱、接吻等见面礼只适用于亲友、熟人、恋人和夫妻之间。

加拿大人在交际中的自由与随和，是举世闻名的。他们对于交往对象的头衔、学位、职务，只在官方活动中才使用；在中国社交活动里普遍必备的名片，对于普通加拿大人来说，一般不大常用，只有公司高层商务活动中才使用。

2) 主要禁忌

枫叶是加拿大的象征，是加拿大国旗、国徽上的主题图案。因此，枫叶被加拿大人视为国花，枫树定为加拿大的国树，对此要充分尊重。在加拿大，白色的白百合花主要用来悼念死者，因其与死亡有关，所以，绝对不可以之作为礼物送给加拿大人。白雪在加拿大人心目中有着崇高的地位，并被视为吉祥的象征与避邪之物，在不少地方人们甚至忌讳铲除积雪。加拿大人很喜欢红色与白色，因为那是加拿大国旗的颜色。

与加拿大人交谈时，不要插嘴、打断对方的话，或是与对方强词夺理。议论性与宗教，评说英裔加拿大人与法裔加拿大人的矛盾，处处将加拿大与美国联系起来进行比较，将加拿大视为美国的“小兄弟”，或是大讲美国的种种优点和长处，都是应当避免的。

3) 衣食特点

在日常生活里，加拿大人的着装以欧式为主。在参加社交应酬时，加拿大人循例都要

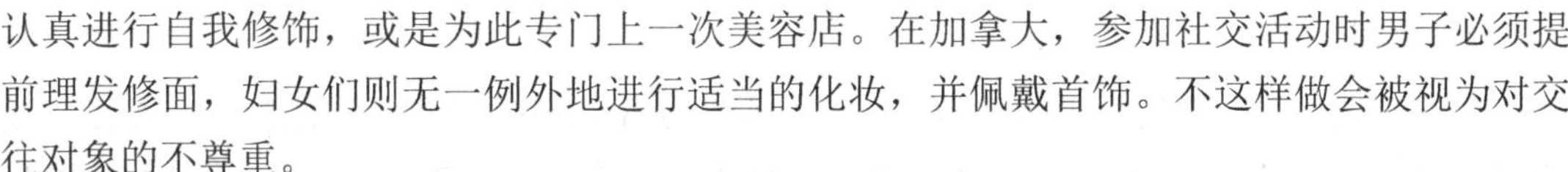

认真进行自我修饰，或是为此专门上一次美容店。在加拿大，参加社交活动时男子必须提前理发修面，妇女们则无一例外地进行适当的化妆，并佩戴首饰。不这样做会被视为对交往对象的不尊重。

加拿大的饮食习惯与英美比较接近，口味比较清淡，爱吃酸、甜之物和烤制食品，忌吃肥肉、动物内脏、腐乳、虾酱以及其他带腥味、怪味的食物。在一日三餐中，加拿大人最重视晚餐，他们喜欢邀请朋友到家中共进晚餐。

8．英国

英国的正式名称是大不列颠及北爱尔兰联合王国，有时它也被人们称为“联合王国”“不列颠帝国”“英伦三岛”等。“英国”是中国人对其的称呼，出自“英格兰”一词，其本意是“盎格鲁人的土地”，而“盎格鲁”的含义则为“角落”。英国的主要宗教是基督教。英国的国教是英国国教会，也称圣公会。

1) 交际习俗

英国人不喜欢被统称为“英国人”，而喜欢被称为“不列颠人”。他们习惯握手礼，女子一般施屈膝礼。男子如戴礼帽，遇见朋友时微微揭起以示礼貌。英国人注重实际，不喜空谈，他们在社交场合衣着整洁，彬彬有礼，体现绅士风度。妇女穿着较正式的服装时，通常要配一顶帽子。

在社交场合，英国人极其强调所谓的绅士风度，坚持“女士第一”的原则，对女士尊重和照顾。他们十分重视个人教养，认为，教养体现出细节，礼节展现出教养。他们待人十分客气，“请”“谢谢”“对不起”“你好”“再见”一类的礼貌用语，天天不离口，即使是家人、夫妻、至交之间，英国人也常常会使用这些礼貌用语。

在交际活动中，握手礼是英国人使用最多的见面礼节。在一般情况下，与他人见面时，英国人既不会像美国人那样随随便便地“嗨”上一声作罢，也不会像法国人那样非要跟对方热烈地拥抱、亲吻不可，英国人认为那样做都有失风度。

2) 主要禁忌

英国人忌 4 人交叉握手，忌“13”和“星期五”，忌用一次火点 3 支烟。他们不喜欢大象及其图案，讨厌墨绿色，忌黑猫和百合花，忌碰撒食盐和打碎玻璃。英国人认为星期三是黄道吉日。他们喜欢养狗，认为白马象征好运，马蹄铁会带来好运。

在英国人看来，夸夸其谈、自吹自擂、说话时指手画脚都是缺乏教养的表现，所以与英国人刚刚认识就与他们滔滔不绝地交谈会被认为很失态。和英国人交谈要小心选择话题，不要以政治或宗教倾向作为话题。另外不要去打听英国人不愿讲的事情，千万不要说某个英国人缺乏幽默感，这很伤他们的自尊心，他(她)会感到受侮辱，因为英国人历来以谈吐幽默、高雅脱俗为荣。

3) 饮食特点

英国人通常一日四餐，即早餐、午餐、午茶点和晚餐，晚餐为正餐。他们不喜欢上餐馆，喜欢亲自烹调，平时以英法菜为主。“烤牛肉加约克郡布丁”被誉为国菜。英国人进餐前习惯先喝啤酒或威士忌，讲究喝早茶与下午茶。

9. 法国

法国的正式名称是法兰西共和国。“法兰西”源于古代法兰克王国的国名。在日耳曼语里，“法兰克”一词的本义是“自由”或是“自由人”。“艺术之邦”“时装王国”“葡萄之国”“名酒之国”“美食之国”等都是世人给予法国的美称。法国首都巴黎更是鼎鼎大名的“艺术宫殿”“浪漫之都”“时装之都”和“花都”。法国的主要宗教是天主教，近80%的人是天主教教徒，其余的人信奉基督教、犹太教或伊斯兰教。

1) 交际习俗

法国人非常善于交际，即使是萍水相逢，他们也会主动与之交往，而且表现得亲切友善、一见如故。

法国人天性浪漫，在交际中，他们爽朗热情，善于雄辩，高谈阔论，爱开玩笑，幽默风趣，讨厌不爱讲话的人，对愁眉苦脸者难以接受。

他们崇尚自由，纪律性较差，不大喜欢集体行动，约会也可能姗姗来迟。法国人有极强的民族自尊心和民族自豪感，在他们看来，世间的一切都是法国最棒。例如，法国人懂英语的不少，但通常不会直接用英语与外国人交谈，因为他们认定，法语是世间最美的语言。与法国人交谈时若能讲几句法语，一定会使对方热情有加；懂法语而又不同法国人讲法语，则会令其大为恼火。

法国人注重服饰的华丽和式样的更新。妇女视化妆和美容为生活之必需。法国人在社会交往中奉行“女士第一”的原则。法国人习惯行握手礼，有一定社会身份的人施吻手礼。少女常施屈膝礼。男女之间、女子之间及男子之间，还有亲吻面颊的习惯。社交中，法国人不愿他人过问个人私事。

2) 主要禁忌

法国人忌“13”和“星期五”。他们大都喜爱蓝色、白色与红色，不喜欢黄色和墨绿色。法国人视仙鹤为淫妇的化身，孔雀被看作祸鸟，大象象征笨汉，它们都是法国人反感的动物。法国人视菊花、杜鹃花与核桃等为不祥之物。

向法国人赠送礼品时，宜选具有艺术品位和纪念意义的物品，不宜送刀、剑、剪、餐具，或是带有明显的广告标志的物品。男士向一般关系的女士赠送香水，也被法国人看作是不合适的。

与别人交谈时，法国人往往喜欢选择一些足以显示其身份、品位的话题，如历史、艺术等。对于恭维英国、德国，贬低法国的国际地位和历史贡献，议论其国内经济滑坡、种族纠纷等问题，他们不愿意予以呼应。

3) 饮食特点

法国人会吃，也讲究吃。法国菜风靡世界，被称为“法国大餐”。法国人喜欢吃蜗牛和青蛙腿，最名贵的菜是鹅肝。法国人喜欢喝酒，几乎餐餐必饮，白兰地、香槟和红白葡萄酒都是他们喜欢喝的。法国菜的特点是鲜嫩。法国人也非常喜欢中国菜。

10. 德国

德国的正式名称是德意志联邦共和国。“德意志”在古代德语里，其含义为“人民的

国家”或“人民的土地”。在世界上，德国有“经济巨人”“欧洲的心脏”“出口大国”“啤酒之国”“香肠之国”等美称。德国的主要宗教是基督教和天主教，目前在德国总人口中，信奉基督教的约占 47%，信奉天主教的约占 36%。

1)　交际礼仪

德国人之间初次见面，如果需要第三者的介绍，作为介绍人要注意：不能不论男女长幼、地位高低而随便把一人介绍给另一人，一般的习惯是从老者和女士开始，向老年人引见年轻人，向女士引见男士，向地位高的人引见地位低的人。

双方握手时，要友好地注视对方，以表示尊重对方，如果这时把眼光移向别处，东张西望，是很不礼貌的。初次相识的双方在自报姓名时，要注意听清和记住对方的姓名，以免发生忘记和叫错名字的尴尬局面。在许多人相互介绍时，要做到尽量简洁，避免拖泥带水。

由于德语语言自身的特点，在与德国人交往中还会遇到一个是用尊称还是用友称的问题。一般与陌生人、长者以及关系一般的人交往，通常用尊称“您”；而对私交较深、关系密切者，如同窗好友、共事多年关系不错的同事，往往用友称“你”来称呼对方。交换称谓的主动权通常在女士和长者手中。称谓的变换，标志着两者之间关系的远近亲疏。对此必须熟练掌握和运用，这样才能得心应手地与德国人交往。

德国人十分遵约守时。德语中有一句话“准时就是帝王的礼貌”。德国人邀请客人，往往提前一周发邀请信或打电话通知被邀请者。如果是打电话，被邀请者可以马上口头做出答复；如果是书面邀请，也可通过电话口头答复。但不管接受与否，回复应尽可能早一点，以便主人做准备，迟迟不回复会使主人不知所措。如果不能赴约，应客气地说明理由，既不赴约又不说明理由是很不礼貌的。在德国，官方或半官方的邀请信，往往还注明衣着要求。接受邀请之后如中途有变不能如约前往，应早日通知主人，以便主人另做安排。如因临时的原因，迟到 10 分钟以上，也应提前打电话通知一声，因为在德国私人宴请的场合，等候迟到客人的时间一般不超过 15 分钟。客人迟到，要向主人和其他客人表示歉意。

电影院中的迟到，人们可以习以为常，但对于音乐会的迟到，则是令人讨厌的。这时迟到者最好等到一幕或一个乐章结束后再入座。如等不及，需慢慢走到座位上，千万别走错排数，并且要对站起来让路的人轻说“谢谢”。

赴约赴宴，一定要提早出门，以免迟到。迟到固然不礼貌，但早到也欠考虑。德国人如遇正式邀请，往往提前出门，如果到达时间早，便在附近等一等，到时再进主人家。

德国人不习惯送重礼，所送礼物多为价钱不贵但有纪念意义的物品，以此来表示慰问、致贺或感谢之情。去友人家赴宴，客人带上点儿小礼物，俗话说“礼轻情意重”，一束鲜花、一盒巧克力糖果或一瓶酒足矣。当然，去德国朋友家做客的中国人如能送给女主人一件富有民族风格的小纪念品，那定会受到主人由衷的赞赏。如果只是顺便看望，那就不必带什么礼物了，最多给小孩子带点儿小玩意儿。如果是业务上的聚会，双方往来都是公事，只要按时应邀出席，不必另有表示。

在德国，如遇朋友乔迁或新婚，你可以事先同受礼者开诚布公地谈谈送些什么礼物

好。有的德国新婚夫妇会把自己所需的日常用品列一份清单，送礼的朋友可在此单上划上自己送的东西，这样既可使新婚夫妇得到实惠，又令馈赠者高兴。

2) 主要禁忌

德国人对黑色、灰色比较喜欢，对于红色以及掺有红色或红黑相间之色，则不感兴趣。

对于“13”与“星期五”，德国人十分讨厌。他们对于 4 个人交叉握手，或是在交际场合进行交叉谈话，也比较反感，因为他们认为这是不礼貌的。

德国人对纳粹党徽的图案“卐”十分忌讳。它与我国民间表示吉祥的“卍”颇为近似，只不过前者的开口是呈顺时针方向，而后者的开口是呈逆时针方向，切不可将二者混淆乱用。另外在德国跟别人打招呼时，切勿身体立正，右手向上方伸直，掌心向外。这一姿势过去是纳粹行礼的方式，因此也应避免。

与德国人交谈时，不宜涉及纳粹、宗教与党派之争。在公共场合窃窃私语或是大声讲话，德国人认为都是十分无礼的。

3) 衣食特点

德国人在穿着打扮上的总体风格是，庄重、朴素、整洁。他们不大容易接受过分前卫的服装，不喜欢穿着过分鲜艳花哨的服装，并且对衣冠不整、服装不洁者表示难以忍受。德国人在正式场合露面时，必须穿戴整齐，衣着一般多为深色。在商务交往中，德国人讲究男士穿三件套西装，女士穿裙式服装。德国人对于发型较为重视。在德国，男士不宜剃光头，免得被人当作“新纳粹”分子。德国少女的发式多为短发或披肩发，烫发的妇女多为已婚者。

德国人讲究饮食，最爱吃猪肉，其次才是牛肉。以猪肉做成的各种香肠，令德国人百吃不厌。德国人一般胃口较大，喜食油腻之物，在口味方面，德国人爱吃冷菜以及偏甜、偏酸的菜肴，对于辣或过咸的菜肴则不太欣赏。德国人最喜欢饮啤酒，人人都是海量，当然他们对于咖啡、红茶、矿泉水也很喜欢。

11. 澳大利亚

澳大利亚的正式名称为澳大利亚联邦。澳大利亚作为国家的名称，来自拉丁文，在拉丁文里其含义是“南方之地”。“牧羊之国”“骑在羊背上的国家”“坐在矿车上的国家”“淘金圣地”等都是对澳大利亚的美称。澳大利亚的主要宗教是基督教，全国居民之中约 98%的人都是基督徒。

1) 服饰礼仪

澳大利亚的男子多穿西服、打领带，在正式场合打黑色领结，达尔文服是流行于达尔文市的一种简便服装。妇女一年中大部分时间都穿裙子，在社交场合则套上西装上衣。在澳大利亚，无论男女都喜欢穿牛仔裤，他们认为穿牛仔裤方便、自如。土著居民往往赤身裸体，或在腰间扎一条围巾。

2) 交际礼仪

澳大利亚人人情味很浓，乐于同他人进行交往，并且表现得质朴、开朗、热情。过分地客套或做作，均令其不快。他们爱交朋友，爱同陌生人打招呼、聊天，爱请别人到自己家里做客。

澳大利亚的男士们相处，感情不能过于外露，大多数男人不喜欢紧紧拥抱或握住双肩之类的动作。在社交场合，澳大利亚人忌讳打哈欠、伸懒腰等小动作。

澳大利亚是一个讲求平等的社会，不喜欢以命令的口气指使别人。

澳大利亚人见面习惯于握手，不过有些女子之间不握手，女友相逢时常亲吻对方的脸。

澳大利亚人大都名在前，姓在后，称呼别人先说姓，接上先生、小姐或太太之类。熟人之间可称小名。

3)　主要禁忌

澳大利亚人对兔子特别忌讳，认为兔子是一种不吉利的动物，人们看到它都会感到倒霉。与他们交谈时，可多谈旅行、体育运动及到澳大利亚的见闻，而议论种族、宗教、工会和个人私生活以及等级地位问题，最令澳大利亚人不满。

在数字方面，受基督教的影响，澳大利亚人对于“13”与“星期五”普遍感到反感。

澳大利亚人不喜欢将本国与英国处处联系在一起。

澳大利亚人对于公共场合的噪声极其厌恶。在公共场所大声喧哗者，尤其是门外高声喊人的人，他们是最看不起的。

4)　饮食特点

澳大利亚人在饮食上以吃英式西餐为主，其口味清淡，不喜油腻。澳大利亚人的食品素以丰盛和量大而著称，尤其对动物蛋白质的需要量更大。他们爱喝牛奶，喜食牛肉、猪肉等。他们喜喝啤酒，对咖啡很感兴趣。

12．西方国家主要节日习俗

节日，是指某一国家或地区为庆贺、纪念、缅怀某一事件或某一人物而约定俗成的时日。各国、各民族都有自己传统的节日庆典，有些节日还逐渐变成了世界性的传统节日。

1)　圣诞节

圣诞节本是基督教用以纪念耶稣基督诞辰的一个宗教节日，但是随着基督教势力的扩展和西方文化传播的影响，它已经成为一个世界的民间节日。它的时间延续很长，通常为 12 月 24 日至次年 1 月 6 日。在许多国家和地区，包括中国港澳地区，圣诞节都是例行假日。

西方人以红、绿、白为圣诞色，每逢圣诞节来临，家家户户都要用圣诞色来装饰。红色的有圣诞花和圣诞蜡烛。圣诞花即一品红，它被西方人用来象征圣诞节令。圣诞蜡烛不同于普通蜡烛，它五色俱全，精致小巧，过圣诞节时，家家都要点燃它。绿色的是圣诞树，它是圣诞节的主要装饰品，用砍伐来的杉、柏一类呈塔形的常青树装饰而成，上面悬挂着五颜六色的彩灯、礼物和纸花，还点燃着圣诞蜡烛。圣诞花是由圣诞树演变而成的室内装饰物，它用松、杉、柏一类常青树的枝条扎成圆形，放上几颗松果，再配上红缎带就做成了。

红色与白色是圣诞老人的颜色，他是圣诞节活动中最受欢迎的人物。圣诞老人名叫圣克劳斯，传说他白须红袍，每到圣诞夜，便从北方驾鹿橇而来。他身背大红包袱，脚蹬大皮靴，通过每家的烟囱进入室内发送礼物。因此，西方儿童在圣诞夜临睡之前，要在壁炉前或枕头旁边放上一只袜子，等候圣诞老人在他们入睡后把礼物放在袜子内。在西方，扮演圣诞老人也是一种习俗。

圣诞节前后，大多数西方国家正值严冬，洁白美丽的雪花使圣诞节富有诗意。然而地处南半球的澳大利亚和新西兰此刻恰恰是烈日当空，由于天热，他们的节日活动极少狂欢，而是走亲访友，融洽感情。澳大利亚和新西兰的圣诞食品以清凉为主，各种冷盘、沙拉和水果最受欢迎。

传说耶稣是夜时诞生的，因此 12 月 24 日之夜被称作圣诞夜。圣诞节庆祝活动自此夜开始，而以半夜为高潮。这一夜，天主教教堂里灯火通明，举行纪念耶稣出生的半夜弥撒。在圣诞夜里，人们会唱起圣诞歌。圣诞歌很多，以《平安夜》最为著名。

西方人在圣诞夜全家要聚餐一次，餐桌上将出现火鸡、羊羔肉、葡萄干布丁和水果饼。其中火鸡被叫作圣诞鸡，是圣诞大餐中必不可少的。英美人讲究圣诞之夜吃火鸡，德国人则习惯吃烤鹅。

西方人在圣诞节相见时，要互道“圣诞快乐”。英国人在这天一大早，就要通过窗户向邻人或朋友们高呼这一句话。

2) 复活节

复活节是基督教用以纪念耶稣复活的一个宗教节日，但已经被世俗化了。复活节的日期是每年春分(3 月 21 日或 22 日)月圆后的第一个星期日。

传说耶稣受难后的第三天清早，他的信徒们发现耶稣坟墓的墓门大开，耶稣的尸体不见了，只剩下裹尸布堆在那里。信徒们以为有人把耶稣的尸体挪走了，便哭了起来，这时天使显灵说：“耶稣已经复活了。”当晚，门徒们聚集在一间屋子里，因为害怕犹太人的迫害，所以把门关得紧紧的。忽然，耶稣出现在他们面前，门徒们一见耶稣真的复活了，立即转忧为喜。耶稣对他们说：“我从前告诉过你们的话应验了，基督必受害，第三日从死里复活，人们要奉他的名，传悔改赦罪的道，你们就是这事的见证。天上地下所有的权柄都赐给我了。你们要使万民作为我的门徒，奉父、子、圣灵的名给他们施洗。凡我所吩咐你们的，都教导他们遵守，我就常与你们同在，直到世界的末日。”

后来，基督教教会就把这一天定为复活节，又称主日。至此，基督教信徒们不再像犹太教信徒们那样守安息日，而改守主日，这就是现在的礼拜日。公元 325 年，尼西亚公会议主张每年春分月圆后的第一个主日为复活节。

复活节是仅次于圣诞节的基督教的第二大节日。每逢复活节来临，教会都要举行隆重的礼拜活动，信徒们相见，第一句话就是“主复活了！”复活节期间，人们经常相互赠送复活节彩蛋，它由鸡蛋涂上各种颜色而成。在古代，鸡蛋象征着生命，并被视为复活的坟墓。西方还有复活节小兔一说。兔子是繁殖力最强的动物，所以被人们选为生命的象征。时至今日，孩子们过复活节时依然少不了吃兔子糖和讲述各种有关兔子的故事。

现在，西方各国在复活节时，大都举行游行活动。美国的游行队伍是化了装的，其中最受人们喜爱的是卡通人物米老鼠和唐老鸭。其他国家的游行队伍也都各具民族特色。复活节晚上，各家都要举行复活晚宴，晚宴上的传统主菜是羊肉和熏火腿。用羊祭祀是基督

教信徒千百年来的传统，而猪则一直象征着幸运。

3)　狂欢节

狂欢节起源于古罗马的农神节，发展于中世纪，盛行于当代，是欧美各国的传统节日。狂欢节主要是以辞旧迎新、憧憬未来为基本主题。在欧美诸国中最受欢迎的狂欢节圣地之一是德国科隆城，每年慕名从国内外赶来欢度狂欢节的人不计其数。节日里，科隆城里到处是热闹的人群，各大小酒家、舞厅及娱乐场所被挤得水泄不通，人们相互致以节日的祝贺，穿上节日的盛装，尽情地打扮自己。街上有大规模的化装游行，有彩车队、乐曲队、舞蹈队等，彩车上不时有礼物抛向人群，男女老少互相争抢，热闹非凡。

巴西的狂欢节是堪称世界之最的群众性集会庆祝活动。狂欢节前，巴西人都要耗资购买节日服装、面具及食品、饮料等，即使借钱负债也在所不惜。首都里约热内卢是狂欢节的中心，狂欢节期间商店关门，工厂停工。人们不分肤色、种族、年龄、贫富、贵贱都是狂欢节的参与者，而巴西的圆舞、桑巴舞表演是狂欢节最精彩的节目。

在现代，狂欢节已成为许多国家人们抒发渴望幸福之情的节日。由于各国的习俗不同，狂欢节的日期不统一，甚至在同一国中也有不同日期的情况。多数国家把狂欢节定在气候适宜的 2、3 月份举行。世界著名的狂欢节还有法国的春季狂欢节、加拿大的冰上狂欢节、德国狂欢节和欧洲狂欢节等。

4)　愚人节

愚人节是每年 4 月 1 日，在欧美的一些国家及地区都以开玩笑使人上当的方式度过这一有趣的节日。

愚人节起源于法国，1564 年，法国采用阴历 1 月 1 日为一年之始的新纪元法，却遭到国内保守派的反对，他们依然按照旧历 4 月 1 日为新年，互赠礼品。为了蒙蔽保守派，改革新历法的团体继续在这天请保守派参加招待会，赠送给他们礼品。后来人们把这些上当受骗的保守分子称为“4 月傻瓜”或“上钩的鱼”。从此，人们在 4 月 1 日便互相愚弄，成为法国流行的习俗，后来传到其他国家和地区。

但是不论哪一种传说，愚人节的内容与日期都是相同的。在这一天，人们可以尽情地相互开玩笑，甚至连报纸、电台、电视台也会故意制造出一些有趣的“新闻”来戏弄人们。当然开玩笑也要掌握适当的分寸，不能损害国家的整体利益，更不能触犯国家的法律、政策，否则，不仅会受到道德舆论的谴责，而且会受到法律的惩处。

5)　情人节

情人节又称圣瓦伦丁节，每年的 2 月 14 日许多欧美国家都把这一天作为表白爱情的甜蜜日子。情人节是青年男女喜爱的节日。

节日这天，情侣们相互交换“情侣卡”表示自己忠贞不渝的爱情，在欢乐愉快的情人舞会上，还向情人送上自己的玫瑰花以表示自己的爱心，也有的赠送巧克力或带有“心”形的装饰物、附有祝词的小卡片等。

不过，情人节并非情侣们的“专利”，在这一天，任何年龄的人都可以向自己的父母、尊重的长者及相识的朋友表达自己的一份情意。

6) 感恩节

感恩节又称火鸡节，为每年 11 月的第四个星期日。该节日起源于 1820 年，当时一些英国的新教徒为了摆脱宗教和政治上的迫害，远涉重洋前往美国马萨诸塞州的普利茅斯避难。后来在当地印第安人的帮助下，这群英国的新教徒学会狩猎、捕鱼，种植玉米和荞麦，才得以生存。第三年的 11 月中的最后一个星期的星期日，他们准备了大批水禽和火烤野火鸡，做南瓜馅饼招待印第安客人，并用赛跑、射箭、歌舞等活动来感谢上帝的恩赐，以报答印第安人。

美国独立后，林肯在 1863 年宣布感恩节为全国性节日，1941 年感恩节又获美国国会法定通过。从此，每年这一天，美国总统和各州州长都要发表献词，人们举行花车游行，并到教堂对上帝的慷慨恩赐表示感谢。然后一家老少团聚，围坐在火炉旁，品尝着包括火鸡和南瓜馅饼在内的丰盛晚餐，做着各种有趣的游戏，尽情欢畅。

7) 母亲节

母亲节又称省亲星期日，起源于 18 世纪的英国，原是出嫁女儿回家探望母亲的日子。1921 年，美国国会将每年 5 月的第二个星期日定为母亲节。

母亲节这天，人们向母亲献上康乃馨，或在胸前佩戴一朵花，以示对母亲的敬意。此外，每个家庭和教堂都要举行各种仪式的纪念活动。现在世界上的每个国家都有纪念活动。

8) 父亲节

父亲节是美国索诺拉·多德(Sonora Louise Smart Dodd)夫人于 1920 年创立的，因其母亲早亡，父亲把两个子女在极端困难的情况下抚养成人，为了感谢父亲的培育之恩而创立了这个节日。

1971 年美国国会把每年 6 月的第三个星期日定为父亲节，届时子女们都亲手制作有意义的贺卡和小礼物送给父亲，以表示崇敬的心情。如今，世界上很多国家和地区都有父亲节纪念活动，我国台湾省定在 8 月 8 日，这一天，儿女们都要回家向父亲祝福。

思考与练习

1. 涉外交往的基本原则是什么？
2. 涉外交往中应如何称呼？
3. 与一般迎送礼节相比，涉外迎送有哪些特殊礼节？
4. 涉外会见、会谈有哪些具体的礼仪要求？
5. 涉外参观游览应注意哪些礼仪？
6. 涉外交往中何时需要悬挂国旗？
7. 悬挂国旗有哪些礼仪要求？
8. 涉外工作人员有哪些礼仪要求？
9. 民俗礼仪的内容与特征是什么？
10. 世界主要国家的礼俗风情怎样？
11. 国内外有哪些节日习俗？

12. 案例分析

焦小姐的“行为不慎”

焦雪梅是一名白领丽人，她机敏漂亮，待人热情，工作出色，因而颇受重用。有一次，焦小姐所在公司派她和几名同事一道前往东南亚某国洽谈业务。可是，平时向来处事稳重、举止大方的焦小姐，在访问那个国家期间，竟然由于行为不慎而招惹了一场不大不小的麻烦。

事情的大致经过是这样的：焦小姐和她的同事一抵达目的地，就受到了东道主的热烈欢迎。在为她们举行的欢迎宴会上，主人亲自为每一位来自中国的嘉宾递上一杯当地特产的饮料，以示敬意。轮到主人向焦小姐递送饮料时，一直是“左撇子”的焦小姐不假思索，自然而然地抬起自己的左手去接饮料。见此情景，主人骤然变色，对方没有把那杯饮料递到焦小姐伸过去的左手里，而是非常不高兴地将它重重地放在餐桌上，随即理都不理焦小姐就扬长而去了，大家觉得非常纳闷和不解。

(资料来源：http://www.doc88.com/p-1416510389568.html)

思考题：

(1) 焦小姐的“行为不慎”指的是什么？

(2) 为什么会由此而招惹了一场不大不小的麻烦呢？

13. 案例分析

一则幽默

一群商人在一条船上谈生意，船在中途出了故障，只有跳水逃命。船长命令大副快通知各位先生穿上救生衣，从甲板上跳下去，可是大副怎么劝说也无济于事，大家谁也不愿意跳下去。船长经验丰富，对各民族的不同文化了如指掌，于是他转过身来对一名英国商人说：“跳水是一种体育运动。”英国商人听罢，纵身跳入水中，因为英国人一向喜爱体育运动。他对法国商人说：“跳水是一种时髦，你没看见英国人已经跳下去了吗？”法国人爱赶时髦，也随之跳入水中。船长面对德国人，表情非常严肃：“我是船长，现在你必须跳水，这是命令！”德国人一向遵守纪律，服从了船长的命令，也跳进水中。于是，船长走到一向具有逆反心理的意大利人面前大声地说：“乘坐别的船遇险可以跳水，但今天你乘坐的是我的船，我不允许你跳水！”对于意大利人来说，你越不让他跳，他非跳不可，于是也纵身跳入水中。现在剩下的是一个美国人和一个中国人。只见船长对美国商人说：“我这只船已经办理了人寿保险，跳吧，没你亏吃！”美国人一向非常现实，听罢也跳进水中。最后，船长转向中国商人说：“先生，你家里不是有一位 80 多岁的老母亲吗？你不逃命对得起她老人家吗？”中国商人听罢也跳入水中。这样，船长依据不同民族人们所具有的鲜明文化特性，让所有的人都按他的意图做了。

(资料来源：http://ttwy.ceepa.cn/show_more.php？doc_id=47504)

思考题：

(1) 这则幽默说明了什么？

(2) 与不同国家的人打交道应该注意什么？

主要参考文献

[1] 杨再春，陈方丽．商务礼仪实训教程[M]．北京：清华大学出版社，2016．

[2] 张岩松．知书达礼：现代交际礼仪畅讲[M]．北京：清华大学出版社，2016．

[3] 孙艳红．旅游服务礼仪[M]．北京：电子工业出版社，2016．

[4] 李慧茹，王瑞春．商务礼仪[M]．北京：清华大学出版社，2016．

[5] 徐汉文，张云河．商务礼仪[M]．北京：高等教育出版社，2015．

[6] 王华．金融服务礼仪[M]．北京：高等教育出版社，2014．

[7] 崔晓文．人际沟通与社交礼仪[M]．北京：清华大学出版社，2014．

[8] 高慕婵．礼仪教程[M]．西安：西安电子科技大学出版社，2014．

[9] 魏丽平．学生现代文明礼仪实用教程[M]．成都：西南财经大学出版社，2014．

[10] 王炎，杨晶．商务礼仪——情境·项目·训练[M]．北京：电子工业出版社，2014．

[11] 于丽新．礼仪文化教程[M]．南京：南京大学出版社，2013．

[12] 王莲华．“礼”所应当——大学生文明礼仪读本[M]．上海：上海学林出版社，2012．

[13] 崔玉环，祝永志．商务礼仪[M]．北京：高等教育出版社，2012．

[14] 孔洁，张葵葵．大学生职业礼仪与社交礼仪[M]．北京：中国电力出版社，2012．

[15] 李国辉．生客卖礼貌，熟客卖热情：一本书学会销售礼仪[M]．北京：机械工业出版社，2012．

[16] 何爱华，张学娟．实用商务礼仪[M]．北京：人民邮电出版社，2011．

[17] 张建宏．现代商务礼仪教程[M]．北京：国防工业出版社，2011．

[18] 孙玲．商务礼仪实务与操作[M]．北京：对外经济贸易大学出版社，2010．

[19] 吴新红．实用礼仪教程[M]．北京：化学工业出版社，2010．

[20] 关彤．社交礼仪[M]．海口：南海出版公司，2010．

[21] 金正昆．实用商务礼仪[M]．北京：中国人民大学出版社，2009．

[22] 张文．礼仪修养与实训教程[M]．武汉：华南理工大学出版社，2009．

[23] 舒泊阳．现代旅游礼仪与沟通艺术[M]．天津：南开大学出版社，2009．

[24] 王琦．旅游礼仪服务实训教程[M]．北京：机械工业出版社，2009．

[25] 关晓燕．礼仪：规范行为的学问[M]．北京：清华大学出版社，2008．

[26] 樊丽丽．实用生活礼仪常识[M]．北京：中国经济出版社，2008．

[27] 吴运慧，徐静．现代礼仪实务[M]．上海：上海交通大学出版社，2008．

[28] 张晓梅．晓梅说礼仪[M]．北京：中国青年出版社，2008．

[29] 崔志锋．礼仪[M]．北京：科学出版社，2008．

[30] 彭澎，杨中碧．礼仪与文化[M]．北京：清华大学出版社，2007．

[31] 李荣健．社交礼仪[M]．北京：清华大学出版社，2007．

[32] 谢迅．商务礼仪[M]．北京：对外经济贸易大学出版社，2007．

[33] 刘长凤．实用服务礼仪培训教程[M]．北京：化学工业出版社，2007．

[34] 吕维霞，刘彦波．商务礼仪[M]．北京：清华大学出版社，2007．

[35] 徐克茹．商务礼仪标准培训[M]．北京：中国纺织出版社，2007．

[36] 牟红，杨梅．旅游礼仪实务[M]．北京：清华大学出版社，2007．

[37] 李嘉珊．国际商务礼仪[M]．北京：电子工业出版社，2007.

[38] 杜明汉．营销礼仪[M]．北京：电子工业出版社，2007.

[39] 金正昆．大学生礼仪[M]．北京：中国人民大学出版社，2007.

[40] 张金霞．导游接待礼仪[M]．北京：旅游教育出版社，2007.

[41] 向多佳．职业礼仪[M]．成都：四川大学出版社，2006.

[42] 韦克俭．现代礼仪教程[M]．北京：清华大学出版社，2006.

[43] 李莉．实用礼仪教程[M]．北京：中国人民大学出版社，2006.

[44] 唐树伶，等．服务礼仪[M]．北京：北京交通大学出版社，2006.

[45] 杨海清．现代商务礼仪[M]．北京：科学出版社，2006.

[46] 冯玉珠．商务宴请攻略[M]．北京：中国轻工业出版社，2006.

[47] 沈杰，方四平．公共关系与礼仪[M]．北京：清华大学出版社，2006.

[48] 洪美玉．旅游接待礼仪[M]．北京：人民邮电出版社，2006.

[49] 黄琳．商务礼仪[M]．北京：机械工业出版社，2005.

[50] 国英．现代礼仪[M]．北京：机械工业出版社，2005.

[51] 王伟伟．礼仪形象学[M]．北京：人民出版社，2005.

[52] 祝艳萍，张洁梅．公关礼仪[M]．北京：光明日报出版社，2005.

[53] 鲍日新．社交礼仪让你的形象更美好[M]．上海：上海教育出版社，2005.

[54] 国英．公共关系与现代交际礼仪案例[M]．北京：机械工业出版社，2004.

[55] 关彤．社交礼仪[M]．海口：南海出版公司，2003.

[56] 何浩然．中外礼仪[M]．大连：东北财经大学出版社，2002.

[57] 杨军，陶犁．旅游公关礼仪[M]．昆明：云南大学出版社，2001.

[58] 邱伟光．公共关系礼仪文化[M]．北京：高等教育出版社，2000.

[59] 杨眉．现代商务礼仪[M]．大连：东北财经大学出版社，2000.